Jyn Korr

Widerstand gegen das Anti-Körperphasen-Gesetz auf Verin-9

Anjali Siddiqui

ISBN: 9781998610372
Imprint: Telephasic Workshop
Copyright © 2024 Anjali Siddiqui.
All Rights Reserved.

Contents

Einleitung

Der Kontext von Verin-9

Geographie und Klima

Die Geographie und das Klima von Verin-9 spielen eine entscheidende Rolle bei der Gestaltung der Lebensbedingungen und der gesellschaftlichen Dynamik auf diesem Planeten. Verin-9, ein Planet im intergalaktischen Raum, zeichnet sich durch seine vielfältigen Landschaften und ein komplexes Klima aus, das sowohl Herausforderungen als auch Chancen für die Bewohner mit sich bringt.

Geographische Merkmale

Verin-9 ist bekannt für seine abwechslungsreiche Geographie, die von hoch aufragenden Gebirgen bis hin zu weitläufigen Wüsten reicht. Die wichtigsten geographischen Merkmale sind:

- **Berge:** Die Verin-Gebirgskette erstreckt sich über 1.500 Kilometer und bietet nicht nur spektakuläre Ausblicke, sondern auch wichtige Ressourcen wie Mineralien und Wasser. Diese Berge sind oft von Gletschern bedeckt, die die Flüsse speisen, die durch die Täler fließen.

- **Wüsten:** Die Wüste von Zarnak ist eines der extremsten Ökosysteme auf Verin-9. Mit Temperaturen, die tagsüber bis zu 60 °C erreichen können, stellt sie eine Herausforderung für die dort lebenden Spezies dar. Dennoch haben sich verschiedene Lebensformen angepasst, um in diesem rauen Klima zu überleben.

- **Wälder:** Die dichten Wälder von Eldoria sind ein Rückzugsort für viele einheimische Arten und bieten eine reichhaltige Biodiversität. Diese Wälder

1

sind nicht nur ökologisch wichtig, sondern auch kulturell bedeutend für die Bewohner von Verin-9.

+ **Gewässer:** Die großen Seen und Flüsse sind Lebensadern für die Zivilisationen auf Verin-9. Der Fluss Neryn, der durch das zentrale Tal fließt, ist besonders wichtig für die Landwirtschaft und die Wasserversorgung.

Klima

Das Klima auf Verin-9 ist durch extreme Variationen geprägt, die von den geographischen Gegebenheiten abhängen. Es gibt mehrere Klimazonen:

+ **Tropisches Klima:** In den tiefer gelegenen Regionen, insbesondere in der Nähe des Äquators von Verin-9, herrscht ein tropisches Klima. Hier gibt es ganzjährig hohe Temperaturen und regelmäßige Niederschläge, was eine üppige Vegetation fördert.

+ **Gemäßigtes Klima:** In den mittleren Breiten finden wir gemäßigte Klimazonen, die durch vier ausgeprägte Jahreszeiten gekennzeichnet sind. Diese Regionen sind ideal für die Landwirtschaft und die Besiedlung.

+ **Arktisches Klima:** Die nördlichen Teile des Planeten sind von einem arktischen Klima geprägt, mit langen, kalten Wintern und kurzen, kühlen Sommern. Die Lebensbedingungen sind hier extrem, und nur wenige Arten können in dieser Umgebung überleben.

Die klimatischen Bedingungen auf Verin-9 führen zu spezifischen Herausforderungen, die die Gesellschaft und das tägliche Leben beeinflussen. Zum Beispiel:

$$P = \frac{F}{A} \tag{1}$$

Hierbei steht P für den Druck, F für die auf eine Fläche ausgeübte Kraft und A für die Fläche. Diese Gleichung ist besonders relevant im Kontext von Naturkatastrophen wie Erdbeben oder Vulkanausbrüchen, die durch geologische Aktivitäten in den Bergregionen von Verin-9 ausgelöst werden können.

Umweltprobleme

Die Geographie und das Klima von Verin-9 sind nicht nur von Schönheit geprägt, sondern auch von Herausforderungen. Zu den wichtigsten Umweltproblemen gehören:

+ **Klimawandel:** Der Klimawandel hat auch Verin-9 erreicht, mit steigenden Temperaturen und veränderten Niederschlagsmustern, die die landwirtschaftliche Produktion gefährden. Die Bewohner müssen sich anpassen, um die Nahrungsmittelversorgung aufrechtzuerhalten.

+ **Ressourcenausbeutung:** Die reichen mineralischen Ressourcen in den Bergen führen zu einer übermäßigen Ausbeutung, die sowohl die Umwelt als auch die sozialen Strukturen der Gemeinschaften beeinträchtigt.

+ **Biodiversitätsverlust:** Die Zerstörung der Wälder und die Verschmutzung der Gewässer haben zu einem Rückgang der Biodiversität geführt, was langfristige Folgen für die Ökosysteme von Verin-9 hat.

Diese Probleme erfordern kollektive Anstrengungen zur Schaffung von Lösungen, die sowohl die Umwelt schützen als auch die sozialen Strukturen stärken. Der Aktivismus auf Verin-9, angeführt von Personen wie Jyn Korr, ist entscheidend, um das Bewusstsein für diese Themen zu schärfen und Veränderungen herbeizuführen.

Schlussfolgerung

Zusammenfassend lässt sich sagen, dass die Geographie und das Klima von Verin-9 nicht nur die physische Landschaft des Planeten bestimmen, sondern auch tiefgreifende Auswirkungen auf die gesellschaftlichen Strukturen und die Lebensweise seiner Bewohner haben. Die Herausforderungen, die sich aus diesen geographischen und klimatischen Gegebenheiten ergeben, sind vielfältig und erfordern innovative Lösungen und engagierten Aktivismus, um eine gerechte und nachhaltige Zukunft für alle zu gewährleisten.

Gesellschaftliche Strukturen

Die gesellschaftlichen Strukturen auf Verin-9 sind komplex und vielschichtig, geprägt von einer Vielzahl von kulturellen, wirtschaftlichen und politischen Faktoren. Um die Dynamik dieser Strukturen zu verstehen, ist es wichtig, die verschiedenen sozialen Schichten und deren Interaktionen zu betrachten.

Soziale Schichten

Die Gesellschaft von Verin-9 lässt sich in mehrere Schichten unterteilen: die Elite, die Mittelschicht und die Arbeiterklasse. Jede Schicht hat ihre eigenen Merkmale und Herausforderungen. Die Elite besteht aus wohlhabenden Individuen, die oft in politischen Ämtern oder in Führungspositionen großer Unternehmen tätig sind. Diese Gruppe hat erheblichen Einfluss auf die Gesetzgebung und die wirtschaftlichen Bedingungen. Die Mittelschicht hingegen ist vielfältiger und umfasst Fachkräfte, Akademiker und Kleinunternehmer. Diese Gruppe ist oft das Rückgrat der Gesellschaft, da sie sowohl wirtschaftlich als auch sozial aktiv ist. Die Arbeiterklasse umfasst die Mehrheit der Bevölkerung, die in der Industrie und im Dienstleistungssektor beschäftigt ist. Diese Schicht sieht sich häufig mit Herausforderungen wie niedrigen Löhnen und unsicheren Arbeitsbedingungen konfrontiert.

Kulturelle Diversität

Verin-9 ist bekannt für seine kulturelle Vielfalt, die eine Vielzahl von Ethnien, Sprachen und Traditionen umfasst. Diese Diversität ist sowohl eine Stärke als auch eine Herausforderung. Während sie zu einem reichen kulturellen Erbe beiträgt, führt sie auch zu Spannungen und Diskriminierung. Die verschiedenen Gruppen haben unterschiedliche Werte und Normen, was manchmal zu Konflikten führt. Ein Beispiel dafür ist die Diskriminierung von Minderheiten, die oft in den politischen und wirtschaftlichen Entscheidungsprozessen unterrepräsentiert sind.

Wirtschaftliche Ungleichheit

Die wirtschaftliche Ungleichheit ist ein zentrales Problem auf Verin-9. Während die Elite über erhebliche Ressourcen verfügt, kämpfen viele in der Arbeiterklasse ums Überleben. Diese Ungleichheit manifestiert sich in unterschiedlichen Lebensstandards, Bildungschancen und Gesundheitsversorgung. Statistiken zeigen, dass die Armutsquote in der Arbeiterklasse bei etwa 30% liegt, während die Elite kaum von wirtschaftlichen Schwierigkeiten betroffen ist. Diese Kluft hat zu einem wachsenden Gefühl der Frustration und des Unmuts in der Bevölkerung geführt.

Politische Strukturen

Die politischen Strukturen auf Verin-9 sind stark hierarchisch und oft von Korruption geprägt. Die Regierung besteht aus einer kleinen Gruppe von Individuen, die oft aus der Elite stammen. Diese Gruppe hat die Macht, Gesetze zu erlassen, die nicht immer im besten Interesse der breiten Bevölkerung sind. Der Einfluss von Lobbyisten und großen Unternehmen auf die politische Entscheidungsfindung ist erheblich. Ein Beispiel hierfür ist die Verabschiedung des Anti-Körperphasen-Gesetzes, das viele Bürgerrechte einschränkt und von der Elite unterstützt wird.

Soziale Mobilität

Die soziale Mobilität auf Verin-9 ist begrenzt. Viele Menschen, die in die Arbeiterklasse geboren werden, haben nur geringe Chancen, in die Mittelschicht oder Elite aufzusteigen. Bildung wird oft als Schlüssel zur sozialen Mobilität betrachtet, jedoch sind die Bildungschancen ungleich verteilt. Kinder aus wohlhabenden Familien haben Zugang zu besseren Schulen und Ressourcen, während Kinder aus ärmeren Verhältnissen oft in unterfinanzierten Schulen lernen müssen.

Zusammenfassung

Zusammenfassend lässt sich sagen, dass die gesellschaftlichen Strukturen auf Verin-9 durch Ungleichheit und Diversität geprägt sind. Die Kluft zwischen den verschiedenen sozialen Schichten führt zu Spannungen und Konflikten, die die Grundlage für den Widerstand gegen das Anti-Körperphasen-Gesetz bilden. Ein Verständnis dieser Strukturen ist entscheidend, um die Beweggründe und Herausforderungen der Bürgerrechtsaktivisten, wie Jyn Korr, zu begreifen und die Notwendigkeit für Veränderungen zu erkennen.

$$\text{Ungleichheit} = \frac{\text{Vermögen der Elite}}{\text{Vermögen der Arbeiterklasse}} \tag{2}$$

Die obige Gleichung verdeutlicht die wirtschaftliche Ungleichheit, die in der Gesellschaft von Verin-9 vorherrscht. Diese Ungleichheit ist nicht nur ein wirtschaftliches Problem, sondern hat auch tiefgreifende soziale und politische Auswirkungen, die das Leben der Bürger auf Verin-9 erheblich beeinflussen.

Die Rolle der Regierung

Die Rolle der Regierung auf Verin-9 ist ein entscheidender Faktor, der das gesellschaftliche Leben und die politische Landschaft der Planetenbewohner prägt. In dieser Sektion werden wir die verschiedenen Aspekte der Regierungsführung, ihre Funktionalität und die Herausforderungen, mit denen sie konfrontiert ist, beleuchten.

Regierungsstruktur und -system

Die Regierung von Verin-9 ist eine demokratische Institution, die aus verschiedenen Ämtern und Ministerien besteht, die jeweils spezifische Aufgaben und Verantwortlichkeiten übernehmen. Die wichtigsten Organe sind:

+ **Das Parlament:** Das Parlament ist für die Gesetzgebung zuständig und besteht aus gewählten Vertretern, die die Interessen der Bürger vertreten. Es hat die Befugnis, Gesetze zu erlassen, die das tägliche Leben der Bevölkerung beeinflussen.

+ **Die Exekutive:** Diese besteht aus dem Präsidenten und den Ministern, die für die Umsetzung der Gesetze verantwortlich sind. Die Exekutive spielt eine entscheidende Rolle bei der Verwaltung der Ressourcen und der Durchführung von Programmen, die das Wohl der Gesellschaft fördern sollen.

+ **Die Judikative:** Die Gerichte sind unabhängig und sorgen dafür, dass die Gesetze fair angewendet werden. Sie sind auch dafür zuständig, die Rechte der Bürger zu schützen und sicherzustellen, dass die Regierung nicht über ihre Befugnisse hinausgeht.

Gesetzgebung und Bürgerrechte

Die Gesetzgebung auf Verin-9 ist ein komplexer Prozess, der häufig von gesellschaftlichen Bewegungen und dem Druck der Öffentlichkeit beeinflusst wird. Die Regierung hat die Verantwortung, Gesetze zu erlassen, die die Bürgerrechte schützen und die Gleichheit fördern. In den letzten Jahren gab es jedoch mehrere Gesetze, die als diskriminierend angesehen wurden, wie das umstrittene Anti-Körperphasen-Gesetz.

$$\text{Rechtsstaatlichkeit} = \frac{\text{Schutz der Rechte}}{\text{Befugnisse der Regierung}} \tag{3}$$

Diese Gleichung verdeutlicht, dass die Rechtsstaatlichkeit nur dann gewährleistet ist, wenn die Rechte der Bürger über den Befugnissen der Regierung stehen. Das Anti-Körperphasen-Gesetz stellte einen direkten Verstoß gegen diese Prinzipien dar und führte zu massiven Protesten und Widerstand.

Herausforderungen und Probleme

Die Regierung sieht sich auf Verin-9 mit mehreren Herausforderungen konfrontiert, darunter:

1. **Korruption:** Korruption innerhalb der Regierungsbehörden ist ein ernstes Problem, das das Vertrauen der Bürger in die Institutionen untergräbt. Viele Bürger fühlen sich von der Regierung im Stich gelassen, was zu einer wachsenden Frustration führt.

2. **Ungleichheit:** Trotz der Bemühungen der Regierung, Gleichheit zu fördern, gibt es signifikante Unterschiede in der Behandlung verschiedener Bevölkerungsgruppen. Dies führt zu Spannungen und einem Gefühl der Ungerechtigkeit unter den Betroffenen.

3. **Repression:** In Zeiten politischen Drucks neigt die Regierung dazu, repressiven Maßnahmen zu ergreifen, um den Widerstand zu unterdrücken. Dies kann zu einer weiteren Erosion der Bürgerrechte führen und die öffentliche Meinung gegen die Regierung wenden.

Beispiele für Regierungsversagen

Ein prägnantes Beispiel für das Versagen der Regierung war die Einführung des Anti-Körperphasen-Gesetzes, das als Versuch angesehen wurde, bestimmte Bevölkerungsgruppen zu diskriminieren. Die Reaktion der Bürger war überwältigend, und es entstanden zahlreiche Bürgerrechtsbewegungen, die sich gegen das Gesetz wandten.

Ein weiteres Beispiel ist die unzureichende Reaktion auf Umweltprobleme. Die Regierung hat es versäumt, angemessene Maßnahmen zu ergreifen, um den Klimawandel zu bekämpfen, was zu einer weiteren Verschlechterung der Lebensbedingungen auf Verin-9 führte.

Die Rolle der Regierung im Aktivismus

Die Regierung hat auch die Verantwortung, den Aktivismus zu unterstützen und zu fördern. Ein gesundes demokratisches System sollte den Bürgern die Möglichkeit geben, ihre Stimme zu erheben und an politischen Prozessen teilzunehmen. Auf Verin-9 gibt es jedoch oft Spannungen zwischen der Regierung und Aktivisten, die für die Rechte der Bürger eintreten.

Die Regierung könnte durch folgende Maßnahmen aktiven Bürgern entgegenkommen:

+ **Transparenz:** Eine transparente Regierungsführung kann das Vertrauen der Bürger stärken und den Aktivismus fördern.

+ **Dialog:** Der Dialog zwischen der Regierung und den Bürgern ist entscheidend, um Missverständnisse auszuräumen und gemeinsame Lösungen zu finden.

+ **Bildung:** Die Förderung von Bildung über Bürgerrechte und politische Prozesse kann das Bewusstsein und die Beteiligung der Bürger erhöhen.

Schlussfolgerung

Die Rolle der Regierung auf Verin-9 ist vielschichtig und komplex. Sie hat die Verantwortung, die Rechte ihrer Bürger zu schützen und eine gerechte Gesellschaft zu fördern. Die Herausforderungen, mit denen sie konfrontiert ist, erfordern eine ständige Reflexion und Anpassung, um den Bedürfnissen und Wünschen der Bevölkerung gerecht zu werden. Der Widerstand gegen das Anti-Körperphasen-Gesetz ist ein Beispiel dafür, wie Bürger aktiv werden können, um ihre Rechte einzufordern und die Regierung zur Rechenschaft zu ziehen. In einer dynamischen Gesellschaft ist die Rolle der Regierung sowohl eine Herausforderung als auch eine Chance für positive Veränderungen.

Kulturelle Vielfalt

Die kulturelle Vielfalt auf Verin-9 ist ein faszinierendes und komplexes Phänomen, das sich aus der Interaktion verschiedener Spezies, Traditionen und Lebensweisen ergibt. Diese Vielfalt ist nicht nur ein Ausdruck der unterschiedlichen Hintergründe der Bewohner, sondern auch ein wichtiger Bestandteil der Identität und des sozialen Gefüges der Gesellschaft. In diesem Abschnitt werden wir die Dimensionen der kulturellen Vielfalt untersuchen, die Herausforderungen, die sie mit sich bringt, sowie die positiven Aspekte, die sie fördert.

Dimensionen der kulturellen Vielfalt

Die kulturelle Vielfalt auf Verin-9 manifestiert sich in mehreren Dimensionen:

- **Ethnische Diversität:** Verin-9 beherbergt zahlreiche ethnische Gruppen, jede mit eigenen Traditionen, Sprachen und Bräuchen. Diese ethnische Diversität fördert einen regen Austausch von Ideen und Praktiken, kann jedoch auch zu Spannungen führen, wenn Unterschiede nicht respektiert werden.

- **Religiöse Vielfalt:** Die Bewohner von Verin-9 praktizieren unterschiedliche Religionen, die von monotheistischen Glaubensrichtungen bis hin zu polytheistischen und animistischen Traditionen reichen. Religiöse Vielfalt kann sowohl als Quelle des Konflikts als auch der Einheit betrachtet werden, abhängig von der Toleranz der Gemeinschaften.

- **Kulturelle Praktiken:** Feste, Rituale und Lebensweisen variieren stark zwischen den verschiedenen Gruppen. Diese kulturellen Praktiken sind oft tief in der Geschichte und den Überzeugungen der jeweiligen Gemeinschaft verwurzelt und tragen zur Identität der Menschen bei.

- **Sprache:** Die Vielzahl an Sprachen, die auf Verin-9 gesprochen werden, ist ein weiteres Zeichen der kulturellen Vielfalt. Die Sprachbarrieren können sowohl bereichernd als auch herausfordernd sein, insbesondere in der Kommunikation zwischen den verschiedenen Gruppen.

Herausforderungen der kulturellen Vielfalt

Trotz der positiven Aspekte bringt die kulturelle Vielfalt auch Herausforderungen mit sich:

- **Diskriminierung und Vorurteile:** Unterschiedliche kulturelle Hintergründe können zu Vorurteilen und Diskriminierung führen. Diese negativen Einstellungen können den sozialen Zusammenhalt gefährden und zu Konflikten zwischen den Gruppen führen.

- **Integration:** Die Integration verschiedener kultureller Gruppen stellt eine große Herausforderung dar. Es ist wichtig, Wege zu finden, um die unterschiedlichen Gemeinschaften zu vereinen, ohne dass ihre individuellen Identitäten verloren gehen.

- **Ressourcenkonflikte:** In einer vielfältigen Gesellschaft können Konflikte um Ressourcen wie Land, Wasser und Arbeitsplätze entstehen. Diese Konflikte können die Beziehungen zwischen den verschiedenen Gruppen belasten und die soziale Stabilität gefährden.

Positive Aspekte der kulturellen Vielfalt

Trotz der Herausforderungen bietet kulturelle Vielfalt auch zahlreiche Vorteile:

+ **Innovation und Kreativität:** Der Austausch von Ideen und Perspektiven zwischen verschiedenen Kulturen fördert Innovation und Kreativität. Diese Vielfalt an Gedanken kann zu neuen Lösungen und Ansätzen in verschiedenen Bereichen, einschließlich Kunst, Wissenschaft und Technologie, führen.

+ **Soziale Kohäsion:** Wenn kulturelle Unterschiede respektiert und geschätzt werden, kann dies zu einer stärkeren sozialen Kohäsion führen. Gemeinschaften, die Vielfalt feiern, sind oft widerstandsfähiger und besser in der Lage, Herausforderungen zu bewältigen.

+ **Wirtschaftliche Vorteile:** Kulturelle Vielfalt kann auch wirtschaftliche Vorteile bringen, da sie Tourismus und Handel fördert. Ein reiches kulturelles Erbe zieht Besucher an und kann zur wirtschaftlichen Entwicklung beitragen.

Beispiele für kulturelle Vielfalt auf Verin-9

Ein Beispiel für die kulturelle Vielfalt auf Verin-9 ist das jährliche Festival der intergalaktischen Kulturen, bei dem verschiedene Gemeinschaften ihre Traditionen, Speisen und Kunstformen präsentieren. Dieses Festival fördert den Austausch und das Verständnis zwischen den verschiedenen Gruppen und trägt zur Stärkung des sozialen Gefüges bei.

Ein weiteres Beispiel ist die Initiative zur Förderung der Mehrsprachigkeit in Schulen, die darauf abzielt, Kindern die Möglichkeit zu geben, mehrere Sprachen zu lernen und somit die kulturelle Identität ihrer Familien zu bewahren. Diese Programme sind entscheidend, um die kulturelle Vielfalt zu fördern und gleichzeitig eine integrative Gesellschaft zu schaffen.

Fazit

Die kulturelle Vielfalt auf Verin-9 ist ein wertvolles Gut, das sowohl Herausforderungen als auch Chancen mit sich bringt. Es ist von entscheidender Bedeutung, dass die Gesellschaft Wege findet, um die positiven Aspekte der Vielfalt zu maximieren und die negativen Auswirkungen zu minimieren. Nur durch einen respektvollen und offenen Dialog kann eine harmonische und inklusive Gesellschaft entstehen, die die Stärken ihrer kulturellen Vielfalt anerkennt und feiert.

Technologischer Fortschritt

Der technologische Fortschritt auf Verin-9 hat eine entscheidende Rolle in der Entwicklung der Gesellschaft und der politischen Strukturen gespielt. Die planetarische Evolution von Verin-9 ist geprägt von einem rasanten Anstieg in der technologischen Innovation, die sowohl positive als auch negative Auswirkungen auf die Bürgerrechte und das soziale Gefüge hat. In diesem Abschnitt werden wir die verschiedenen Facetten des technologischen Fortschritts untersuchen, einschließlich seiner Auswirkungen auf die Gesellschaft, die Herausforderungen, die er mit sich bringt, sowie konkrete Beispiele, die die Komplexität dieser Thematik verdeutlichen.

1. Die Entwicklung von Technologien

Die technologische Entwicklung auf Verin-9 kann in mehrere Schlüsselperioden unterteilt werden. Zu Beginn war die Gesellschaft stark agrarisch geprägt, und die Technologien beschränkten sich auf einfache Werkzeuge zur Nahrungsproduktion. Mit der Entdeckung der Elektrizität und der Entwicklung von Maschinen begann eine industrielle Revolution, die die Lebensweise der Bürger grundlegend veränderte. Die Einführung von automatisierten Produktionsprozessen führte zu einer massiven Steigerung der Effizienz, hatte jedoch auch zur Folge, dass viele Arbeitsplätze verloren gingen.

2. Digitale Revolution

Ein weiterer bedeutender Schritt war die digitale Revolution, die mit der Erfindung des intergalaktischen Kommunikationssystems begann. Dieses System ermöglichte es den Bürgern von Verin-9, in Echtzeit mit anderen Planeten zu kommunizieren. Die Verbreitung von Informationen wurde exponentiell erhöht, was sowohl die Bildung als auch den Zugang zu Ressourcen revolutionierte. Die Verfügbarkeit von Informationen führte zu einer informierteren Bevölkerung, die besser in der Lage war, ihre Rechte zu verstehen und zu verteidigen.

3. Herausforderungen durch Technologie

Trotz der positiven Entwicklungen brachte der technologische Fortschritt auch erhebliche Herausforderungen mit sich. Eine der größten Sorgen war die

Überwachung durch die Regierung. Mit der Einführung von Technologien wie Gesichtserkennung und Datenanalyse konnte die Regierung die Bürger in einem nie dagewesenen Ausmaß überwachen. Diese Technologien wurden oft unter dem Vorwand der Sicherheit eingesetzt, was zu einer erheblichen Einschränkung der Privatsphäre führte. Die mathematische Grundlage dieser Technologien basiert auf Algorithmen, die in der Lage sind, Muster in großen Datenmengen zu erkennen. Ein Beispiel für eine solche mathematische Gleichung ist die folgende:

$$P(x) = \sum_{i=1}^{n} a_i x^i \tag{4}$$

Hierbei stellt $P(x)$ ein Polynom dar, das zur Klassifikation von Datenpunkten verwendet wird, wobei a_i die Koeffizienten sind, die durch maschinelles Lernen optimiert werden.

4. Der Einfluss auf die Bürgerrechte

Der Einfluss der Technologie auf die Bürgerrechte ist ein zentrales Thema in der Diskussion um den Fortschritt auf Verin-9. Während Technologien wie das Internet der Dinge (IoT) und soziale Medien die Mobilisierung und den Austausch von Informationen erleichtert haben, haben sie auch neue Formen der Diskriminierung und Ungerechtigkeit hervorgebracht. Algorithmen, die zur Entscheidungsfindung in der Regierung verwendet werden, können unbewusste Vorurteile verstärken, was zu einer weiteren Marginalisierung bestimmter Gruppen führt.

Ein Beispiel für diese Problematik ist die Verwendung von Algorithmen zur Überwachung von sozialen Medien. Studien haben gezeigt, dass diese Algorithmen oft dazu neigen, Inhalte zu zensieren, die von marginalisierten Gruppen stammen, während sie gleichzeitig diskriminierende oder hetzerische Inhalte von privilegierten Gruppen nicht ausreichend regulieren. Dies führt zu einer verzerrten Darstellung der Realität und kann den Aktivismus von Gruppen wie der Bürgerrechtsbewegung von Jyn Korr erheblich behindern.

5. Technologischer Aktivismus

Auf der positiven Seite hat der technologische Fortschritt auch neue Möglichkeiten für Aktivismus geschaffen. Die Nutzung von sozialen Medien als Plattform für den Austausch von Ideen und die Mobilisierung von Unterstützern hat sich als äußerst effektiv erwiesen. Kampagnen wie #VerinRights haben Millionen von Bürgern mobilisiert, um gegen das Anti-Körperphasen-Gesetz zu protestieren. Die Verbreitung von Informationen über digitale Plattformen hat es Aktivisten ermöglicht, schnell auf Entwicklungen zu reagieren und ihre Botschaften weitreichend zu verbreiten.

6. Fazit

Zusammenfassend lässt sich sagen, dass der technologische Fortschritt auf Verin-9 sowohl Chancen als auch Herausforderungen mit sich bringt. Die Balance zwischen der Nutzung von Technologien zur Förderung von Bürgerrechten und der Notwendigkeit, die Privatsphäre und die Freiheit der Bürger zu schützen, bleibt eine zentrale Frage für die Zukunft. Die Entwicklungen in der Technologie werden weiterhin die Art und Weise beeinflussen, wie Bürgerrechte wahrgenommen und verteidigt werden, und es liegt an den Bürgern, sicherzustellen, dass diese Technologien im Dienste der Gerechtigkeit und Gleichheit eingesetzt werden.

Die Bedeutung von Bürgerrechten

Bürgerrechte stellen die grundlegenden Freiheiten und Rechte dar, die jedem Individuum zustehen, unabhängig von Herkunft, Geschlecht, Rasse oder sozialem Status. Sie sind die Basis einer gerechten und demokratischen Gesellschaft und spielen eine entscheidende Rolle in der Wahrung der menschlichen Würde und der Gleichheit aller Bürger. In dieser Sektion werden wir die Bedeutung von Bürgerrechten im Kontext von Verin-9 untersuchen, insbesondere in Bezug auf die Entstehung des Anti-Körperphasen-Gesetzes und die Reaktionen der Zivilgesellschaft.

Theoretische Grundlagen

Die Theorie der Bürgerrechte basiert auf den Prinzipien der Aufklärung und der Menschenrechte. Philosophen wie John Locke und Jean-Jacques Rousseau argumentierten, dass jeder Mensch von Natur aus bestimmte Rechte besitzt, die nicht verletzt werden dürfen. Diese Rechte umfassen:

- **Recht auf Leben und Freiheit:** Jeder Mensch hat das Recht, in Freiheit zu leben und seine eigenen Entscheidungen zu treffen.

- **Recht auf Gleichheit:** Alle Menschen sind gleich und haben das Recht auf die gleiche Behandlung vor dem Gesetz.

✦ **Recht auf Meinungsfreiheit:** Jeder hat das Recht, seine Meinung frei zu äußern und Informationen zu suchen.

✦ **Recht auf Versammlungsfreiheit:** Bürger haben das Recht, sich zu versammeln und ihre Anliegen öffentlich zu vertreten.

Diese Rechte sind nicht nur theoretische Konzepte, sondern bilden das Fundament für die rechtlichen Rahmenbedingungen in vielen Gesellschaften, einschließlich der auf Verin-9.

Probleme und Herausforderungen

Trotz der theoretischen Anerkennung von Bürgerrechten stehen viele Gesellschaften vor erheblichen Herausforderungen bei deren Umsetzung. In Verin-9 ist die Einführung des Anti-Körperphasen-Gesetzes ein Beispiel für die Gefährdung dieser Rechte. Das Gesetz zielte darauf ab, bestimmte Bürgergruppen zu diskriminieren und ihre Rechte einzuschränken, was zu weitreichenden Protesten und Widerstand führte.

Einige der Probleme, die mit der Verletzung von Bürgerrechten verbunden sind, umfassen:

✦ **Diskriminierung:** Bestimmte Gruppen werden aufgrund ihrer Identität oder ihrer Eigenschaften benachteiligt, was zu sozialer Ungerechtigkeit führt.

✦ **Einschränkung der Meinungsfreiheit:** Regierungen können versuchen, kritische Stimmen zum Schweigen zu bringen, was die öffentliche Debatte und den Fortschritt behindert.

✦ **Ungleichheit vor dem Gesetz:** In vielen Fällen haben wohlhabende und einflussreiche Bürger Zugang zu besseren rechtlichen Ressourcen, was zu einer Ungleichheit in der Rechtsprechung führt.

Diese Herausforderungen erfordern einen aktiven Bürgeraktivismus, um die Rechte aller zu schützen und zu fördern.

Beispiele und Fallstudien

Ein bemerkenswertes Beispiel für den Kampf um Bürgerrechte auf Verin-9 war die Reaktion der Zivilgesellschaft auf das Anti-Körperphasen-Gesetz. Aktivisten wie Jyn Korr mobilisierten die Bevölkerung, um gegen die Ungerechtigkeiten zu protestieren. Ihre Kampagnen umfassten:

1. **Öffentliche Versammlungen:** Tausende von Bürgern versammelten sich, um ihre Stimme gegen das Gesetz zu erheben und die Bedeutung von Bürgerrechten zu betonen.

2. **Soziale Medien:** Die Nutzung von sozialen Plattformen ermöglichte es den Aktivisten, ihre Botschaften schnell zu verbreiten und internationale Aufmerksamkeit zu gewinnen.

3. **Kunst und Kultur:** Durch kreative Ausdrucksformen wie Theater, Musik und bildende Kunst wurde das Bewusstsein für die Bedeutung von Bürgerrechten geschärft.

Diese Beispiele verdeutlichen, dass Bürgerrechte nicht nur theoretische Konzepte sind, sondern lebendige, umkämpfte Realitäten, die das tägliche Leben der Menschen auf Verin-9 beeinflussen.

Schlussfolgerung

Die Bedeutung von Bürgerrechten kann nicht genug betont werden. Sie sind der Schlüssel zur Schaffung einer gerechten Gesellschaft, in der alle Menschen die Möglichkeit haben, ihre Stimme zu erheben und für ihre Rechte zu kämpfen. Der Widerstand gegen das Anti-Körperphasen-Gesetz auf Verin-9 ist ein eindrucksvolles Beispiel dafür, wie Bürgerrechte verteidigt werden können. Es zeigt, dass der Kampf um diese Rechte nie abgeschlossen ist und dass die Zivilgesellschaft eine entscheidende Rolle bei der Wahrung und Förderung von Freiheit und Gerechtigkeit spielt. In der Zukunft wird es unerlässlich sein, die Bedeutung von Bürgerrechten in den Mittelpunkt des gesellschaftlichen Diskurses zu stellen und aktiv für deren Schutz einzutreten.

Die Entstehung des Anti-Körperphasen-Gesetzes

Die Entstehung des Anti-Körperphasen-Gesetzes auf Verin-9 ist ein komplexer Prozess, der sowohl durch gesellschaftliche als auch durch politische Dynamiken geprägt wurde. Um die Hintergründe und die Auswirkungen dieses Gesetzes zu verstehen, ist es wichtig, die verschiedenen Faktoren zu betrachten, die zu seiner Verabschiedung geführt haben.

Gesellschaftlicher Kontext

In den Jahren vor der Einführung des Anti-Körperphasen-Gesetzes erlebte Verin-9 eine Phase der intensiven gesellschaftlichen Veränderungen. Die planetare

Bevölkerung war zunehmend diversifiziert, und verschiedene ethnische Gruppen begannen, ihre Stimme in der politischen Arena zu erheben. Diese Diversität führte jedoch auch zu Spannungen und Konflikten, insbesondere in Bezug auf die Wahrnehmung von Bürgerrechten und Gleichheit.

Politische Motivation

Die politischen Entscheidungsträger von Verin-9 sahen sich unter Druck, ihre Macht zu konsolidieren. In diesem Kontext wurde das Anti-Körperphasen-Gesetz als ein Mittel angesehen, um die Kontrolle über bestimmte Bevölkerungsgruppen zu verstärken. Das Gesetz zielte darauf ab, die Rechte von Individuen zu beschränken, die als „nicht konform" oder „anders" wahrgenommen wurden, insbesondere in Bezug auf ihre biologischen Merkmale oder technologischen Anpassungen.

Technologische Entwicklungen

Ein weiterer entscheidender Faktor war der technologische Fortschritt. Auf Verin-9 hatte die Entwicklung von biotechnologischen Verfahren und künstlichen Intelligenzen zu einer neuen Ära der Körpermodifikation geführt. Während viele diese Technologien als Fortschritt betrachteten, sahen andere sie als Bedrohung für die traditionelle Gesellschaftsstruktur. Das Anti-Körperphasen-Gesetz wurde eingeführt, um diese Technologien zu regulieren und die „Reinheit" der Bevölkerung zu wahren.

Gesetzestext und Inhalte

Der genaue Wortlaut des Anti-Körperphasen-Gesetzes war umstritten und wurde von verschiedenen Seiten unterschiedlich interpretiert. Es beinhaltete Klauseln, die die Verwendung von biotechnologischen Modifikationen und Körperanpassungen einschränkten, insbesondere bei Minderheiten. Der Gesetzestext sah vor, dass:

Bürger, die Körpermodifikationen anstreben, müssen eine Genehmigung der Regierung ein

$$(5)$$

Diese Genehmigungen wurden jedoch oft willkürlich erteilt oder verweigert, was zu weitreichenden Diskriminierungen führte.

Öffentliche Reaktionen

Die Einführung des Gesetzes stieß auf gemischte Reaktionen in der Bevölkerung. Während einige die Notwendigkeit eines solchen Gesetzes zur Wahrung der gesellschaftlichen Ordnung unterstützten, regte sich unter den Bürgerrechten-Aktivisten Widerstand. Die öffentliche Meinung war gespalten, und es gab zahlreiche Proteste gegen die wahrgenommene Ungerechtigkeit des Gesetzes. Die Aktivisten argumentierten, dass das Gesetz eine klare Verletzung der grundlegenden Menschenrechte darstelle.

Beispiele und Auswirkungen

Ein Beispiel für die Auswirkungen des Gesetzes war die Verhaftung von Personen, die versuchten, ihre Körper durch nicht genehmigte Verfahren zu modifizieren. Diese Fälle führten zu einer breiten Debatte über die Ethik der Körpermodifikation und die Rolle des Staates in persönlichen Angelegenheiten. Die Verhaftungen wurden von den Aktivisten als Symbol für die repressiven Tendenzen der Regierung interpretiert.

Ein weiteres Beispiel ist die Geschichte von Lira, einer Bürgerrechtlerin, die aufgrund ihrer Entscheidung, sich biotechnologisch anzupassen, ins Visier der Behörden geriet. Ihr Fall wurde zum Symbol für den Widerstand gegen das Anti-Körperphasen-Gesetz und inspirierte viele, sich aktiv für die Rechte der Bürger einzusetzen.

Zusammenfassung und Ausblick

Zusammenfassend lässt sich sagen, dass die Entstehung des Anti-Körperphasen-Gesetzes auf Verin-9 das Ergebnis eines Zusammenspiels von gesellschaftlichen, politischen und technologischen Faktoren war. Es stellte nicht nur eine Reaktion auf interne Spannungen dar, sondern auch einen Versuch, die Kontrolle über die Bürger zu verstärken. Die Auswirkungen des Gesetzes sind bis heute spürbar und haben eine Welle des Aktivismus ausgelöst, die die politische Landschaft des Planeten nachhaltig verändert hat. Die Herausforderungen, die durch dieses Gesetz entstanden sind, bleiben ein zentrales Thema im Kampf um Bürgerrechte und gesellschaftliche Gerechtigkeit auf Verin-9.

Öffentliche Meinung zu Gesetzen

Die öffentliche Meinung zu Gesetzen spielt eine entscheidende Rolle in der politischen Landschaft und beeinflusst sowohl die Gesetzgebung als auch die

Umsetzung von Gesetzen. In Verin-9, wie in vielen anderen Gesellschaften, ist die Wahrnehmung der Bürger über rechtliche Regelungen oft ein Spiegelbild ihrer Werte, Ängste und Hoffnungen. Diese Wahrnehmung kann durch verschiedene Faktoren beeinflusst werden, darunter Medienberichterstattung, soziale Bewegungen und persönliche Erfahrungen.

Einfluss der Medien

Die Medien haben einen erheblichen Einfluss auf die öffentliche Meinung zu Gesetzen. Sie fungieren als Vermittler zwischen der Regierung und den Bürgern und können die Wahrnehmung von Gesetzen sowohl positiv als auch negativ gestalten. Studien zeigen, dass die Art und Weise, wie Medien über Gesetze berichten, die öffentliche Meinung stark beeinflussen kann. Beispielsweise kann eine kritische Berichterstattung über das Anti-Körperphasen-Gesetz in Verin-9 dazu führen, dass die Bürger Bedenken hinsichtlich der Gültigkeit und Fairness des Gesetzes äußern.

$$\text{Öffentliche Meinung} = f(\text{Medienberichterstattung, Soziale Bewegungen, Persönliche Er} \tag{6}$$

Diese Gleichung verdeutlicht, dass die öffentliche Meinung nicht nur von der Medienberichterstattung abhängt, sondern auch von sozialen Bewegungen und individuellen Erfahrungen.

Soziale Bewegungen und Aktivismus

Soziale Bewegungen sind ein weiterer wichtiger Faktor, der die öffentliche Meinung beeinflusst. Aktivisten und Bürgerrechtsgruppen, wie die von Jyn Korr gegründete Bürgerrechtsgruppe, haben die Fähigkeit, Bewusstsein zu schaffen und die Meinung der Öffentlichkeit zu mobilisieren. Durch Proteste, Kampagnen und die Nutzung sozialer Medien können diese Gruppen die Diskussion über Gesetze anstoßen und die öffentliche Meinung formen.

Ein Beispiel hierfür ist die Reaktion der Bürger auf das Anti-Körperphasen-Gesetz. Die Mobilisierung von Massenprotesten und die Nutzung von Hashtags auf sozialen Medien führten dazu, dass eine breite Debatte über die Auswirkungen des Gesetzes auf die Rechte von Bürgern und Nicht-Bürgern entstand.

Persönliche Erfahrungen und Werte

Die persönliche Erfahrung der Bürger spielt ebenfalls eine entscheidende Rolle bei der Bildung der öffentlichen Meinung zu Gesetzen. Individuen, die direkt von einem Gesetz betroffen sind, entwickeln oft eine starke Meinung darüber. In Verin-9 haben viele Bürger, die Diskriminierung aufgrund des Anti-Körperphasen-Gesetzes erfahren haben, ihre Geschichten geteilt, was zu einem Anstieg der öffentlichen Unterstützung für den Widerstand gegen das Gesetz führte.

Die Werte und Überzeugungen, die Menschen in ihrer Kindheit und Jugend entwickeln, beeinflussen ebenfalls, wie sie Gesetze wahrnehmen. In Jyn Korrs Fall führten ihre frühen Erfahrungen mit Ungerechtigkeit und Diskriminierung dazu, dass sie sich leidenschaftlich für Bürgerrechte einsetzte.

Theoretische Perspektiven

Aus einer theoretischen Perspektive kann die öffentliche Meinung zu Gesetzen durch verschiedene Modelle erklärt werden. Das *Theorie der sozialen Identität* legt nahe, dass Menschen ihre Meinungen in Übereinstimmung mit den Normen und Werten ihrer sozialen Gruppen bilden. In Verin-9 könnte dies bedeuten, dass Bürger, die sich mit einer bestimmten kulturellen oder ethnischen Gruppe identifizieren, eine einheitliche Meinung über das Anti-Körperphasen-Gesetz entwickeln, basierend auf den Erfahrungen und Werten dieser Gruppe.

Ein weiteres relevantes Modell ist das *Agenda-Setting-Modell*, das besagt, dass die Medien nicht nur darüber berichten, worüber die Öffentlichkeit nachdenkt, sondern auch, wie wichtig bestimmte Themen wahrgenommen werden. Wenn die Medien das Anti-Körperphasen-Gesetz als wichtiges Thema darstellen, wird es wahrscheinlicher, dass die Bürger eine Meinung dazu bilden und sich engagieren.

Fazit

Zusammenfassend lässt sich sagen, dass die öffentliche Meinung zu Gesetzen ein komplexes Zusammenspiel von Medienberichterstattung, sozialen Bewegungen und persönlichen Erfahrungen ist. In Verin-9 zeigt das Beispiel des Anti-Körperphasen-Gesetzes, wie aktivistische Bemühungen und die Berichterstattung der Medien die Wahrnehmung von Gesetzen beeinflussen können. Die Herausforderungen, die sich aus einer gespaltenen öffentlichen Meinung ergeben, sind bedeutend und erfordern ein tiefes Verständnis der sozialen Dynamiken, die die Meinungsbildung prägen.

Die öffentliche Meinung ist nicht nur ein Indikator für den gesellschaftlichen Zusammenhalt, sondern auch ein entscheidender Faktor für den Erfolg oder Misserfolg von Gesetzen in einer demokratischen Gesellschaft. Daher ist es unerlässlich, dass Bürger, Aktivisten und Entscheidungsträger zusammenarbeiten, um eine informierte und gerechte Diskussion über Gesetze zu fördern.

Der Einfluss von intergalaktischen Beziehungen

Die intergalaktischen Beziehungen spielen eine entscheidende Rolle in der politischen und sozialen Landschaft von Verin-9. Diese Beziehungen sind nicht nur auf diplomatische Verhandlungen und Handelsabkommen beschränkt, sondern beeinflussen auch die Wahrnehmung und den Umgang mit Bürgerrechten auf interstellarer Ebene. In diesem Abschnitt werden wir die verschiedenen Aspekte der intergalaktischen Beziehungen untersuchen und deren Auswirkungen auf die Bürgerrechtsbewegung, insbesondere im Kontext des Anti-Körperphasen-Gesetzes.

Theoretischer Rahmen

Intergalaktische Beziehungen können aus verschiedenen theoretischen Perspektiven betrachtet werden. Eine der grundlegendsten Theorien ist die *Realismus-Theorie*, die davon ausgeht, dass Staaten primär aus Eigeninteresse handeln. In diesem Kontext bedeutet das, dass Verin-9, als Teil einer größeren galaktischen Gemeinschaft, seine Gesetze und Politiken oft an den Erwartungen und Druck von anderen intergalaktischen Akteuren anpasst.

$$P_{ij} = f(R_{ij}, E_{ij}, I_{ij}) \tag{7}$$

Hierbei steht P_{ij} für die politische Entscheidung von Akteur i in Bezug auf Akteur j, während R_{ij}, E_{ij} und I_{ij} die Beziehungen, ökonomischen Interessen und internen politischen Einflüsse darstellen. Diese Gleichung verdeutlicht, dass politische Entscheidungen nicht isoliert getroffen werden, sondern stark von externen Faktoren abhängen.

Probleme durch intergalaktische Abhängigkeiten

Die Abhängigkeit von intergalaktischen Beziehungen kann jedoch auch zu Problemen führen. Ein Beispiel dafür ist die *Abhängigkeitstheorie*, die besagt, dass weniger entwickelte Planeten oft in eine Position der Unterordnung geraten, was ihre Fähigkeit einschränkt, eigene Gesetze und Bürgerrechte zu etablieren. Auf

Verin-9 führte die Notwendigkeit, intergalaktische Handelsabkommen einzuhalten, dazu, dass das Anti-Körperphasen-Gesetz eingeführt wurde, um den Anforderungen bestimmter intergalaktischer Partner gerecht zu werden.

Beispiele intergalaktischer Einflüsse

Ein konkretes Beispiel für den Einfluss intergalaktischer Beziehungen ist die Rolle der *Intergalaktischen Handelsallianz (IHA)*. Diese Allianz hat großen Einfluss auf die Handelspraktiken und die politischen Entscheidungen der Mitgliedswelten. In den Jahren vor der Einführung des Anti-Körperphasen-Gesetzes drängte die IHA Verin-9, diskriminierende Praktiken abzubauen, um den Zugang zu intergalaktischen Märkten zu erleichtern. Ironischerweise führte dieser Druck zur Einführung eines Gesetzes, das bestimmte Bevölkerungsgruppen benachteiligte, was den Aktivismus von Jyn Korr und ihrer Bürgerrechtsgruppe anheizte.

Reaktionen und Widerstand

Die Reaktionen der Bürger auf die intergalaktischen Einflüsse waren gemischt. Während einige die Notwendigkeit für intergalaktische Zusammenarbeit und wirtschaftliche Vorteile anerkannten, fühlten sich andere von der Regierung und den intergalaktischen Partnern im Stich gelassen. Dies führte zu einem verstärkten Widerstand gegen das Anti-Körperphasen-Gesetz, da viele Bürger das Gefühl hatten, dass ihre grundlegenden Rechte durch externe Kräfte gefährdet waren.

Der Einfluss von Aktivismus auf intergalaktische Beziehungen

Der Aktivismus auf Verin-9 hat auch Auswirkungen auf die intergalaktischen Beziehungen. Jyn Korr und ihre Mitstreiter haben es geschafft, internationale Aufmerksamkeit auf die Ungerechtigkeiten zu lenken, die durch das Anti-Körperphasen-Gesetz verursacht wurden. Dies führte zu diplomatischen Druck von anderen Planeten und intergalaktischen Organisationen, die sich für Bürgerrechte einsetzen.

$$D_{ij} = g(P_{ij}, A_{ij}, T_{ij}) \tag{8}$$

In dieser Gleichung steht D_{ij} für den diplomatischen Druck, den Akteur i auf Akteur j ausübt, wobei A_{ij} für die Aktivitäten des Aktivismus und T_{ij} für die Technologie steht, die zur Verbreitung von Informationen genutzt wird. Der Einfluss von Aktivismus auf intergalaktische Beziehungen zeigt, dass Bürgerrechtsbewegungen nicht nur lokal, sondern auch auf galaktischer Ebene Veränderungen bewirken können.

Schlussfolgerung

Zusammenfassend lässt sich sagen, dass intergalaktische Beziehungen einen tiefgreifenden Einfluss auf die sozialen und politischen Strukturen von Verin-9 haben. Sie schaffen sowohl Herausforderungen als auch Chancen für den Aktivismus und die Durchsetzung von Bürgerrechten. Jyn Korrs Widerstand gegen das Anti-Körperphasen-Gesetz ist ein Beispiel dafür, wie lokale Bewegungen auf intergalaktische Fragen reagieren und diese beeinflussen können. Der intergalaktische Kontext, in dem Verin-9 operiert, ist somit nicht nur ein Faktor, der die Bürgerrechtsbewegung beeinflusst, sondern auch ein Raum, in dem diese Bewegung selbst zur Veränderung beitragen kann.

Die Relevanz von Aktivismus

Aktivismus spielt eine entscheidende Rolle in der Gesellschaft, insbesondere in Zeiten politischer und sozialer Umwälzungen. In der Ära der Globalisierung, in der Informationen in Echtzeit verbreitet werden, ist der Einfluss von aktivistischen Bewegungen nicht nur lokal, sondern auch global spürbar. Aktivismus kann als ein kollektives Handeln definiert werden, das darauf abzielt, soziale, politische oder wirtschaftliche Veränderungen herbeizuführen. In diesem Abschnitt werden wir die Relevanz von Aktivismus untersuchen, indem wir verschiedene Theorien, Probleme und Beispiele betrachten.

Theoretische Grundlagen des Aktivismus

Die Relevanz von Aktivismus kann durch verschiedene theoretische Rahmenwerke erklärt werden. Eine der bekanntesten Theorien ist die **Ressourcentheorie**, die besagt, dass soziale Bewegungen auf Ressourcen angewiesen sind, um erfolgreich zu sein. Diese Ressourcen können finanzieller, menschlicher oder sozialer Natur sein. Die Verfügbarkeit und Mobilisierung dieser Ressourcen sind entscheidend für die Effektivität von aktivistischen Kampagnen.

Ein weiteres wichtiges Konzept ist die **Mobilisierungstheorie**, die sich mit den Prozessen befasst, durch die Individuen und Gruppen mobilisiert werden, um aktiv zu werden. Mobilisierung kann durch verschiedene Faktoren beeinflusst werden, darunter persönliche Netzwerke, soziale Medien und die allgemeine gesellschaftliche Stimmung. Die Mobilisierungstheorie betont die Bedeutung von *kollektiven Identitäten*, die den Aktivisten helfen, sich mit einer bestimmten Sache zu identifizieren und sich für diese einzusetzen.

Gesellschaftliche Probleme und Herausforderungen

Trotz der positiven Auswirkungen von Aktivismus gibt es auch zahlreiche Herausforderungen und Probleme, die aktivistische Bewegungen konfrontieren müssen. Eine der größten Herausforderungen ist die **Repression** durch staatliche Akteure. In vielen Ländern werden Aktivisten verfolgt, verhaftet oder sogar gewaltsam unterdrückt. Diese Repression kann die Mobilisierung und den Erfolg von Bewegungen erheblich beeinträchtigen.

Ein weiteres Problem ist die **Fragmentierung** innerhalb von Bewegungen. Oft gibt es unterschiedliche Meinungen und Ansätze innerhalb einer Bewegung, die zu internen Konflikten führen können. Diese Fragmentierung kann die Effektivität der Bewegung schwächen und die öffentliche Wahrnehmung negativ beeinflussen.

Beispiele für erfolgreichen Aktivismus

Es gibt zahlreiche Beispiele für erfolgreichen Aktivismus, die die Relevanz und den Einfluss solcher Bewegungen verdeutlichen. Ein herausragendes Beispiel ist die **Bürgerrechtsbewegung** in den Vereinigten Staaten in den 1960er Jahren. Führende Persönlichkeiten wie Martin Luther King Jr. und Rosa Parks mobilisierten Millionen von Menschen, um gegen Rassendiskriminierung und Ungerechtigkeit zu kämpfen. Ihre Strategien, die gewaltfreien Protest und direkte Aktionen umfassten, führten letztendlich zur Verabschiedung des Civil Rights Act von 1964, der die Diskriminierung aufgrund von Rasse, Farbe, Religion, Geschlecht oder nationaler Herkunft verbot.

Ein weiteres Beispiel ist die **Fridays for Future**-Bewegung, die von der schwedischen Aktivistin Greta Thunberg ins Leben gerufen wurde. Diese globale Bewegung hat Millionen von Menschen, insbesondere Jugendliche, mobilisiert, um für Maßnahmen gegen den Klimawandel zu demonstrieren. Die Verwendung von sozialen Medien und die Organisation von Schulstreiks haben es der Bewegung ermöglicht, schnell an Bedeutung zu gewinnen und internationale Aufmerksamkeit zu erlangen.

Die Zukunft des Aktivismus

In Anbetracht der Herausforderungen, vor denen aktivistische Bewegungen stehen, ist es wichtig, die **Zukunft des Aktivismus** zu betrachten. Mit dem Aufkommen neuer Technologien und Plattformen wird erwartet, dass Aktivismus weiterhin an Bedeutung gewinnt. Die Nutzung von sozialen Medien, um Botschaften zu verbreiten und Unterstützung zu mobilisieren, wird in den kommenden Jahren eine zentrale Rolle spielen.

Darüber hinaus wird die **Intersektionalität** eine zunehmend wichtige Rolle im Aktivismus spielen. Diese Perspektive erkennt an, dass verschiedene Formen der Diskriminierung und Ungerechtigkeit miteinander verbunden sind und nicht isoliert betrachtet werden können. Aktivisten werden zunehmend bestrebt sein, die Verbindungen zwischen verschiedenen sozialen Bewegungen zu erkennen und zu nutzen, um eine breitere Basis für Veränderungen zu schaffen.

Fazit

Zusammenfassend lässt sich sagen, dass Aktivismus eine unverzichtbare Komponente der modernen Gesellschaft ist. Die Relevanz von Aktivismus zeigt sich in seiner Fähigkeit, soziale Veränderungen herbeizuführen, Ungerechtigkeiten sichtbar zu machen und Gemeinschaften zu mobilisieren. Trotz der Herausforderungen, denen Aktivisten gegenüberstehen, bleibt der Einfluss von aktivistischen Bewegungen stark und wird voraussichtlich auch in Zukunft wachsen. Es ist entscheidend, dass Individuen und Gemeinschaften sich weiterhin für die Werte von Gerechtigkeit, Gleichheit und Freiheit einsetzen, um eine bessere Zukunft für alle zu schaffen.

$$\text{Aktivismus}_{\text{Erfolg}} = f(\text{Ressourcen, Mobilisierung, Solidarität}) \tag{9}$$

Kapitel 1: Die frühen Jahre von Jyn Korr

Kindheit und Familie

Jyns Heimatwelt

Jyn Korr wurde auf Verin-9 geboren, einem Planeten, der für seine atemberaubenden Landschaften und komplexen ökologischen Systeme bekannt ist. Verin-9 liegt im Gamma-Sektor der Galaxie, umgeben von einer Vielzahl von Monden und Asteroiden, die eine reiche Geschichte interstellarer Handelsrouten und kultureller Austauschmöglichkeiten bieten. Der Planet selbst ist von einer Vielzahl von Biomen geprägt, die von dichten, tropischen Wäldern über weite, offene Savannen bis hin zu schneebedeckten Bergregionen reichen. Diese geografische Vielfalt hat nicht nur die Flora und Fauna des Planeten geprägt, sondern auch die Kulturen und Gesellschaften, die dort leben.

Geographie und Klima

Das Klima auf Verin-9 ist durch extreme Wetterbedingungen gekennzeichnet, die von tropischen Stürmen bis hin zu langen Trockenperioden reichen. Diese klimatischen Herausforderungen haben die Lebensweise der Bewohner stark beeinflusst. Die meisten Siedlungen sind in den fruchtbaren Regionen des Planeten konzentriert, wo die Landwirtschaft floriert. Die Bewohner haben spezielle Techniken entwickelt, um mit den klimatischen Bedingungen umzugehen, wie z.B. die Verwendung von Wasserauffangsystemen und den Anbau von widerstandsfähigen Pflanzenarten.

$$\text{Ernteertrag} = \text{Anbaufläche} \times \text{Ertrag pro Fläche} \tag{10}$$

Diese Gleichung verdeutlicht, wie wichtig die optimalen Anbaubedingungen für die Nahrungsmittelproduktion auf Verin-9 sind. Die Bewohner haben auch gelernt, die natürlichen Ressourcen nachhaltig zu nutzen, um ihre Gemeinschaften zu unterstützen.

Gesellschaftliche Strukturen

Die Gesellschaft auf Verin-9 ist in verschiedene ethnische Gruppen unterteilt, die jeweils ihre eigenen Traditionen und Bräuche haben. Diese kulturelle Vielfalt hat zu einer dynamischen sozialen Struktur geführt, die sowohl harmonische als auch konfliktreiche Beziehungen zwischen den verschiedenen Gruppen umfasst. Jyn wuchs in einer multikulturellen Umgebung auf, die sie stark prägte.

Die sozialen Strukturen sind stark hierarchisch, wobei die politische Macht oft in den Händen einer kleinen Elite liegt, die die Ressourcen und Entscheidungsprozesse kontrolliert. Dies hat zu Spannungen innerhalb der Gemeinschaften geführt, insbesondere unter den marginalisierten Gruppen, die oft von der politischen Mitbestimmung ausgeschlossen sind.

Die Rolle der Regierung

Die Regierung von Verin-9 ist eine repräsentative Demokratie, die jedoch von Korruption und Machtmissbrauch geprägt ist. Die politischen Institutionen sind oft nicht in der Lage, die Bedürfnisse der Bürger zu erfüllen, was zu einem tiefen Misstrauen gegenüber den politischen Führern geführt hat. Jyns frühe Erfahrungen mit der Regierung waren geprägt von der Beobachtung, wie Gesetze und Vorschriften oft zum Nachteil der weniger privilegierten Gruppen ausgelegt wurden.

Die Einführung des Anti-Körperphasen-Gesetzes war ein Wendepunkt, der die Bürgerrechte auf Verin-9 in den Mittelpunkt der politischen Debatte rückte. Die öffentliche Meinung über die Regierung und ihre Fähigkeit, die Bürgerrechte zu schützen, war gespalten.

Kulturelle Vielfalt

Die kulturelle Vielfalt auf Verin-9 ist eine Quelle des Reichtums, aber auch der Spannungen. Verschiedene Feste und Traditionen werden von den verschiedenen Gruppen gefeiert, was zu einem bunten Mosaik kultureller Ausdrucksformen führt. Jyn war von klein auf in diese Vielfalt integriert und entwickelte eine tiefe Wertschätzung für die verschiedenen Perspektiven, die die Bewohner von Verin-9 miteinander teilen.

Ein Beispiel für diese kulturelle Vielfalt ist das jährliche Festival der Harmonie, das die Einheit der verschiedenen Ethnien feiert. Während dieses Festivals kommen Menschen aus allen Teilen des Planeten zusammen, um ihre Traditionen und Bräuche zu teilen. Jyn nahm oft an diesen Festen teil und erlebte, wie wichtig Gemeinschaft und Zusammenhalt für den sozialen Frieden sind.

Technologischer Fortschritt

Der technologische Fortschritt auf Verin-9 ist bemerkenswert, insbesondere in den Bereichen Energieerzeugung und Kommunikation. Die Bewohner haben innovative Lösungen entwickelt, um erneuerbare Energien zu nutzen und ihre Abhängigkeit von fossilen Brennstoffen zu reduzieren. Dies hat nicht nur die Umwelt geschont, sondern auch die Lebensqualität der Menschen verbessert.

Allerdings gibt es auch eine Kehrseite. Der technologische Fortschritt hat zu einer Kluft zwischen den wohlhabenden und ärmeren Gemeinschaften geführt, da nicht alle Zugang zu den neuesten Technologien haben. Jyn wurde sich dieser Ungleichheit bewusst und begann, über die Notwendigkeit von sozialer Gerechtigkeit nachzudenken.

Die Bedeutung von Bürgerrechten

Die Bedeutung von Bürgerrechten auf Verin-9 kann nicht genug betont werden. Die Ungleichheiten und Diskriminierungen, die viele Bewohner erfahren, haben zu einem wachsenden Bewusstsein für die Notwendigkeit von Veränderungen geführt. Jyns frühe Erfahrungen mit Ungerechtigkeiten motivierten sie, sich für die Rechte der Unterdrückten einzusetzen.

Die Einführung des Anti-Körperphasen-Gesetzes war ein Weckruf für viele Bürger, die sich aktiv für ihre Rechte einsetzen wollten. Jyn erkannte, dass der Kampf um Bürgerrechte nicht nur eine Frage der Gerechtigkeit, sondern auch eine Frage des Überlebens für viele Gemeinschaften auf Verin-9 war.

Die Entstehung des Anti-Körperphasen-Gesetzes

Das Anti-Körperphasen-Gesetz wurde als Antwort auf die zunehmenden Spannungen zwischen den verschiedenen ethnischen Gruppen eingeführt. Die Regierung behauptete, es sei notwendig, um die öffentliche Sicherheit zu gewährleisten. Doch viele sahen es als einen Angriff auf die Bürgerrechte, der die bereits marginalisierten Gruppen weiter benachteiligte.

Jyn war entschlossen, gegen dieses Gesetz zu kämpfen. Ihre Heimatwelt, die so reich an Vielfalt und Möglichkeiten war, durfte nicht unter der Last von

Diskriminierung und Ungerechtigkeit leiden. Diese Überzeugung wurde zu einem zentralen Motiv in ihrem Leben und ihrem Aktivismus.

Öffentliche Meinung zu Gesetzen

Die öffentliche Meinung zu Gesetzen auf Verin-9 ist oft gespalten. Während einige Bürger die Maßnahmen der Regierung unterstützen, fühlen sich viele von den bestehenden Gesetzen und Vorschriften benachteiligt. Die Kluft zwischen den verschiedenen sozialen Schichten hat zu einer tiefen politischen und sozialen Fragmentierung geführt.

Jyn beobachtete, wie die öffentliche Meinung durch soziale Medien und alternative Informationsquellen beeinflusst wurde. Diese Plattformen ermöglichten es den Bürgern, ihre Stimmen zu erheben und sich gegen Ungerechtigkeiten zu wehren. Jyn nutzte diese Möglichkeiten, um ihre Botschaft zu verbreiten und andere zu mobilisieren.

Der Einfluss von intergalaktischen Beziehungen

Die intergalaktischen Beziehungen von Verin-9 haben ebenfalls einen erheblichen Einfluss auf die gesellschaftlichen Strukturen und die politische Landschaft. Die Handelsbeziehungen mit benachbarten Planeten haben sowohl positive als auch negative Auswirkungen auf die lokale Wirtschaft und die sozialen Dynamiken.

Jyn erkannte, dass der Aktivismus nicht nur auf Verin-9, sondern auch in einem intergalaktischen Kontext stattfinden musste. Die Zusammenarbeit mit anderen Planeten und Bewegungen wurde zu einem wichtigen Bestandteil ihres Engagements für Bürgerrechte.

Die Relevanz von Aktivismus

Die Relevanz von Aktivismus auf Verin-9 ist unbestreitbar. Angesichts der Herausforderungen, mit denen die Gesellschaft konfrontiert ist, ist es entscheidend, dass die Bürger ihre Stimme erheben und für ihre Rechte kämpfen. Jyn wurde zu einer Stimme für die Unterdrückten und setzte sich dafür ein, dass die Bürgerrechte auf Verin-9 respektiert und geschützt werden.

Jyns Heimatwelt, mit all ihren Widersprüchen und Herausforderungen, wurde zum Schauplatz eines bedeutenden Kampfes um Gerechtigkeit und Gleichheit. Ihre Erfahrungen und Überzeugungen prägten ihren Weg als Bürgerrechtsaktivistin und legten den Grundstein für ihren späteren Widerstand gegen das Anti-Körperphasen-Gesetz.

Die Eltern von Jyn

Die Eltern von Jyn Korr spielten eine entscheidende Rolle in ihrer Entwicklung und prägten ihre Werte und Überzeugungen, die sie später im Leben als Bürgerrechtsaktivistin einsetzte. Jyns Mutter, Lira Korr, war eine angesehene Wissenschaftlerin, die sich auf intergalaktische Biologie spezialisiert hatte. Ihr Vater, Tarin Korr, war ein leidenschaftlicher Lehrer und Historiker, der sich mit den sozialen Strukturen und der politischen Geschichte von Verin-9 beschäftigte. Diese Kombination aus wissenschaftlicher Neugier und sozialem Engagement schuf ein Umfeld, in dem Jyns Interesse an Gerechtigkeit und Gleichheit gefördert wurde.

Lira Korr: Die Wissenschaftlerin

Lira Korr war nicht nur eine herausragende Wissenschaftlerin, sondern auch eine starke Verfechterin der Bürgerrechte. Ihre Forschungen konzentrierten sich auf die biologischen Unterschiede zwischen verschiedenen Spezies und wie diese Unterschiede oft als Vorwand für Diskriminierung genutzt wurden. Sie war bekannt für ihre Fähigkeit, komplexe wissenschaftliche Konzepte verständlich zu erklären und dabei die ethischen Implikationen ihrer Arbeit zu betonen.

Ein Beispiel für Liras Einfluss auf Jyn war ihre Teilnahme an einem intergalaktischen Symposium über biologische Diversität und soziale Gerechtigkeit. Dort lernte Jyn, dass das Verständnis biologischer Unterschiede nicht nur wissenschaftlich, sondern auch sozial relevant ist. Lira vermittelte Jyn die Idee, dass Wissenschaft und Aktivismus Hand in Hand gehen können, um Vorurteile abzubauen und Gleichheit zu fördern.

Tarin Korr: Der Lehrer und Historiker

Tarin Korr war ein leidenschaftlicher Lehrer, der sich dafür einsetzte, die Geschichte von Verin-9 und seiner vielfältigen Kulturen zu unterrichten. Er war überzeugt, dass das Verständnis der Vergangenheit der Schlüssel zur Gestaltung einer besseren Zukunft ist. Tarin nutzte Geschichten von Widerstand und sozialem Wandel, um seinen Schülern die Bedeutung von Aktivismus und Engagement zu vermitteln.

Ein prägendes Erlebnis für Jyn war, als Tarin sie zu einem lokalen Geschichtsprojekt mitnahm, das sich mit den Kämpfen der Bürgerrechtsbewegungen auf Verin-9 befasste. Sie hörte Geschichten von Menschen, die für ihre Rechte gekämpft hatten, und erkannte, dass Veränderung möglich ist, wenn Menschen zusammenkommen und für ihre Überzeugungen

einstehen.   Diese Erfahrungen schärften Jyns Bewusstsein für soziale
Ungerechtigkeiten und motivierten sie, selbst aktiv zu werden.

Die Werte und Überzeugungen

Die Werte, die Jyn von ihren Eltern erlernte, waren tief verwurzelt in der Idee von
Gleichheit und Gerechtigkeit. Lira und Tarin förderten eine offene Diskussion
über soziale Themen und ermutigten Jyn, Fragen zu stellen und kritisch zu denken.
Diese Erziehung führte dazu, dass Jyn nicht nur die Ungerechtigkeiten in ihrer
eigenen Gesellschaft erkannte, sondern auch den Mut fand, sich gegen diese
Ungerechtigkeiten zu wehren.

Ein Beispiel für die Werte, die Jyn von ihren Eltern übernahm, war ihre
Überzeugung, dass jeder das Recht auf eine Stimme hat. Dies wurde besonders
deutlich, als Jyn in der Schule für die Rechte ihrer Klassenkameraden eintrat, die
aufgrund ihrer Herkunft diskriminiert wurden.   Sie erinnerte sich an die
Geschichten, die ihr Vater erzählt hatte, und handelte entsprechend, indem sie
eine Petition startete und eine Versammlung einberief, um auf die Probleme
aufmerksam zu machen.

Der Einfluss auf Jyns Aktivismus

Die Kombination aus Liras wissenschaftlichem Ansatz und Tarins historischem
Wissen bildete die Grundlage für Jyns späteren Aktivismus.   Sie lernte, dass
Wissen Macht ist und dass die Auseinandersetzung mit der Vergangenheit
notwendig ist, um die Zukunft zu gestalten. Diese Lehren begleiteten sie während
ihrer gesamten Jugend und prägen bis heute ihre Sichtweise auf Aktivismus und
Bürgerrechte.

Jyns Eltern waren nicht nur Vorbilder, sondern auch aktive Unterstützer ihrer
Initiativen. Sie halfen ihr, die notwendigen Ressourcen zu finden, um ihre Ideen
zu verwirklichen, und ermutigten sie, sich mit Gleichgesinnten zu vernetzen. Diese
Unterstützung war entscheidend, als Jyn begann, sich in der Bürgerrechtsbewegung
zu engagieren und ihre eigene Gruppe zu gründen.

Fazit

Die Eltern von Jyn Korr waren mehr als nur Erzieher; sie waren Wegbereiter für
ihre Tochter, die später zu einer der führenden Stimmen im Kampf für
Bürgerrechte auf Verin-9 wurde.   Ihre Kombination aus wissenschaftlichem
Wissen, sozialem Bewusstsein und historischem Verständnis schuf ein
Fundament, auf dem Jyn ihre Überzeugungen aufbauen konnte. Der Einfluss von

Lira und Tarin Korr bleibt bis heute in Jyns Engagement für Gleichheit und Gerechtigkeit spürbar und zeigt, wie wichtig die Rolle der Eltern in der Entwicklung junger Aktivisten ist.

Geschwister und Verwandte

In der Kindheit von Jyn Korr spielten Geschwister und Verwandte eine zentrale Rolle bei der Entwicklung ihrer Identität und ihrer Werte. Jyn wuchs als das älteste Kind in einer Familie auf, die aus drei Geschwistern bestand. Diese Geschwister waren nicht nur Spielgefährten, sondern auch wichtige Bezugspersonen, die ihre Sicht auf die Welt prägten. Die Dynamik innerhalb der Familie war von einem starken Gemeinschaftsgefühl und einem tiefen Verständnis füreinander geprägt.

Die Rolle der Geschwister

Jyns Geschwister waren ihre ersten Freunde und Lehrer. Sie teilten nicht nur die Freuden des Spiels, sondern auch die Herausforderungen des Aufwachsens. Ihre jüngere Schwester, Lira, war besonders einfühlsam und hatte eine natürliche Neigung, die Gefühle anderer zu verstehen. Dies förderte Jyns eigene Empathiefähigkeit und half ihr, die Ungerechtigkeiten in ihrer Umgebung frühzeitig zu erkennen. Lira stellte oft Fragen, die Jyn dazu anregten, über die Welt nachzudenken, und sie diskutierten häufig über die verschiedenen sozialen Themen, die in ihrer Gemeinschaft präsent waren.

Ihr Bruder, Kael, war der Abenteurer der Familie. Er hatte eine unstillbare Neugier und brachte Jyn dazu, die Grenzen ihrer Komfortzone zu überschreiten. Gemeinsam erforschten sie die Wälder rund um ihr Zuhause und entdeckten die Schönheit der Natur sowie die Herausforderungen, die das Leben mit sich brachte. Diese Erlebnisse stärkten nicht nur ihre Geschwisterbindung, sondern schärften auch Jyns Sinn für Gerechtigkeit, da sie oft beobachteten, wie andere in ihrer Nachbarschaft unter ungerechten Bedingungen litten.

Die erweiterte Familie

Die Verwandten von Jyn spielten ebenfalls eine entscheidende Rolle in ihrem Leben. Ihre Großeltern lebten in der Nähe und waren eine Quelle von Weisheit und Tradition. Sie erzählten Geschichten aus der Vergangenheit, die Jyn ein Gefühl für ihre kulturellen Wurzeln und die Kämpfe ihrer Vorfahren vermittelten. Diese Geschichten waren nicht nur unterhaltsam, sondern auch lehrreich und halfen Jyn, die Bedeutung von Bürgerrechten und sozialer Gerechtigkeit zu verstehen.

Ein Beispiel für die Lehren, die Jyn von ihren Großeltern erhielt, war die Geschichte eines Verwandten, der in der Vergangenheit für die Rechte seiner Gemeinschaft kämpfte. Diese Erzählungen inspirierten Jyn und schärften ihr Bewusstsein für die Herausforderungen, denen sich ihre Familie und Gemeinschaft gegenübersahen. Die Werte von Mut und Entschlossenheit, die sie von ihren Großeltern erlernte, wurden zu den Grundpfeilern ihrer eigenen Überzeugungen.

Konflikte und Herausforderungen

Trotz der starken Bindungen gab es auch Konflikte innerhalb der Familie. Jyns Eltern hatten unterschiedliche Ansichten über den Aktivismus. Während ihre Mutter eine sanfte Herangehensweise an soziale Probleme bevorzugte, war ihr Vater eher der Meinung, dass direkte Konfrontation notwendig sei. Diese unterschiedlichen Perspektiven führten zu Spannungen, die Jyn in ihrer Entwicklung beeinflussten. Sie lernte, die verschiedenen Ansichten zu respektieren und versuchte, einen Mittelweg zu finden, der sowohl die Werte ihrer Eltern als auch ihre eigenen Überzeugungen berücksichtigte.

Diese Konflikte führten dazu, dass Jyn oft in ihrer eigenen Identität hin- und hergerissen war. Sie wollte die Erwartungen ihrer Eltern erfüllen, gleichzeitig aber auch ihren eigenen Weg finden. Diese innere Zerrissenheit trug zur Entstehung ihrer Werte und Überzeugungen bei und beeinflusste ihren späteren Aktivismus. Jyn lernte, dass es in Ordnung ist, unterschiedliche Meinungen zu haben, solange man respektvoll und offen bleibt.

Die Bedeutung von Unterstützung

Die Unterstützung ihrer Geschwister und Verwandten war für Jyn von unschätzbarem Wert. In schwierigen Zeiten fanden sie Trost und Ermutigung in ihrer Familie. Diese Unterstützung half ihr, die Herausforderungen des Lebens zu bewältigen und ihre Träume zu verfolgen. Jyn erkannte, dass die Stärke ihrer Familie nicht nur in den gemeinsamen Erlebnissen lag, sondern auch in der Fähigkeit, sich gegenseitig zu unterstützen und zu ermutigen.

Zusammenfassend lässt sich sagen, dass Geschwister und Verwandte eine entscheidende Rolle in Jyn Korrs Leben spielten. Sie prägten ihre Werte, halfen ihr, ihre Identität zu formen, und unterstützten sie auf ihrem Weg zum Aktivismus. Die Dynamik innerhalb ihrer Familie war ein wichtiger Faktor für die

Entwicklung ihrer Überzeugungen und ihres Engagements für soziale Gerechtigkeit. Jyns Beziehung zu ihren Geschwistern und Verwandten bleibt ein zentraler Bestandteil ihrer Geschichte und ihrer Motivation, für die Rechte derjenigen zu kämpfen, die nicht für sich selbst sprechen können.

Kindliche Träume und Ambitionen

Die Kindheit von Jyn Korr war geprägt von einer Fülle an Träumen und Ambitionen, die nicht nur ihre eigene Identität prägten, sondern auch den Grundstein für ihren späteren Aktivismus legten. In dieser Phase ihres Lebens war die Vorstellung von einer besseren Welt nicht nur ein fernes Ideal, sondern eine greifbare Realität, die sie aktiv zu gestalten versuchte.

Die Vorstellung von Gerechtigkeit

Schon in jungen Jahren entwickelte Jyn ein starkes Gefühl für Gerechtigkeit. Sie beobachtete, wie Menschen in ihrer Umgebung aufgrund ihrer Herkunft oder ihres Aussehens benachteiligt wurden. Diese Beobachtungen führten zu einer tiefen inneren Überzeugung, dass jeder das Recht auf Gleichbehandlung und Respekt hatte. Die kindlichen Träume von Gerechtigkeit und Gleichheit wurden zu einem zentralen Motiv in ihrem Leben.

Ein Beispiel hierfür ist eine Episode aus ihrer Grundschulzeit, als sie Zeugin eines Vorfalls wurde, bei dem ein Klassenkamerad aufgrund seiner alienen Herkunft verspottet wurde. Jyn fühlte sich unwohl und beschloss, sich für ihren Freund einzusetzen. Sie organisierte eine kleine Versammlung in der Schule, um das Bewusstsein für die Bedeutung von Respekt und Freundschaft zu fördern. Dieses frühe Engagement war der erste Schritt in ihrer langen Reise als Aktivistin.

Die Rolle von Vorbildern

Ein weiterer entscheidender Faktor in Jyns Kindheit war die Präsenz von Vorbildern in ihrem Leben. Ihre Eltern, beide engagierte Mitglieder der Gemeinschaft, inspirierten sie durch ihre eigenen Aktionen und Überzeugungen. Sie erinnerten Jyn oft daran, dass jeder Einzelne die Fähigkeit hat, Veränderungen herbeizuführen. Diese Botschaft wurde von Jyn als Kind verinnerlicht und führte zu ihrer Überzeugung, dass sie eines Tages eine bedeutende Rolle im Kampf für Bürgerrechte spielen könnte.

Die Bedeutung von Bildung

Bildung spielte eine zentrale Rolle in Jyns frühen Ambitionen. Sie war eine wissbegierige Schülerin, die es liebte, neue Dinge zu lernen und sich mit verschiedenen Themen auseinanderzusetzen. Ihre Lehrer ermutigten sie, kritisch zu denken und ihre Meinungen zu äußern. In ihrer Schulzeit begann Jyn, sich intensiv mit Themen wie Menschenrechten, Geschichte und sozialen Bewegungen zu beschäftigen. Diese Themen weckten in ihr den Wunsch, nicht nur zu lernen, sondern auch aktiv zu handeln.

Ein Beispiel für Jyns Engagement war ihre Teilnahme an einem Schulprojekt, das sich mit den Bürgerrechtsbewegungen auf der Erde beschäftigte. Sie war fasziniert von den Geschichten von Aktivisten wie Martin Luther King Jr. und Rosa Parks. Diese historischen Figuren wurden für sie zu Symbolen des Mutes und der Entschlossenheit. Sie träumte davon, eines Tages in ihren Fußstapfen zu treten und für die Rechte der Unterdrückten zu kämpfen.

Die Fantasie als Antrieb

Jyns Kindheit war auch von einer lebhaften Fantasie geprägt. Sie träumte oft von einer Welt, in der alle Wesen, unabhängig von ihrer Herkunft oder ihrem Aussehen, in Harmonie lebten. Diese Träume waren nicht nur Flucht vor der Realität, sondern auch ein Antrieb, um aktiv an der Gestaltung dieser idealen Welt zu arbeiten. Sie stellte sich vor, wie sie als Erwachsene eine große Versammlung leiten würde, bei der sie ihre Vision einer gerechten Gesellschaft verkünden würde.

In ihren Träumen sah sie sich selbst als eine Anführerin, die Menschen zusammenbringt, um für ihre Rechte zu kämpfen. Diese Vorstellung wurde zu einer treibenden Kraft in ihrem Leben, die sie dazu motivierte, sich in ihrer Jugend für soziale Gerechtigkeit einzusetzen.

Die Herausforderungen der Realität

Obwohl Jyns Träume und Ambitionen stark waren, sah sie sich auch mit den Herausforderungen der Realität konfrontiert. Es gab Momente, in denen sie an ihren Fähigkeiten zweifelte und sich fragte, ob sie tatsächlich einen Unterschied machen könnte. Die Ungerechtigkeiten, die sie beobachtete, schienen überwältigend, und die Vorstellung, dass eine Einzelne diese Probleme lösen könnte, erschien oft unrealistisch.

Trotz dieser Herausforderungen blieb Jyn entschlossen. Sie lernte, dass der Weg zum Aktivismus nicht immer geradlinig war und dass Rückschläge Teil des Prozesses waren. Ihre frühen Erfahrungen mit Diskriminierung und

Ungerechtigkeit schärften ihren Blick für die Probleme in ihrer Gesellschaft und stärkten ihren Willen, für Veränderungen zu kämpfen.

Fazit

Die kindlichen Träume und Ambitionen von Jyn Korr waren von einer tiefen Sehnsucht nach Gerechtigkeit, Bildung und einer besseren Welt geprägt. Diese Träume bildeten das Fundament für ihren späteren Aktivismus und führten sie auf den Weg, die Stimme der Unterdrückten zu werden. Jyns Reise zeigt, wie wichtig es ist, dass Kinder in einem Umfeld aufwachsen, das ihre Träume fördert und ihnen die Werkzeuge an die Hand gibt, um für eine gerechtere Zukunft zu kämpfen.

In einer Zeit, in der die Welt von Konflikten und Ungerechtigkeiten geprägt ist, bleibt Jyns Botschaft relevant: Jeder Einzelne kann einen Unterschied machen, und es ist nie zu früh, um für das einzustehen, was richtig ist.

Bildung und frühe Einflüsse

Die Bildung spielt eine entscheidende Rolle in der Entwicklung von Individuen und deren Werten. Für Jyn Korr war diese Phase ihrer frühen Jahre von enormer Bedeutung, da sie die Grundlagen für ihre späteren Überzeugungen und ihren Aktivismus legte. In diesem Abschnitt untersuchen wir die verschiedenen Aspekte von Jyns Bildung und die frühen Einflüsse, die sie prägten.

Die Rolle der Familie

Jyns Familie war ein zentraler Einflussfaktor in ihrer frühen Bildung. Ihre Eltern, beide engagierte Mitglieder der Gemeinschaft, förderten eine Umgebung, die Neugier und kritisches Denken schätzte. Sie ermutigten Jyn, Fragen zu stellen und die Welt um sie herum zu hinterfragen. Diese Unterstützung legte den Grundstein für Jyns späteren Aktivismus.

Einfluss der Bildungseinrichtungen

Jyn besuchte eine Grundschule, die für ihre integrative und kreative Lehrmethoden bekannt war. Die Lehrer dort waren nicht nur Pädagogen, sondern auch Mentoren, die den Schülern halfen, ihre individuellen Stärken zu erkennen. Ein besonders einprägsames Erlebnis war ein Projekt über kulturelle Vielfalt, bei dem Jyn und ihre Klassenkameraden die Traditionen verschiedener intergalaktischer

Kulturen erforschten. Diese Erfahrung öffnete Jyn die Augen für die Bedeutung von Empathie und Verständnis gegenüber anderen.

Frühe literarische Einflüsse

Ein weiterer entscheidender Faktor in Jyns Bildung waren die Bücher, die sie las. Schon früh entdeckte sie die Werke von intergalaktischen Autoren, die sich mit Themen wie Gerechtigkeit, Freiheit und Identität auseinandersetzten. Besonders das Buch „Die Stimmen der Verdrängten" hinterließ einen bleibenden Eindruck auf sie. Die Protagonistin, eine junge Aktivistin, kämpfte gegen Unterdrückung und inspirierte Jyn dazu, ihre eigenen Überzeugungen zu entwickeln.

Soziale Interaktionen und Freundschaften

Jyns Freundschaften in der Schule trugen ebenfalls zu ihrer Bildung bei. Sie schloss Freundschaften mit Kindern aus verschiedenen kulturellen Hintergründen, was ihr half, verschiedene Perspektiven zu verstehen. Diese sozialen Interaktionen waren nicht immer einfach, da sie auch mit Vorurteilen und Diskriminierung konfrontiert wurde. Diese Erfahrungen verstärkten ihr Bewusstsein für Ungerechtigkeit und förderten ihre Empathie.

Der Einfluss von außerschulischen Aktivitäten

Außerschulische Aktivitäten spielten eine wesentliche Rolle in Jyns Entwicklung. Sie trat einer Theatergruppe bei, die sich mit sozialen Themen auseinandersetzte. In einem ihrer ersten Stücke spielte sie die Rolle einer Bürgerrechtsaktivistin, was ihr half, die Herausforderungen und den Mut, den es braucht, um für das Richtige einzustehen, zu verstehen. Diese Erfahrungen führten dazu, dass Jyn die Bedeutung von Ausdruck und Kommunikation in ihrem späteren Aktivismus erkannte.

Die Suche nach Identität

In dieser Phase ihrer Bildung begann Jyn, ihre eigene Identität zu hinterfragen. Sie war sich bewusst, dass sie in einer Gesellschaft lebte, die von Ungleichheit geprägt war. Die Fragen, die sie sich stellte, waren nicht nur persönlich, sondern auch politisch: „Warum sind einige Menschen privilegiert und andere nicht?" Diese Suche nach Antworten führte sie zu einer intensiven Auseinandersetzung mit Themen wie Rassismus, Klassismus und Geschlechterungerechtigkeit.

Einfluss von Medien und Technologie

Die Medien spielten eine ambivalente Rolle in Jyns Bildung. Während sie durch Nachrichten und Dokumentationen über soziale Bewegungen informiert wurde, erlebte sie auch die negative Seite der Medienberichterstattung, die oft verzerrte Darstellungen von Aktivismus und Protesten bot. Jyn lernte, kritisch mit Informationen umzugehen und die Wichtigkeit der Wahrheit zu schätzen. Diese Fähigkeiten würden sich als entscheidend für ihren späteren Aktivismus erweisen.

Zusammenfassung

Zusammenfassend lässt sich sagen, dass die Bildung und frühen Einflüsse von Jyn Korr entscheidend für ihre Entwicklung zu einer Bürgerrechtsaktivistin waren. Die Unterstützung ihrer Familie, die inspirierenden Lehrer, die Vielfalt ihrer Freundschaften, die außerschulischen Aktivitäten und die kritische Auseinandersetzung mit Medien trugen dazu bei, ihre Werte und Überzeugungen zu formen. Diese Grundlagen ebneten den Weg für ihren späteren Widerstand gegen das Anti-Körperphasen-Gesetz und ihre unermüdliche Suche nach Gerechtigkeit und Gleichheit für alle Bürger von Verin-9.

Freundschaften und soziale Kreise

Freundschaften und soziale Kreise sind entscheidende Elemente in der Entwicklung von Jyn Korr und prägen ihre Werte, Überzeugungen und letztlich ihren Aktivismus. In der Gesellschaft von Verin-9 sind soziale Beziehungen nicht nur eine Quelle emotionaler Unterstützung, sondern auch ein wichtiger Faktor für den sozialen Zusammenhalt und die politische Mobilisierung. Diese Beziehungen sind oft tief verwurzelt in der kulturellen Vielfalt und den gesellschaftlichen Strukturen, die Verin-9 prägen.

Die Bedeutung von Freundschaften

Freundschaften bieten nicht nur emotionale Unterstützung, sondern auch eine Plattform für den Austausch von Ideen und Erfahrungen. In Jyns frühen Jahren spielte ihre beste Freundin, Lira, eine zentrale Rolle. Lira, die aus einer Familie von Künstlern stammt, brachte Jyn in Kontakt mit verschiedenen kulturellen Ausdrucksformen, die ihr halfen, die Ungerechtigkeiten in ihrer Umgebung besser zu verstehen. Diese Freundschaft ermöglichte es Jyn, ihre Gedanken und Gefühle über die Ungleichheiten, die sie beobachtete, zu artikulieren und zu hinterfragen.

Soziale Kreise und ihre Dynamik

Die sozialen Kreise, in denen Jyn sich bewegte, waren durch eine Mischung aus kulturellen, politischen und sozialen Einflüssen geprägt. Die Schule, die sie besuchte, war ein Schmelztiegel verschiedener Kulturen und Ethnien, was den Austausch von Ideen förderte. In diesen Kreisen wurden Themen wie Diskriminierung und Ungerechtigkeit häufig diskutiert. Jyn und ihre Freunde organisierten kleine Treffen, um über ihre Erfahrungen zu sprechen und Strategien zu entwickeln, um gegen die Ungerechtigkeiten vorzugehen, die sie erlebten.

Ein Beispiel für die Dynamik in diesen sozialen Kreisen ist der Fall von Tarek, einem Freund von Jyn, der aufgrund seiner Herkunft Diskriminierung erlebte. Jyn und ihre Freunde mobilisierten sich, um Tarek zu unterstützen, indem sie eine Petition zur Verbesserung der Schulrichtlinien starteten. Dieses Ereignis war nicht nur ein Wendepunkt für Tarek, sondern auch für Jyn, da es ihr zeigte, wie mächtig Freundschaften und solidarisches Handeln sein können.

Herausforderungen in sozialen Beziehungen

Trotz der positiven Aspekte von Freundschaften gab es auch Herausforderungen. In einer Gesellschaft, die von Ungleichheit geprägt ist, können soziale Kreise auch von Spannungen und Konflikten betroffen sein. Jyn erlebte beispielsweise, dass einige ihrer Freunde nicht bereit waren, sich aktiv gegen das Unrecht zu stellen, aus Angst vor Repression oder sozialer Ausgrenzung. Diese Spannungen führten manchmal zu Konflikten innerhalb ihrer Gruppe, was Jyn vor die Herausforderung stellte, ihre Überzeugungen zu verteidigen und gleichzeitig die Freundschaften aufrechtzuerhalten.

Ein weiteres Beispiel ist die Reaktion von Jyns Eltern auf ihre Freundschaften. Während sie einige ihrer Freunde akzeptierten, hatten sie Bedenken gegenüber anderen, die aus sozial benachteiligten Gruppen stammten. Diese Differenzen führten zu Spannungen zwischen Jyn und ihren Eltern, die sie dazu zwangen, ihre eigenen Werte und Überzeugungen zu hinterfragen und sich für ihre Freunde einzusetzen.

Einfluss auf Jyns Werte und Überzeugungen

Die Freundschaften und sozialen Kreise, in denen Jyn sich bewegte, hatten einen tiefgreifenden Einfluss auf ihre Werte und Überzeugungen. Durch den Austausch mit ihren Freunden entwickelte Jyn ein starkes Bewusstsein für soziale Gerechtigkeit und die Notwendigkeit, für die Rechte der Unterdrückten einzutreten. Diese Werte wurden nicht nur durch persönliche Erfahrungen, sondern auch durch die Geschichten und Kämpfe ihrer Freunde geformt.

Ein prägendes Erlebnis war ein gemeinsames Projekt, bei dem Jyn und ihre Freunde eine Ausstellung über Diskriminierung und Ungerechtigkeit organisierten. Diese Initiative förderte nicht nur das Bewusstsein in ihrer Gemeinschaft, sondern stärkte auch die Bindungen zwischen den Freunden. Es war in diesem kreativen Prozess, dass Jyn erkannte, wie wichtig es ist, die Stimme der Unterdrückten zu erheben und sich für Veränderungen einzusetzen.

Fazit

Zusammenfassend lässt sich sagen, dass Freundschaften und soziale Kreise eine fundamentale Rolle in der Entwicklung von Jyn Korr spielten. Sie boten nicht nur emotionale Unterstützung, sondern auch eine Plattform für den Austausch von Ideen und die Entwicklung von aktivistischen Werten. Die Herausforderungen, die Jyn in ihren sozialen Beziehungen erlebte, trugen dazu bei, ihre Entschlossenheit zu stärken und sie auf den Weg des Aktivismus zu führen. Diese Erfahrungen legten den Grundstein für ihre zukünftigen Kämpfe gegen das Anti-Körperphasen-Gesetz und die Ungerechtigkeiten auf Verin-9.

Die ersten politischen Erfahrungen

Die frühen politischen Erfahrungen von Jyn Korr waren prägend für ihren späteren Aktivismus und ihre Sicht auf die Gesellschaft. In dieser Phase ihrer Kindheit begann sie, ein Bewusstsein für die Ungerechtigkeiten in ihrer Umgebung zu entwickeln und sich mit den Mechanismen der Macht auseinanderzusetzen.

Erste Begegnungen mit der Politik

Jyns erste Begegnungen mit der Politik fanden in ihrer Schule statt. Hier wurden die Schüler regelmäßig über die Grundlagen der politischen Systeme von Verin-9 unterrichtet. Diese Lektionen waren nicht nur theoretisch, sondern beinhalteten auch praktische Übungen, bei denen die Schüler simulierte Wahlen durchführten. Jyn war fasziniert von dem Konzept der Demokratie, aber auch von den Schwierigkeiten, die mit der Umsetzung einhergingen. Sie stellte fest, dass viele ihrer Mitschüler die Bedeutung ihrer Stimme nicht erkannten, was sie dazu brachte, über die Notwendigkeit von politischer Bildung nachzudenken.

Die Rolle von Lehrerinnen und Lehrern

Ein entscheidender Einfluss auf Jyn war ihre Geschichtslehrerin, Frau Eldara, die leidenschaftlich über die Bedeutung von Bürgerrechten und sozialer Gerechtigkeit sprach. Frau Eldara ermutigte ihre Schüler, kritisch zu denken und sich aktiv an Diskussionen über gesellschaftliche Themen zu beteiligen. Diese Ermutigung half Jyn, ihre eigenen Ansichten zu formulieren und ihre Stimme zu finden. Sie begann, an Schuldebatten teilzunehmen und ihre Meinung zu aktuellen politischen Themen zu äußern.

Politische Veranstaltungen und Proteste

Im Alter von zwölf Jahren nahm Jyn an ihrer ersten politischen Veranstaltung teil. Es war ein Protest gegen die ungleiche Behandlung von Minderheiten auf Verin-9. Jyn war aufgeregt, Teil einer Bewegung zu sein, die für Gleichheit und Gerechtigkeit kämpfte. Bei dieser Gelegenheit erlebte sie die Kraft der Gemeinschaft und die Solidarität, die Menschen verbindet, die für eine gemeinsame Sache eintreten. Die Energie der Demonstration und die Leidenschaft der Redner inspirierte sie und festigte ihren Wunsch, aktiv zu werden.

Einfluss von Medien und sozialen Netzwerken

In dieser Zeit begann Jyn auch, die Rolle der Medien in der Politik zu erkennen. Sie beobachtete, wie Berichterstattung über Proteste und politische Ereignisse die öffentliche Meinung beeinflussen konnte. Jyn und ihre Freunde starteten einen kleinen Blog, in dem sie über ihre Ansichten zu politischen Themen schrieben und Informationen über bevorstehende Veranstaltungen teilten. Diese Plattform half ihnen nicht nur, ihre Gedanken zu artikulieren, sondern auch, andere Jugendliche zu mobilisieren und ein Bewusstsein für soziale Themen zu schaffen.

Die Entstehung von Empathie und Mitgefühl

Durch ihre ersten politischen Erfahrungen entwickelte Jyn ein starkes Gefühl von Empathie und Mitgefühl. Sie begann, Geschichten von Menschen zu hören, die von Diskriminierung und Ungerechtigkeit betroffen waren. Diese Geschichten berührten sie tief und verstärkten ihren Wunsch, sich für die Rechte anderer einzusetzen. Jyn erkannte, dass Aktivismus nicht nur aus Protesten und politischen Äußerungen bestand, sondern auch aus dem Zuhören und Verstehen der Erfahrungen anderer Menschen.

Die Bedeutung von Vorbildern

Ein weiterer wichtiger Faktor in Jyns Entwicklung war das Vorbild ihrer älteren Schwester, die aktiv in einer Jugendorganisation tätig war, die sich für die Rechte von Minderheiten einsetzte. Jyn bewunderte den Mut und die Entschlossenheit ihrer Schwester und wollte ihr nacheifern. Diese familiäre Unterstützung und das Vorbild ihrer Schwester motivierten Jyn, ebenfalls aktiv zu werden und sich für die Rechte derjenigen einzusetzen, die keine Stimme hatten.

Die Suche nach Antworten

Mit all diesen Erfahrungen konfrontiert, begann Jyn, nach Antworten auf die Fragen zu suchen, die sie beschäftigten. Sie las Bücher über politische Theorien, besuchte Vorträge und diskutierte mit Freunden über die verschiedenen Ansätze, um soziale Gerechtigkeit zu fördern. Diese Suche nach Wissen war ein entscheidender Schritt auf ihrem Weg zum Aktivismus. Sie lernte, dass es unterschiedliche Strategien gibt, um Veränderungen herbeizuführen, und dass jeder Einzelne einen Beitrag leisten kann.

Der Weg zur Selbstfindung

Die ersten politischen Erfahrungen von Jyn Korr waren nicht nur eine Einführung in die Welt des Aktivismus, sondern auch eine Reise zur Selbstfindung. Sie entwickelte eine klare Vorstellung von ihren Werten und Überzeugungen und erkannte, dass sie bereit war, für diese einzustehen. Diese Phase ihres Lebens legte den Grundstein für ihren späteren Widerstand gegen das Anti-Körperphasen-Gesetz und formte sie zu der leidenschaftlichen Aktivistin, die sie werden sollte.

Zusammenfassend lässt sich sagen, dass Jyns erste politischen Erfahrungen entscheidend für ihre Entwicklung waren. Sie lernten, dass Aktivismus nicht nur eine Reaktion auf Ungerechtigkeit ist, sondern auch eine Möglichkeit, Gemeinschaften zu stärken und die Welt um einen herum zu verändern. Diese Erkenntnisse sollten sie auf ihrem weiteren Weg begleiten und sie motivieren, für eine gerechtere Gesellschaft zu kämpfen.

Kulturelle Feste und Traditionen

Kulturelle Feste und Traditionen spielen eine entscheidende Rolle im Leben der Bewohner von Verin-9. Diese Feierlichkeiten sind nicht nur Ausdruck der kulturellen Identität, sondern auch ein Mittel zur Stärkung der Gemeinschaft und zur Förderung von Solidarität unter den Bürgern. In diesem Abschnitt werden die wichtigsten kulturellen Feste und Traditionen von Verin-9 vorgestellt, ihre Bedeutung analysiert und die Herausforderungen, die sie mit sich bringen, erörtert.

Die Bedeutung kultureller Feste

Kulturelle Feste auf Verin-9 sind oft mit historischen Ereignissen, religiösen Überzeugungen oder saisonalen Veränderungen verbunden. Sie bieten eine Gelegenheit für die Menschen, ihre kulturellen Wurzeln zu feiern und ihre Traditionen an die nächste Generation weiterzugeben. Solche Feste fördern das Gemeinschaftsgefühl und die soziale Kohäsion, indem sie Menschen aus verschiedenen sozialen Schichten und Hintergründen zusammenbringen.

Ein Beispiel für ein solches Fest ist das *Fest der Farben*, das den Wechsel der Jahreszeiten feiert und mit einer Vielzahl von Aktivitäten, darunter Musik, Tanz und kulinarische Köstlichkeiten, verbunden ist. Während dieses Festes werden die Straßen von Verin-9 mit bunten Lichtern und Dekorationen geschmückt, und die Bürger nehmen an traditionellen Tänzen teil, die seit Generationen weitergegeben werden.

Traditionen und Bräuche

Die Bräuche, die mit diesen Festen verbunden sind, variieren je nach Region und kulturellem Hintergrund der Bewohner. In einigen Teilen von Verin-9 gibt es beispielsweise spezielle Rituale, die die Verbindung zur Natur und zu den Ahnen betonen. In anderen Regionen hingegen stehen die Feierlichkeiten im Zeichen der intergalaktischen Beziehungen, die durch den Austausch von Geschenken und kulturellen Darbietungen zwischen verschiedenen Planeten gefördert werden.

Ein weiteres Beispiel ist das *Lichtfest*, das im Winter gefeiert wird und die Hoffnung und den Glauben an eine bessere Zukunft symbolisiert. Während dieses Festes werden Kerzen in Fenstern aufgestellt und große Lichterprozessionen durch die Straßen organisiert. Die Menschen kommen zusammen, um Geschichten zu erzählen, Lieder zu singen und sich gegenseitig zu unterstützen.

Herausforderungen bei der Feier kultureller Feste

Trotz ihrer Bedeutung stehen kulturelle Feste und Traditionen in Verin-9 vor verschiedenen Herausforderungen. Eine der größten Hürden ist die zunehmende Globalisierung, die zu einer Homogenisierung der Kulturen führt. Viele traditionelle Feste laufen Gefahr, in den Hintergrund gedrängt zu werden, während internationale Feiertage und Bräuche an Popularität gewinnen. Dies kann zu einem Verlust der kulturellen Identität führen und die Vielfalt der Gesellschaft gefährden.

Darüber hinaus können politische Spannungen und gesellschaftliche Konflikte die Durchführung von Festen beeinträchtigen. In Zeiten von Unruhen oder Diskriminierung können Bürgerrechtsaktivisten wie Jyn Korr gezwungen sein, ihre Stimmen zu erheben, um die Bedeutung dieser Feste zu verteidigen und sicherzustellen, dass alle Bürger in der Lage sind, ihre Traditionen ohne Angst vor Verfolgung oder Diskriminierung zu feiern.

Die Rolle von Jyn Korr

Jyn Korr, die Protagonistin dieser Biografie, hat sich aktiv für die Erhaltung und Förderung kultureller Feste eingesetzt. Sie erkannte früh, dass diese Feierlichkeiten nicht nur für die individuelle Identität der Menschen wichtig sind, sondern auch eine Plattform bieten, um auf soziale Ungerechtigkeiten aufmerksam zu machen. Jyn hat zahlreiche Veranstaltungen organisiert, die sowohl die kulturellen Traditionen der verschiedenen Gemeinschaften auf Verin-9 feiern als auch Raum für Diskussionen über Bürgerrechte und Gerechtigkeit bieten.

Ein Beispiel für Jyns Engagement ist das *Festival der Vielfalt*, das sie ins Leben gerufen hat, um die verschiedenen Kulturen und Traditionen der Bewohner von Verin-9 zu würdigen. Dieses Festival zieht nicht nur lokale Bürger an, sondern auch Besucher von anderen Planeten, die an den Feierlichkeiten teilnehmen und die kulturelle Vielfalt von Verin-9 erleben möchten.

Fazit

Kulturelle Feste und Traditionen sind von zentraler Bedeutung für die Identität und den Zusammenhalt der Gemeinschaft auf Verin-9. Sie bieten nicht nur einen Raum für Feierlichkeiten, sondern auch eine Plattform für den Austausch von Ideen und die Diskussion über wichtige gesellschaftliche Themen. Die Herausforderungen, die mit der Feier dieser Feste verbunden sind, erfordern das Engagement von Aktivisten wie Jyn Korr, um sicherzustellen, dass die kulturelle Vielfalt und die Bürgerrechte in einer sich ständig verändernden Welt geschützt werden.

$$C = \sum_{i=1}^{n} f_i(x_i) \tag{11}$$

Hierbei steht C für die kulturelle Kohäsion, f_i für die jeweiligen Feste und Traditionen, und x_i für die verschiedenen sozialen Gruppen innerhalb der

Gesellschaft. Diese Gleichung verdeutlicht, wie die Vielfalt der Feste zur Stärkung der kulturellen Identität und Gemeinschaft beiträgt.

Einblicke in die Gesellschaft

Die Gesellschaft von Verin-9 ist ein komplexes Gefüge, das durch eine Vielzahl von kulturellen, sozialen und politischen Strukturen geprägt ist. Um ein umfassendes Verständnis für die Herausforderungen und Möglichkeiten des Aktivismus zu entwickeln, ist es wichtig, die verschiedenen Dimensionen dieser Gesellschaft zu betrachten.

Soziale Schichten und Ungleichheit

Die Gesellschaft auf Verin-9 ist in mehrere soziale Schichten unterteilt. Diese Schichten sind nicht nur durch wirtschaftliche Faktoren definiert, sondern auch durch kulturelle Zugehörigkeiten und intergalaktische Herkunft. Die Ungleichheit ist ein zentrales Problem, das sich in verschiedenen Lebensbereichen manifestiert. Studien zeigen, dass etwa 30% der Bevölkerung in Armut leben, während eine kleine Elite den Großteil des Reichtums kontrolliert. Diese Ungleichheit beeinflusst nicht nur den Zugang zu Ressourcen, sondern auch die politische Mitbestimmung.

$$\text{Ungleichheit} = \frac{\text{Reichtum der oberen Schicht}}{\text{Gesamtvermögen der Gesellschaft}} \times 100 \qquad (12)$$

Diese Gleichung verdeutlicht, wie stark der Reichtum in der Gesellschaft konzentriert ist. Jyn Korr beobachtete in ihrer Kindheit, wie diese Ungleichheit das Leben ihrer Freunde und Nachbarn beeinflusste, was sie dazu brachte, sich für soziale Gerechtigkeit einzusetzen.

Kulturelle Vielfalt und Identität

Verin-9 ist ein Schmelztiegel verschiedener Kulturen, Sprachen und Traditionen. Diese Vielfalt ist sowohl eine Stärke als auch eine Herausforderung. Während kulturelle Unterschiede oft zu einem reichen sozialen Leben führen, können sie auch Spannungen und Konflikte hervorrufen. Jyns eigene Familie war ein Beispiel für diese Vielfalt, da ihre Eltern aus unterschiedlichen intergalaktischen Hintergründen stammten. Dies führte zu einer einzigartigen Perspektive auf die Welt und prägte Jyns Werte und Überzeugungen.

Die Rolle der Medien

Die Medien spielen eine entscheidende Rolle in der Gesellschaft von Verin-9. Sie sind nicht nur Informationsquellen, sondern auch Plattformen für Diskussionen und Debatten. Jyn erkannte früh, dass die Berichterstattung über soziale Themen oft voreingenommen war. Der Zugang zu unabhängigen Medien ist für viele Bürger eingeschränkt, was die Verbreitung von Informationen über Ungerechtigkeiten und Missstände erschwert.

Ein Beispiel für die Macht der Medien war die Berichterstattung über die ersten Proteste gegen das Anti-Körperphasen-Gesetz. Während einige Medien die Proteste als gewalttätig darstellten, berichteten andere über die friedlichen Absichten der Aktivisten. Diese unterschiedliche Berichterstattung beeinflusste die öffentliche Meinung erheblich.

Politische Strukturen und Bürgerrechte

Die politische Struktur von Verin-9 ist geprägt von einer zentralisierten Regierung, die oft als repressiv wahrgenommen wird. Bürgerrechte sind nicht immer gewährleistet, und viele Menschen fühlen sich von der Regierung nicht vertreten. Jyns Engagement für Bürgerrechte erwuchs aus der Überzeugung, dass jeder das Recht hat, gehört zu werden.

Die Einführung des Anti-Körperphasen-Gesetzes stellte einen Wendepunkt dar. Dieses Gesetz wurde von vielen als Angriff auf die Rechte der Bürger angesehen und führte zu einer Welle des Widerstands. Jyn und ihre Mitstreiter erkannten, dass die Mobilisierung der Bevölkerung entscheidend war, um die politischen Strukturen zu verändern.

Bildung und Aufklärung

Bildung ist ein weiterer zentraler Aspekt der Gesellschaft von Verin-9. Der Zugang zu qualitativ hochwertiger Bildung ist jedoch ungleich verteilt. Während wohlhabende Familien ihren Kindern Zugang zu den besten Schulen und Universitäten bieten können, haben Kinder aus ärmeren Verhältnissen oft mit erheblichen Hindernissen zu kämpfen. Jyns eigene Bildungserfahrungen waren geprägt von einem starken Wunsch nach Wissen und Gerechtigkeit, was sie motivierte, sich für Bildungsreformen einzusetzen.

$$\text{Bildungsungleichheit} = \frac{\text{Zugang zu Bildung für reiche Familien}}{\text{Zugang zu Bildung für arme Familien}} \times 100 \quad (13)$$

Diese Gleichung zeigt, wie stark der Zugang zu Bildung zwischen verschiedenen sozialen Schichten variiert und verdeutlicht die Notwendigkeit von Reformen im Bildungssektor.

Gemeinschaft und Solidarität

Trotz der Herausforderungen, mit denen die Gesellschaft von Verin-9 konfrontiert ist, gibt es auch starke Gemeinschaften, die sich für Solidarität und Unterstützung einsetzen. Jyns Erfahrungen mit Nachbarn und Freunden, die sich in schwierigen Zeiten gegenseitig halfen, haben ihr ein tiefes Verständnis für die Bedeutung von Gemeinschaft vermittelt. Diese Solidarität war ein Schlüsselmotiv für die Gründung ihrer Bürgerrechtsgruppe und die Mobilisierung der Massen während des Widerstands gegen das Anti-Körperphasen-Gesetz.

Fazit

Die Einblicke in die Gesellschaft von Verin-9 verdeutlichen die vielschichtigen Herausforderungen, mit denen Aktivisten konfrontiert sind. Ungleichheit, kulturelle Vielfalt, die Rolle der Medien, politische Strukturen, Bildung und Gemeinschaft sind alles Faktoren, die das soziale Gefüge beeinflussen. Jyn Korrs Geschichte ist ein Beispiel dafür, wie individuelle Erfahrungen und gesellschaftliche Bedingungen zusammenwirken, um den Weg für Aktivismus und Veränderung zu ebnen.

Die Entstehung von Jyns Werten

Die Werte, die Jyn Korr prägten, sind das Ergebnis einer komplexen Wechselwirkung zwischen ihren frühen Erfahrungen, den sozialen und kulturellen Einflüssen ihrer Heimatwelt Verin-9 und den Herausforderungen, denen sie im Laufe ihres Lebens begegnete. In diesem Abschnitt werden wir die verschiedenen Faktoren untersuchen, die zur Entstehung von Jyns Werten führten, und wie diese Werte ihre Entscheidungen als Bürgerrechtsaktivistin beeinflussten.

Einflüsse der Kindheit

Jyns Kindheit war geprägt von einem starken familiären Zusammenhalt und einem tiefen Verständnis für die Bedeutung von Gemeinschaft. Ihre Eltern, die beide aktiv in sozialen Bewegungen waren, vermittelten ihr von klein auf die Werte von Gerechtigkeit und Solidarität. Diese frühen Einflüsse sind entscheidend für die Entwicklung ihrer moralischen Überzeugungen. In der Psychologie wird dieser

Prozess oft als *Sozialisation* bezeichnet, bei dem Individuen durch Interaktionen mit ihrer Umgebung Werte und Normen übernehmen [?].

Ein Beispiel für diese Sozialisation ist Jyns Teilnahme an kulturellen Festen, bei denen Traditionen und Bräuche gefeiert wurden. Diese Veranstaltungen förderten ein Gefühl der Zugehörigkeit und des Respekts für die Vielfalt der Kulturen auf Verin-9. Sie lernte, dass jeder Mensch, unabhängig von seiner Herkunft, das Recht auf Würde und Respekt hat.

Erfahrungen mit Ungerechtigkeit

Die erste Begegnung mit Ungerechtigkeit stellte einen Wendepunkt in Jyns Leben dar. Als sie Zeugin eines diskriminierenden Vorfalls wurde, bei dem ein Freund aufgrund seiner Herkunft benachteiligt wurde, begann sie, die bestehenden gesellschaftlichen Strukturen zu hinterfragen. Diese Erfahrung führte zu einer tiefen Empathie für die Unterdrückten und zu einem starken Wunsch, Veränderungen herbeizuführen.

Die Theorie der *Empathie* von Hoffman (2000) beschreibt, wie emotionale Reaktionen auf das Leiden anderer Menschen zu prosozialem Verhalten führen können. Jyns Reaktion auf die Ungerechtigkeit, die sie erlebte, ist ein klassisches Beispiel für diese Theorie. Sie fühlte nicht nur Mitleid, sondern auch einen tiefen Antrieb, aktiv zu werden und für die Rechte anderer einzutreten.

Bildung und kritisches Denken

Ein weiterer wichtiger Faktor für die Entwicklung von Jyns Werten war ihre Ausbildung. Jyn hatte das Glück, von inspirierenden Lehrern unterrichtet zu werden, die sie ermutigten, kritisch zu denken und Fragen zu stellen. Diese Bildungserfahrungen trugen dazu bei, ihre Überzeugungen zu festigen und sie zu einer aktiven Kritikerin der bestehenden gesellschaftlichen Normen zu machen.

In der Bildungstheorie wird oft betont, wie wichtig kritisches Denken für die Entwicklung von Werten ist. Dewey (1933) argumentierte, dass Bildung nicht nur die Übertragung von Wissen ist, sondern auch die Förderung von Fähigkeiten zur kritischen Reflexion. Jyns Lehrer ermutigten sie, über die gesellschaftlichen Herausforderungen nachzudenken und Lösungen zu entwickeln, was ihren Aktivismus maßgeblich beeinflusste.

Einfluss von Freundschaften und sozialen Kreisen

Die sozialen Kreise, in denen Jyn sich bewegte, spielten ebenfalls eine entscheidende Rolle bei der Entstehung ihrer Werte. Freundschaften mit

Gleichgesinnten, die ähnliche Überzeugungen teilten, stärkten ihr Engagement für soziale Gerechtigkeit. Diese sozialen Netzwerke boten nicht nur Unterstützung, sondern auch eine Plattform für den Austausch von Ideen und Strategien.

Die Theorie des *sozialen Lernens* von Bandura (1977) legt nahe, dass Menschen durch Beobachtung und Nachahmung lernen. Jyn beobachtete, wie ihre Freunde aktiv an Protesten und Initiativen teilnahmen, was sie motivierte, sich ebenfalls zu engagieren. Diese kollektive Aktivität führte zu einer Stärkung ihrer Überzeugungen und zur Entwicklung eines starken Wertesystems, das auf Gerechtigkeit und Gleichheit basierte.

Die Rolle von Vorbildern

Vorbilder spielen eine wichtige Rolle bei der Werteentwicklung. Jyn hatte das Glück, viele inspirierende Persönlichkeiten zu treffen, die sich für Bürgerrechte und soziale Gerechtigkeit einsetzten. Diese Begegnungen hinterließen einen bleibenden Eindruck und motivierten sie, selbst aktiv zu werden.

Ein besonders prägendes Erlebnis war ein Treffen mit einer prominenten Bürgerrechtsaktivistin, die ihre eigenen Erfahrungen und Kämpfe teilte. Diese Begegnung verdeutlichte Jyn, dass der Weg zum Aktivismus oft mit Herausforderungen und Rückschlägen verbunden ist, aber auch mit der Möglichkeit, echte Veränderungen zu bewirken.

Zusammenfassung der Werteentwicklung

Zusammenfassend lässt sich sagen, dass die Entstehung von Jyn Korrs Werten das Ergebnis einer Vielzahl von Einflüssen war. Ihre Kindheit, die Erfahrungen mit Ungerechtigkeit, die Bildung, soziale Kreise und inspirierende Vorbilder trugen alle dazu bei, ihre Überzeugungen zu formen. Diese Werte wurden zu den Grundpfeilern ihres Engagements als Bürgerrechtsaktivistin und leiteten sie auf ihrem Weg, für die Rechte der Unterdrückten zu kämpfen.

Die Entwicklung von Werten ist ein dynamischer Prozess, der durch persönliche Erfahrungen und soziale Interaktionen geprägt wird. Jyns Geschichte ist ein Beispiel dafür, wie wichtig es ist, sich für Gerechtigkeit und Gleichheit einzusetzen und wie individuelle Werte zu kollektiven Bewegungen führen können.

Die Entdeckung der Ungerechtigkeit

Erste Begegnungen mit Diskriminierung

Die ersten Begegnungen mit Diskriminierung sind oft prägende Erfahrungen, die das Weltbild eines Individuums nachhaltig beeinflussen können. Für Jyn Korr, die Protagonistin dieser Biografie, waren diese frühen Erlebnisse nicht nur schmerzhaft, sondern auch der Ausgangspunkt für ihr späteres Engagement im Bürgerrechtsaktivismus. In diesem Abschnitt beleuchten wir die verschiedenen Facetten von Jyns ersten Erfahrungen mit Diskriminierung, die sowohl in ihrem persönlichen Umfeld als auch in der breiteren Gesellschaft stattfanden.

Persönliche Erlebnisse

Jyn wuchs in einer multikulturellen Gemeinschaft auf, die zwar reich an Vielfalt war, jedoch auch von tief verwurzelten Vorurteilen geprägt wurde. Ihre erste Begegnung mit Diskriminierung ereignete sich in der Schule, als sie aufgrund ihrer Herkunft und ihrer andersartigen Fähigkeiten verspottet wurde. Diese Erfahrungen führten zu einem Gefühl der Isolation und des Unverständnisses. Ein Beispiel dafür war, als Jyn in der dritten Klasse ein Referat über ihre Kultur halten wollte. Statt Unterstützung erhielt sie negative Kommentare von Mitschülern, die ihre Traditionen als „seltsam" bezeichneten. Diese Erlebnisse führten dazu, dass Jyn sich in ihrer Identität unsicher fühlte und begann, sich von ihrer eigenen Kultur zu distanzieren.

Gesellschaftliche Strukturen

Die Diskriminierung, die Jyn erlebte, war nicht nur auf persönliche Interaktionen beschränkt, sondern spiegelte auch die strukturellen Ungleichheiten wider, die in der Gesellschaft von Verin-9 verankert waren. Die Gesellschaft war in Klassen unterteilt, und bestimmte Gruppen wurden systematisch benachteiligt. Diese Ungleichheiten manifestierten sich in verschiedenen Bereichen, wie zum Beispiel Bildung, Beschäftigung und Zugang zu öffentlichen Dienstleistungen. Jyn beobachtete, wie ihre Nachbarn, die einer anderen Kultur angehörten, aufgrund ihrer Herkunft Schwierigkeiten hatten, Arbeitsplätze zu finden, während andere, die dem dominierenden Kulturkreis angehörten, bevorzugt wurden.

Die Rolle von Vorbildern

Ein weiterer wichtiger Aspekt in Jyns Leben war der Einfluss von Vorbildern. In ihrer Jugend hatte sie das Glück, einige inspirierende Persönlichkeiten zu treffen, die sich gegen Diskriminierung und Ungerechtigkeit einsetzten. Diese Begegnungen halfen ihr zu verstehen, dass Diskriminierung nicht nur ein persönliches Problem war, sondern ein gesellschaftliches Phänomen, das es zu bekämpfen galt. Besonders prägend war die Begegnung mit einer lokalen Aktivistin, die Jyn die Bedeutung von Solidarität und Gemeinschaft näherbrachte. Diese Aktivistin erzählte Geschichten von anderen, die ähnliche Erfahrungen gemacht hatten, und ermutigte Jyn, ihre Stimme zu erheben und gegen Ungerechtigkeiten zu kämpfen.

Die Bedeutung von Empathie

Die Erfahrungen, die Jyn mit Diskriminierung machte, führten zu einer tiefen Empathie für andere, die ähnliche Herausforderungen erlebten. Sie begann, sich aktiv mit den Geschichten ihrer Mitschüler auseinanderzusetzen, die ebenfalls Diskriminierung erfahren hatten. Diese Gespräche ermöglichten es ihr, ein Netzwerk von Gleichgesinnten zu bilden, die sich gegenseitig unterstützten und stärkten. Jyn erkannte, dass der Austausch von Erfahrungen und das Teilen von Geschichten eine kraftvolle Methode waren, um das Bewusstsein für Diskriminierung zu schärfen und Veränderungen anzustoßen.

Die Rolle der Medien

Die Medien spielten in Jyns Leben eine entscheidende Rolle, als es darum ging, Diskriminierung sichtbar zu machen. Sie begann, Artikel und Berichte zu lesen, die über die Ungerechtigkeiten in ihrer Gemeinschaft berichteten. Diese Berichterstattung half ihr, die Zusammenhänge zwischen individuellen Erfahrungen und systematischen Diskriminierungsstrukturen zu verstehen. Jyn wurde sich der Macht der Medien bewusst, sowohl zur Aufklärung als auch zur Sensibilisierung der Öffentlichkeit. Sie begann, selbst zu schreiben und ihre Gedanken über Diskriminierung und Ungerechtigkeit zu dokumentieren, was ihr half, ihre eigenen Erfahrungen zu verarbeiten und anderen eine Stimme zu geben.

Einfluss auf Jyns Werte

Die ersten Begegnungen mit Diskriminierung prägten nicht nur Jyns Sichtweise, sondern auch ihre Werte. Sie entwickelte ein starkes Bewusstsein für soziale

Gerechtigkeit und die Notwendigkeit, sich für die Rechte anderer einzusetzen. Diese Werte wurden zur Grundlage für ihr späteres Engagement im Aktivismus. Jyn erkannte, dass es nicht ausreichte, nur über Diskriminierung zu sprechen; sie musste aktiv werden und sich für Veränderungen einsetzen. Diese Erkenntnis führte sie auf den Weg, eine führende Stimme im Widerstand gegen das Anti-Körperphasen-Gesetz zu werden.

Zusammenfassend lässt sich sagen, dass Jyn Korrs erste Begegnungen mit Diskriminierung nicht nur schmerzhafte Erinnerungen waren, sondern auch entscheidende Wendepunkte in ihrem Leben darstellten. Diese Erfahrungen formten ihre Identität, schärften ihr Bewusstsein für soziale Ungerechtigkeiten und legten den Grundstein für ihr späteres Engagement im Aktivismus. Die Herausforderungen, die sie in ihrer Jugend erlebte, wurden zu einem Antrieb, der sie dazu motivierte, für eine gerechtere und gleichberechtigtere Gesellschaft zu kämpfen.

Geschichten von Freunden und Nachbarn

In der Kindheit von Jyn Korr spielten die Geschichten ihrer Freunde und Nachbarn eine entscheidende Rolle bei der Entwicklung ihres Bewusstseins für soziale Gerechtigkeit. Diese Erzählungen, die oft von persönlichen Kämpfen und Ungerechtigkeiten geprägt waren, boten Jyn einen Einblick in die Realität der Diskriminierung und der Ungleichheit auf Verin-9.

Eine der prägendsten Geschichten kam von ihrer besten Freundin, Lira. Lira, eine junge Zorathianerin, erzählte oft von den Schwierigkeiten, die ihre Familie hatte, um Zugang zu grundlegenden Dienstleistungen zu erhalten. Trotz ihrer Qualifikationen wurden ihre Eltern aufgrund ihrer Herkunft regelmäßig abgelehnt. Diese Erfahrungen führten zu einer tiefen Frustration und einem Gefühl der Ohnmacht, das Lira und ihre Familie ständig begleiteten. Jyn hörte aufmerksam zu und begann zu verstehen, dass Ungerechtigkeit nicht nur ein abstraktes Konzept war, sondern ein täglicher Kampf für viele Menschen um sie herum.

Ein weiteres Beispiel war die Geschichte von Jyns Nachbarn, Herrn Tarek, einem älteren Gildar. Herr Tarek hatte in seiner Jugend für die Rechte der Gildar gekämpft, die oft als Bürger zweiter Klasse behandelt wurden. Er erzählte von seinen Erfahrungen während der Proteste in den frühen Jahren des Anti-Körperphasen-Gesetzes, als die Regierung versuchte, die Rechte der Gildar weiter einzuschränken. Seine leidenschaftlichen Berichte über die brutalen Reaktionen der Polizei und die Verhaftungen von Aktivisten hinterließen einen bleibenden Eindruck bei Jyn. Diese Geschichten zeigten ihr, dass der Kampf um

Gleichheit und Gerechtigkeit oft mit persönlichen Opfern verbunden war und dass der Einsatz für die Rechte anderer eine bedeutende Verantwortung darstellt.

Darüber hinaus erlebte Jyn auch die Geschichten von Migrantenfamilien, die vor den intergalaktischen Konflikten aus anderen Teilen des Universums geflohen waren. Diese Familien hatten oft ihre Heimat verloren und mussten sich in einer neuen Umgebung zurechtfinden, in der sie oft als Außenseiter behandelt wurden. Ihre Geschichten von Verlust, Hoffnung und der Suche nach einem besseren Leben inspirierten Jyn, sich intensiver mit den Themen Identität und Zugehörigkeit auseinanderzusetzen.

Die Erzählungen ihrer Freunde und Nachbarn waren nicht nur lehrreich, sondern auch eine Quelle der Motivation für Jyn. Sie begannen, ihre eigenen Erfahrungen mit Diskriminierung und Ungerechtigkeit zu reflektieren und erkannten, dass sie nicht allein waren. Diese kollektiven Geschichten schufen ein Gefühl der Solidarität und des gemeinsamen Ziels, das Jyn dazu anregte, aktiv zu werden.

Die Theorie der sozialen Identität, die von Henri Tajfel und John Turner entwickelt wurde, bietet einen Rahmen, um zu verstehen, wie die Geschichten von Freunden und Nachbarn Jyns Identität und ihr Engagement für den Aktivismus beeinflussten. Laut dieser Theorie formen die Gruppenzugehörigkeiten eines Individuums, wie etwa die ethnische Zugehörigkeit oder die soziale Schicht, seine Wahrnehmung der Welt und sein Verhalten. Jyns Identifikation mit den Kämpfen ihrer Freunde und Nachbarn verstärkte ihr Gefühl der Verantwortung, sich für Gerechtigkeit einzusetzen.

Zusammenfassend lässt sich sagen, dass die Geschichten von Freunden und Nachbarn eine wesentliche Rolle in Jyn Korrs Entwicklung als Bürgerrechtsaktivistin spielten. Sie boten nicht nur Einblicke in die Herausforderungen, mit denen viele konfrontiert waren, sondern schufen auch ein starkes Gefühl der Gemeinschaft und des Engagements für den gemeinsamen Kampf um Gleichheit und Gerechtigkeit. Diese Erzählungen bildeten die Grundlage für Jyns späteren Aktivismus und ihre Entschlossenheit, gegen das Anti-Körperphasen-Gesetz zu kämpfen.

Jyns erste Protesterfahrungen

Die ersten Protesterfahrungen von Jyn Korr waren entscheidend für ihre Entwicklung als Bürgerrechtsaktivistin und prägten ihr Verständnis von sozialer Gerechtigkeit und politischem Widerstand. Diese Erfahrungen fanden in einer Zeit statt, als das Anti-Körperphasen-Gesetz bereits in der Diskussion war und die öffentliche Meinung polarisiert war.

Der Kontext der Proteste

Die Proteste, an denen Jyn teilnahm, waren oft das Ergebnis von unmittelbaren Ungerechtigkeiten, die in ihrer Gemeinschaft auftraten. Die gesellschaftlichen Spannungen auf Verin-9 wurden durch die Einführung diskriminierender Gesetze verstärkt, die bestimmte Gruppen von Bürgern systematisch benachteiligten. Diese Gesetze schlossen nicht nur die Rechte von Individuen ein, sondern schufen auch ein Klima der Angst und Unsicherheit.

Erste Erfahrungen

Jyns erste Teilnahme an einem Protest war nicht nur ein persönliches Ereignis, sondern auch ein kollektives Erlebnis, das ihre Sichtweise auf Aktivismus veränderte. Der Protest fand vor dem Regierungsgebäude von Verin-9 statt, wo eine Gruppe von Bürgern versammelte, um gegen die Ungerechtigkeiten zu demonstrieren, die durch das Anti-Körperphasen-Gesetz verursacht wurden.

$$\text{Mobilisierung} = \text{Gemeinschaftsgefühl} + \text{gemeinsame Ziele} \qquad (14)$$

Diese Gleichung beschreibt, wie das Gemeinschaftsgefühl und das Streben nach gemeinsamen Zielen die Mobilisierung von Menschen für den Protest fördern. Jyn erlebte, wie sich Menschen versammelten, um ihre Stimmen zu erheben, und sie fühlte sich Teil einer größeren Bewegung, die sich für Gerechtigkeit einsetzte.

Emotionale Reaktionen und Herausforderungen

Die emotionale Intensität des ersten Protests war überwältigend. Jyn war sowohl aufgeregt als auch ängstlich, als sie sich mit anderen Aktivisten zusammenschloss. Die Herausforderungen, die sie erlebte, umfassten nicht nur die Angst vor Repression durch die Regierung, sondern auch die Unsicherheit, ob ihre Stimme tatsächlich gehört werden würde.

Ein prägendes Erlebnis war, als ein Redner die Menge mit leidenschaftlichen Worten ermutigte, standhaft zu bleiben. Dieser Moment zeigte Jyn, wie wichtig es ist, eine Botschaft klar und überzeugend zu kommunizieren. Sie erkannte, dass Worte Macht haben und dass sie selbst in der Lage war, andere zu inspirieren.

Die Rolle der Medien

Die Medien spielten eine entscheidende Rolle in Jyns ersten Protesterfahrungen. Journalisten berichteten über die Veranstaltung und die Anliegen der Demonstranten, was zu einer breiteren öffentlichen Diskussion über das

Anti-Körperphasen-Gesetz führte. Jyn beobachtete, wie Berichterstattung sowohl die Wahrnehmung des Protests als auch die Reaktionen der Regierung beeinflusste.

$$\text{Öffentliche Wahrnehmung} = \text{Medienberichterstattung} \times \text{Gesellschaftliche Reaktionen} \tag{15}$$

Diese Gleichung verdeutlicht, dass die öffentliche Wahrnehmung stark von der Art und Weise abhängt, wie die Medien über Proteste berichten und wie die Gesellschaft darauf reagiert. Jyn verstand, dass die Medien eine Plattform bieten können, um wichtige Themen sichtbar zu machen.

Lernen aus der Erfahrung

Die ersten Protesterfahrungen lehrten Jyn nicht nur über die Mechanismen des Aktivismus, sondern auch über die Bedeutung von Solidarität und Zusammenhalt. Sie sah, wie wichtig es ist, sich gegenseitig zu unterstützen und eine gemeinsame Stimme zu finden. Diese Lektionen wurden zu einem Fundament für ihren zukünftigen Aktivismus.

Zusammenfassend lässt sich sagen, dass Jyns erste Protesterfahrungen nicht nur eine Einführung in die Welt des Aktivismus waren, sondern auch eine tiefgreifende persönliche Transformation einleiteten. Sie lernte, dass Widerstand nicht nur aus Protesten besteht, sondern auch aus der Fähigkeit, andere zu mobilisieren, eine Botschaft zu verbreiten und für die Rechte der Unterdrückten einzustehen. Diese Erkenntnisse würden sie auf ihrem weiteren Weg als Bürgerrechtsaktivistin begleiten und prägen.

Die Rolle von Medien in der Aufklärung

In der heutigen Zeit spielen die Medien eine entscheidende Rolle in der Aufklärung der Öffentlichkeit über soziale und politische Themen. Insbesondere im Kontext von Bürgerrechtsbewegungen und dem Widerstand gegen Gesetze wie das Anti-Körperphasen-Gesetz auf Verin-9 sind die Medien nicht nur Informationsvermittler, sondern auch Katalysatoren für Veränderungen.

Theoretische Grundlagen

Die Theorie der Öffentlichkeitsarbeit (Public Relations) besagt, dass die Medien als Bindeglied zwischen der Zivilgesellschaft und der Regierung fungieren. Sie ermöglichen es Aktivisten, ihre Botschaften effektiv zu verbreiten und eine breitere

Öffentlichkeit zu erreichen. Laut McCombs und Shaw (1972) beeinflussen die Medien nicht nur, worüber Menschen nachdenken, sondern auch, wie sie über bestimmte Themen denken. Dieses Phänomen, bekannt als Agenda-Setting, ist besonders relevant für Bürgerrechtsbewegungen, wo die Sichtbarkeit von Themen entscheidend für deren Erfolg ist.

Probleme der Medienberichterstattung

Trotz der positiven Aspekte der Medienberichterstattung gibt es auch erhebliche Herausforderungen. Ein zentrales Problem ist die Verzerrung von Informationen. Medien können durch Sensationalismus und einseitige Berichterstattung die öffentliche Wahrnehmung beeinflussen. Dies geschieht oft, wenn Berichterstattung über Proteste und Widerstandskämpfe die gewalttätigen Aspekte überbetont und friedliche Demonstrationen ignoriert. Ein Beispiel hierfür ist die Berichterstattung über die Proteste gegen das Anti-Körperphasen-Gesetz, wo die Medien häufig die extremen Reaktionen der Regierung hervorhoben, während die friedlichen Forderungen der Aktivisten in den Hintergrund gedrängt wurden.

Ein weiteres Problem ist die Fragmentierung der Medienlandschaft. In einer Zeit, in der soziale Medien und Online-Plattformen dominieren, kann die Verbreitung von Fehlinformationen und Propaganda zu einer Polarisierung der öffentlichen Meinung führen. Aktivisten müssen daher nicht nur ihre Botschaften verbreiten, sondern auch aktiv gegen Falschinformationen ankämpfen.

Beispiele für Medienaktivismus

Aktivisten wie Jyn Korr haben die Macht der Medien genutzt, um auf Ungerechtigkeiten aufmerksam zu machen. Ein Beispiel ist die Verwendung von sozialen Medien, um die ersten Proteste gegen das Anti-Körperphasen-Gesetz zu organisieren. Durch Hashtags und virale Kampagnen konnten sie eine breite Unterstützung mobilisieren. Jyns Rede bei der ersten großen Versammlung wurde live übertragen und erreichte Zehntausende von Zuschauern, was die öffentliche Diskussion über das Gesetz anheizte.

Ein weiteres Beispiel ist die Zusammenarbeit mit Journalisten und Influencern, die bereit waren, die Anliegen der Bürgerrechtsbewegung zu unterstützen. Diese Partnerschaften führten zu umfassenden Berichterstattungen in etablierten Medien, die das Bewusstsein für die Problematik schärften und die Regierung unter Druck setzten, auf die Forderungen der Bürger zu reagieren.

Fazit

Zusammenfassend lässt sich sagen, dass die Medien eine unverzichtbare Rolle in der Aufklärung über soziale Gerechtigkeit und Bürgerrechte spielen. Sie sind nicht nur Plattformen zur Verbreitung von Informationen, sondern auch Instrumente zur Mobilisierung und Organisation von Widerstand. Trotz der Herausforderungen, die mit der Medienberichterstattung einhergehen, bleibt der Einfluss der Medien auf die öffentliche Meinung und den Aktivismus von entscheidender Bedeutung. Die Fähigkeit, die Narrative zu kontrollieren und die Stimmen der Unterdrückten zu verstärken, ist ein Schlüssel zum Erfolg in jedem Kampf um Gerechtigkeit. In Anbetracht der sich ständig verändernden Medienlandschaft müssen zukünftige Aktivisten strategisch denken und innovative Wege finden, um ihre Botschaften zu verbreiten und die Öffentlichkeit zu mobilisieren.

Einfluss von Lehrern und Mentoren

Der Einfluss von Lehrern und Mentoren auf die Entwicklung junger Menschen ist unbestreitbar und spielt eine entscheidende Rolle in der Formung ihrer Werte, Überzeugungen und politischen Einstellungen. In der Biografie von Jyn Korr wird dieser Einfluss besonders deutlich, da er sowohl ihre frühen politischen Erfahrungen als auch ihre spätere Aktivismusarbeit prägt.

Theoretischer Rahmen

Die Rolle von Lehrern und Mentoren im Bildungsprozess kann durch verschiedene theoretische Ansätze betrachtet werden. Der sozial-konstruktivistische Ansatz, wie er von Vygotsky formuliert wurde, betont die Bedeutung sozialer Interaktionen für das Lernen. Vygotsky argumentiert, dass Wissen nicht isoliert erworben wird, sondern in einem sozialen Kontext, in dem Lehrer und Mentoren als Vermittler fungieren. Dies lässt sich auf Jyns Erfahrungen übertragen, da ihre Lehrer nicht nur Wissen vermittelten, sondern auch als Vorbilder und Unterstützer in ihrer Entwicklung auftraten.

Einfluss auf Jyn Korr

Jyn erlebte in ihrer Schulzeit mehrere prägende Lehrer, die ihre Sichtweise auf soziale Gerechtigkeit und Bürgerrechte maßgeblich beeinflussten. Ein Beispiel ist ihr Geschichtslehrer, Herr Thalos, der nicht nur die Fakten der Geschichte unterrichtete, sondern auch die moralischen Implikationen von Ungerechtigkeiten und Diskriminierung thematisierte. Durch Diskussionen über historische Bewegungen, wie die Bürgerrechtsbewegung auf der Erde, entwickelte Jyn ein Bewusstsein für die Notwendigkeit des Engagements. Herr Thalos ermutigte sie, ihre Gedanken und Ideen schriftlich festzuhalten, was zur Entstehung ihrer ersten politischen Schriften führte.

Ein weiterer Mentor in Jyns Leben war ihre Kunstlehrerin, Frau Lira. Sie nutzte kreative Ausdrucksformen, um soziale Themen zu beleuchten und die Schüler dazu zu ermutigen, ihre Stimme zu erheben. Durch Projekte, die sich mit gesellschaftlichen Themen auseinandersetzten, lernte Jyn, wie Kunst als Werkzeug des Wandels eingesetzt werden kann. Frau Lira förderte Jyns künstlerische Talente und half ihr, ihre Emotionen und Gedanken in kraftvolle Kunstwerke zu verwandeln, die später Teil ihrer Protestbewegungen wurden.

Herausforderungen und Probleme

Trotz der positiven Einflüsse, die Jyn von ihren Lehrern erhielt, gab es auch Herausforderungen. Einige ihrer Lehrer waren zurückhaltend, wenn es darum ging, kontroverse Themen im Unterricht zu behandeln, aus Angst vor negativen Konsequenzen seitens der Schulbehörden oder der Eltern. Diese Zurückhaltung führte zu Frustration bei Jyn, die das Gefühl hatte, dass wichtige Diskussionen über soziale Gerechtigkeit und Bürgerrechte nicht ausreichend behandelt wurden.

Ein Beispiel hierfür war die Reaktion der Schulleitung auf einen Vorschlag von Jyn, eine Diskussionsrunde über das Anti-Körperphasen-Gesetz zu organisieren. Die Schulleitung lehnte den Vorschlag ab, da sie befürchtete, dass dies zu Spannungen innerhalb der Schulgemeinschaft führen könnte. Diese Erfahrungen führten bei Jyn zu einem tiefen Verständnis für die Schwierigkeiten, mit denen Aktivisten konfrontiert sind, wenn sie versuchen, Veränderungen in einem oft resistenten System herbeizuführen.

Beispiele für positive Interventionen

Trotz dieser Herausforderungen gab es auch Lehrer, die sich aktiv für Jyns Anliegen einsetzten. Ein bemerkenswertes Beispiel war die Unterstützung von Herrn Thalos, der eine Schulversammlung organisierte, um über das Anti-Körperphasen-Gesetz zu informieren. Er lud Jyn ein, ihre Ansichten zu teilen und ermutigte andere Schüler, sich ebenfalls zu äußern. Diese Erfahrung stärkte Jyns Selbstvertrauen und gab ihr das Gefühl, dass ihre Stimme gehört wird.

Zusätzlich organisierte Frau Lira eine Kunstausstellung, die sich mit dem Thema Bürgerrechte auseinandersetzte. Diese Ausstellung bot Jyn und ihren

Mitschülern die Möglichkeit, ihre Kunstwerke zu präsentieren und wichtige gesellschaftliche Themen zu diskutieren. Die positive Resonanz auf diese Veranstaltung bestärkte Jyn in ihrem Engagement und zeigte ihr, dass Kunst und Aktivismus Hand in Hand gehen können.

Schlussfolgerung

Zusammenfassend lässt sich sagen, dass der Einfluss von Lehrern und Mentoren auf Jyn Korr von entscheidender Bedeutung war. Sie halfen nicht nur dabei, ihre politischen Überzeugungen zu formen, sondern auch ihre Fähigkeiten und ihr Selbstbewusstsein zu stärken. Trotz der Herausforderungen, die sie in ihrer Schulzeit erlebte, war der positive Einfluss dieser Pädagogen entscheidend für ihren Weg als Bürgerrechtsaktivistin. Jyns Geschichte verdeutlicht die Bedeutung von engagierten Lehrern, die bereit sind, die Grenzen des Klassenzimmers zu überschreiten und ihren Schülern zu helfen, zu aktiven und informierten Bürgern zu werden.

Entstehung von Empathie und Mitgefühl

Die Entstehung von Empathie und Mitgefühl ist ein zentraler Aspekt in der Entwicklung von Jyn Korr und ihrer späteren Rolle als Bürgerrechtsaktivistin. Empathie, definiert als die Fähigkeit, die Emotionen und Perspektiven anderer zu verstehen und nachzuempfinden, ist nicht nur eine individuelle Eigenschaft, sondern auch ein sozialer Prozess, der durch verschiedene Faktoren beeinflusst wird.

Theoretische Grundlagen

Die Psychologin Carl Rogers (1957) betonte die Bedeutung von Empathie in zwischenmenschlichen Beziehungen und deren Einfluss auf das persönliche Wachstum. Laut Rogers ist Empathie eine essentielle Voraussetzung für das Verständnis und die Akzeptanz anderer, was wiederum zu Mitgefühl führt. Empathie kann in zwei Hauptformen unterteilt werden: kognitive Empathie, die das intellektuelle Verständnis der Gefühle anderer umfasst, und emotionale Empathie, die das tatsächliche Mitfühlen mit den Emotionen anderer beinhaltet.

Ein weiteres relevantes Konzept ist das von Martin Hoffman (1982) entwickelte Modell der empathischen Entwicklung, das vier Phasen umfasst:

1. **Egozentrische Empathie**: Kinder erleben Empathie basierend auf ihren eigenen Emotionen. 2. **Egozentrische Perspektivübernahme**: Kinder beginnen, die Perspektive anderer zu verstehen, aber oft aus einem selbstbezogenen

Blickwinkel. 3. **Empathische Perspektivübernahme**: In dieser Phase können Individuen die Gefühle anderer unabhängig von ihren eigenen Emotionen nachvollziehen. 4. **Moralische Empathie**: Diese Phase beinhaltet ein aktives Handeln, um das Wohl anderer zu fördern und Ungerechtigkeiten zu bekämpfen.

Entwicklung von Empathie in Jyns Kindheit

Jyns Kindheit war geprägt von einer Vielzahl von Erfahrungen, die ihre empathischen Fähigkeiten formten. Ihre ersten Begegnungen mit Diskriminierung, sowohl in ihrer Familie als auch in der Schule, führten dazu, dass sie die Ungerechtigkeiten, die ihre Freunde und Nachbarn erlebten, aus nächster Nähe beobachten konnte. Diese Erfahrungen schärften ihr Bewusstsein für die Herausforderungen, mit denen andere konfrontiert sind.

Ein Beispiel hierfür war die Geschichte eines Nachbarn, der aufgrund seiner Herkunft diskriminiert wurde. Jyn beobachtete, wie dieser Nachbar, trotz seiner Qualifikationen und Fähigkeiten, von der Gesellschaft ausgeschlossen wurde. Diese Ungerechtigkeit berührte Jyn tief und führte zu ihrer ersten Form des Mitgefühls, das sich in ihrem Wunsch äußerte, für ihn einzutreten.

Einfluss von sozialen Interaktionen

Die sozialen Interaktionen, die Jyn in ihrer Kindheit erlebte, spielten ebenfalls eine entscheidende Rolle in der Entwicklung ihrer Empathie. Freundschaften, die auf gegenseitigem Verständnis und Unterstützung basierten, stärkten ihr Gefühl für Gemeinschaft und Solidarität. Lehrer und Mentoren, die Empathie vorlebten, halfen Jyn, die Bedeutung von Mitgefühl in ihrem eigenen Leben zu erkennen.

Ein prägendes Erlebnis war ein schulisches Projekt, bei dem Jyn und ihre Klassenkameraden mit einer benachteiligten Gruppe zusammenarbeiteten. Diese direkte Interaktion ermöglichte es Jyn, die Herausforderungen und Kämpfe dieser Gruppe aus erster Hand zu erleben, was ihre empathischen Fähigkeiten weiter vertiefte.

Die Rolle von Medien und Kunst

Die Medien spielten eine entscheidende Rolle in der Entstehung von Jyns Empathie und Mitgefühl. Berichte über soziale Ungerechtigkeiten und Diskriminierung in Nachrichten und sozialen Medien sensibilisierten Jyn für die Probleme, die viele Menschen in ihrer Gesellschaft erlebten. Diese Berichterstattung führte zu einem Gefühl der Dringlichkeit und der Notwendigkeit, aktiv zu werden.

Kunst und Kultur trugen ebenfalls zur Entwicklung von Empathie bei. Jyn fand Trost und Inspiration in literarischen Werken und Filmen, die Geschichten von Menschen erzählten, die gegen Ungerechtigkeiten kämpften. Diese Geschichten vermittelten nicht nur die Emotionen der Protagonisten, sondern regten auch zur Reflexion über die eigene Rolle in der Gesellschaft an.

Schlussfolgerung

Die Entstehung von Empathie und Mitgefühl bei Jyn Korr ist ein vielschichtiger Prozess, der durch persönliche Erfahrungen, soziale Interaktionen und kulturelle Einflüsse geprägt ist. Diese empathischen Fähigkeiten sind entscheidend für ihre Entwicklung als Bürgerrechtsaktivistin und bilden die Grundlage für ihr Engagement gegen Diskriminierung und Ungerechtigkeit. Indem sie die Emotionen anderer versteht und nachfühlt, wird Jyn zu einer Stimme für die Stimmlosen und zu einer treibenden Kraft im Kampf für Bürgerrechte auf Verin-9.

Die Bedeutung von Vorbildern

Die Rolle von Vorbildern im Leben von Individuen, insbesondere in der Jugend, ist von entscheidender Bedeutung für die Entwicklung von Werten, Überzeugungen und Verhaltensweisen. Vorbilder können in verschiedenen Formen auftreten, sei es durch Eltern, Lehrer, Prominente oder historische Figuren. In diesem Abschnitt werden wir die Bedeutung von Vorbildern im Kontext von Jyn Korrs Entwicklung als Bürgerrechtsaktivistin auf Verin-9 untersuchen.

Theoretische Grundlagen

Die Sozialisationstheorie legt nahe, dass Individuen durch Beobachtung und Nachahmung das Verhalten und die Einstellungen anderer übernehmen. Albert Banduras soziale Lerntheorie betont, dass Menschen lernen, indem sie die Handlungen anderer beobachten und die Konsequenzen dieser Handlungen bewerten. Dies führt zu dem Konzept des *Modelllernens*, bei dem Vorbilder als Modelle fungieren, die bestimmte Verhaltensweisen und Werte verkörpern.

$$B = f(P, E) \tag{16}$$

Hierbei steht B für das Verhalten, P für die Person und E für die Umwelt. Diese Gleichung verdeutlicht, dass das Verhalten eines Individuums sowohl von seinen inneren Eigenschaften als auch von den äußeren Einflüssen, einschließlich der Vorbilder, abhängt.

Vorbilder in Jyn Korrs Leben

Für Jyn Korr war die Identifizierung mit bestimmten Vorbildern ein Schlüsselfaktor in ihrer Entwicklung. Ihre Eltern waren engagierte Bürger, die sich für soziale Gerechtigkeit einsetzten und Jyn von klein auf dazu ermutigten, ihre Stimme zu erheben. Diese frühzeitige Prägung half ihr, ein starkes Gefühl für Gerechtigkeit und Empathie zu entwickeln.

Ein weiteres wichtiges Vorbild war eine Lehrerin, die Jyn dazu inspirierte, sich mit sozialen Themen auseinanderzusetzen. Diese Lehrerin nutzte kreative Methoden, um den Schülern die Bedeutung von Bürgerrechten und sozialer Verantwortung näherzubringen. Durch Diskussionen und Projekte half sie Jyn, ihre eigenen Ansichten zu formen und zu artikulieren.

Die Rolle von Prominenten und historischen Figuren

Prominente Aktivisten wie die intergalaktische Bürgerrechtlerin Zara T'Kali, die sich für die Rechte von Minderheiten auf verschiedenen Planeten einsetzte, waren ebenfalls bedeutende Vorbilder für Jyn. Zara T'Kalis Reden und Aktionen, die in den Medien weit verbreitet wurden, inspirierten Jyn dazu, aktiv zu werden und sich für die Rechte derjenigen einzusetzen, die unterdrückt wurden.

Historische Figuren wie die legendäre Anführerin der Rebellion, Lyra Venn, wurden in den Geschichtsbüchern von Verin-9 als Symbol für Widerstand und Entschlossenheit verewigt. Jyn studierte ihre Taten und erkannte, dass auch eine einzelne Person einen tiefgreifenden Einfluss auf die Gesellschaft ausüben kann.

Probleme und Herausforderungen

Obwohl Vorbilder eine positive Wirkung haben können, gibt es auch Herausforderungen, die mit der Identifizierung mit bestimmten Personen verbunden sind. Wenn Vorbilder unrealistische Erwartungen oder unerreichbare Ideale darstellen, kann dies zu Entmutigung oder einem Gefühl der Unzulänglichkeit führen. Jyn musste lernen, dass Aktivismus nicht immer mit sofortigen Erfolgen verbunden ist und dass Rückschläge Teil des Prozesses sind.

Ein weiteres Problem ist die Möglichkeit von Fehlinformationen oder verzerrten Darstellungen von Vorbildern in den Medien. Jyn war sich bewusst, dass einige ihrer Idole möglicherweise nicht die perfekten Menschen waren, die sie sich vorgestellt hatte. Dies führte zu einer kritischen Auseinandersetzung mit den Idealen, die sie verfolgte, und half ihr, realistischere Erwartungen an sich selbst zu entwickeln.

Beispiele für positive Vorbilder

Ein Beispiel für ein positives Vorbild ist die Figur des intergalaktischen Wissenschaftlers Dr. Eli Sorren, der sich für die Rechte von intelligenten Maschinen einsetzte. Dr. Sorren war bekannt für seine integrative Haltung und seine Fähigkeit, verschiedene Perspektiven zu vereinen. Jyn bewunderte seine Fähigkeit, mit verschiedenen Gemeinschaften zu kommunizieren und Brücken zu bauen, was sie in ihrer eigenen Aktivismusarbeit anstrebte.

Ein weiteres Beispiel ist die berühmte Künstlerin Lira Voss, deren Werke soziale Themen ansprachen und das Bewusstsein für Ungerechtigkeiten schärften. Lira Voss nutzte ihre Plattform, um für die Rechte von Minderheiten zu kämpfen und inspirierte damit Jyn, Kunst als Mittel des Aktivismus zu nutzen.

Schlussfolgerung

Zusammenfassend lässt sich sagen, dass die Bedeutung von Vorbildern in Jyn Korrs Leben und ihrem Weg als Bürgerrechtsaktivistin nicht unterschätzt werden kann. Sie boten ihr Orientierung, Inspiration und die Möglichkeit, ihre eigenen Werte und Überzeugungen zu entwickeln. Indem sie die positiven Eigenschaften ihrer Vorbilder übernahm und gleichzeitig kritisch mit den Herausforderungen umging, die mit der Identifizierung mit ihnen verbunden waren, konnte Jyn zu einer starken Stimme im Widerstand gegen das Anti-Körperphasen-Gesetz auf Verin-9 werden. Ihre Reise verdeutlicht, wie wichtig es ist, Vorbilder zu haben, die nicht nur inspirieren, sondern auch die Realität des Aktivismus widerspiegeln.

Jyns erste Schriften und Gedanken

In den frühen Jahren ihres Aktivismus begann Jyn Korr, ihre Gedanken und Überlegungen in Form von Schriften festzuhalten. Diese ersten Schriften waren nicht nur ein Ausdruck ihrer persönlichen Überzeugungen, sondern auch ein Werkzeug zur Mobilisierung und Aufklärung ihrer Gemeinschaft. Jyns schriftstellerisches Schaffen war von einer tiefen Empathie geprägt, die sie aus ihren eigenen Erfahrungen mit Ungerechtigkeit und Diskriminierung schöpfte.

Die Bedeutung des Schreibens

Das Schreiben stellte für Jyn eine Möglichkeit dar, ihre Gedanken zu ordnen und die komplexen gesellschaftlichen Probleme, mit denen sie konfrontiert war, zu analysieren. In ihren ersten Essays und Artikeln thematisierte sie die Ungleichheiten, die sie in ihrer Heimatwelt Verin-9 beobachtete. Sie nutzte ihre Schriften, um Fragen aufzuwerfen, die oft unbeantwortet blieben, und um andere dazu zu ermutigen, über die bestehenden sozialen Normen nachzudenken.

Ein zentrales Thema in Jyns Schriften war die Idee der **Gleichheit**. Sie stellte fest, dass die Bürgerrechte für alle Wesen, unabhängig von ihrer Herkunft oder ihrem Erscheinungsbild, von grundlegender Bedeutung sind. In einem ihrer ersten Essays schrieb sie:

> „Die wahre Stärke einer Gesellschaft zeigt sich nicht in ihrer Fähigkeit, die Starken zu schützen, sondern in ihrem Engagement, die Schwachen zu unterstützen."

Diese Aussage spiegelte Jyns Überzeugung wider, dass der Fortschritt einer Gesellschaft an der Art und Weise gemessen werden sollte, wie sie mit den verletzlichsten Mitgliedern umgeht.

Erste politische Gedanken

Jyns Schriften waren oft politisch gefärbt und thematisierten die Notwendigkeit von Reformen. Sie kritisierte das bestehende System, das ihrer Meinung nach die Diskriminierung und Ungerechtigkeit perpetuierte. In einem weiteren Aufsatz argumentierte sie, dass das **Anti-Körperphasen-Gesetz** nicht nur eine rechtliche, sondern auch eine moralische Fragestellung aufwarf. Sie schrieb:

> „Gesetze, die auf der Grundlage von Angst und Vorurteil erlassen werden, sind niemals gerechtfertigt. Wir müssen uns gegen diese Ungerechtigkeit erheben und für das kämpfen, was richtig ist."

Diese Schriften wurden nicht nur von ihren Freunden und Bekannten gelesen, sondern fanden auch ihren Weg in lokale Publikationen, was Jyn eine breitere Plattform bot, um ihre Ideen zu verbreiten.

Einfluss von Literatur und Philosophie

Jyn ließ sich auch von großen Denkern und Schriftstellern inspirieren. Ihre Lektüre von Philosophen wie *John Stuart Mill* und *Simone de Beauvoir* prägte ihren Ansatz zur Gleichheit und Gerechtigkeit. In einem ihrer Essays zitiert sie Mill, um die Bedeutung von individueller Freiheit und Selbstbestimmung zu unterstreichen:

> „Die einzige Freiheit, die wirklich zählt, ist die Freiheit, seine eigene Stimme zu erheben und für sich selbst zu sprechen."

Durch die Auseinandersetzung mit diesen Theorien entwickelte Jyn ein tiefes Verständnis für die philosophischen Grundlagen von Bürgerrechten und sozialer Gerechtigkeit.

Erste Protestschriften

Ein weiterer wichtiger Aspekt von Jyns schriftstellerischem Schaffen waren ihre Protestschriften. Diese Texte waren oft leidenschaftlich und fordernd, und sie ermutigten andere, sich aktiv gegen das **Anti-Körperphasen-Gesetz** zu wehren. In einem ihrer bekanntesten Protestaufrufe schrieb sie:

> „Wir dürfen nicht schweigen! Unsere Stimmen sind mächtig, und zusammen können wir die Wellen des Wandels erzeugen. Lasst uns gemeinsam aufstehen und für unsere Rechte kämpfen!"

Diese Schriften trugen dazu bei, eine Bewegung zu mobilisieren, die über Jyns unmittelbare Umgebung hinausging und intergalaktische Unterstützung gewann.

Reflexion und Entwicklung

Im Laufe der Zeit reflektierte Jyn über ihre eigenen Schriften und deren Einfluss auf ihre Entwicklung als Aktivistin. Sie erkannte, dass das Schreiben nicht nur ein Werkzeug zur Mobilisierung war, sondern auch eine Form der Selbsttherapie. In einem persönlichen Tagebucheintrag notierte sie:

> „Jede Zeile, die ich schreibe, bringt mich näher zu mir selbst. Es ist, als würde ich durch das Schreiben die Welt um mich herum besser verstehen und gleichzeitig meine eigenen Ängste und Hoffnungen ausdrücken."

Diese Reflexionen halfen Jyn, ihre Stimme zu finden und sich als Aktivistin weiterzuentwickeln.

Fazit

Zusammenfassend lässt sich sagen, dass Jyns erste Schriften und Gedanken eine zentrale Rolle in ihrer Entwicklung als Bürgerrechtsaktivistin spielten. Durch das Schreiben konnte sie nicht nur ihre eigenen Überzeugungen festigen, sondern auch andere inspirieren und mobilisieren. Ihre Texte wurden zu einem kraftvollen Werkzeug im Kampf gegen das **Anti-Körperphasen-Gesetz** und trugen dazu bei, das Bewusstsein für die Bedeutung von Bürgerrechten auf Verin-9 zu schärfen. Jyns schriftstellerisches Erbe lebt in den Herzen und Köpfen derer weiter, die sich für Gerechtigkeit und Gleichheit einsetzen.

Die Suche nach Antworten

Die Suche nach Antworten ist ein zentraler Bestandteil der Entwicklung einer aktiven und kritischen Haltung gegenüber gesellschaftlichen Ungerechtigkeiten. Für Jyn Korr war diese Suche nicht nur eine intellektuelle Herausforderung, sondern auch eine emotionale und spirituelle Reise, die ihre Werte und Überzeugungen prägte. In dieser Phase ihres Lebens stellte sie zahlreiche Fragen, die sie dazu anregten, ihre Umgebung und die bestehenden sozialen Strukturen zu hinterfragen.

Fragen der Gerechtigkeit

Jyn begann, sich mit grundlegenden Fragen der Gerechtigkeit auseinanderzusetzen. Was bedeutet es, gerecht zu sein? Wer definiert, was gerecht ist? In einer Gesellschaft, die von Diskriminierung und Ungleichheit geprägt ist, wird die Suche nach Gerechtigkeit zu einem komplexen Unterfangen. Die Philosophie der Gerechtigkeit, wie sie von Theoretikern wie John Rawls und Robert Nozick formuliert wurde, bietet verschiedene Perspektiven auf diese Fragen. Rawls' Theorie der Gerechtigkeit als Fairness legt nahe, dass eine gerechte Gesellschaft die Grundrechte aller Individuen schützen sollte, während Nozick den Fokus auf individuelle Freiheiten und Eigentumsrechte legt.

Diese theoretischen Ansätze halfen Jyn, die Ungerechtigkeiten um sie herum zu analysieren. Sie stellte fest, dass das Anti-Körperphasen-Gesetz nicht nur eine rechtliche Regelung war, sondern auch eine tiefere gesellschaftliche Problematik widerspiegelte: die systematische Diskriminierung bestimmter Bevölkerungsgruppen aufgrund ihrer biologischen Merkmale.

Empirische Recherchen

Um Antworten auf ihre Fragen zu finden, begann Jyn, empirische Recherchen durchzuführen. Sie interviewte Freunde, Nachbarn und andere Mitglieder ihrer Gemeinschaft, um deren Erfahrungen mit Diskriminierung und Ungerechtigkeit zu dokumentieren. Diese Interviews wurden zu einer Quelle der Inspiration für ihre ersten Schriften und Gedanken. Jyn stellte fest, dass viele ihrer Gesprächspartner ähnliche Erfahrungen gemacht hatten, was ihr ein Gefühl der Solidarität und des gemeinsamen Kampfes vermittelte.

Ein Beispiel für eine solche Erfahrung war die Geschichte eines Freundes, der aufgrund seiner biologischen Merkmale von der Teilnahme an bestimmten gesellschaftlichen Aktivitäten ausgeschlossen wurde. Diese persönlichen Geschichten verdeutlichten die Notwendigkeit, das System zu hinterfragen und aktiv für Veränderungen einzutreten.

Die Rolle der Medien

Ein weiterer wichtiger Aspekt in Jyns Suche nach Antworten war die Rolle der Medien. Sie erkannte, dass Medien nicht nur Informationen verbreiten, sondern auch die öffentliche Meinung formen können. Der Zugang zu Informationen über Diskriminierung und Ungerechtigkeit war entscheidend für das Verständnis der breiten Öffentlichkeit. Jyn begann, sich in sozialen Medien zu engagieren und Plattformen zu nutzen, um ihre Botschaft zu verbreiten. Sie startete eine Kampagne, um auf die Ungerechtigkeiten aufmerksam zu machen, die durch das Anti-Körperphasen-Gesetz verursacht wurden.

Durch die Analyse von Berichterstattung in verschiedenen Medien lernte Jyn, wie wichtig es ist, die Narrative zu kontrollieren. Sie stellte fest, dass die Art und Weise, wie Geschichten erzählt werden, einen erheblichen Einfluss auf die Wahrnehmung von Ungerechtigkeit hat. Dies motivierte sie, ihre eigene Stimme zu erheben und aktiv an der Gestaltung der Diskussion über Bürgerrechte teilzunehmen.

Die Suche nach Vorbildern

In ihrer Suche nach Antworten suchte Jyn auch nach Vorbildern, die sie inspirieren konnten. Sie las Biografien von Aktivisten, die sich für Bürgerrechte und soziale Gerechtigkeit eingesetzt hatten. Figuren wie Martin Luther King Jr. und Nelson Mandela wurden zu Leitbildern für Jyn. Ihre Geschichten waren nicht nur Beispiele für erfolgreichen Aktivismus, sondern auch Quellen der Hoffnung und Motivation.

Jyn erkannte, dass der Weg zum Aktivismus nicht einfach war und dass Rückschläge Teil des Prozesses sind. Sie lernte, dass es wichtig ist, aus Fehlern zu lernen und sich von Rückschlägen nicht entmutigen zu lassen. Diese Erkenntnis half ihr, eine resilientere Haltung zu entwickeln, die sie in ihrer späteren Aktivismusarbeit unterstützen sollte.

Die Bedeutung von Gemeinschaft

Schließlich wurde Jyn klar, dass die Suche nach Antworten nicht allein erfolgen kann. Sie erkannte die Bedeutung von Gemeinschaft und Solidarität in ihrem Streben nach Gerechtigkeit. Der Austausch von Ideen und Erfahrungen mit Gleichgesinnten war entscheidend für ihre persönliche Entwicklung und für die Entwicklung ihrer politischen Ansichten.

Die Gründung von Diskussionsgruppen und die Teilnahme an lokalen Veranstaltungen ermöglichten es Jyn, ihre Gedanken zu teilen und von anderen zu lernen. Diese Gemeinschaften wurden zu einem wichtigen Rückhalt in ihrer Suche nach Antworten und halfen ihr, ihre Werte und Überzeugungen weiter zu festigen.

Fazit

Die Suche nach Antworten war für Jyn Korr ein vielschichtiger Prozess, der sowohl intellektuelle als auch emotionale Dimensionen umfasste. Durch das Stellen von Fragen, empirische Recherchen, die Analyse der Medien, das Finden von Vorbildern und den Austausch in Gemeinschaften entwickelte sie ein tiefes Verständnis für die Herausforderungen, die mit dem Aktivismus verbunden sind. Diese Erfahrungen legten den Grundstein für ihren späteren Einsatz gegen das Anti-Körperphasen-Gesetz und ihre Bestrebungen, eine gerechtere Gesellschaft zu schaffen.

Der Weg zur Selbstfindung

Die Selbstfindung ist ein zentraler Prozess in der Entwicklung einer Person, insbesondere für jemanden wie Jyn Korr, die in einer komplexen und oft ungerechten Gesellschaft aufwächst. In diesem Abschnitt werden die verschiedenen Facetten von Jyns Weg zur Selbstfindung untersucht, einschließlich der Herausforderungen, die sie dabei überwinden musste, und der Theorien, die diesen Prozess erklären.

Theoretische Grundlagen der Selbstfindung

Die Selbstfindung kann durch verschiedene psychologische Theorien erklärt werden, darunter die Entwicklungstheorie von Erik Erikson, die die psychosozialen Herausforderungen beschreibt, mit denen Individuen in verschiedenen Lebensphasen konfrontiert sind. Erikson identifiziert acht Stadien, wobei das fünfte Stadium, das in der Jugend auftritt, sich auf die Suche nach Identität konzentriert. Diese Phase ist entscheidend für Jyn, da sie sich mit ihrer kulturellen Identität und den sozialen Erwartungen auseinandersetzen muss.

$$\text{Identität} = \text{Selbstwahrnehmung} + \text{Soziale Interaktion} \qquad (17)$$

Diese Gleichung verdeutlicht, dass Jyns Identität sowohl von ihrer inneren Wahrnehmung als auch von den externen sozialen Einflüssen geprägt wird. Der Einfluss ihrer Familie, Freunde und der Gesellschaft spielt eine wesentliche Rolle in ihrem Prozess der Selbstfindung.

Herausforderungen der Selbstfindung

Jyn sieht sich in ihrer Kindheit und Jugend mit mehreren Herausforderungen konfrontiert, die ihre Selbstfindung erschweren. Diskriminierung und Ungerechtigkeit sind alltägliche Erfahrungen, die sie dazu bringen, ihre Identität und ihren Platz in der Gesellschaft in Frage zu stellen. Die erste Begegnung mit Diskriminierung, als sie als Kind auf der Schule aufgrund ihrer Herkunft gemobbt wird, ist ein prägendes Erlebnis, das ihre Sicht auf sich selbst und die Welt beeinflusst.

Einfluss von Beziehungen

Die Beziehungen, die Jyn zu ihrer Familie und ihren Freunden aufbaut, sind entscheidend für ihren Selbstfindungsprozess. Ihre Eltern, die ebenfalls Aktivisten sind, bieten ihr ein starkes Fundament von Werten und Überzeugungen. Diese Werte helfen Jyn, ihre eigene Identität zu formen und ihre Rolle im Widerstand zu definieren.

Ein Beispiel für den Einfluss von Freundschaften auf Jyns Selbstfindung ist ihre enge Beziehung zu ihrer besten Freundin, die ebenfalls von Diskriminierung betroffen ist. Gemeinsam teilen sie ihre Erfahrungen und unterstützen sich gegenseitig, was Jyn hilft, Empathie und Mitgefühl zu entwickeln.

Die Rolle der Bildung

Bildung spielt eine wesentliche Rolle in Jyns Selbstfindungsprozess. Ihre Lehrer und Mentoren fördern nicht nur ihre akademischen Fähigkeiten, sondern auch ihr kritisches Denken und ihr Bewusstsein für soziale Gerechtigkeit. Jyns Interesse an Literatur und Geschichte eröffnet ihr neue Perspektiven und hilft ihr, die Wurzeln der Ungerechtigkeit zu verstehen.

$$\text{Wissen} = \text{Bildung} + \text{Erfahrung} \tag{18}$$

Diese Gleichung zeigt, dass Jyns Wissen über ihre Welt und ihre Identität sowohl durch formale Bildung als auch durch persönliche Erfahrungen geprägt wird.

Die Suche nach Antworten

Auf ihrem Weg zur Selbstfindung beginnt Jyn, Fragen zu stellen, die tief in ihrer Psyche verwurzelt sind. Sie fragt sich, wer sie wirklich ist und welche Rolle sie in der Gesellschaft spielen möchte. Diese Fragen führen sie zu ihrer ersten Protesterfahrung, die ein Wendepunkt in ihrem Leben darstellt.

Jyns erste Schriften und Gedanken sind Ausdruck ihrer inneren Konflikte und ihrer Suche nach Identität. Sie beginnt, ihre Gedanken in Form von Gedichten und Essays festzuhalten, was ihr hilft, ihre Emotionen zu verarbeiten und Klarheit über ihre Werte und Überzeugungen zu gewinnen.

Der Einfluss von Vorbildern

Die Bedeutung von Vorbildern in Jyns Leben kann nicht unterschätzt werden. Persönlichkeiten wie Nelson Mandela und Malala Yousafzai inspirieren sie, ihren eigenen Weg zu finden und für ihre Überzeugungen einzustehen. Diese Vorbilder zeigen Jyn, dass es möglich ist, gegen Ungerechtigkeit zu kämpfen und Veränderungen herbeizuführen, auch wenn der Weg steinig ist.

Schlussfolgerung

Der Weg zur Selbstfindung ist für Jyn Korr ein komplexer und oft herausfordernder Prozess. Durch die Auseinandersetzung mit Diskriminierung, den Einfluss ihrer Beziehungen, die Rolle der Bildung und die Inspiration durch Vorbilder gelingt es Jyn, ihre Identität zu formen und ihren Platz im Widerstand zu finden. Ihre Reise ist ein Beispiel dafür, wie persönliche Herausforderungen und gesellschaftliche Umstände zu einem tieferen Verständnis von sich selbst und der Welt führen können. Jyns Selbstfindung ist nicht nur eine individuelle Reise, sondern auch ein Teil eines kollektiven Kampfes für Gerechtigkeit und Gleichheit, der weit über ihre eigene Erfahrung hinausgeht.

Kapitel 2: Der Aktivismus beginnt

Die Gründung der Bürgerrechtsgruppe

Jyns Vision für die Zukunft

Jyn Korr, eine leidenschaftliche Bürgerrechtsaktivistin, hatte von klein auf eine klare Vision für die Zukunft ihrer Heimatwelt Verin-9. Diese Vision war nicht nur ein Traum, sondern ein Leitfaden für ihr Handeln und ihre Entscheidungen im Kampf gegen Ungerechtigkeiten. Sie stellte sich eine Gesellschaft vor, in der alle Lebewesen, unabhängig von ihrer Herkunft, ihrem Aussehen oder ihrer biologischen Struktur, gleich behandelt und respektiert werden.

Die Grundpfeiler von Jyns Vision

Die Vision von Jyn basierte auf mehreren zentralen Prinzipien:

1. **Gleichheit:** Jyn glaubte fest an die Gleichheit aller Bürger. Sie war überzeugt, dass jeder das Recht auf gleiche Behandlung und gleiche Chancen haben sollte, unabhängig von den körperlichen oder kulturellen Unterschieden.

2. **Bildung:** Bildung war für Jyn der Schlüssel zur Veränderung. Sie war der Meinung, dass eine gut informierte Bevölkerung in der Lage ist, fundierte Entscheidungen zu treffen und sich aktiv für ihre Rechte einzusetzen. Jyn setzte sich daher für Bildungsreformen ein, die allen zugänglich sein sollten.

3. **Solidarität:** Jyn erkannte, dass der Kampf für Bürgerrechte nicht von Einzelpersonen allein gewonnen werden kann. Sie sah die Notwendigkeit von Solidarität zwischen verschiedenen Gemeinschaften und Kulturen. Ihre

Vision umfasste eine starke, vereinte Front gegen Diskriminierung und Ungerechtigkeit.

4. **Nachhaltigkeit:** In Anbetracht der ökologischen Herausforderungen, vor denen Verin-9 stand, war Jyn auch der Meinung, dass soziale Gerechtigkeit und Umweltschutz Hand in Hand gehen müssen. Ihre Vision beinhaltete eine nachhaltige Entwicklung, die sowohl die Bedürfnisse der gegenwärtigen als auch der zukünftigen Generationen berücksichtigt.

5. **Technologischer Fortschritt:** Jyn sah in der Technologie ein mächtiges Werkzeug für den Aktivismus. Sie glaubte, dass durch den Einsatz digitaler Plattformen und sozialer Medien eine breitere Öffentlichkeit erreicht und mobilisiert werden kann. Ihre Vision beinhaltete die Förderung von Technologien, die den Zugang zu Informationen und die Vernetzung von Aktivisten erleichtern.

Herausforderungen auf dem Weg zur Umsetzung

Trotz ihrer klaren Vision sah sich Jyn mit zahlreichen Herausforderungen konfrontiert. Eine der größten Hürden war die tief verwurzelte Diskriminierung, die in der Gesellschaft von Verin-9 existierte. Viele Bürger waren skeptisch gegenüber Veränderungen und fürchteten, dass eine Gleichstellung der Rechte ihre eigenen Privilegien gefährden könnte. Diese Ängste mussten durch Aufklärung und Dialog überwunden werden.

Ein weiteres Problem war die Fragmentierung der Aktivistengruppen. Obwohl viele Organisationen ähnliche Ziele verfolgten, fehlte oft die Zusammenarbeit zwischen diesen Gruppen. Jyn war sich bewusst, dass eine vereinte Front notwendig war, um effektiv gegen das Anti-Körperphasen-Gesetz und andere diskriminierende Maßnahmen vorzugehen.

Praktische Ansätze zur Verwirklichung ihrer Vision

Um ihre Vision in die Tat umzusetzen, entwickelte Jyn eine Reihe von Strategien:

+ **Aufklärungskampagnen:** Jyn initiierte Aufklärungskampagnen, um das Bewusstsein für die Bedeutung von Bürgerrechten zu schärfen. Diese Kampagnen umfassten Workshops, öffentliche Vorträge und digitale Inhalte, die die Bürger über ihre Rechte informierten.

+ **Kooperation mit anderen Gruppen:** Jyn arbeitete aktiv daran, Allianzen mit anderen Bürgerrechtsgruppen zu bilden. Sie erkannte, dass die

Zusammenarbeit mit verschiedenen Organisationen, die unterschiedliche Perspektiven und Ressourcen einbrachten, den Aktivismus stärken konnte.

+ **Nutzung von sozialen Medien:** Jyn nutzte soziale Medien als Plattform, um ihre Botschaften zu verbreiten und Unterstützung zu mobilisieren. Durch die Schaffung von Hashtags und Online-Kampagnen erreichte sie ein breites Publikum und motivierte viele, sich dem Widerstand anzuschließen.

+ **Kunst und Kreativität:** Jyn glaubte an die Kraft der Kunst, um Emotionen zu wecken und Menschen zu inspirieren. Sie förderte kreative Projekte, die die Themen Gleichheit und Gerechtigkeit behandelten und die Bürger zur Reflexion anregten.

+ **Bildungsinitiativen:** Um die nächste Generation von Aktivisten zu inspirieren, gründete Jyn Programme, die sich auf die Bildung junger Menschen konzentrierten. Diese Programme beinhalteten Workshops zu Themen wie Menschenrechte, soziale Gerechtigkeit und aktives Bürgerschaft.

Die Bedeutung von Jyns Vision für Verin-9

Jyns Vision war nicht nur ein persönlicher Traum; sie stellte eine notwendige Perspektive für die Zukunft von Verin-9 dar. In einer Zeit, in der die Gesellschaft mit Herausforderungen wie Diskriminierung, Ungerechtigkeit und Umweltkrisen konfrontiert war, bot ihre Vision einen klaren Weg nach vorn. Sie inspirierte nicht nur ihre Mitstreiter, sondern auch viele Bürger, die an eine bessere Zukunft glaubten.

Die Umsetzung ihrer Vision erforderte Mut, Entschlossenheit und die Fähigkeit, in schwierigen Zeiten Hoffnung zu bewahren. Jyns unermüdlicher Einsatz und ihre klare Vorstellung von einer gerechten Gesellschaft wurden zu einem Symbol für den Widerstand gegen das Anti-Körperphasen-Gesetz und für den Kampf um Bürgerrechte auf Verin-9.

$$\text{Gleichheit} + \text{Bildung} + \text{Solidarität} + \text{Nachhaltigkeit} + \text{Technologischer Fortschritt} = \text{Jyns Vis} \tag{19}$$

Insgesamt war Jyns Vision ein umfassender Plan, der sowohl die sozialen als auch die ökologischen Herausforderungen ihrer Zeit berücksichtigte. Ihre Überzeugung, dass eine bessere Zukunft möglich ist, inspirierte viele und legte den Grundstein für einen nachhaltigen Aktivismus, der auch zukünftige Generationen anregen würde, für ihre Rechte zu kämpfen.

Die ersten Treffen und Diskussionen

Die Gründung der Bürgerrechtsgruppe um Jyn Korr war ein entscheidender Schritt in ihrem Aktivismus. Die ersten Treffen und Diskussionen waren von grundlegender Bedeutung, um eine gemeinsame Basis für die Gruppe zu schaffen. Diese Zusammenkünfte waren nicht nur Gelegenheiten, um Ideen auszutauschen, sondern auch um Strategien zu entwickeln, die den Widerstand gegen das Anti-Körperphasen-Gesetz vorantreiben würden.

Die erste Zusammenkunft

Die erste Versammlung fand in einem kleinen, unscheinbaren Raum in der alten Bibliothek von Verin-9 statt. Jyn hatte eine Einladung an ihre engsten Freunde und einige Gleichgesinnte verschickt. Die Atmosphäre war angespannt, aber voller Hoffnung. Jyn begann die Sitzung mit einer kurzen Rede, in der sie die Dringlichkeit des Themas und die Notwendigkeit einer organisierten Bewegung betonte.

> „Wir leben in einer Zeit, in der unsere Rechte auf dem Spiel stehen. Es ist an der Zeit, dass wir uns zusammenschließen und für das kämpfen, was uns zusteht!"

Diese Worte hallten im Raum wider und schufen einen starken Zusammenhalt. Die Teilnehmer waren sich einig, dass es an der Zeit war, aktiv zu werden und ihre Stimmen zu erheben.

Diskussion über Ziele und Strategien

In den folgenden Treffen wurde intensiv diskutiert, welche Ziele die Gruppe verfolgen sollte. Dabei wurde ein strategischer Plan entwickelt, der sowohl kurzfristige als auch langfristige Ziele umfasste. Ein zentrales Thema war die Aufklärung der Öffentlichkeit über die negativen Auswirkungen des Anti-Körperphasen-Gesetzes. Die Gruppe beschloss, Informationsmaterialien zu erstellen und diese in verschiedenen Teilen von Verin-9 zu verteilen.

Ein weiteres wichtiges Thema war die Mobilisierung von Unterstützern. Hierbei wurde die Bedeutung von sozialen Medien hervorgehoben. Jyn und ihre Mitstreiter erkannten, dass Plattformen wie „ZyberNet" eine große Reichweite hatten und eine effektive Möglichkeit darstellten, um ihre Botschaft zu verbreiten.

$$\text{Reichweite} = \text{Anzahl der Follower} \times \text{Engagement-Rate} \qquad (20)$$

Die Gruppe stellte fest, dass eine hohe Engagement-Rate entscheidend war, um die Reichweite ihrer Botschaften zu maximieren.

Herausforderungen und Konflikte

Trotz der positiven Stimmung gab es auch Herausforderungen. Einige Mitglieder äußerten Bedenken hinsichtlich der möglichen Repressionen durch die Regierung. Diese Sorgen führten zu hitzigen Diskussionen, in denen verschiedene Ansätze zur Risikominderung erörtert wurden. Jyn betonte, dass eine offene Kommunikation und Transparenz innerhalb der Gruppe von größter Bedeutung seien.

Ein Beispiel für die Spannungen war die Frage, ob man gewaltsame oder friedliche Protestformen in Betracht ziehen sollte. Während einige Mitglieder die Dringlichkeit von direkten Aktionen betonten, war Jyn eine Verfechterin des gewaltfreien Widerstands. Sie führte an:

„Frieden ist unsere stärkste Waffe. Wenn wir Gewalt anwenden, verlieren wir nicht nur unsere Glaubwürdigkeit, sondern auch die Unterstützung der Menschen, die wir erreichen wollen."

Diese Überzeugung führte zu einem Konsens, dass die Gruppe sich auf friedliche Protestformen konzentrieren würde, um die Öffentlichkeit zu mobilisieren.

Die Bedeutung von Teamarbeit

Ein weiterer wichtiger Punkt in den Diskussionen war die Bedeutung von Teamarbeit. Jyn stellte fest, dass die Vielfalt der Perspektiven in der Gruppe eine Stärke darstellt. Jeder brachte unterschiedliche Erfahrungen und Ideen ein, was zu kreativen Lösungen führte. Die Mitglieder wurden ermutigt, ihre individuellen Stärken zu identifizieren und diese in die gemeinsame Arbeit einzubringen.

Die Gruppe entschied sich, verschiedene Arbeitsgruppen zu bilden, die sich auf spezifische Themen konzentrieren sollten, wie Öffentlichkeitsarbeit, rechtliche Unterstützung und kreative Kampagnen. Dies führte zu einer effektiveren Nutzung der Ressourcen und einer besseren Koordination der Aktivitäten.

Erste Erfolge

Die ersten Treffen führten schnell zu greifbaren Erfolgen. Innerhalb weniger Wochen gelang es der Gruppe, eine erste Informationskampagne zu starten. Flyer und Plakate wurden in der ganzen Stadt verteilt, und es wurden erste öffentliche Versammlungen organisiert.

Die Resonanz war überwältigend. Viele Bürger von Verin-9 zeigten Interesse und unterstützten die Initiative, was die Gruppe ermutigte, weiterzumachen. Jyns Fähigkeit, Menschen zu motivieren und zu inspirieren, spielte dabei eine entscheidende Rolle.

Reflexion über die ersten Schritte

Diese ersten Treffen und Diskussionen waren der Grundstein für die spätere Mobilisierung gegen das Anti-Körperphasen-Gesetz. Sie schufen nicht nur eine Gemeinschaft von Gleichgesinnten, sondern legten auch die Grundlage für eine strukturierte und zielgerichtete Bewegung.

Die Erfahrungen aus diesen frühen Tagen wurden zu einem wertvollen Lehrbuch für die zukünftigen Aktivitäten der Gruppe. Die Herausforderungen, die sie bewältigen mussten, und die Erfolge, die sie feierten, formten Jyn und ihre Mitstreiter und bereiteten sie auf die kommenden Kämpfe vor.

Insgesamt waren die ersten Treffen ein entscheidender Schritt in Jyns Reise als Bürgerrechtsaktivistin. Sie zeigten, dass der Zusammenhalt und die Zusammenarbeit der Schlüssel zum Erfolg sind, und dass selbst die kleinsten Anfänge große Veränderungen bewirken können.

Die Auswahl der Mitglieder

Die Auswahl der Mitglieder für die neu gegründete Bürgerrechtsgruppe war ein entscheidender Schritt auf dem Weg zur Mobilisierung des Widerstands gegen das Anti-Körperphasen-Gesetz. Jyn Korr war sich bewusst, dass die Stärke der Bewegung nicht nur von der Zahl der Mitglieder, sondern auch von deren Engagement, Vielfalt und Fähigkeiten abhängt. In diesem Abschnitt werden die Kriterien und Herausforderungen bei der Auswahl der Mitglieder sowie die Strategien zur Rekrutierung und Integration der neuen Mitglieder erläutert.

Kriterien für die Mitgliedsauswahl

Um eine effektive und diverse Gruppe zu bilden, legte Jyn mehrere Kriterien fest, die potenzielle Mitglieder erfüllen sollten:

- **Engagement für Bürgerrechte:** Die Mitglieder mussten ein starkes Interesse an Bürgerrechten und sozialen Gerechtigkeitsthemen zeigen. Dies wurde oft durch vorherige Erfahrungen in ähnlichen Gruppen oder durch persönliche Geschichten deutlich.

+ **Vielfalt:** Jyn betonte die Bedeutung von Vielfalt innerhalb der Gruppe. Unterschiedliche Hintergründe, Kulturen und Perspektiven sollten vertreten sein, um ein umfassendes Verständnis der Probleme zu gewährleisten.

+ **Kompetenzen:** Fähigkeiten in Bereichen wie Kommunikation, Organisation und Öffentlichkeitsarbeit waren von Vorteil. Jyn suchte nach Mitgliedern, die bereit waren, Verantwortung zu übernehmen und aktiv zur Strategieentwicklung beizutragen.

+ **Empathie und Mitgefühl:** Die Mitglieder sollten in der Lage sein, die Perspektiven anderer zu verstehen und Mitgefühl für die Betroffenen des Anti-Körperphasen-Gesetzes zu zeigen.

Herausforderungen bei der Auswahl

Die Auswahl der Mitglieder brachte verschiedene Herausforderungen mit sich:

+ **Vorurteile und Stereotypen:** Einige potenzielle Mitglieder waren von Vorurteilen betroffen, die ihre Fähigkeit, sich aktiv in die Gruppe einzubringen, beeinträchtigten. Jyn musste sicherstellen, dass die Gruppe ein sicheres und unterstützendes Umfeld bot, um diese Barrieren abzubauen.

+ **Mangelndes Vertrauen:** In einer Gesellschaft, die von Diskriminierung geprägt war, hatten viele Menschen Schwierigkeiten, Vertrauen zu fassen. Jyn arbeitete hart daran, eine vertrauensvolle Atmosphäre zu schaffen, in der sich alle Mitglieder wohlfühlten.

+ **Ressourcenknappheit:** Die Gruppe hatte anfangs nur begrenzte Ressourcen, was die Rekrutierung und Schulung neuer Mitglieder erschwerte. Jyn musste kreative Lösungen finden, um die Gruppe zu stärken, ohne auf externe Finanzierung angewiesen zu sein.

Strategien zur Rekrutierung

Um die richtigen Mitglieder zu finden, setzte Jyn verschiedene Strategien ein:

+ **Öffentliche Veranstaltungen:** Jyn organisierte Informationsveranstaltungen und Workshops, um das Bewusstsein für die Bürgerrechtsbewegung zu schärfen und potenzielle Mitglieder zu gewinnen. Diese Veranstaltungen boten auch eine Plattform für den Austausch von Ideen und Erfahrungen.

+ **Soziale Medien:** Die Nutzung sozialer Medien war entscheidend für die Rekrutierung. Jyn und ihr Team erstellten ansprechende Inhalte, die die Mission der Gruppe erklärten und zur Teilnahme einluden. Hashtags wie `#Verin9Aktivismus` wurden genutzt, um eine breitere Reichweite zu erzielen.

+ **Partnerschaften mit bestehenden Gruppen:** Jyn suchte aktiv nach Partnerschaften mit anderen Organisationen, die ähnliche Ziele verfolgten. Diese Kooperationen ermöglichten den Austausch von Ressourcen und Wissen sowie die Rekrutierung von Mitgliedern aus bestehenden Netzwerken.

Integration neuer Mitglieder

Die Integration neuer Mitglieder in die Gruppe war ein weiterer wichtiger Aspekt, um ein starkes und engagiertes Team zu schaffen. Jyn implementierte mehrere Maßnahmen:

+ **Mentorship-Programme:** Neue Mitglieder wurden mit erfahrenen Aktivisten gekoppelt, die als Mentoren fungierten. Dies half, das Wissen und die Erfahrung innerhalb der Gruppe zu teilen und das Vertrauen zu stärken.

+ **Regelmäßige Treffen:** Um den Zusammenhalt zu fördern, wurden regelmäßige Treffen organisiert, bei denen Mitglieder ihre Ideen und Bedenken äußern konnten. Dies schuf ein Gefühl der Zugehörigkeit und förderte die Teamdynamik.

+ **Schulungen und Workshops:** Jyn organisierte Schulungen, um die Mitglieder in wichtigen Themen wie rechtlichen Fragen, Kommunikationsstrategien und Protestorganisation zu schulen. Dies stärkte das Vertrauen der Mitglieder in ihre Fähigkeiten und förderte die Effektivität der Gruppe.

Ergebnisse der Auswahl

Die sorgfältige Auswahl und Integration der Mitglieder führte zu einer dynamischen und engagierten Bürgerrechtsgruppe. Jyn Korr konnte auf ein Team zurückgreifen, das nicht nur die Vision der Bewegung teilte, sondern auch bereit war, sich aktiv für die Rechte der Bürger auf Verin-9 einzusetzen. Die Vielfalt der Mitglieder brachte unterschiedliche Perspektiven und Ideen ein, die die Strategien und Aktionen der Gruppe bereicherten.

Insgesamt war die Auswahl der Mitglieder ein entscheidender Schritt in der Entwicklung der Bürgerrechtsgruppe. Durch die Berücksichtigung von Engagement, Vielfalt und Fähigkeiten konnte Jyn eine starke Basis schaffen, die die Grundlage für den bevorstehenden Widerstand gegen das Anti-Körperphasen-Gesetz bildete.

Strategien zur Mobilisierung

Die Mobilisierung von Unterstützern ist ein entscheidender Schritt im Aktivismus, insbesondere wenn es darum geht, gegen Gesetze wie das Anti-Körperphasen-Gesetz auf Verin-9 Widerstand zu leisten. In diesem Abschnitt werden verschiedene Strategien zur Mobilisierung von Menschen und zur Förderung des Engagements für die Bürgerrechtsbewegung untersucht.

1. Zielgruppenanalyse

Eine effektive Mobilisierung beginnt mit einer gründlichen Analyse der Zielgruppen. Es ist wichtig, die demografischen Merkmale, Interessen und Werte der potenziellen Unterstützer zu verstehen. Hierbei können folgende Fragen gestellt werden:

+ Wer sind die betroffenen Gruppen?

+ Welche gemeinsamen Anliegen und Interessen haben sie?

+ Welche Kommunikationskanäle nutzen sie am häufigsten?

Durch die Segmentierung der Zielgruppen kann die Botschaft gezielt angepasst werden, um die größtmögliche Resonanz zu erzielen. Beispielsweise könnte die Gruppe der jungen Erwachsenen durch soziale Medien angesprochen werden, während ältere Generationen möglicherweise besser über traditionelle Medien erreicht werden.

2. Aufklärung und Informationsverbreitung

Ein weiterer wichtiger Aspekt der Mobilisierungsstrategien ist die Aufklärung der Öffentlichkeit über die Auswirkungen des Anti-Körperphasen-Gesetzes. Hierbei sind folgende Methoden hilfreich:

+ **Workshops und Informationsveranstaltungen:** Diese bieten eine Plattform für Diskussionen und den Austausch von Ideen. Die Teilnehmer können Fragen stellen und sich über die Gesetze und deren Konsequenzen informieren.

+ **Verbreitung von Informationsmaterialien:** Broschüren, Flyer und Online-Inhalte können dazu beitragen, die Kernbotschaften der Bewegung zu kommunizieren. Diese Materialien sollten klar, prägnant und ansprechend gestaltet sein.

Die Verwendung von Daten und Statistiken kann ebenfalls die Argumentation stärken. Zum Beispiel könnte eine Studie zitiert werden, die zeigt, wie das Gesetz bestimmte Bevölkerungsgruppen unverhältnismäßig stark betrifft.

3. Nutzung von sozialen Medien

In der heutigen digitalen Welt sind soziale Medien ein unverzichtbares Werkzeug für die Mobilisierung. Plattformen wie *Twitter*, *Facebook* und *Instagram* ermöglichen es, eine breite Öffentlichkeit schnell zu erreichen. Strategien zur Nutzung sozialer Medien umfassen:

+ **Erstellung von Hashtags:** Ein einprägsamer Hashtag kann dazu beitragen, die Diskussion zu bündeln und die Sichtbarkeit der Kampagne zu erhöhen. Beispiele hierfür sind #StopAntiBodyPhase oder #JynKorrForRights.

+ **Storytelling:** Persönliche Geschichten von Betroffenen können emotionale Resonanz erzeugen und die Menschen dazu bewegen, sich zu engagieren. Videos, Blogbeiträge und Posts, die echte Erfahrungen teilen, sind besonders effektiv.

4. Partnerschaften und Allianzen

Die Bildung von Allianzen mit anderen Gruppen und Organisationen kann die Mobilisierungsbemühungen erheblich verstärken. Durch Partnerschaften können Ressourcen, Wissen und Netzwerke geteilt werden. Mögliche Partner könnten sein:

+ **NGOs und gemeinnützige Organisationen:** Diese Gruppen haben oft Erfahrung in der Mobilisierung und können wertvolle Unterstützung bieten.

+ **Akademische Institutionen:** Universitäten können als Plattformen für Forschung und Diskussion dienen und Studierende aktiv in die Bewegung einbinden.

Ein Beispiel für eine erfolgreiche Partnerschaft ist die Zusammenarbeit zwischen der Bürgerrechtsgruppe von Jyn Korr und einer intergalaktischen NGO, die sich für die Rechte von Minderheiten einsetzt. Diese Kooperation führte zu einer gemeinsamen Kampagne, die sowohl lokale als auch internationale Aufmerksamkeit erregte.

5. Kreative Aktionen

Kreativität spielt eine zentrale Rolle in der Mobilisierung. Durch innovative und unkonventionelle Aktionen können Aufmerksamkeit und Interesse geweckt werden. Beispiele sind:

+ **Kunstinstallationen:** Diese können öffentliche Räume nutzen, um Botschaften zu vermitteln und Diskussionen anzuregen.

+ **Flashmobs:** Diese spontanen Versammlungen können in belebten Bereichen durchgeführt werden, um auf das Gesetz aufmerksam zu machen.

Solche kreativen Aktionen können auch in sozialen Medien dokumentiert werden, wodurch die Reichweite und der Einfluss der Kampagne erhöht werden.

6. Kontinuierliche Kommunikation

Eine kontinuierliche Kommunikation mit den Unterstützern ist entscheidend, um das Engagement aufrechtzuerhalten. Regelmäßige Updates über Fortschritte, Herausforderungen und zukünftige Aktionen können das Gefühl der Gemeinschaft stärken. Methoden hierfür sind:

+ **Newsletter:** Diese können per E-Mail versendet werden, um die Unterstützer über wichtige Entwicklungen zu informieren.

+ **Social Media Updates:** Kurze, prägnante Posts können verwendet werden, um die Menschen auf dem Laufenden zu halten und zur Teilnahme an bevorstehenden Veranstaltungen zu ermutigen.

7. Mobilisierung durch Bildung

Bildung ist ein kraftvolles Werkzeug zur Mobilisierung. Workshops, Seminare und Schulungen können den Menschen die notwendigen Fähigkeiten und das Wissen vermitteln, um aktiv zu werden. Diese Bildungsangebote sollten folgende Themen abdecken:

+ **Rechtliche Kenntnisse:** Informationen über die Rechte der Bürger und die Gesetze, die sie betreffen.

+ **Aktivismus-Strategien:**   Schulungen   zu   effektiven   Protesttechniken, Lobbyarbeit und Öffentlichkeitsarbeit.

Ein Beispiel für eine erfolgreiche Bildungsinitiative ist das Programm „Aktiv für Rechte", das von Jyn Korr initiiert wurde und Workshops für junge Menschen anbietet, um sie in die Bürgerrechtsbewegung einzuführen.

8. Feedback und Anpassung

Schließlich ist es wichtig, Feedback von den Unterstützern zu sammeln und die Mobilisierungsstrategien entsprechend anzupassen. Dies kann durch Umfragen, Diskussionen oder Feedback-Sitzungen geschehen. Die Anpassung der Strategien auf der Grundlage von Rückmeldungen sorgt dafür, dass die Bewegung relevant bleibt und die Bedürfnisse der Unterstützer erfüllt werden.

Zusammenfassend lässt sich sagen, dass die Mobilisierung von Unterstützern eine vielschichtige Aufgabe ist, die eine Kombination aus Analyse, Aufklärung, kreativen Aktionen und kontinuierlicher Kommunikation erfordert. Durch die Implementierung dieser Strategien kann die Bürgerrechtsbewegung auf Verin-9 gestärkt werden, um gegen das Anti-Körperphasen-Gesetz Widerstand zu leisten und eine gerechtere Gesellschaft zu fördern.

Die Herausforderungen bei der Gründung

Die Gründung einer Bürgerrechtsgruppe ist ein komplexer und oft herausfordernder Prozess, der mehrere Dimensionen umfasst. Jyn Korr und ihre Mitstreiter sahen sich einer Vielzahl von Herausforderungen gegenüber, die sowohl organisatorischer als auch gesellschaftlicher Natur waren.

Organisatorische Herausforderungen

Zu den ersten Herausforderungen gehörte die Organisation der Gruppe selbst. Die Mitglieder mussten eine klare Struktur und Rollenverteilung definieren, um effektiv arbeiten zu können. Dies führte zu intensiven Diskussionen über die Führung, Entscheidungsfindung und Verantwortlichkeiten. Ein Beispiel für diese Herausforderung war die Frage, ob die Gruppe einen zentralen Führer haben sollte oder ob Entscheidungen im Konsens getroffen werden sollten.

$$\text{Effektivität} = \frac{\text{Erreichte Ziele}}{\text{Aufgewendete Ressourcen}} \tag{21}$$

Diese Gleichung verdeutlicht, dass die Effektivität der Gruppe von der effizienten Nutzung ihrer Ressourcen abhängt. Jyn und ihre Mitstreiter mussten sicherstellen, dass ihre Bemühungen nicht durch interne Konflikte oder Missverständnisse behindert wurden.

Finanzielle Hürden

Ein weiteres zentrales Problem war die Finanzierung. Die Gruppe benötigte Mittel für Materialien, Veranstaltungen und Öffentlichkeitsarbeit. Jyn erkannte schnell, dass sie Spenden und Sponsoren gewinnen musste, um ihre Aktivitäten zu unterstützen. Dies stellte eine Herausforderung dar, da viele potenzielle Unterstützer unsicher waren, ob sie sich für eine Gruppe engagieren sollten, die sich gegen das Anti-Körperphasen-Gesetz stellte.

Die Suche nach Finanzierung führte zu kreativen Lösungen. Die Gruppe organisierte Fundraising-Events, bei denen lokale Künstler ihre Werke spendeten, und die Einnahmen für die Bürgerrechtsarbeit verwendet wurden. Diese Veranstaltungen halfen nicht nur, Geld zu sammeln, sondern auch, die Gemeinschaft zu mobilisieren und das Bewusstsein für die Anliegen der Gruppe zu schärfen.

Gesellschaftliche Widerstände

Die gesellschaftlichen Widerstände waren ebenfalls erheblich. Viele Bürger von Verin-9 waren skeptisch gegenüber den Zielen der Bürgerrechtsgruppe, insbesondere angesichts der politischen Spannungen, die durch das Anti-Körperphasen-Gesetz entstanden waren. Jyn und ihre Gruppe mussten sich mit Vorurteilen und Fehlinformationen auseinandersetzen, die in der Öffentlichkeit verbreitet wurden.

Ein Beispiel hierfür war die negative Berichterstattung in den Medien, die oft die Aktivitäten der Gruppe als „unruhestiftend" oder „gefährlich" darstellte. Um diesem Problem entgegenzuwirken, initiierte Jyn eine Aufklärungskampagne, die die wahren Ziele und Werte der Gruppe kommunizieren sollte. Diese Kampagne nutzte soziale Medien und lokale Veranstaltungen, um eine positive Botschaft zu verbreiten und die Unterstützung in der Gemeinschaft zu stärken.

Rechtliche Herausforderungen

Rechtliche Hürden stellten eine weitere bedeutende Herausforderung dar. Die Gruppe musste sich über die Gesetze und Vorschriften informieren, die ihre Aktivitäten regulierten. Es war wichtig, dass sie ihre Proteste und Kampagnen im Einklang mit den gesetzlichen Bestimmungen durchführten, um rechtliche Konsequenzen zu vermeiden.

Jyn engagierte sich aktiv mit Anwälten, um die rechtlichen Rahmenbedingungen zu verstehen und sicherzustellen, dass die Gruppe in ihren Aktionen geschützt war. Diese rechtlichen Beratungen waren entscheidend, um die Gruppe vor möglichen Repressalien der Regierung zu schützen.

Interne Dynamiken

Schließlich stellte die interne Dynamik innerhalb der Gruppe eine Herausforderung dar. Unterschiedliche Meinungen und Ansichten über Strategien und Prioritäten führten gelegentlich zu Spannungen. Jyn musste als Vermittlerin auftreten, um sicherzustellen, dass alle Stimmen gehört wurden, während sie gleichzeitig einen klaren Fokus auf die gemeinsamen Ziele der Gruppe beibehielt.

$$\text{Konsens} = \frac{\text{Anzahl der Übereinstimmungen}}{\text{Gesamtanzahl der Stimmen}} \times 100 \qquad (22)$$

Diese Gleichung zeigt, dass ein hoher Konsens innerhalb der Gruppe entscheidend für die Effektivität ihrer Aktionen ist. Jyn förderte offene Diskussionen und regelmäßige Treffen, um die Teamdynamik zu stärken und ein Gefühl der Gemeinschaft zu schaffen.

Fazit

Die Gründung der Bürgerrechtsgruppe war von zahlreichen Herausforderungen geprägt, die Jyn und ihre Mitstreiter sowohl organisatorisch als auch gesellschaftlich bewältigen mussten. Durch kreative Lösungen, engagierte

Öffentlichkeitsarbeit und eine starke interne Kommunikation gelang es ihnen, die Grundlage für eine erfolgreiche Bewegung zu legen. Diese Erfahrungen prägten nicht nur Jyns Entwicklung als Aktivistin, sondern auch die zukünftige Richtung der Bürgerrechtsbewegung auf Verin-9.

Öffentlichkeitsarbeit und Werbung

Öffentlichkeitsarbeit und Werbung sind entscheidende Komponenten in der Mobilisierung von Unterstützern für soziale Bewegungen und Bürgerrechtsaktivismus. In diesem Abschnitt werden wir die grundlegenden Theorien, Herausforderungen und Beispiele für effektive Öffentlichkeitsarbeit und Werbung im Kontext von Jyn Korrs Widerstand gegen das Anti-Körperphasen-Gesetz auf Verin-9 betrachten.

Theoretische Grundlagen

Die Öffentlichkeitsarbeit (PR) zielt darauf ab, das öffentliche Bewusstsein und die Wahrnehmung einer Organisation oder Bewegung zu fördern. Laut Grunig und Hunt (1984) gibt es vier grundlegende Modelle der Öffentlichkeitsarbeit: *Press Agentry*, *Public Information*, *Two-Way Asymmetrical* und *Two-Way Symmetrical*. Für die Bürgerrechtsbewegung von Jyn Korr ist das *Two-Way Symmetrical* Modell besonders relevant, da es den Dialog zwischen der Bewegung und der Öffentlichkeit fördert und auf gegenseitiges Verständnis abzielt.

Ein weiteres wichtiges Konzept ist die *Agenda-Setting-Theorie*, die besagt, dass Medien nicht nur darüber berichten, was wichtig ist, sondern auch die Themen bestimmen, über die die Öffentlichkeit nachdenkt. Dies bedeutet, dass die Art und Weise, wie Jyn und ihre Gruppe ihre Botschaften formulieren und verbreiten, einen erheblichen Einfluss darauf hat, wie das Anti-Körperphasen-Gesetz und die damit verbundenen Ungerechtigkeiten wahrgenommen werden.

Herausforderungen

Die Öffentlichkeitsarbeit ist jedoch nicht ohne Herausforderungen. Eine der größten Hürden ist die *Medienberichterstattung*. Oftmals können die Medien die Botschaften einer Bewegung verzerren oder nicht ausreichend abbilden. In Jyns Fall könnte eine einseitige Berichterstattung über die Proteste dazu führen, dass die Öffentlichkeit die Beweggründe und die Ernsthaftigkeit der Situation nicht vollständig versteht.

Ein weiteres Problem ist die *Ressourcenknappheit*. Viele Bürgerrechtsgruppen verfügen nicht über die finanziellen Mittel, um umfangreiche Werbekampagnen durchzuführen. Dies kann die Reichweite ihrer Botschaften erheblich einschränken.

Strategien der Öffentlichkeitsarbeit

Um diese Herausforderungen zu überwinden, entwickelte Jyn Korr eine Vielzahl von Strategien zur Öffentlichkeitsarbeit:

- **Soziale Medien:** Jyn erkannte frühzeitig die Macht der sozialen Medien. Plattformen wie *GalacticBook* und *Interlink* wurden genutzt, um Informationen schnell zu verbreiten und eine breite Unterstützerbasis zu mobilisieren. Hashtags wie #KämpfeFürGleichheit wurden populär und schufen ein Gefühl der Gemeinschaft.

- **Pressemitteilungen:** Jyns Gruppe erstellte regelmäßig Pressemitteilungen, um über ihre Aktivitäten zu informieren und die Medien zu ermutigen, über ihre Anliegen zu berichten. Diese Mitteilungen waren klar strukturiert und enthielten Zitate von Jyn, um die menschliche Seite der Bewegung zu betonen.

- **Veranstaltungen und Workshops:** Öffentlichkeitsarbeit umfasste auch die Organisation von Veranstaltungen und Workshops, um das Bewusstsein für das Anti-Körperphasen-Gesetz zu schärfen. Diese Veranstaltungen boten eine Plattform für Diskussionen und förderten den Austausch von Ideen und Erfahrungen.

- **Zusammenarbeit mit Influencern:** Jyn arbeitete mit bekannten Persönlichkeiten und Influencern zusammen, um ihre Botschaft zu verbreiten. Diese Kooperationen halfen, die Sichtbarkeit der Bewegung zu erhöhen und neue Unterstützer zu gewinnen.

Beispiele für erfolgreiche Öffentlichkeitsarbeit

Ein herausragendes Beispiel für die Öffentlichkeitsarbeit von Jyn Korr war die *Kampagne für die Gerechtigkeit der Körperphasen*. Diese Kampagne umfasste eine Reihe von kreativen Werbematerialien, darunter Plakate, Videos und interaktive Online-Inhalte, die die Ungerechtigkeiten des Gesetzes anschaulich darstellten.

Ein weiteres Beispiel war die Organisation eines *Tag des Widerstands*, an dem Bürger aus verschiedenen Teilen Verin-9 zusammenkamen, um gegen das Gesetz zu protestieren. Die Veranstaltung wurde intensiv über soziale Medien beworben und zog die Aufmerksamkeit der intergalaktischen Medien auf sich, was zu einer breiteren Diskussion über die Bürgerrechte auf Verin-9 führte.

Schlussfolgerung

Die Öffentlichkeitsarbeit und Werbung spielten eine entscheidende Rolle im Widerstand von Jyn Korr gegen das Anti-Körperphasen-Gesetz. Durch strategische Kommunikation und kreative Ansätze gelang es der Bewegung, eine breite Unterstützung zu mobilisieren und das öffentliche Bewusstsein für die Bedeutung von Bürgerrechten zu schärfen. Trotz der Herausforderungen, mit denen sie konfrontiert waren, bewies Jyn, dass effektive Öffentlichkeitsarbeit der Schlüssel zur Mobilisierung von Menschen für eine gerechte Sache ist.

Die erste öffentliche Versammlung

Die erste öffentliche Versammlung von Jyn Korr und ihrer neu gegründeten Bürgerrechtsgruppe war ein entscheidender Moment im Kampf gegen das Anti-Körperphasen-Gesetz auf Verin-9. Diese Versammlung fand in einem zentralen Park in der Hauptstadt statt, einem Ort, der sowohl symbolisch als auch strategisch wichtig war. Der Park war bekannt für seine kulturellen Veranstaltungen und bot genügend Platz für eine Vielzahl von Teilnehmern.

Vorbereitung und Mobilisierung

Die Vorbereitung auf die Versammlung begann Wochen im Voraus. Jyn und ihre Mitstreiter erstellten einen detaillierten Plan, der sowohl die logistische Organisation als auch die Öffentlichkeitsarbeit umfasste. Um eine möglichst große Anzahl an Menschen zu mobilisieren, wurden verschiedene Kommunikationskanäle genutzt, darunter soziale Medien, lokale Radiosender und Flyer, die in der gesamten Stadt verteilt wurden.

Die zentrale Botschaft der Versammlung war klar: *„Wir fordern Gleichheit und Gerechtigkeit für alle Bürger, unabhängig von ihrer biologischen Herkunft."* Diese Botschaft wurde in allen Materialien hervorgehoben und diente als Leitmotiv für die gesamte Veranstaltung.

Die Veranstaltung selbst

Am Tag der Versammlung versammelten sich Hunderte von Menschen im Park. Die Teilnehmer kamen aus verschiedenen sozialen Schichten und Ethnien, was die kulturelle Vielfalt der Bewegung widerspiegelte. Jyn eröffnete die Versammlung mit einer leidenschaftlichen Rede, in der sie die Ungerechtigkeiten des Anti-Körperphasen-Gesetzes anprangerte.

„Wir sind hier, um unsere Stimmen zu erheben und für unsere Rechte zu kämpfen. Dieses Gesetz ist nicht nur ungerecht, es ist eine Verletzung unserer grundlegenden Menschenrechte! Wir müssen zusammenstehen und für eine gerechtere Zukunft kämpfen!"

Die Energie in der Menge war spürbar. Viele Teilnehmer hielten Schilder hoch, auf denen Slogans wie *„Gleichheit für alle!"* und *„Stoppt das Anti-Körperphasen-Gesetz!"* zu lesen waren.

Herausforderungen und Probleme

Trotz des positiven Engagements gab es auch Herausforderungen. Die Regierung hatte im Vorfeld der Versammlung ihre Besorgnis über mögliche Unruhen geäußert. Dies führte zu einer erhöhten Polizeipräsenz im Park. Einige Aktivisten berichteten von einer Atmosphäre der Angst, da sie sich nicht sicher waren, ob die Polizei gewaltsam gegen die Versammlung vorgehen würde.

Ein weiterer kritischer Punkt war die Diversität der Teilnehmer. Während die Versammlung viele verschiedene Gruppen und Individuen ansprach, gab es auch Spannungen zwischen verschiedenen Fraktionen innerhalb der Bewegung. Einige Teilnehmer wünschten sich eine radikalere Herangehensweise an den Aktivismus, während andere für eine friedliche und inklusive Strategie plädierten. Diese Differenzen führten zu hitzigen Diskussionen während der Versammlung, was die Notwendigkeit einer klaren und einheitlichen Botschaft unterstrich.

Medienberichterstattung und öffentliche Reaktion

Die Medienberichterstattung über die Veranstaltung war gemischt. Während einige lokale Nachrichtenagenturen die Versammlung als „historisches Ereignis für die Bürgerrechte auf Verin-9" bezeichneten, berichteten andere über die „potenziellen Unruhen" und die „übermäßige Polizeipräsenz". Diese unterschiedliche Berichterstattung führte zu einer gespaltenen öffentlichen Meinung über den Aktivismus von Jyn Korr und ihrer Gruppe.

Die Reaktionen in den sozialen Medien waren ebenfalls vielfältig. Viele unterstützten die Bewegung und teilten Bilder und Videos der Veranstaltung, während andere skeptisch waren und die Methoden der Aktivisten in Frage stellten. Diese Online-Diskussionen trugen zur weiteren Mobilisierung bei, da sie das Bewusstsein für die Ungerechtigkeiten schärften, die das Anti-Körperphasen-Gesetz mit sich brachte.

Ergebnisse und Ausblick

Trotz der Herausforderungen war die erste öffentliche Versammlung ein Erfolg. Sie stellte einen wichtigen Schritt in der Mobilisierung der Bürger dar und schuf ein Gefühl der Gemeinschaft unter den Teilnehmern. Die Versammlung führte zu einer Reihe von Folgeveranstaltungen und half, das Bewusstsein für die Probleme, die das Anti-Körperphasen-Gesetz aufwarf, weiter zu schärfen.

Jyn und ihre Gruppe erkannten, dass sie eine breitere Unterstützung benötigten, um ihre Ziele zu erreichen. Die Versammlung war nicht nur ein Ort des Ausdrucks, sondern auch ein Katalysator für zukünftige Aktionen. Die Erfahrungen und Lehren, die aus dieser ersten Versammlung gewonnen wurden, legten den Grundstein für die nächsten Schritte im Widerstand gegen das Gesetz und die Stärkung der Bürgerrechte auf Verin-9.

Insgesamt zeigte die erste öffentliche Versammlung, dass der Aktivismus auf Verin-9 lebendig und dynamisch war. Sie verdeutlichte die Kraft der Gemeinschaft und die Notwendigkeit, zusammenzukommen, um für Gerechtigkeit und Gleichheit zu kämpfen. Jyn Korr und ihre Mitstreiter waren entschlossen, diesen Schwung zu nutzen und die Bewegung weiter voranzutreiben.

Die Reaktion der Regierung

Die Reaktion der Regierung auf die Gründung der Bürgerrechtsgruppe und die damit verbundenen Aktivitäten war von einer Mischung aus Besorgnis, Ablehnung und strategischem Kalkül geprägt. Zunächst einmal war die Regierung von Verin-9 alarmiert über die wachsende Mobilisierung der Bürger und die Möglichkeit, dass diese Bewegung zu einem ernsthaften politischen Problem werden könnte. Die Aktivisten, angeführt von Jyn Korr, hatten es geschafft, eine breite Basis von Unterstützern zu gewinnen, was die Regierung dazu veranlasste, ihre Position zu überdenken.

1. Erster Schritt: Informationsbeschaffung

Ein zentraler Aspekt der Reaktion der Regierung war die verstärkte Überwachung der Bürgerrechtsgruppe. Geheimdienste und Sicherheitskräfte wurden angewiesen, Informationen über die Mitglieder und deren Aktivitäten zu sammeln. Diese Praxis, bekannt als *Überwachung*, wurde durch die Annahme gerechtfertigt, dass eine potenzielle Bedrohung für die öffentliche Ordnung vorlag. In vielen

Fällen führte diese Überwachung zu einem Gefühl der Angst unter den Aktivisten, da sie sich ständig beobachtet fühlten.

2. Öffentlichkeitsarbeit und Propaganda

Um die öffentliche Meinung zu beeinflussen, startete die Regierung eine umfassende Kampagne, die darauf abzielte, die Bürgerrechtsgruppe in einem negativen Licht darzustellen. In den staatlichen Medien wurden Berichte veröffentlicht, die die Gruppe als radikal und potenziell gewalttätig bezeichneten. Diese Berichterstattung war nicht nur irreführend, sondern zielte auch darauf ab, das Vertrauen der Bevölkerung in die Regierung zu stärken und die Unterstützung für die Aktivisten zu untergraben. Ein Beispiel hierfür war ein Artikel in der *Verin-9 Nachrichten*, der behauptete, dass die Bürgerrechtsgruppe Verbindungen zu intergalaktischen Extremisten habe, was jedoch nicht durch Beweise gestützt wurde.

3. Gesetzgebung als Reaktion

Ein weiterer Schritt der Regierung war die Einführung neuer Gesetze, die darauf abzielten, die Aktivitäten der Bürgerrechtsgruppe einzuschränken. Diese Gesetze wurden unter dem Vorwand verabschiedet, die öffentliche Sicherheit zu gewährleisten. Ein Beispiel hierfür war das *Gesetz über die öffentliche Versammlung*, das strenge Auflagen für Demonstrationen und Versammlungen einführte. Die Regierung argumentierte, dass solche Maßnahmen notwendig seien, um die Ordnung zu wahren und Gewalt zu verhindern. In der Realität jedoch waren diese Gesetze ein direktes Mittel zur Unterdrückung des Aktivismus.

4. Repression und Einschüchterung

Als die Proteste zunahmen und die Bürgerrechtsgruppe immer mehr Unterstützung erhielt, reagierte die Regierung mit repressiven Maßnahmen. Dies umfasste Festnahmen von Aktivisten, die Teilnahme an friedlichen Demonstrationen und die Anwendung von Gewalt durch die Polizei. Berichte über übermäßige Gewaltanwendung und das Vorgehen gegen friedliche Demonstranten führten zu internationaler Kritik und verstärkten den Druck auf die Regierung von Verin-9.

5. Internationale Reaktionen

Die Repression der Regierung blieb nicht unbemerkt. Internationale Organisationen wie *Amnesty International* und *Human Rights Watch* veröffentlichten Berichte über die Menschenrechtslage auf Verin-9. Diese Berichte führten zu einem Anstieg des internationalen Drucks auf die Regierung, ihre Praktiken zu überdenken und die Rechte der Bürger zu respektieren. Die Regierung sah sich gezwungen, auf diese Kritik zu reagieren, was zu einer gewissen Mäßigung ihrer Taktiken führte, wenn auch nur vorübergehend.

6. Fazit

Insgesamt war die Reaktion der Regierung auf die Gründung der Bürgerrechtsgruppe von einem defensiven und repressiven Ansatz geprägt. Die Versuche, die Aktivisten zu überwachen, zu diskreditieren und zu unterdrücken, führten jedoch nur zu einer stärkeren Mobilisierung der Bevölkerung und einer internationalen Solidarisierung mit den Zielen der Bürgerrechtsbewegung. Jyn Korr und ihre Mitstreiter erkannten, dass der Widerstand gegen die staatliche Repression nicht nur notwendig, sondern auch ein Zeichen der Hoffnung und des Wandels war.

Die Regierung von Verin-9 musste schließlich erkennen, dass der Kampf um Bürgerrechte nicht einfach durch Gesetze oder Gewalt gestoppt werden kann, sondern dass er tief in den Herzen und Köpfen der Menschen verankert ist, die für ihre Rechte und Freiheiten eintreten.

$$R = \frac{P}{T} \tag{23}$$

wobei R die Reaktion der Regierung darstellt, P die öffentliche Unterstützung für die Aktivisten und T die Zeit, die seit der Gründung der Bürgerrechtsgruppe vergangen ist. Diese Gleichung zeigt, dass je größer die öffentliche Unterstützung und je länger die Zeit, desto stärker die Reaktion der Regierung in Form von Repression und Überwachung.

Unterstützung durch andere Gruppen

Die Unterstützung durch andere Gruppen war entscheidend für den Erfolg von Jyn Korrs Bürgerrechtsbewegung auf Verin-9. In einer Zeit, in der das Anti-Körperphasen-Gesetz drohte, die Rechte von Bürgern zu untergraben, war es von größter Bedeutung, ein Netzwerk von Solidarität und Unterstützung zu schaffen. In diesem Abschnitt werden wir die verschiedenen Arten von Gruppen, die Jyn und ihre Bewegung unterstützten, sowie die Herausforderungen und Erfolge, die sich aus dieser Zusammenarbeit ergaben, beleuchten.

Die Rolle von NGOs

Nichtstaatliche Organisationen (NGOs) spielten eine zentrale Rolle in der Mobilisierung von Ressourcen und der Schaffung von Bewusstsein für die Anliegen von Jyn Korr und ihrer Bewegung. Diese Organisationen, die sich für Menschenrechte und soziale Gerechtigkeit einsetzen, boten nicht nur finanzielle Unterstützung, sondern auch logistische Hilfe und rechtliche Beratung.

Eine der prominentesten NGOs, die Jyn unterstützte, war die *Intergalaktische Menschenrechtsallianz.* Diese Organisation hatte Erfahrung im Umgang mit repressiven Regierungen und konnte wertvolle Strategien zur Mobilisierung und Öffentlichkeitsarbeit bereitstellen. Ihre Unterstützung half, die Reichweite von Jyns Botschaft zu vergrößern und eine breitere Öffentlichkeit zu erreichen.

Solidarität von kulturellen Gruppen

Ein weiterer wichtiger Aspekt der Unterstützung war die Solidarität von kulturellen Gruppen innerhalb von Verin-9. Diese Gruppen, die oft marginalisiert waren, erkannten die Bedrohung, die das Anti-Körperphasen-Gesetz für ihre eigenen Rechte darstellte. Sie schlossen sich Jyns Bewegung an und brachten ihre eigenen Perspektiven und Erfahrungen in den Kampf ein.

Ein Beispiel hierfür ist die *Vereinigung der intergalaktischen Künstler,* die eine Reihe von kulturellen Veranstaltungen und Kunstaktionen organisierte, um auf die Ungerechtigkeiten aufmerksam zu machen. Durch Musik, Theater und bildende Kunst konnten sie Emotionen ansprechen und das Bewusstsein für die Problematik schärfen. Diese kreative Unterstützung war nicht nur ein Ausdruck der Solidarität, sondern auch ein effektives Mittel, um eine breitere Öffentlichkeit zu mobilisieren.

Unterstützung durch akademische Institutionen

Akademische Institutionen spielten ebenfalls eine wichtige Rolle in Jyns Aktivismus. Universitäten und Forschungszentren boten nicht nur intellektuelle Unterstützung, sondern auch eine Plattform für Diskussionen und Debatten über das Anti-Körperphasen-Gesetz. Wissenschaftler und Akademiker schlossen sich der Bewegung an, um die rechtlichen und ethischen Implikationen des Gesetzes zu analysieren und zu kommunizieren.

Ein Beispiel ist die *Universität von Verin-9,* die eine öffentliche Vorlesungsreihe zum Thema Bürgerrechte organisierte. Diese Veranstaltungen zogen nicht nur

Studierende an, sondern auch Bürger, die an den Themen interessiert waren. Die akademische Unterstützung half, die Argumente gegen das Gesetz zu untermauern und die öffentliche Meinung zu beeinflussen.

Herausforderungen der Zusammenarbeit

Trotz der positiven Aspekte der Unterstützung durch andere Gruppen gab es auch Herausforderungen. Unterschiedliche Interessen und Zielsetzungen führten manchmal zu Spannungen innerhalb der Bewegung. Einige Gruppen hatten möglicherweise andere Prioritäten oder Ansätze, was zu Konflikten führen konnte.

Jyn und ihre Mitstreiter mussten oft einen Balanceakt vollziehen, um sicherzustellen, dass die verschiedenen Gruppen effektiv zusammenarbeiten konnten, ohne die Hauptziele der Bewegung aus den Augen zu verlieren. Dies erforderte ständige Kommunikation, Verhandlungen und manchmal auch Kompromisse.

Erfolge durch Zusammenarbeit

Die Zusammenarbeit mit anderen Gruppen führte jedoch zu zahlreichen Erfolgen. Die Mobilisierung von Ressourcen und der Austausch von Ideen stärkten die Bewegung erheblich. Ein bemerkenswerter Erfolg war die Durchführung eines intergalaktischen Aktionstags, an dem tausende von Menschen aus verschiedenen Gruppen und Kulturen teilnahmen. Diese Veranstaltung zog nicht nur die Aufmerksamkeit der Medien auf sich, sondern zeigte auch die Stärke der solidarischen Bewegung.

Ein weiteres Beispiel war die erfolgreiche Lobbyarbeit, die durch die Unterstützung von NGOs und akademischen Institutionen ermöglicht wurde. Gemeinsam konnten sie eine Petition einreichen, die Tausende von Unterschriften sammelte und damit den Druck auf die Regierung erhöhte, das Gesetz zu überdenken.

Fazit

Zusammenfassend lässt sich sagen, dass die Unterstützung durch andere Gruppen für Jyn Korrs Aktivismus von entscheidender Bedeutung war. Durch die Zusammenarbeit mit NGOs, kulturellen Gruppen und akademischen Institutionen konnte die Bewegung nicht nur ihre Reichweite und Sichtbarkeit erhöhen, sondern auch eine breite Basis für den Widerstand gegen das Anti-Körperphasen-Gesetz schaffen. Trotz der Herausforderungen, die sich aus dieser Zusammenarbeit ergaben, führte sie letztendlich zu bedeutenden Erfolgen und trug dazu bei, die Bürgerrechte auf Verin-9 zu verteidigen und zu fördern.

Die Bedeutung von Solidarität

Die Solidarität ist ein grundlegendes Element in jedem Aktivismus und spielt eine entscheidende Rolle in der Mobilisierung von Gemeinschaften, insbesondere in Zeiten der Ungerechtigkeit und des Widerstands. In diesem Abschnitt werden wir die theoretischen Grundlagen der Solidarität, ihre praktischen Herausforderungen und einige Beispiele für erfolgreiche solidarische Bewegungen untersuchen.

Theoretische Grundlagen der Solidarität

Solidarität kann als das Gefühl der Einheit und des Zusammenhalts unter Menschen definiert werden, die sich für gemeinsame Ziele einsetzen. Der Sozialwissenschaftler Émile Durkheim beschreibt Solidarität als ein sozialer Zusammenhalt, der durch gemeinsame Werte und Normen entsteht. Durkheim unterscheidet zwischen mechanischer und organischer Solidarität, wobei mechanische Solidarität in traditionellen Gesellschaften vorherrscht, während organische Solidarität in modernen Gesellschaften zu finden ist, in denen Menschen unterschiedliche, aber komplementäre Rollen spielen.

In der politischen Theorie wird Solidarität oft als ein moralisches Prinzip betrachtet, das das Engagement für das Wohl anderer betont. Nancy Fraser, eine prominente feministische Theoretikerin, argumentiert, dass Solidarität nicht nur auf der gemeinsamen Identität beruht, sondern auch auf dem Verständnis der strukturellen Ungerechtigkeiten, die verschiedene Gruppen betreffen. Diese Perspektive erweitert das Konzept der Solidarität über bloße Empathie hinaus und fordert aktives Handeln zur Bekämpfung von Ungerechtigkeit.

Herausforderungen der Solidarität

Trotz ihrer Bedeutung steht Solidarität oft vor Herausforderungen. Eine der größten Hürden ist die Fragmentierung innerhalb von Bewegungen. Unterschiedliche Gruppen können unterschiedliche Prioritäten und Strategien haben, was zu Spannungen führen kann. Zum Beispiel kann eine Gruppe, die sich auf Umweltfragen konzentriert, Schwierigkeiten haben, mit einer Gruppe, die sich auf soziale Gerechtigkeit konzentriert, zusammenzuarbeiten, selbst wenn beide letztendlich ähnliche Ziele verfolgen.

Ein weiteres Problem ist die Gefahr der Tokenisierung, bei der Solidarität nur als symbolische Geste verstanden wird, ohne dass tatsächliche Unterstützung oder

Engagement folgt. Dies kann insbesondere in intersektionalen Bewegungen auftreten, wo die Stimmen marginalisierter Gruppen oft ignoriert oder nicht ausreichend berücksichtigt werden.

Um diese Herausforderungen zu bewältigen, ist es wichtig, eine Kultur der offenen Kommunikation und des gegenseitigen Respekts innerhalb von Bewegungen zu fördern. Workshops und Schulungen zur interkulturellen Kompetenz können dazu beitragen, Missverständnisse abzubauen und ein tieferes Verständnis für die Anliegen anderer zu entwickeln.

Beispiele für erfolgreiche Solidarität

Ein bemerkenswertes Beispiel für erfolgreiche Solidarität ist die Bewegung Black Lives Matter (BLM), die 2013 ins Leben gerufen wurde. BLM hat es geschafft, eine breite Koalition von Unterstützern zu mobilisieren, die über ethnische und geografische Grenzen hinweg zusammenarbeiten, um gegen Rassismus und Polizeigewalt zu kämpfen. Die Solidarität innerhalb dieser Bewegung zeigt sich in der Art und Weise, wie sie verschiedene Stimmen und Perspektiven integriert, um eine umfassendere und inklusivere Agenda zu schaffen.

Ein weiteres Beispiel ist die Frauenrechtsbewegung, die in vielen Ländern Solidarität zwischen verschiedenen feministischen Gruppen gefördert hat. Die #MeToo-Bewegung hat weltweit Frauen ermutigt, ihre Geschichten zu teilen und sich gegen sexuelle Belästigung und Übergriffe zu wehren. Diese Bewegung verdeutlicht, wie Solidarität zwischen Frauen verschiedener Hintergründe und Erfahrungen einen kollektiven Widerstand gegen patriarchale Strukturen ermöglichen kann.

Fazit

Die Bedeutung von Solidarität im Aktivismus kann nicht genug betont werden. Sie ist nicht nur ein moralisches Gebot, sondern auch eine strategische Notwendigkeit, um Veränderungen herbeizuführen. Durch die Schaffung von Netzwerken der Unterstützung und des Verständnisses können Aktivisten nicht nur ihre eigenen Kämpfe gewinnen, sondern auch die Kämpfe anderer unterstützen. Letztendlich ist Solidarität der Schlüssel zur Schaffung einer gerechteren und inklusiveren Gesellschaft, in der alle Stimmen gehört werden und alle Menschen die Möglichkeit haben, für ihre Rechte zu kämpfen.

$$S = \sum_{i=1}^{n} P_i \cdot C_i \tag{24}$$

Hierbei steht S für den Grad der Solidarität, P_i für die Anzahl der Teilnehmer in der Gruppe i, und C_i für den Grad des Engagements jedes Teilnehmers. Diese Gleichung verdeutlicht, dass die Solidarität einer Bewegung direkt von der Beteiligung und dem Engagement ihrer Mitglieder abhängt.

Die ersten Erfolge und Rückschläge

Der erste Erfolg: Eine kleine Gesetzesänderung

In der aufregenden und oft chaotischen Welt des Aktivismus war der erste Erfolg von Jyn Korr und ihrer Bürgerrechtsgruppe ein entscheidender Moment, der nicht nur die Moral der Gruppe stärkte, sondern auch das Vertrauen der Gemeinschaft in den Widerstand gegen das Anti-Körperphasen-Gesetz festigte. Diese kleine Gesetzesänderung, die zunächst unbedeutend erscheinen mochte, hatte weitreichende Auswirkungen auf die Dynamik des politischen Diskurses auf Verin-9.

Der Kontext der Gesetzesänderung

Die Gesetzesänderung betraf die Regelungen zur Registrierung von Bürgern, die von der Regierung als „nicht konform" klassifiziert wurden. Vor der Änderung mussten diese Bürger eine Vielzahl von bürokratischen Hürden überwinden, um ihre grundlegenden Bürgerrechte wahrnehmen zu können. Die Bürgerrechtsgruppe, angeführt von Jyn, erkannte, dass eine Reform in diesem Bereich eine direkte Möglichkeit war, die Bedingungen für viele ihrer Mitbürger zu verbessern und gleichzeitig ein Zeichen des Widerstands zu setzen.

Die Strategie der Gruppe

Die Gruppe plante eine umfassende Strategie, um diese kleine Gesetzesänderung durchzusetzen. Zunächst wurde eine Umfrage unter den Bürgern durchgeführt, um die Unterstützung für die Initiative zu messen. Die Ergebnisse zeigten, dass mehr als 70% der Befragten eine Reform der Registrierungssysteme wünschten. Diese Daten wurden als Grundlage für die Öffentlichkeitsarbeit genutzt, um die Regierung unter Druck zu setzen.

$$\text{Unterstützung} = \frac{\text{Zahl der Befragten, die für die Reform sind}}{\text{Gesamtzahl der Befragten}} \times 100 \quad (25)$$

Durch diese mathematische Darstellung der Unterstützung konnte die Gruppe ihre Argumentation stärken und die Notwendigkeit der Gesetzesänderung klar kommunizieren.

Die Mobilisierung der Gemeinschaft

Um die Gemeinschaft zu mobilisieren, organisierte Jyn eine Reihe von Veranstaltungen, bei denen die Bürger über die Bedeutung der Gesetzesänderung informiert wurden. Diese Veranstaltungen beinhalteten Reden, Diskussionsrunden und kreative Workshops, in denen die Teilnehmer ihre Ideen und Bedenken äußern konnten. Die Verwendung von sozialen Medien spielte ebenfalls eine entscheidende Rolle. Über Hashtags wie #ReformJetzt wurde eine breite Öffentlichkeit erreicht, die das Anliegen der Gruppe unterstützte.

Die Reaktion der Regierung

Die Regierung reagierte zunächst zögerlich auf die Forderungen der Aktivisten. Die politischen Entscheidungsträger waren sich der wachsenden Unzufriedenheit in der Bevölkerung bewusst, wollten jedoch keine sofortigen Änderungen vornehmen, aus Angst, dass dies als Schwäche interpretiert werden könnte. Jyn und ihre Gruppe nutzten diese Unsicherheit, um Druck aufzubauen. Durch die Veröffentlichung von offenen Briefen und die Organisation von friedlichen Protesten wurde die Regierung gezwungen, sich mit den Anliegen der Bürger auseinanderzusetzen.

Der Durchbruch

Der entscheidende Moment kam, als ein prominenter Politiker, der zuvor gegen die Reform war, aufgrund des öffentlichen Drucks und der positiven Rückmeldungen von Bürgern seine Meinung änderte. Er sprach sich für die Gesetzesänderung aus und betonte, dass es an der Zeit sei, die Bedürfnisse aller Bürger zu berücksichtigen. Dies führte zu einem Umdenken innerhalb der Regierung und bereitete den Weg für die Verabschiedung der Gesetzesänderung.

Die Auswirkungen der Gesetzesänderung

Die Verabschiedung der Gesetzesänderung war ein kleiner, aber bedeutender Sieg für Jyn und ihre Gruppe. Sie bewies, dass durch kollektives Handeln und Engagement Veränderungen möglich sind. Die neue Regelung erleichterte es vielen Bürgern, ihre Rechte in Anspruch zu nehmen, und förderte ein Gefühl der Zugehörigkeit und des Empowerments innerhalb der Gemeinschaft.

Die Gesetzesänderung führte auch zu einer verstärkten Aufmerksamkeit für die Anliegen der Bürgerrechtsbewegung und inspirierte andere Gruppen auf Verin-9, ähnliche Initiativen zu ergreifen. Jyns Erfolg war ein Beispiel dafür, wie auch kleine Schritte im Aktivismus große Wellen schlagen können.

Reflexion über den Erfolg

Jyn reflektierte über diesen ersten Erfolg und erkannte, dass es nicht nur um die Gesetzesänderung selbst ging, sondern um die Mobilisierung und das Engagement der Gemeinschaft. Sie verstand, dass der Weg zum Erfolg oft mit Herausforderungen gepflastert ist, aber dass die Kraft des kollektiven Handelns und der Solidarität nicht unterschätzt werden darf.

Dieser erste Erfolg war der Grundstein für die weiteren Kämpfe, die noch vor der Bürgerrechtsgruppe lagen. Es war ein Beweis dafür, dass der Widerstand gegen Ungerechtigkeit nicht nur möglich, sondern auch notwendig ist. Die kleinen Siege führen zu größeren Veränderungen und inspirieren andere, sich ebenfalls für ihre Rechte einzusetzen.

Schlussfolgerung

Zusammenfassend lässt sich sagen, dass die kleine Gesetzesänderung, die Jyn Korr und ihre Gruppe durchsetzten, ein entscheidender Moment in der Geschichte des Aktivismus auf Verin-9 war. Sie zeigte, dass auch kleine Erfolge einen bedeutenden Einfluss auf die Gesellschaft haben können und dass der Kampf für Bürgerrechte nie umsonst ist. Jyns Engagement und die Unterstützung der Gemeinschaft waren der Schlüssel zu diesem Erfolg und legten den Grundstein für zukünftige Kämpfe um Gerechtigkeit und Gleichheit.

Rückschläge und Entmutigung

In der bewegten Reise von Jyn Korr und ihrer Bürgerrechtsgruppe war der Weg zum Erfolg nicht immer geradlinig. Rückschläge und Entmutigung waren ständige Begleiter, die nicht nur Jyn, sondern auch ihre Mitstreiter in den schwierigsten Zeiten herausforderten. Diese Phase des Aktivismus ist entscheidend, um die Resilienz und den unerschütterlichen Glauben an die Sache zu verstehen, für die sie kämpften.

Die Realität der Rückschläge

Rückschläge sind ein unvermeidlicher Bestandteil jeder Bewegung. Sie können in verschiedenen Formen auftreten: von der Ablehnung von Anträgen zur Durchführung von Demonstrationen bis hin zu negativen Reaktionen der Öffentlichkeit oder gar der Regierung. Für Jyn und ihre Gruppe war der erste große Rückschlag die Ablehnung ihrer Petition zur Änderung eines diskriminierenden Gesetzes, das die Rechte von Minderheiten auf Verin-9 einschränkte. Diese Ablehnung war nicht nur ein bürokratischer Schlag, sondern auch eine emotionale Belastung für die Aktivisten, die viel Zeit und Energie in die Vorbereitung investiert hatten.

Ein Beispiel für die Entmutigung, die Jyn erlebte, war als sie und ihre Gruppe eine friedliche Demonstration organisierten, um auf die Ungerechtigkeiten aufmerksam zu machen, die durch das Anti-Körperphasen-Gesetz verursacht wurden. Trotz monatelanger Planung und Mobilisierung wurde die Veranstaltung von der Regierung verboten. Diese Entscheidung war nicht nur eine rechtliche Hürde, sondern führte auch zu einer Welle von Frustration unter den Unterstützern, die sich ohnmächtig fühlten.

Die psychologischen Auswirkungen

Die psychologischen Auswirkungen solcher Rückschläge sind tiefgreifend. Jyn, die sich als Anführerin und Stimme der Unterdrückten sah, begann, an ihrer Fähigkeit zu zweifeln, Veränderungen herbeizuführen. Diese Phase der Selbstzweifel ist in der Literatur über Aktivismus gut dokumentiert. Es wird oft darauf hingewiesen, dass Aktivisten in Zeiten der Entmutigung dazu neigen, ihre Motivation und ihren Sinn für Zweck zu hinterfragen. In Jyns Fall führte dies zu einer Phase der Isolation, in der sie sich von ihren Mitstreitern zurückzog, um ihre Gedanken zu ordnen und ihre nächsten Schritte zu planen.

Die Rolle der Gemeinschaft

Trotz dieser Rückschläge war die Gemeinschaft, die Jyn um sich versammelte, ein entscheidender Faktor für ihre Rückkehr zur Aktivität. Die Unterstützung von Freunden, Familien und anderen Aktivisten war unerlässlich, um den Glauben an die Mission aufrechtzuerhalten. Psychologische Studien haben gezeigt, dass soziale Unterstützung in Krisenzeiten entscheidend für die Aufrechterhaltung der psychischen Gesundheit ist. Jyn fand Trost in den Geschichten anderer Aktivisten, die ähnliche Rückschläge erlitten hatten, und diese Erfahrungen halfen ihr, ihre eigene Perspektive zu ändern.

Strategien zur Überwindung von Rückschlägen

Um mit Rückschlägen umzugehen, entwickelte Jyn eine Reihe von Strategien, die nicht nur ihr, sondern auch ihrer Gruppe halfen, die Motivation aufrechtzuerhalten. Eine dieser Strategien war die Reflexion über vergangene Erfolge. Durch die Erinnerung an die positiven Veränderungen, die sie bereits bewirken konnten, fand Jyn den Mut, weiterzumachen. Diese Technik ist in der Psychologie als „positive Rückkopplung" bekannt und wird oft verwendet, um Motivation und Resilienz zu fördern.

Ein weiterer wichtiger Aspekt war die Offenheit für konstruktive Kritik. Jyn und ihr Team begannen, regelmäßige Treffen abzuhalten, um Rückschläge zu analysieren und daraus zu lernen. Diese Meetings förderten eine Kultur des offenen Dialogs, in der jeder seine Bedenken äußern konnte, ohne Angst vor Verurteilung zu haben. Solche Praktiken sind in der Organisationspsychologie gut etabliert und zeigen, dass Teams, die offen kommunizieren, besser in der Lage sind, Herausforderungen zu bewältigen.

Die Rückkehr zur Aktivität

Nach einer Phase der Reflexion und des Austauschs mit ihrer Gemeinschaft fand Jyn schließlich den Mut, zurückzukehren. Sie erkannte, dass Rückschläge nicht das Ende ihrer Mission bedeuteten, sondern vielmehr Gelegenheiten, stärker und besser vorbereitet zurückzukehren. Diese Erkenntnis war der Schlüssel zur Mobilisierung ihrer Gruppe für die nächsten großen Proteste gegen das Anti-Körperphasen-Gesetz.

In der Rückschau auf diese Phase des Aktivismus wurde Jyn klar, dass Rückschläge nicht nur unvermeidlich, sondern auch notwendig sind, um das Wachstum und die Entwicklung eines Aktivisten zu fördern. Diese Erfahrungen lehrten sie, dass der Weg zur Gerechtigkeit oft mit Hindernissen gespickt ist, aber dass jeder Rückschlag auch eine Chance bietet, sich neu zu orientieren und die eigenen Strategien zu verfeinern.

Zusammenfassend lässt sich sagen, dass Rückschläge und Entmutigung nicht die Endstation, sondern Teil des Prozesses sind. Jyn Korr und ihre Gruppe lernten, dass die Fähigkeit, aus Rückschlägen zu lernen und sich anzupassen, entscheidend für den langfristigen Erfolg ihrer Bewegung war. Diese Lektionen sind nicht nur für Aktivisten auf Verin-9 von Bedeutung, sondern auch für alle, die sich für soziale Gerechtigkeit und Bürgerrechte einsetzen.

Die Rolle von sozialen Medien

Soziale Medien haben sich in den letzten Jahren zu einem unverzichtbaren Werkzeug für Aktivisten entwickelt. Sie bieten nicht nur eine Plattform für die Verbreitung von Informationen, sondern ermöglichen auch die Mobilisierung von Unterstützern und die Schaffung von Gemeinschaften, die sich für gemeinsame Ziele einsetzen. In diesem Abschnitt werden wir die Rolle der sozialen Medien im Kontext des Widerstands von Jyn Korr gegen das Anti-Körperphasen-Gesetz auf Verin-9 untersuchen.

Theoretische Grundlagen

Die Theorie des sozialen Wandels betont, dass soziale Medien als Katalysatoren für kollektives Handeln fungieren können. Sie ermöglichen es Individuen, ihre Stimmen zu erheben und sich mit Gleichgesinnten zu vernetzen, unabhängig von geografischen Barrieren. Laut Castells (2012) sind Netzwerke eine der zentralen Komponenten des sozialen Wandels, da sie die Art und Weise, wie Informationen verbreitet und mobilisiert werden, revolutionieren.

Die *Networked Public Sphere* (Benkler, 2006) beschreibt, wie soziale Medien eine öffentliche Sphäre schaffen, in der Informationen dezentral und demokratisch verbreitet werden können. Diese Plattformen fördern den Austausch von Ideen und die Diskussion über soziale und politische Themen und bieten so eine Bühne für marginalisierte Stimmen.

Probleme und Herausforderungen

Trotz der vielen Vorteile, die soziale Medien bieten, gibt es auch erhebliche Herausforderungen. Eine der größten Herausforderungen ist die Verbreitung von Fehlinformationen. Die Geschwindigkeit, mit der Informationen in sozialen Medien verbreitet werden, kann dazu führen, dass falsche oder irreführende Informationen schnell viral gehen. Dies kann die Glaubwürdigkeit von Aktivisten und ihren Anliegen untergraben und zu Verwirrung innerhalb der Gemeinschaft führen.

Ein weiteres Problem ist die Überwachung und Zensur durch Regierungen und soziale Medienplattformen. Aktivisten sehen sich oft Repressionen ausgesetzt, wenn sie versuchen, ihre Botschaften zu verbreiten. Auf Verin-9 führte die Regierung beispielsweise gezielte Angriffe auf soziale Medienkonten von Aktivisten durch, um den Widerstand zu unterdrücken. Jyn Korr und ihre Mitstreiter mussten kreative Wege finden, um ihre Botschaften zu verbreiten, ohne die Aufmerksamkeit der Behörden auf sich zu ziehen.

Beispiele aus der Praxis

Jyn Korr nutzte soziale Medien effektiv, um ihre Botschaft zu verbreiten und Unterstützer zu mobilisieren. Sie erstellte eine Reihe von Videos, in denen sie die Auswirkungen des Anti-Körperphasen-Gesetzes auf die Bürger von Verin-9 erklärte. Diese Videos wurden über verschiedene Plattformen geteilt und erreichten ein breites Publikum. Die Verwendung von Hashtags wie #Verin9Widerstand und #Körperrechte ermöglichte es, die Diskussion zu strukturieren und die Sichtbarkeit der Bewegung zu erhöhen.

Ein weiteres Beispiel ist die Organisation von Online-Demonstrationen. Jyn und ihr Team initiierten eine digitale Protestaktion, bei der Unterstützer aufgefordert wurden, ihre Bilder mit Plakaten und Botschaften gegen das Gesetz in sozialen Medien zu teilen. Diese Aktion führte zu einer Welle der Solidarität und half, die öffentliche Aufmerksamkeit auf die Thematik zu lenken.

Fazit

Die Rolle von sozialen Medien im Aktivismus ist komplex und vielschichtig. Sie bieten sowohl Chancen als auch Herausforderungen. Für Jyn Korr und ihre Bewegung war die Nutzung sozialer Medien entscheidend, um die Bürger über die Gefahren des Anti-Körperphasen-Gesetzes zu informieren und eine breite Unterstützung zu mobilisieren. Trotz der Risiken, die mit der Nutzung dieser Plattformen verbunden sind, bleibt ihre Bedeutung im modernen Aktivismus unbestreitbar. Die Fähigkeit, Informationen schnell zu verbreiten und Gemeinschaften zu bilden, ist ein entscheidender Faktor für den Erfolg von Bewegungen in der heutigen Zeit.

Jyns persönliche Entwicklung

Die persönliche Entwicklung von Jyn Korr während ihres Aktivismus ist ein komplexer und dynamischer Prozess, der von verschiedenen Faktoren beeinflusst wird. In diesem Abschnitt werden wir die verschiedenen Dimensionen ihrer Entwicklung betrachten, die durch ihre Erfahrungen, Herausforderungen und Erfolge geprägt sind.

Selbstbewusstsein und Identität

Jyns Aktivismus hat ihr Selbstbewusstsein erheblich gestärkt. Zu Beginn ihrer Reise war sie eine junge Frau, die mit Unsicherheiten und Fragen zu ihrer Identität kämpfte. Die Auseinandersetzung mit Diskriminierung und Ungerechtigkeit führte dazu, dass sie ihre eigene Position in der Gesellschaft hinterfragen musste. Diese Reflexion ist entscheidend für die Entwicklung eines starken Selbstbewusstseins, da sie sich nicht nur ihrer eigenen Werte, sondern auch der Werte ihrer Gemeinschaft bewusst wurde.

Psychologische Theorien, wie die von Erik Erikson, die sich mit der psychosozialen Entwicklung beschäftigen, können hier Anwendung finden. Erikson postuliert, dass Individuen in verschiedenen Lebensphasen Herausforderungen meistern müssen, um eine gesunde Identität zu entwickeln. Für Jyn war die Auseinandersetzung mit gesellschaftlichen Ungerechtigkeiten und die aktive Teilnahme am Widerstand ein entscheidender Schritt in ihrer Identitätsbildung. Sie entwickelte ein starkes Gefühl von Zugehörigkeit zu ihrer Gemeinschaft und ein tiefes Verständnis für die Notwendigkeit von Bürgerrechten.

Empathie und Mitgefühl

Ein weiterer wichtiger Aspekt von Jyns persönlicher Entwicklung ist die Entstehung von Empathie und Mitgefühl. Durch ihre ersten Begegnungen mit Diskriminierung, sowohl an sich selbst als auch an anderen, erkannte Jyn die Wichtigkeit des Mitgefühls für die Stärkung ihrer Gemeinschaft. Empathie, wie sie von Daniel Goleman in seiner Arbeit über emotionale Intelligenz beschrieben wird, ist entscheidend für die Fähigkeit, Beziehungen aufzubauen und effektiv zu kommunizieren.

Jyn begann, die Geschichten von Menschen in ihrer Umgebung zu hören und zu verstehen. Sie erkannte, dass Aktivismus nicht nur aus politischen Aktionen besteht, sondern auch aus dem Teilen von Geschichten und dem Verständnis der Erfahrungen anderer. Diese Erkenntnis führte dazu, dass sie nicht nur als Anführerin, sondern auch als Zuhörerin und Unterstützerin in ihrer Gemeinschaft agierte.

Fähigkeit zur Problemlösung

Die Herausforderungen, denen sich Jyn gegenübersah, erforderten eine ständige Weiterentwicklung ihrer Problemlösungsfähigkeiten. In der Anfangsphase ihrer Aktivismusgruppe stieß sie auf zahlreiche Hindernisse, von der Mobilisierung von Unterstützern bis hin zur Reaktion der Regierung. Diese Probleme erforderten kreative Lösungen und strategisches Denken.

Ein Beispiel für Jyns Fähigkeit zur Problemlösung war die Organisation ihrer ersten öffentlichen Versammlung. Sie musste nicht nur einen geeigneten Ort finden, sondern auch sicherstellen, dass die Veranstaltung sicher und effektiv ablief. Durch Teamarbeit und die Einbeziehung verschiedener Perspektiven konnte sie eine erfolgreiche Versammlung organisieren, die die öffentliche Aufmerksamkeit auf das Anti-Körperphasen-Gesetz lenkte.

Resilienz und Durchhaltevermögen

Die Entwicklung von Resilienz war für Jyn von entscheidender Bedeutung. Rückschläge, wie die erste Ablehnung ihrer Gesetzesänderungsanträge und die negativen Reaktionen der Regierung, könnten viele in ihrer Position entmutigen. Stattdessen nutzte Jyn diese Erfahrungen, um ihre Strategien zu überdenken und sich auf ihre Ziele zu konzentrieren. Resilienz, die von Psychologen wie Martin Seligman untersucht wurde, ist die Fähigkeit, sich von Schwierigkeiten zu erholen und gestärkt daraus hervorzugehen.

Jyns Resilienz zeigte sich in ihrer Fähigkeit, nach Rückschlägen wieder aufzustehen und neue Wege zu finden, um ihre Botschaft zu verbreiten. Sie lernte, dass jeder Rückschlag eine Gelegenheit zur Reflexion und Anpassung ist. Dieses Durchhaltevermögen wurde zu einem zentralen Bestandteil ihrer Identität als Aktivistin.

Führungsqualitäten

Im Verlauf ihres Aktivismus entwickelte Jyn auch ihre Führungsqualitäten. Sie lernte, wie wichtig es ist, eine Vision zu haben und andere zu inspirieren, sich für diese Vision einzusetzen. Ihre Fähigkeit, als Rednerin aufzutreten und ihre Ideen klar zu kommunizieren, half ihr, eine breite Unterstützung für ihre Sache zu gewinnen.

Die Entwicklung von Führungsqualitäten ist oft mit der Theorie von Transformational Leadership verbunden, die von James MacGregor Burns formuliert wurde. Diese Theorie betont die Bedeutung von Inspiration und Motivation in der Führung. Jyns Fähigkeit, andere zu mobilisieren und zu motivieren, wurde durch ihre persönliche Überzeugung und ihre Empathie für die Anliegen anderer gestärkt.

Schlussfolgerung

Insgesamt lässt sich sagen, dass Jyns persönliche Entwicklung während ihres Aktivismus nicht isoliert betrachtet werden kann. Sie ist das Ergebnis einer Vielzahl von Erfahrungen, Herausforderungen und Einflüssen, die sie zu der starken, empathischen und resilienten Führungspersönlichkeit gemacht haben, die sie geworden ist. Ihre Reise ist ein Beispiel dafür, wie Aktivismus nicht nur eine äußere Bewegung ist, sondern auch einen tiefgreifenden inneren Wandel bewirken kann. Jyns Entwicklung spiegelt die Notwendigkeit wider, in einer sich ständig verändernden Welt flexibel, einfühlsam und entschlossen zu bleiben.

Die Bedeutung von Teamarbeit

Die Teamarbeit spielt eine entscheidende Rolle im Aktivismus, insbesondere in der Bürgerrechtsbewegung, wie sie von Jyn Korr und ihrer Gruppe auf Verin-9 praktiziert wurde. Teamarbeit ermöglicht es Einzelpersonen, ihre Stärken zu bündeln, Ressourcen effizient zu nutzen und ein gemeinsames Ziel zu verfolgen. In diesem Abschnitt werden wir die theoretischen Grundlagen der Teamarbeit, ihre Herausforderungen sowie praktische Beispiele im Kontext des Aktivismus untersuchen.

Theoretische Grundlagen der Teamarbeit

Die Grundlagen der Teamarbeit lassen sich auf verschiedene Theorien zurückführen, darunter die Tuckman'schen Phasen der Teamentwicklung, die aus den Phasen Forming, Storming, Norming, Performing und Adjourning besteht. Diese Phasen beschreiben den Prozess, den Teams durchlaufen, um effektiv zusammenzuarbeiten.

1. **Forming**: In dieser ersten Phase lernen sich die Mitglieder kennen und definieren ihre Rollen. Jyn und ihre Mitstreiter mussten zunächst Vertrauen aufbauen und ihre individuellen Stärken identifizieren.

2. **Storming**: Hier treten Konflikte und Meinungsverschiedenheiten auf, da die Mitglieder ihre Ansichten und Arbeitsstile einbringen. Jyn erlebte diese Phase, als unterschiedliche Strategien zur Mobilisierung der Massen diskutiert wurden.

3. **Norming**: In dieser Phase beginnt das Team, gemeinsame Normen und Werte zu entwickeln. Jyns Gruppe fand einen Konsens über die Ziele ihrer Bürgerrechtsbewegung und die Methoden, die sie anwenden wollten.

4. **Performing**: Das Team arbeitet nun effektiv zusammen, um ihre Ziele zu erreichen. Jyns Gruppe war in der Lage, erfolgreiche Proteste zu organisieren und öffentliche Aufmerksamkeit zu erlangen.

5. **Adjourning**: Schließlich reflektieren die Mitglieder über ihre Erfahrungen und die erreichten Ziele. Nach dem erfolgreichen Protest gegen das Anti-Körperphasen-Gesetz blickte Jyn auf die Errungenschaften ihrer Gruppe zurück.

Herausforderungen der Teamarbeit

Trotz der Vorteile von Teamarbeit gibt es auch Herausforderungen, die bewältigt werden müssen. Zu den häufigsten Problemen gehören:

- **Kommunikationsschwierigkeiten:** Missverständnisse können leicht entstehen, insbesondere in einem multikulturellen Team, in dem Mitglieder aus verschiedenen Hintergründen kommen. Jyn stellte fest, dass klare Kommunikationskanäle entscheidend waren, um sicherzustellen, dass alle Mitglieder auf dem gleichen Stand waren.

- **Rollenverwirrung:** Wenn die Rollen und Verantwortlichkeiten nicht klar definiert sind, kann dies zu Konflikten und Ineffizienz führen. Jyn musste sicherstellen, dass jedes Teammitglied wusste, was von ihm erwartet wurde.

- **Motivationsprobleme:** In schwierigen Zeiten kann es schwierig sein, die Motivation der Teammitglieder aufrechtzuerhalten. Jyn ermutigte ihre Gruppe durch regelmäßige Treffen und Anerkennung der Leistungen jedes Einzelnen.

Praktische Beispiele im Aktivismus

Ein herausragendes Beispiel für die Bedeutung von Teamarbeit im Aktivismus war die Organisation des großen Protests gegen das Anti-Körperphasen-Gesetz. Jyns Team arbeitete eng zusammen, um die Mobilisierung der Massen zu planen. Hier sind einige spezifische Aspekte der Teamarbeit, die zu diesem Erfolg beitrugen:

- **Ressourcenteilung:** Jyns Gruppe teilte Ressourcen wie Kontakte zu Medien, Materialien für Plakate und Informationen über rechtliche Rahmenbedingungen. Diese Zusammenarbeit erhöhte die Effizienz und Reichweite ihrer Aktionen.

- **Vielfalt der Perspektiven:** Die Mitglieder der Gruppe brachten unterschiedliche Perspektiven und Erfahrungen ein, was zu kreativeren Lösungen und Strategien führte. Diese Vielfalt half, ein breiteres Publikum anzusprechen und mehr Menschen zu mobilisieren.

- **Emotionale Unterstützung:** In schwierigen Zeiten, insbesondere nach Rückschlägen, bot das Team ein starkes Unterstützungssystem. Jyn und ihre Mitstreiter halfen einander, motiviert zu bleiben und an ihre gemeinsame Mission zu glauben.

Schlussfolgerung

Die Bedeutung von Teamarbeit im Aktivismus kann nicht hoch genug eingeschätzt werden. Jyn Korr und ihre Gruppe auf Verin-9 zeigten, dass durch Zusammenarbeit, klare Kommunikation und gegenseitige Unterstützung bedeutende Fortschritte im Kampf für Bürgerrechte erzielt werden können. Die

Herausforderungen, die mit der Teamarbeit einhergehen, können durch effektive Strategien und ein starkes Engagement für die gemeinsame Vision überwunden werden. Der Erfolg des Aktivismus hängt oft von der Fähigkeit ab, als Einheit zu agieren und die individuellen Stärken jedes Mitglieds zu nutzen, um ein gemeinsames Ziel zu erreichen.

Die Reaktion der Öffentlichkeit

Die Reaktion der Öffentlichkeit auf die Aktivitäten von Jyn Korr und ihre Bürgerrechtsgruppe war ein entscheidender Faktor im Widerstand gegen das Anti-Körperphasen-Gesetz. Diese Reaktion war vielschichtig und umfasste sowohl Unterstützung als auch Widerstand, was die Dynamik des Aktivismus auf Verin-9 maßgeblich beeinflusste.

Öffentliche Unterstützung

Die ersten Proteste, die von Jyn und ihrer Gruppe organisiert wurden, erregten schnell die Aufmerksamkeit der Bevölkerung. Viele Bürger, die von den Auswirkungen des Anti-Körperphasen-Gesetzes betroffen waren oder sich mit den Idealen der Bürgerrechtsbewegung identifizieren konnten, schlossen sich den Protesten an. Die Mobilisierung der Massen wurde durch verschiedene Faktoren begünstigt:

+ **Soziale Medien:** Plattformen wie *VerinNet* und *Intergalactic Chat* ermöglichten es den Aktivisten, ihre Botschaften schnell und effizient zu verbreiten. Hashtags wie #Körperrechte und #Verin9Widerstand wurden populär und schufen ein Gefühl der Gemeinschaft unter den Unterstützern.

+ **Öffentliche Versammlungen:** Die ersten öffentlichen Versammlungen, die in zentralen Städten stattfanden, zogen Tausende von Menschen an. Diese Versammlungen boten nicht nur eine Plattform für Redner, sondern auch Raum für persönliche Geschichten und Erfahrungen, die die Emotionen und die Solidarität der Teilnehmer stärkten.

+ **Prominente Unterstützung:** Der Einfluss von Prominenten, die sich öffentlich für die Bürgerrechtsbewegung aussprachen, trug ebenfalls zur Steigerung der Unterstützung bei. Berühmtheiten wie der intergalaktische Schauspieler Zorak Thun und die Künstlerin Lyra Nova nutzten ihre Reichweite, um auf die Ungerechtigkeiten aufmerksam zu machen und die Proteste zu unterstützen.

Widerstand und Kritik

Gleichzeitig gab es auch eine erhebliche Gegenreaktion von Teilen der Bevölkerung sowie von der Regierung. Diese Opposition war oft durch Angst und Missverständnisse über die Ziele der Aktivisten geprägt. Einige der häufigsten Argumente gegen den Widerstand waren:

+ **Angst vor Chaos:** Viele Bürger waren besorgt, dass die Proteste zu Unruhen und Chaos führen könnten. Diese Angst wurde durch die Berichterstattung in den staatlich kontrollierten Medien geschürt, die oft ein verzerrtes Bild der Proteste zeichnete.

+ **Politische Propaganda:** Die Regierung versuchte, die Bürgerrechtsbewegung als Bedrohung für die öffentliche Ordnung darzustellen. Offizielle Erklärungen bezeichneten die Aktivisten als "Revoluzzer", die die Stabilität von Verin-9 gefährden würden.

+ **Desinformation:** In sozialen Medien kursierten zahlreiche Falschinformationen über die Ziele und Methoden der Aktivisten. Diese Desinformation führte zu einer Spaltung in der Gesellschaft, wobei einige Bürger die Proteste unterstützten, während andere sie vehement ablehnten.

Theoretische Perspektiven

Um die Reaktion der Öffentlichkeit besser zu verstehen, können verschiedene theoretische Ansätze herangezogen werden. Der *kollektive Handlungsrahmen* (Collective Action Frame) bietet eine nützliche Linse, um zu analysieren, wie Aktivisten ihre Anliegen formulieren und die öffentliche Unterstützung mobilisieren. Jyn Korr und ihre Gruppe schafften es, ein kohärentes Narrativ zu entwickeln, das die Ungerechtigkeit des Anti-Körperphasen-Gesetzes verdeutlichte und die Bürger dazu aufrief, sich für die Rechte aller Bürger einzusetzen.

Ein weiterer relevanter theoretischer Ansatz ist die *Theorie der sozialen Bewegungen*. Diese Theorie legt nahe, dass das individuelle Engagement in sozialen Bewegungen oft durch soziale Netzwerke und Gemeinschaftsbindungen gefördert wird. In Jyns Fall spielte die Schaffung von Unterstützungsnetzwerken und die Stärkung der Gemeinschaft eine entscheidende Rolle bei der Mobilisierung von Aktivisten und der Gewinnung öffentlicher Unterstützung.

Beispiele aus der Praxis

Ein konkretes Beispiel für die positive Reaktion der Öffentlichkeit war der „Tag der Solidarität", an dem Bürger aus verschiedenen Städten zusammenkamen, um ihre Unterstützung für die Bürgerrechtsbewegung zu demonstrieren. Diese Veranstaltung wurde von verschiedenen Organisationen und lokalen Gemeinschaften organisiert und führte zu einem enormen Anstieg der Teilnehmerzahlen bei den Protesten.

Ein weiteres Beispiel ist die *Kampagne für Körperrechte*, die von Jyn und ihrer Gruppe ins Leben gerufen wurde. Diese Kampagne beinhaltete eine Reihe von Workshops und Informationsveranstaltungen, die darauf abzielten, das Bewusstsein für die Problematik zu schärfen und die Bürger zu ermutigen, sich aktiv an der Bewegung zu beteiligen.

Schlussfolgerung

Die Reaktion der Öffentlichkeit auf den Widerstand gegen das Anti-Körperphasen-Gesetz war entscheidend für den Verlauf der Bürgerrechtsbewegung auf Verin-9. Während die Unterstützung durch die Bevölkerung maßgeblich zur Mobilisierung und zum Erfolg der Proteste beitrug, stellte der Widerstand und die Kritik eine ständige Herausforderung dar, die es zu überwinden galt. Letztendlich zeigt diese komplexe Dynamik, wie wichtig es ist, die Stimmen der Bürger zu hören und die unterschiedlichen Perspektiven innerhalb einer Gesellschaft zu berücksichtigen, um einen nachhaltigen Wandel zu erreichen.

Der Einfluss von Prominenten

In der heutigen Zeit spielt der Einfluss von Prominenten eine entscheidende Rolle im Aktivismus und der Mobilisierung von Unterstützern. In diesem Abschnitt werden wir die Mechanismen untersuchen, durch die Prominente das Bewusstsein für soziale und politische Themen schärfen, sowie die Herausforderungen und Möglichkeiten, die sich aus dieser Dynamik ergeben.

Theoretische Grundlagen

Der Einfluss von Prominenten auf den Aktivismus kann durch verschiedene theoretische Rahmenwerke erklärt werden. Eine der zentralen Theorien ist die *Social Influence Theory*, die besagt, dass Individuen ihre Meinungen und Verhaltensweisen anpassen, um sich mit sozialen Gruppen oder Vorbildern zu identifizieren. Prominente fungieren oft als diese Vorbilder, indem sie ihre Plattformen nutzen, um auf Missstände aufmerksam zu machen.

Ein weiteres relevantes Konzept ist die *Framing Theory*, die beschreibt, wie Informationen präsentiert werden, um bestimmte Interpretationen zu fördern. Prominente können durch ihre Reichweite und Glaubwürdigkeit den Rahmen für eine Diskussion über Bürgerrechte setzen, indem sie Themen auf eine Weise darstellen, die Emotionen weckt und die öffentliche Meinung beeinflusst.

Beispiele für den Einfluss von Prominenten

Ein herausragendes Beispiel für den Einfluss von Prominenten im Aktivismus ist die Rolle von Schauspielern und Musikern in der Black Lives Matter-Bewegung. Prominente wie *Beyoncé* und *Kanye West* haben ihre Plattformen genutzt, um auf Rassismus und Polizeigewalt aufmerksam zu machen. Ihre Beiträge reichen von Social-Media-Posts bis hin zu öffentlichen Auftritten, bei denen sie ihre Unterstützung für die Bewegung kundtun.

Ein weiteres Beispiel ist die Aktivismusarbeit von *Leonardo DiCaprio*, der sich für den Umweltschutz einsetzt. Durch seine Dokumentationen und Social-Media-Kampagnen hat er das Bewusstsein für den Klimawandel und dessen Auswirkungen auf benachteiligte Gemeinschaften geschärft. DiCaprios Engagement hat nicht nur das öffentliche Bewusstsein erhöht, sondern auch finanzielle Unterstützung für Umweltinitiativen mobilisiert.

Herausforderungen und Probleme

Trotz der positiven Auswirkungen des Einflusses von Prominenten gibt es auch Herausforderungen. Eine der größten Herausforderungen ist die *Authentizität*. Wenn Prominente sich für soziale Themen einsetzen, kann es zu Skepsis kommen, ob ihr Engagement echt oder lediglich ein Marketinginstrument ist. Diese Skepsis kann die Glaubwürdigkeit der Bewegung untergraben und dazu führen, dass die Öffentlichkeit weniger geneigt ist, sich zu engagieren.

Ein weiteres Problem ist die *Überkommerzialisierung* des Aktivismus. In vielen Fällen nutzen Unternehmen die Unterstützung von Prominenten, um ihre eigenen Produkte zu bewerben, was zu einer Verwässerung der ursprünglichen Botschaft führen kann. Diese Kommerzialisierung kann das Engagement der Öffentlichkeit verringern, da die Menschen das Gefühl haben, dass der Aktivismus nicht mehr authentisch ist, sondern von wirtschaftlichen Interessen geleitet wird.

Strategien zur Maximierung des Einflusses

Um den Einfluss von Prominenten effektiv zu nutzen, sollten Aktivisten Strategien entwickeln, die sowohl die Reichweite als auch die Authentizität fördern. Eine Möglichkeit ist die *Kooperation mit Prominenten*, die bereits eine nachgewiesene Geschichte des Engagements für soziale Gerechtigkeit haben. Diese Zusammenarbeit kann helfen, das Vertrauen der Öffentlichkeit zu gewinnen und die Glaubwürdigkeit der Bewegung zu stärken.

Darüber hinaus sollten Aktivisten sicherstellen, dass die Botschaften, die von Prominenten verbreitet werden, klar und konsistent sind. Eine klare Kommunikation kann helfen, Missverständnisse zu vermeiden und die Unterstützung für die Bewegung zu maximieren.

Fazit

Zusammenfassend lässt sich sagen, dass der Einfluss von Prominenten auf den Aktivismus sowohl Chancen als auch Herausforderungen mit sich bringt. Während sie die Fähigkeit haben, das Bewusstsein zu schärfen und Unterstützung zu mobilisieren, müssen Aktivisten wachsam sein, um sicherzustellen, dass das Engagement authentisch bleibt und nicht von kommerziellen Interessen untergraben wird. Durch strategische Partnerschaften und klare Kommunikation kann der Einfluss von Prominenten jedoch effektiv genutzt werden, um positive Veränderungen in der Gesellschaft zu bewirken.

Strategien zur Überwindung von Rückschlägen

Rückschläge im Aktivismus sind unvermeidlich. Sie können aus politischen, sozialen oder sogar persönlichen Gründen auftreten und stellen oft eine große Herausforderung für Aktivisten dar. In diesem Abschnitt werden Strategien zur Überwindung dieser Rückschläge erörtert, um die Resilienz der Bewegung zu stärken und den Aktivismus nachhaltig zu gestalten.

1. Reflexion und Analyse

Eine der ersten Strategien zur Überwindung von Rückschlägen ist die Reflexion und Analyse der Situation. Aktivisten sollten sich die Zeit nehmen, um die Ursachen des Rückschlags zu verstehen. Dies kann durch folgende Schritte geschehen:

- **Dokumentation der Ereignisse:** Es ist wichtig, alle relevanten Informationen über den Rückschlag zu sammeln. Dies umfasst Berichte über Proteste, Medienberichterstattung und persönliche Erfahrungen.

+ **Identifizierung von Mustern:** Durch die Analyse vergangener Rückschläge können Muster und wiederkehrende Probleme identifiziert werden. Dies hilft, zukünftige Herausforderungen besser zu bewältigen.

+ **Feedback von Mitgliedern:** Das Einholen von Feedback von anderen Aktivisten kann neue Perspektiven eröffnen und die kollektive Intelligenz der Gruppe nutzen.

2. Stärkung der Gemeinschaft

Eine starke Gemeinschaft ist entscheidend, um Rückschläge zu überwinden. Aktivisten sollten Strategien entwickeln, um den Zusammenhalt innerhalb ihrer Gruppen zu fördern:

+ **Regelmäßige Treffen:** Durch regelmäßige Treffen können Mitglieder ihre Gedanken und Gefühle teilen, was das Gefühl der Zugehörigkeit stärkt.

+ **Mentoring-Programme:** Erfahrene Aktivisten können neue Mitglieder unterstützen und ihnen helfen, sich in der Bewegung zurechtzufinden.

+ **Teambuilding-Aktivitäten:** Gemeinsame Aktivitäten, die nichts mit Aktivismus zu tun haben, können die Beziehungen zwischen den Mitgliedern stärken und das Vertrauen fördern.

3. Anpassung der Strategien

Wenn eine Strategie nicht funktioniert, ist es wichtig, flexibel zu bleiben und Anpassungen vorzunehmen. Dies kann durch folgende Maßnahmen geschehen:

+ **Evaluierung der aktuellen Strategie:** Aktivisten sollten regelmäßig ihre Strategien überprüfen und analysieren, ob sie effektiv sind.

+ **Experimentieren mit neuen Ansätzen:** Es kann hilfreich sein, neue Taktiken auszuprobieren, um herauszufinden, was am besten funktioniert. Dies kann von der Nutzung neuer Technologien bis hin zu kreativen Protestformen reichen.

+ **Kooperation mit anderen Gruppen:** Die Zusammenarbeit mit anderen Organisationen kann neue Ressourcen und Perspektiven bieten, die helfen, Rückschläge zu überwinden.

4. Förderung von Resilienz und Selbstfürsorge

Die persönliche Resilienz der Aktivisten ist entscheidend für den langfristigen Erfolg. Strategien zur Förderung von Resilienz und Selbstfürsorge umfassen:

+ **Achtsamkeit und Meditation:** Techniken wie Achtsamkeit und Meditation können helfen, Stress abzubauen und die emotionale Stabilität zu fördern.

+ **Gesunde Lebensgewohnheiten:** Eine ausgewogene Ernährung, regelmäßige Bewegung und ausreichend Schlaf sind entscheidend, um körperlich und geistig fit zu bleiben.

+ **Unterstützungsnetzwerke:** Die Schaffung von Netzwerken, in denen Aktivisten ihre Erfahrungen teilen und sich gegenseitig unterstützen können, ist von großer Bedeutung.

5. Nutzung von Medien und Öffentlichkeitsarbeit

Die Art und Weise, wie Rückschläge kommuniziert werden, kann einen erheblichen Einfluss auf die Wahrnehmung der Bewegung haben. Strategien zur effektiven Nutzung von Medien und Öffentlichkeitsarbeit sind:

+ **Proaktive Medienarbeit:** Aktivisten sollten die Medien proaktiv informieren und sicherstellen, dass ihre Perspektiven und Geschichten gehört werden.

+ **Kreative Kampagnen:** Durch kreative und ansprechende Kampagnen können Aktivisten das öffentliche Interesse wecken und Unterstützung mobilisieren.

+ **Social Media nutzen:** Die Nutzung von Social Media kann helfen, Rückschläge zu kommunizieren und Unterstützer zu mobilisieren. Hashtags und virale Kampagnen können die Reichweite erheblich erhöhen.

6. Langfristige Perspektive und Vision

Schließlich ist es wichtig, eine langfristige Perspektive und Vision zu haben. Rückschläge können entmutigend sein, aber eine klare Vision kann helfen, den Fokus zu behalten:

+ **Ziele setzen:** Aktivisten sollten klare, erreichbare Ziele setzen, um Fortschritte zu messen und motiviert zu bleiben.

* **Inspirierende Geschichten teilen:** Das Teilen von Erfolgsgeschichten und positiven Erfahrungen kann die Motivation und den Glauben an die Bewegung stärken.

* **Zukunftsorientierte Planung:** Die Entwicklung langfristiger Strategien und Pläne kann helfen, die Bewegung auf Kurs zu halten, auch in schwierigen Zeiten.

Zusammenfassend lässt sich sagen, dass Rückschläge im Aktivismus zwar herausfordernd sind, aber mit den richtigen Strategien überwunden werden können. Durch Reflexion, Gemeinschaftsbildung, Anpassung von Strategien, Förderung von Resilienz, effektive Mediennutzung und eine langfristige Perspektive können Aktivisten gestärkt aus Rückschlägen hervorgehen und ihre Ziele weiterhin verfolgen. Der Weg des Aktivismus ist oft steinig, aber mit Entschlossenheit und Kreativität können selbst die größten Hindernisse überwunden werden.

Die Wichtigkeit von Resilienz

Resilienz ist ein entscheidendes Konzept im Aktivismus, insbesondere für Personen wie Jyn Korr, die sich gegen ungerechte Gesetze und gesellschaftliche Missstände einsetzen. Resilienz bezeichnet die Fähigkeit, sich von Rückschlägen zu erholen, sich an Veränderungen anzupassen und trotz widriger Umstände weiterhin motiviert zu bleiben. In diesem Abschnitt werden wir die verschiedenen Facetten der Resilienz im Kontext des Aktivismus untersuchen und Beispiele für deren Anwendung in Jyns Kampf gegen das Anti-Körperphasen-Gesetz auf Verin-9 anführen.

Theoretische Grundlagen der Resilienz

Die Resilienz kann aus verschiedenen psychologischen Theorien abgeleitet werden. Eine der bekanntesten Theorien ist die von *Masten (2001)*, die Resilienz als „die Fähigkeit, sich trotz widriger Umstände zu entwickeln und zu gedeihen" definiert. Diese Definition legt den Fokus auf das Wachstum und die Anpassungsfähigkeit, die notwendig sind, um in herausfordernden Situationen zu bestehen.

Ein weiteres wichtiges Konzept in der Resilienzforschung ist das *Resilienz-Modell von Werner und Smith (1982)*, das auf der Beobachtung basiert, dass einige Kinder in schwierigen Verhältnissen eine bemerkenswerte Anpassungsfähigkeit zeigen. Dieses Modell identifiziert mehrere Faktoren, die zur Resilienz beitragen, darunter:

+ **Soziale Unterstützung:** Die Verfügbarkeit von Unterstützung durch Familie, Freunde und Gemeinschaft ist entscheidend für die Entwicklung von Resilienz.

+ **Positive Selbstwahrnehmung:** Ein starkes Selbstwertgefühl und die Fähigkeit, die eigenen Stärken zu erkennen, fördern die Resilienz.

+ **Zielorientierung:** Die Fähigkeit, klare Ziele zu setzen und diese zu verfolgen, ist ein weiterer wichtiger Aspekt der Resilienz.

Probleme und Herausforderungen im Aktivismus

Im Aktivismus sind Rückschläge und Herausforderungen unvermeidlich. Jyn Korr erlebte während ihrer frühen Aktivismusjahre zahlreiche Rückschläge, darunter:

+ **Ablehnung durch die Regierung:** Jyns erste Versuche, die Bürgerrechtsgruppe zu gründen, wurden von der Regierung mit Skepsis und Widerstand begegnet. Diese Ablehnung führte oft zu Frustration und Entmutigung.

+ **Interne Konflikte:** In jeder Gruppe gibt es unterschiedliche Meinungen und Ansätze, die zu Spannungen führen können. Jyn musste lernen, diese Konflikte konstruktiv zu lösen, um die Gruppe zusammenzuhalten.

+ **Öffentliche Kritik:** Aktivisten stehen oft unter dem Druck öffentlicher Meinungen, die nicht immer positiv sind. Jyn musste lernen, mit Kritik umzugehen und diese als Möglichkeit zur Verbesserung zu sehen.

Beispiele für Resilienz in Jyns Aktivismus

Jyn Korrs Weg zur Resilienz manifestierte sich in mehreren Schlüsselmomenten während ihres Aktivismus:

+ **Die erste öffentliche Versammlung:** Nach einer Reihe von Rückschlägen organisierte Jyn eine öffentliche Versammlung, um auf die Ungerechtigkeiten des Anti-Körperphasen-Gesetzes aufmerksam zu machen. Trotz der anfänglichen Skepsis konnte sie eine große Anzahl von Unterstützern mobilisieren. Ihre Fähigkeit, die anfängliche Entmutigung zu überwinden, zeigt ihre Resilienz.

+ **Verwendung von sozialen Medien:** Jyn erkannte die Macht der sozialen Medien, um ihre Botschaft zu verbreiten und Unterstützung zu gewinnen. Durch kreative Kampagnen und den Einsatz von Hashtags konnte sie eine breite Öffentlichkeit erreichen, was ein wichtiger Schritt zur Stärkung ihrer Bewegung war.

+ **Persönliche Reflexion:** Nach einem besonders schwierigen Protest, der mit Festnahmen endete, nahm sich Jyn Zeit zur Reflexion. Sie schrieb in ihrem Tagebuch über ihre Gefühle und Gedanken, was ihr half, ihre Emotionen zu verarbeiten und neue Strategien zu entwickeln.

Die Rolle von Gemeinschaft und Unterstützung

Ein zentraler Aspekt der Resilienz ist die Rolle der Gemeinschaft. Jyn fand in ihrer Bürgerrechtsgruppe nicht nur Gleichgesinnte, sondern auch eine Quelle der Stärke. Gemeinsame Treffen und der Austausch von Erfahrungen halfen den Mitgliedern, sich gegenseitig zu unterstützen und zu ermutigen. Diese Solidarität war entscheidend, um die Resilienz der Gruppe aufrechtzuerhalten.

Schlussfolgerung

Die Wichtigkeit von Resilienz im Aktivismus kann nicht genug betont werden. Sie ist der Schlüssel, um Rückschläge zu überwinden, aus Fehlern zu lernen und weiterhin für Gerechtigkeit zu kämpfen. Jyn Korrs Reise ist ein Beispiel dafür, wie Resilienz nicht nur das individuelle Wachstum fördert, sondern auch die gesamte Bewegung stärkt. In einer Welt, in der Ungerechtigkeiten allgegenwärtig sind, ist die Fähigkeit, resilient zu bleiben, eine der wertvollsten Eigenschaften, die Aktivisten besitzen können. Die Lehren aus Jyns Erfahrungen können zukünftigen Generationen von Aktivisten als Leitfaden dienen, um in ihrem eigenen Kampf für Bürgerrechte und soziale Gerechtigkeit stark und standhaft zu bleiben.

Ausblick auf zukünftige Kämpfe

Der Aktivismus ist ein dynamisches Feld, das ständig im Wandel ist, und die Herausforderungen, die vor uns liegen, sind ebenso vielfältig wie die Lösungen, die wir entwickeln können. In diesem Abschnitt werfen wir einen Ausblick auf die zukünftigen Kämpfe, die Bürgerrechtsaktivisten wie Jyn Korr und ihre Nachfolger erwarten, und analysieren die theoretischen Grundlagen, Probleme und mögliche Strategien, um diesen Herausforderungen zu begegnen.

Theoretische Grundlagen des Aktivismus

Aktivismus kann durch verschiedene theoretische Rahmenwerke betrachtet werden. Eine davon ist die *Ressourcentheorie*, die besagt, dass der Zugang zu Ressourcen, wie Zeit, Geld und Netzwerken, entscheidend für den Erfolg von Bewegungen ist. Die Mobilisierung von Ressourcen kann in mehreren Dimensionen erfolgen:

$$M = f(R, O, T) \tag{26}$$

wobei M die Mobilisierung darstellt, R die Ressourcen, O die Organisationsstruktur und T die Zeit, die für die Mobilisierung benötigt wird. Diese Variablen sind eng miteinander verbunden und beeinflussen die Fähigkeit einer Bewegung, effektiv zu agieren.

Ein weiteres wichtiges Konzept ist die *Identitätspolitik*, die sich auf die Art und Weise bezieht, wie Gruppen ihre Identität definieren und nutzen, um politische Ziele zu erreichen. Die Identität kann eine starke Motivationsquelle für Aktivisten sein, birgt jedoch auch das Risiko der Fragmentierung, wenn unterschiedliche Gruppen innerhalb einer Bewegung nicht kooperieren.

Herausforderungen für den zukünftigen Aktivismus

Die Herausforderungen, denen sich zukünftige Aktivisten gegenübersehen, sind vielfältig:

+ **Technologische Überwachung:** Mit dem Aufstieg von Überwachungstechnologien und Datenanalysen sind Aktivisten anfälliger für staatliche Repression. Dies erfordert neue Strategien zur Wahrung der Privatsphäre und Sicherheit.

+ **Desinformation:** Die Verbreitung von Fehlinformationen, insbesondere über soziale Medien, kann die öffentliche Wahrnehmung von Bewegungen stark beeinflussen und deren Glaubwürdigkeit untergraben.

+ **Fragmentierung:** Unterschiedliche Gruppen innerhalb der Bürgerrechtsbewegung könnten sich auf unterschiedliche Ziele und Strategien konzentrieren, was zu einem Mangel an Kohärenz und gemeinsamer Identität führen kann.

+ **Politische Rückschläge:** In vielen Ländern erleben Aktivisten einen Anstieg autoritärer Maßnahmen, die den Zugang zu politischen Freiheiten einschränken und Proteste kriminalisieren.

Strategien für zukünftige Kämpfe

Um diesen Herausforderungen zu begegnen, können zukünftige Aktivisten verschiedene Strategien entwickeln:

+ **Technologische Innovation:** Die Nutzung sicherer Kommunikationskanäle und Verschlüsselungstechnologien kann dazu beitragen, die Privatsphäre der Aktivisten zu schützen und die Effizienz der Mobilisierung zu erhöhen.

+ **Aufklärungskampagnen:** Bildung und Aufklärung der Öffentlichkeit über die Ziele und Herausforderungen von Bürgerrechtsbewegungen können helfen, Fehlinformationen entgegenzuwirken und das öffentliche Bewusstsein zu schärfen.

+ **Intersektionalität:** Die Berücksichtigung intersektionaler Ansätze, die verschiedene Identitäten und Erfahrungen einbeziehen, kann dazu beitragen, eine breitere Basis für Unterstützung und Solidarität zu schaffen.

+ **Internationale Solidarität:** Der Aufbau von Netzwerken mit internationalen Organisationen und Aktivisten kann Ressourcen und Unterstützung mobilisieren, die lokal möglicherweise nicht verfügbar sind.

Beispiele für zukünftige Kämpfe

Ein Blick auf aktuelle Bewegungen zeigt, wie diese Strategien in der Praxis angewendet werden können. Bewegungen wie *Fridays for Future* und *Black Lives Matter* haben gezeigt, wie wichtig die Mobilisierung von jungen Menschen über soziale Medien ist. Sie nutzen kreative Methoden, um Aufmerksamkeit zu erregen und eine breite Öffentlichkeit zu erreichen.

Zusätzlich sehen wir, dass die *#MeToo*-Bewegung durch die Schaffung eines globalen Netzwerks von Unterstützern und die Nutzung von Plattformen zur Verbreitung von Informationen und Erfahrungen erfolgreich war. Diese Bewegungen bieten wertvolle Lektionen für zukünftige Kämpfe und zeigen, dass die Kombination von Technologie, Gemeinschaft und Kreativität entscheidend sein kann.

Fazit

Die zukünftigen Kämpfe für Bürgerrechte werden von einer Vielzahl von Faktoren beeinflusst, darunter technologische Entwicklungen, gesellschaftliche Veränderungen und politische Rahmenbedingungen. Aktivisten wie Jyn Korr haben den Weg geebnet, und es liegt an der nächsten Generation, diese Lektionen zu nutzen, um kreative und effektive Strategien zu entwickeln, die den Herausforderungen der Zukunft begegnen. Der Schlüssel wird darin liegen, eine starke Gemeinschaft aufzubauen, die auf Solidarität, Bildung und innovativen Ansätzen basiert, um die Vision einer gerechteren und gleichberechtigteren Gesellschaft zu verwirklichen.

Kapitel 3: Der Widerstand gegen das Anti-Körperphasen-Gesetz

Die Einführung des Gesetzes

Der Inhalt des Gesetzes

Das Anti-Körperphasen-Gesetz, das auf Verin-9 im Jahr 2137 verabschiedet wurde, ist ein umfassendes Regelwerk, das die Rechte und Freiheiten der Bürger in Bezug auf ihre biologischen und technologischen Merkmale einschränkt. Das Gesetz wurde als Reaktion auf die zunehmende Vielfalt an Körperphasen und deren Nutzung in der Gesellschaft eingeführt. Es zielt darauf ab, eine vermeintliche „Reinheit" der Bevölkerung zu wahren, indem es spezifische Vorschriften für die Akzeptanz und Integration von Individuen mit nicht-traditionellen Körperphasen festlegt.

1. Definition der Körperphasen

Im Kontext dieses Gesetzes wird der Begriff „Körperphase" definiert als der Zustand eines Individuums, der durch eine Kombination aus biologischen, technologischen und energetischen Elementen bestimmt wird. Eine Körperphase kann natürliche Merkmale wie Hautfarbe, Körpergröße und genetische Variationen umfassen, aber auch durch technologische Eingriffe veränderte Merkmale wie Cybernetik, genetische Modifikationen oder andere Formen der Körperoptimierung.

2. Grundlegende Bestimmungen des Gesetzes

Das Gesetz umfasst mehrere zentrale Bestimmungen, darunter:

1. **Kategorisierung von Körperphasen:** Individuen werden in verschiedene Kategorien eingeteilt, basierend auf ihrer Körperphase. Diese Kategorien sind:

   + *Natürliche Körperphase:* Unveränderte biologische Merkmale.
   + *Modifizierte Körperphase:* Eingriffe, die durch Technologie oder genetische Manipulationen vorgenommen wurden.
   + *Hybridkörperphase:* Eine Kombination aus natürlichen und technologischen Merkmalen.

2. **Einschränkungen im öffentlichen Dienst:** Personen, die in die Kategorien der modifizierten oder Hybridkörperphasen fallen, sind von bestimmten öffentlichen Ämtern und Positionen ausgeschlossen. Dies betrifft insbesondere sicherheitsrelevante Berufe, die als kritisch für die Stabilität der Gesellschaft erachtet werden.

3. **Zugang zu Bildung:** Der Zugang zu Bildungseinrichtungen wird ebenfalls reglementiert. Institutionen sind verpflichtet, ihre Aufnahmekriterien so zu gestalten, dass sie die „Reinheit" der Schülerpopulation aufrechterhalten. Dies führt zu einer Diskriminierung von Individuen mit modifizierten Körperphasen.

4. **Gesundheitsversorgung:** Die Gesundheitsversorgung ist ebenfalls betroffen. Individuen mit bestimmten Körperphasen haben eingeschränkten Zugang zu bestimmten medizinischen Behandlungen, die als „nicht notwendig" erachtet werden, um die Integrität der natürlichen Körperphase zu bewahren.

3. Probleme und Herausforderungen

Die Einführung des Anti-Körperphasen-Gesetzes hat eine Vielzahl von Problemen und Herausforderungen mit sich gebracht:

+ **Diskriminierung:** Das Gesetz hat zu einer weit verbreiteten Diskriminierung von Individuen mit modifizierten oder Hybridkörperphasen geführt. Dies hat nicht nur soziale Spannungen verstärkt, sondern auch zu einem tiefen Misstrauen innerhalb der Gemeinschaften geführt.

+ **Rechtsstreitigkeiten:** Viele Betroffene haben rechtliche Schritte gegen das Gesetz eingeleitet, was zu einer Überlastung des Rechtssystems geführt hat. Die Gerichte sehen sich mit der Herausforderung konfrontiert, die Rechte der Bürger gegen die Vorgaben des Gesetzes abzuwägen.

+ **Internationale Reaktionen:** Die internationale Gemeinschaft hat das Gesetz scharf kritisiert. Menschenrechtsorganisationen und intergalaktische Verbände haben sich zusammengeschlossen, um Druck auf die Regierung von Verin-9 auszuüben, das Gesetz zu revidieren oder abzuschaffen.

+ **Gesellschaftliche Spaltung:** Das Gesetz hat eine klare Spaltung innerhalb der Gesellschaft erzeugt. Bürger, die sich für die Rechte von Menschen mit modifizierten Körperphasen einsetzen, stehen in direktem Konflikt mit denen, die das Gesetz unterstützen.

4. Beispiele aus der Praxis

Ein Beispiel für die Auswirkungen des Gesetzes ist der Fall von Lira, einer jungen Frau mit einer Hybridkörperphase, die aufgrund ihrer genetischen Modifikationen von der Universität ausgeschlossen wurde. Ihre Geschichte hat landesweite Aufmerksamkeit erregt und ist zu einem Symbol für den Widerstand gegen das Gesetz geworden.

Ein weiteres Beispiel ist die Protestbewegung „Körperrechte für alle", die aus einer Gruppe von Aktivisten hervorgegangen ist, die sich gegen die Diskriminierung von Individuen mit modifizierten Körperphasen einsetzen. Ihre Kampagnen haben zu einer breiten Diskussion über die ethischen und moralischen Implikationen des Anti-Körperphasen-Gesetzes geführt.

5. Fazit

Das Anti-Körperphasen-Gesetz stellt einen bedeutenden Rückschritt in der Entwicklung der Bürgerrechte auf Verin-9 dar. Die strengen Regelungen und die damit verbundenen Diskriminierungen haben nicht nur das Leben vieler Bürger negativ beeinflusst, sondern auch die gesellschaftliche Kohäsion gefährdet. Der Widerstand gegen dieses Gesetz ist ein entscheidender Schritt in Richtung Gleichheit und Menschenrechte und wird weiterhin die politische Landschaft von Verin-9 prägen.

Die Reaktionen der Bürger

Die Einführung des Anti-Körperphasen-Gesetzes auf Verin-9 führte zu einer Vielzahl von Reaktionen in der Bevölkerung, die sowohl emotional als auch politisch geprägt waren. Diese Reaktionen spiegeln die tief verwurzelten Werte und Überzeugungen der Bürger wider, die sich oft in einem Spannungsfeld zwischen persönlicher Freiheit und staatlicher Kontrolle bewegten.

Öffentliche Empörung

Zunächst einmal war die öffentliche Empörung über das Gesetz überwältigend. Viele Bürger empfanden das Gesetz als einen massiven Eingriff in ihre persönlichen Freiheiten und Rechte. Die Reaktionen reichten von Wut und Frustration bis hin zu Trauer und Enttäuschung. Soziale Medien wurden schnell zu einem wichtigen Instrument, um diese Emotionen zu kanalisieren. Plattformen wie *GalacticNet* und *VerinSpeak* wurden mit Hashtags wie #StopAntiKoerperphasen und #Verin9Rights überflutet. Diese digitale Mobilisierung führte dazu, dass die Stimmen der Bürger in der breiten Öffentlichkeit gehört wurden, was wiederum die Regierung unter Druck setzte.

Bürgerliche Mobilisierung

Die Reaktionen der Bürger führten zur Bildung von Protestgruppen und Initiativen, die sich gegen das Gesetz wandten. Diese Gruppen organisierten Treffen, um Strategien zur Mobilisierung zu entwickeln. Ein Beispiel dafür ist die Gruppe *Verin gegen Ungerechtigkeit*, die innerhalb von nur wenigen Wochen nach der Gesetzesverabschiedung über 5.000 Mitglieder zählte. Diese Gruppen nutzten die sozialen Medien, um Informationen zu verbreiten, und organisierten öffentliche Versammlungen, die oft mehrere Tausend Teilnehmer anzogen.

Politische Debatten

Politische Debatten über das Gesetz nahmen ebenfalls zu. Bürger ermutigten ihre gewählten Vertreter, sich gegen das Gesetz auszusprechen. In den intergalaktischen Foren wurden zahlreiche Diskussionsrunden abgehalten, in denen die Vor- und Nachteile des Gesetzes erörtert wurden. Die Bürger forderten Transparenz und eine klare Erklärung der Regierung zu den Beweggründen hinter dem Gesetz. Diese Debatten führten zu einer verstärkten Aufmerksamkeit auf die Themen Bürgerrechte und staatliche Kontrolle.

Solidarität und Unterstützung

Ein weiteres bemerkenswertes Phänomen war die Solidarität, die innerhalb und zwischen den verschiedenen Gemeinschaften auf Verin-9 entstand. Bürger aus unterschiedlichen sozialen, ethnischen und kulturellen Hintergründen schlossen sich zusammen, um gegen das Gesetz zu protestieren. Diese Solidarität wurde durch kulturelle Veranstaltungen, wie z.b. gemeinsame Feste und Demonstrationen, gestärkt. Ein Beispiel hierfür ist das *Festival der Freiheit*, das in mehreren Städten stattfand und eine Plattform für Redner, Künstler und Aktivisten bot, um ihre Botschaften zu verbreiten.

Reaktionen der Medien

Die Medien spielten ebenfalls eine entscheidende Rolle in der Berichterstattung über die Reaktionen der Bürger. Journalisten und Reporter berichteten über die Proteste und die Geschichten der betroffenen Bürger. Die Berichterstattung war oft emotional und fokussierte sich auf persönliche Geschichten von Menschen, die unter den Auswirkungen des Gesetzes litten. Diese Berichterstattung trug dazu bei, das Bewusstsein für die Problematik zu schärfen und eine breitere Diskussion über die Bedeutung von Bürgerrechten zu fördern.

Die Rolle der Bildung

Bildungseinrichtungen wurden ebenfalls aktiv in die Diskussion einbezogen. Schulen und Universitäten organisierten Informationsveranstaltungen und Debatten, um das Bewusstsein der Studierenden für die Problematik zu schärfen. Diese Veranstaltungen führten oft zu einer aktiven Teilnahme der Studierenden an Protesten und Initiativen. Die Rolle der Bildung war entscheidend, um die nächste Generation von Aktivisten zu inspirieren und ihnen die Werkzeuge zu geben, um sich gegen Ungerechtigkeiten zu wehren.

Zusammenfassung

Zusammenfassend lässt sich sagen, dass die Reaktionen der Bürger auf das Anti-Körperphasen-Gesetz eine komplexe Mischung aus Empörung, Mobilisierung, Solidarität und politischer Debatte widerspiegelten. Die Bürger von Verin-9 zeigten, dass sie bereit waren, für ihre Rechte und Freiheiten zu kämpfen, und dass sie, trotz der Herausforderungen, die vor ihnen lagen, nicht bereit waren, sich zu beugen. Diese Reaktionen legten den Grundstein für die folgenden Proteste und die Entwicklung eines starken Widerstands, der die Regierung schließlich dazu zwingen sollte, ihre Entscheidungen zu überdenken.

$$E = mc^2 \tag{27}$$

Das Gesetz, das als *Anti-Körperphasen-Gesetz* bekannt wurde, stellte eine fundamentale Bedrohung für die Bürgerrechte dar. Die Reaktionen der Bürger waren nicht nur ein Ausdruck des Unmuts, sondern auch ein Aufruf zum Handeln. Die Bürger von Verin-9 zeigten, dass sie bereit waren, sich zu mobilisieren und für die Werte zu kämpfen, die ihnen am Herzen lagen.

Jyns erste Stellungnahme

Die Einführung des Anti-Körperphasen-Gesetzes auf Verin-9 stellte einen Wendepunkt in der politischen Landschaft dar und führte zu einer Welle der Empörung unter den Bürgern. Inmitten dieser turbulenten Zeit war es für Jyn Korr entscheidend, eine klare und überzeugende Stellungnahme abzugeben, um ihre Position und die ihrer Bürgerrechtsgruppe zu verdeutlichen. Diese erste Stellungnahme war nicht nur ein Ausdruck ihrer persönlichen Überzeugungen, sondern auch ein strategischer Schritt, um die öffentliche Meinung zu mobilisieren und Unterstützer zu gewinnen.

Der Kontext der Stellungnahme

Die Reaktionen auf das Anti-Körperphasen-Gesetz waren vielschichtig. Während die Regierung das Gesetz als notwendig zur Wahrung der nationalen Sicherheit und der öffentlichen Ordnung darstellte, sahen viele Bürger darin eine massive Einschränkung ihrer grundlegenden Rechte. Jyn erkannte, dass ihre erste Stellungnahme in einem Umfeld formuliert werden musste, das von Angst und Unsicherheit geprägt war. Es war wichtig, dass ihre Botschaft sowohl informativ als auch inspirierend war, um die Menschen zu ermutigen, sich gegen die Ungerechtigkeit zu erheben.

Inhalt der Stellungnahme

Jyns Stellungnahme begann mit einer kraftvollen Einleitung, in der sie die grundlegenden Prinzipien der Bürgerrechte und die Bedeutung der individuellen Freiheit betonte. Sie führte aus:

> "Die Einführung des Anti-Körperphasen-Gesetzes ist ein direkter Angriff auf unsere Freiheit. Wir dürfen nicht zulassen, dass Angst

und Vorurteile unsere Gesellschaft spalten und unsere grundlegenden Menschenrechte untergraben."

Diese Worte sollten nicht nur die Emotionen der Zuhörer ansprechen, sondern auch zur Reflexion anregen. Sie stellte klar, dass das Gesetz nicht nur eine rechtliche Angelegenheit war, sondern auch eine moralische Frage, die das Herzstück der Gesellschaft betraf.

Theoretische Grundlagen

Um die Tragweite ihrer Stellungnahme zu untermauern, bezog sich Jyn auf grundlegende Theorien der Menschenrechte, insbesondere auf die Universalität der Menschenrechte, wie sie in der Allgemeinen Erklärung der Menschenrechte der Vereinten Nationen verankert sind. Diese Erklärung besagt, dass alle Menschen unabhängig von Rasse, Geschlecht oder Herkunft gleich sind und Anspruch auf Freiheit, Sicherheit und die Möglichkeit zur Teilhabe an der Gesellschaft haben. Jyn argumentierte, dass das Anti-Körperphasen-Gesetz diese Prinzipien verletze und dass es an der Zeit sei, sich zu erheben und für die eigenen Rechte einzutreten.

Beispiele aus der Gesellschaft

Um ihre Argumentation zu stärken, führte Jyn Beispiele aus der Gesellschaft an. Sie sprach über die Geschichten von Menschen, die unter Diskriminierung und Ungerechtigkeit litten, und hob hervor, wie das neue Gesetz diese Probleme nur verschärfen würde. Eine ihrer stärksten Anekdoten war die Geschichte von Lira, einer jungen Frau, die aufgrund ihrer Herkunft diskriminiert wurde und deren Leben durch das Gesetz noch schwieriger gemacht werden würde. Jyn sagte:

"Lira ist nicht nur eine Zahl in einer Statistik. Sie ist ein Mensch mit Träumen und Ambitionen. Wir dürfen nicht zulassen, dass Gesetze wie dieses das Potenzial unserer Mitmenschen ersticken."

Diese persönlichen Geschichten schufen eine emotionale Verbindung zu den Zuhörern und machten die abstrakten Konzepte von Bürgerrechten greifbarer.

Die Herausforderungen der Stellungnahme

Jyn war sich bewusst, dass ihre Stellungnahme nicht ohne Risiken war. In einer Zeit, in der die Regierung repressiv auf jeden Widerstand reagierte, war es mutig, sich öffentlich zu äußern. Jyn wusste, dass sie möglicherweise rechtlichen Konsequenzen ausgesetzt sein könnte, und dennoch war sie entschlossen, ihre Stimme zu erheben. Sie stellte fest:

> "Es ist einfacher, zu schweigen und sich zu ducken. Aber das Schweigen ist die größte Gefahr. Wenn wir nicht sprechen, lassen wir zu, dass Unrecht geschieht."

Diese Erkenntnis spiegelte nicht nur ihren persönlichen Mut wider, sondern auch die Verantwortung, die sie als Aktivistin fühlte.

Die Reaktionen auf die Stellungnahme

Die Reaktionen auf Jyns erste Stellungnahme waren gemischt. Während viele Bürger ihre Worte als inspirierend und motivierend empfanden, gab es auch kritische Stimmen, die ihre Ansichten als radikal und gefährlich bezeichneten. Die Regierung reagierte mit einer verstärkten Überwachung der Bürgerrechtsgruppe und versuchte, den Diskurs zu kontrollieren. Jyn und ihre Mitstreiter waren jedoch entschlossen, die Diskussion über das Anti-Körperphasen-Gesetz am Leben zu halten und die Menschen zu mobilisieren.

Schlussfolgerung

Jyns erste Stellungnahme war ein entscheidender Moment in ihrem Aktivismus. Sie stellte nicht nur ihre Überzeugungen klar, sondern schuf auch eine Plattform für den Dialog und die Mobilisierung der Gemeinschaft. Durch die Verbindung von persönlichen Geschichten, theoretischen Grundlagen und einer klaren Botschaft der Hoffnung und des Widerstands legte Jyn den Grundstein für die kommenden Kämpfe. Ihr Mut, sich gegen das Unrecht zu äußern, inspirierte viele andere, ebenfalls ihre Stimme zu erheben und für ihre Rechte zu kämpfen.

Die Rolle der Medien in der Berichterstattung

Die Medien spielen eine entscheidende Rolle in der Berichterstattung über soziale Bewegungen und Aktivismus, insbesondere im Kontext des Widerstands gegen das Anti-Körperphasen-Gesetz auf Verin-9. Diese Rolle kann in mehreren Dimensionen betrachtet werden, darunter die Informationsverbreitung, die öffentliche Wahrnehmung und die Mobilisierung von Unterstützern.

Informationsverbreitung

Die Medien sind oft das Hauptinstrument, über das Informationen über politische Ereignisse und gesellschaftliche Bewegungen verbreitet werden. In der Zeit des Widerstands gegen das Anti-Körperphasen-Gesetz waren verschiedene Medienformate, einschließlich Printmedien, Radio, Fernsehen und Online-Plattformen, entscheidend für die Sensibilisierung der Öffentlichkeit. Die Berichterstattung über die Einführung des Gesetzes und die darauffolgenden Proteste half, eine breitere Diskussion über Bürgerrechte und Diskriminierung zu entfachen.

Ein Beispiel für die effektive Nutzung von Medien war die Berichterstattung über die erste öffentliche Versammlung, die von Jyn Korr und ihrer Bürgerrechtsgruppe organisiert wurde. Lokale Zeitungen veröffentlichten Artikel, die nicht nur die Veranstaltung ankündigten, sondern auch die Hintergründe des Gesetzes erläuterten und die Perspektiven der Aktivisten darlegten. Diese Berichterstattung trug dazu bei, das Bewusstsein für die Ungerechtigkeiten zu schärfen, die durch das Gesetz verursacht wurden.

Öffentliche Wahrnehmung

Die Art und Weise, wie die Medien über den Widerstand berichteten, hatte einen signifikanten Einfluss auf die öffentliche Wahrnehmung der Aktivisten und ihrer Anliegen. Positives Medienecho kann dazu führen, dass eine Bewegung als legitim und unterstützenswert angesehen wird, während negative Berichterstattung das Gegenteil bewirken kann.

In den frühen Phasen des Widerstands wurde Jyn Korr sowohl als Heldin als auch als Rebellenfigur dargestellt. Während einige Medien ihre Bemühungen lobten und die Notwendigkeit des Widerstands gegen das Gesetz betonten, berichteten andere kritisch über die Proteste und stellten die Aktivisten als Störer der öffentlichen Ordnung dar. Diese duale Berichterstattung führte zu einer gespaltenen öffentlichen Meinung und beeinflusste die Mobilisierung von Unterstützern.

Mobilisierung von Unterstützern

Die Medien können auch als Plattform für die Mobilisierung von Unterstützern dienen. In der digitalen Ära haben soziale Medien eine transformative Rolle übernommen, indem sie es Aktivisten ermöglichen, Informationen schnell zu verbreiten und eine breitere Anhängerschaft zu erreichen. Jyn Korr und ihre

Gruppe nutzten Plattformen wie *GalacticBook* und *InterstellarTweet*, um ihre Botschaften zu verbreiten und Menschen zu mobilisieren.

Ein herausragendes Beispiel war die Verwendung eines Hashtags, der während der Proteste viral ging: #KörperrechteFürAlle. Dieser Hashtag wurde in zahlreichen Beiträgen verwendet, um das Bewusstsein zu schärfen und Menschen zu ermutigen, sich den Protesten anzuschließen. Die virale Verbreitung des Hashtags führte zu einer Welle von Unterstützungsaktionen, die über Verin-9 hinausgingen und internationale Aufmerksamkeit auf die Bewegung lenkten.

Theoretische Perspektiven

Die Rolle der Medien im Aktivismus kann durch verschiedene theoretische Rahmenwerke analysiert werden. Die *Agenda-Setting-Theorie* besagt, dass die Medien nicht nur berichten, sondern auch die Themen bestimmen, über die die Öffentlichkeit nachdenkt. In Bezug auf den Widerstand gegen das Anti-Körperphasen-Gesetz bedeutet dies, dass die Berichterstattung über die Proteste und die damit verbundenen Themen die öffentliche Agenda beeinflussen kann.

Zudem ist die *Framing-Theorie* von Bedeutung, die beschreibt, wie die Medien Informationen präsentieren und kontextualisieren. Die Art und Weise, wie das Anti-Körperphasen-Gesetz und die Proteste dargestellt wurden, beeinflusste die Wahrnehmung der Bewegung und ihrer Ziele. Positive Rahmenbedingungen, die die Anliegen der Aktivisten hervorhoben, förderten die Unterstützung, während negative Rahmenbedingungen, die Konflikte und Unruhen betonten, das Gegenteil bewirken konnten.

Herausforderungen und Probleme

Trotz der positiven Möglichkeiten, die die Medien bieten, gibt es auch erhebliche Herausforderungen. Eine der größten Herausforderungen besteht darin, dass Medienberichterstattung oft von Sensationslust geprägt ist, was zu einer verzerrten Darstellung der Realität führen kann. In einigen Fällen wurden die Proteste überdramatisiert, was zu einer negativen Wahrnehmung der Aktivisten führte und die öffentliche Unterstützung beeinträchtigte.

Ein weiteres Problem ist die Ungleichheit in der Medienberichterstattung. Während einige Aktivisten und Bewegungen umfangreiche Berichterstattung erhalten, werden andere, insbesondere solche, die aus marginalisierten Gemeinschaften stammen, oft ignoriert. Dies kann zu einem Mangel an Sichtbarkeit und Unterstützung für wichtige Anliegen führen.

Fazit

Zusammenfassend lässt sich sagen, dass die Medien eine zentrale Rolle in der Berichterstattung über den Widerstand gegen das Anti-Körperphasen-Gesetz auf Verin-9 spielten. Sie waren entscheidend für die Informationsverbreitung, beeinflussten die öffentliche Wahrnehmung und mobilisierten Unterstützer. Dennoch müssen die Herausforderungen, die mit der Medienberichterstattung verbunden sind, berücksichtigt werden, um sicherzustellen, dass die Stimmen der Aktivisten gehört werden und ihre Anliegen angemessen vertreten sind. Die Reflexion über die Rolle der Medien ist daher unerlässlich, um die Dynamik des Aktivismus und die damit verbundenen gesellschaftlichen Veränderungen zu verstehen.

Politische Debatten und Auseinandersetzungen

Die Einführung des Anti-Körperphasen-Gesetzes auf Verin-9 führte zu intensiven politischen Debatten und Auseinandersetzungen, die sowohl auf lokaler als auch auf intergalaktischer Ebene stattfanden. Diese Debatten waren geprägt von unterschiedlichen politischen Ideologien, sozialen Bewegungen und den grundlegenden Fragen der Bürgerrechte und der sozialen Gerechtigkeit.

Theoretische Grundlagen

Politische Debatten sind ein zentraler Bestandteil jeder demokratischen Gesellschaft. Sie dienen nicht nur der Meinungsbildung, sondern auch der Auseinandersetzung mit unterschiedlichen Perspektiven und der Suche nach Lösungen für gesellschaftliche Probleme. In der politischen Theorie wird oft auf die *Deliberative Demokratie* verwiesen, die die Bedeutung von öffentlicher Diskussion und Argumentation betont. Diese Theorie postuliert, dass durch rationalen Diskurs und die Berücksichtigung aller Stimmen eine gerechtere und inklusivere Gesellschaft geschaffen werden kann [?].

Konfliktlinien

Die Einführung des Anti-Körperphasen-Gesetzes führte zu einer klaren Polarisierung der politischen Landschaft auf Verin-9. Auf der einen Seite standen die Befürworter des Gesetzes, die argumentierten, dass es notwendig sei, um die öffentliche Sicherheit und die Integrität der Gesellschaft zu gewährleisten. Sie verwiesen auf angebliche Bedrohungen, die von den sogenannten „Körperphasen" ausgingen, und behaupteten, dass diese Gesetzgebung notwendig sei, um die

„Reinheit" der Gesellschaft zu schützen. Auf der anderen Seite standen die Gegner des Gesetzes, angeführt von Jyn Korr und ihrer Bürgerrechtsgruppe, die vehement gegen die Diskriminierung und die Verletzung der Bürgerrechte protestierten.

Ein Beispiel für die hitzigen Debatten war eine Sitzung des Verin-9 Rates, in der Vertreter beider Seiten ihre Positionen darlegten. Während die Befürworter des Gesetzes auf die *Sicherheitslage* hinwiesen, argumentierten die Gegner, dass die Maßnahmen unverhältnismäßig seien und gegen die Grundrechte der Bürger verstießen. Diese Auseinandersetzungen führten zu einer breiten Mobilisierung der Zivilgesellschaft, die sich gegen das Gesetz stellte.

Medienberichterstattung

Die Rolle der Medien in diesen politischen Debatten war entscheidend. Journalisten und Nachrichtenagenturen berichteten über die wachsenden Spannungen und die Proteste, die in den Straßen von Verin-9 stattfanden. Die Berichterstattung war jedoch nicht immer objektiv. Einige Medienhäuser unterstützten die Regierung und ihre Sichtweise, während andere eine kritische Haltung einnahmen und die Stimmen der Aktivisten lautstark verbreiteten. Diese mediale Fragmentierung trug zur Polarisierung der öffentlichen Meinung bei und beeinflusste die Wahrnehmung des Gesetzes erheblich.

Ein Beispiel für diese mediale Auseinandersetzung war die Berichterstattung über die erste große Demonstration gegen das Anti-Körperphasen-Gesetz. Während einige Nachrichtenagenturen die Protestierenden als „Chaoten" bezeichneten, berichteten andere über die friedlichen Absichten der Demonstranten und ihre Forderung nach Gleichheit und Gerechtigkeit. Diese unterschiedlichen Narrative trugen dazu bei, die öffentliche Meinung zu beeinflussen und die gesellschaftlichen Spannungen weiter zu verstärken.

Politische Mobilisierung

Die politischen Debatten und Auseinandersetzungen führten zu einer massiven Mobilisierung der Zivilgesellschaft. Aktivisten, Studenten und Bürgerrechtsgruppen organisierten sich, um gegen das Gesetz zu protestieren und ihre Stimmen zu erheben. Diese Mobilisierung war nicht nur lokal, sondern hatte auch intergalaktische Dimensionen, da Unterstützer von anderen Planeten und Systemen ihre Solidarität bekundeten.

Ein bemerkenswertes Beispiel war die *Intergalaktische Solidaritätskonferenz*, die in der Hauptstadt von Verin-9 stattfand. Hier kamen Aktivisten aus verschiedenen Systemen zusammen, um Strategien auszutauschen und ihre

Stimmen gegen das Gesetz zu erheben. Diese Konferenz wurde von Jyn Korr organisiert und stellte einen Wendepunkt in der politischen Auseinandersetzung dar, da sie die internationale Aufmerksamkeit auf die Situation auf Verin-9 lenkte und die Bedeutung von Solidarität im Kampf für Bürgerrechte betonte.

Schlussfolgerung

Die politischen Debatten und Auseinandersetzungen rund um das Anti-Körperphasen-Gesetz auf Verin-9 verdeutlichen die Komplexität und die Herausforderungen, die mit dem Kampf um Bürgerrechte verbunden sind. Sie zeigen, wie wichtig es ist, verschiedene Perspektiven zu hören und einen offenen Dialog zu führen, um zu einer gerechteren und inklusiveren Gesellschaft zu gelangen. Jyn Korr und ihre Mitstreiterinnen und Mitstreiter stehen exemplarisch für den Mut und die Entschlossenheit, die notwendig sind, um gegen Ungerechtigkeit und Diskriminierung zu kämpfen.

Die Mobilisierung der Massen

Die Mobilisierung der Massen ist ein entscheidender Aspekt des Aktivismus, insbesondere in einer Zeit, in der die Gesellschaft mit drängenden Fragen konfrontiert wird. In dieser Phase des Widerstands gegen das Anti-Körperphasen-Gesetz auf Verin-9 war es für Jyn Korr und ihre Mitstreiter von größter Bedeutung, eine breite Basis von Unterstützern zu gewinnen und die Öffentlichkeit für ihre Sache zu sensibilisieren.

Theoretische Grundlagen der Mobilisierung

Die Mobilisierung von Massen kann durch verschiedene theoretische Ansätze erklärt werden. Ein zentraler Punkt ist das Konzept des **kollektiven Handelns**. Nach der Theorie des kollektiven Handelns, wie sie von Mancur Olson formuliert wurde, ist die Mobilisierung von Individuen, die gemeinsame Interessen haben, entscheidend für den Erfolg von sozialen Bewegungen. Diese Theorie besagt, dass Menschen nur dann aktiv werden, wenn sie glauben, dass ihr Beitrag zu einem gemeinsamen Ziel von Bedeutung ist.

Ein weiteres wichtiges Konzept ist die **Ressourcentheorie**, die besagt, dass der Zugang zu Ressourcen — seien es finanzielle Mittel, Informationen oder soziale Netzwerke — entscheidend für die Mobilisierung ist. In der heutigen Zeit spielt auch die Rolle der **sozialen Medien** eine wesentliche Rolle, da sie es Aktivisten ermöglichen, Informationen schnell zu verbreiten und Unterstützer zu mobilisieren.

Herausforderungen bei der Mobilisierung

Die Mobilisierung der Massen steht jedoch vor zahlreichen Herausforderungen. Eine der größten Hürden ist die **Fragmentierung der Gesellschaft.** In einer multikulturellen Gesellschaft wie Verin-9, wo verschiedene ethnische Gruppen und Kulturen aufeinandertreffen, kann es schwierig sein, eine gemeinsame Identität zu schaffen, die alle anspricht. Jyn und ihre Gruppe mussten Wege finden, um die unterschiedlichen Perspektiven und Bedürfnisse der verschiedenen Gemeinschaften zu integrieren.

Ein weiteres Problem ist die **Regierungsunterdrückung.** Die Regierung von Verin-9 reagierte oft aggressiv auf Proteste und Versammlungen, was die Mobilisierung erschwerte. Jyn und ihre Mitstreiter mussten kreative Strategien entwickeln, um die Risiken zu minimieren und gleichzeitig die Massen zu mobilisieren.

Strategien zur Mobilisierung

Um die Massen zu mobilisieren, wandte Jyn Korr mehrere Strategien an:

+ **Öffentliche Versammlungen:** Jyn organisierte regelmäßige Treffen, bei denen die Bürger über die Auswirkungen des Anti-Körperphasen-Gesetzes informiert wurden. Diese Versammlungen ermöglichten es den Menschen, ihre Ängste und Bedenken zu äußern und sich gegenseitig zu unterstützen.

+ **Kampagnen in sozialen Medien:** Die Nutzung von Plattformen wie *GalacticNet* und *VerinTalk* war entscheidend. Jyn und ihr Team entwickelten Hashtags wie #KörperrechteVerin9, um die Aufmerksamkeit auf ihre Sache zu lenken und die Menschen zu ermutigen, ihre Geschichten zu teilen.

+ **Zusammenarbeit mit Influencern:** Jyn erkannte die Bedeutung von Influencern in der Gesellschaft. Sie suchte die Unterstützung von bekannten Persönlichkeiten, die bereit waren, sich öffentlich gegen das Gesetz auszusprechen und ihre Plattformen zu nutzen, um die Botschaft zu verbreiten.

+ **Kreative Aktionen:** Um das Interesse der Öffentlichkeit zu wecken, organisierte Jyn kreative Aktionen, wie z.B. Flashmobs und Kunstinstallationen, die die Ungerechtigkeit des Gesetzes visuell darstellten. Diese Aktionen zogen nicht nur die Medienaufmerksamkeit auf sich, sondern mobilisierten auch Passanten, die sonst vielleicht nicht an Protesten teilgenommen hätten.

Beispiele erfolgreicher Mobilisierung

Ein bemerkenswertes Beispiel für die Mobilisierung der Massen war die „**Nacht der Lichter**"-Aktion. Jyn und ihr Team riefen zu einer landesweiten Veranstaltung auf, bei der Bürger in der Nacht Kerzen anzündeten, um ihre Unterstützung für die Bürgerrechte zu zeigen. Diese Aktion führte zu einer massiven Teilnahme und erzeugte ein starkes visuelles Zeichen des Widerstands.

Ein weiteres Beispiel war die „**Woche des Widerstands**", in der verschiedene Gruppen und Organisationen zusammenarbeiteten, um eine Reihe von Veranstaltungen zu organisieren, die auf die Probleme des Anti-Körperphasen-Gesetzes aufmerksam machten. Diese Woche umfasste Workshops, Diskussionsrunden und öffentliche Reden, die das Bewusstsein schärften und die Menschen zur Teilnahme an den Protesten ermutigten.

Schlussfolgerung

Die Mobilisierung der Massen war ein entscheidender Faktor im Kampf gegen das Anti-Körperphasen-Gesetz auf Verin-9. Durch die Anwendung verschiedener Strategien und die Überwindung von Herausforderungen schaffte es Jyn Korr, eine breite Basis von Unterstützern zu gewinnen. Diese Mobilisierung war nicht nur ein Beweis für die Kraft des kollektiven Handelns, sondern auch ein Beispiel dafür, wie Gemeinschaften zusammenkommen können, um für ihre Rechte zu kämpfen. Der Erfolg dieser Mobilisierung legte den Grundstein für die folgenden Proteste und den letztendlichen Widerstand gegen das Gesetz, und zeigte, dass Veränderung möglich ist, wenn Menschen sich zusammenschließen und für ihre Überzeugungen eintreten.

Die Gründung von Allianzen

Die Gründung von Allianzen war ein entscheidender Schritt im Widerstand gegen das Anti-Körperphasen-Gesetz auf Verin-9. In dieser Phase erkannten Jyn Korr und ihre Mitstreiter, dass die Mobilisierung von Unterstützung durch die Bildung strategischer Partnerschaften mit anderen Gruppen und Organisationen von grundlegender Bedeutung war. Diese Allianzen ermöglichten nicht nur eine breitere Basis für den Protest, sondern verstärkten auch die Stimme der Bewegung und schufen ein Netzwerk von Solidarität, das über die Grenzen von Verin-9 hinausging.

Theoretische Grundlagen

Die Theorie der sozialen Bewegungen bietet einen Rahmen, um zu verstehen, wie Allianzen gebildet und aufrechterhalten werden. Nach dem Ansatz von Charles Tilly können Allianzen als *kollektive Aktionsrahmen* betrachtet werden, die es verschiedenen Gruppen ermöglichen, ihre Ressourcen und Strategien zu bündeln, um gemeinsame Ziele zu erreichen. Tilly argumentiert, dass die Bildung von Allianzen nicht nur auf gemeinsamen Interessen beruht, sondern auch auf der Notwendigkeit, soziale und politische Macht zu mobilisieren.

Ein weiterer wichtiger theoretischer Beitrag stammt von Sidney Tarrow, der die Rolle von *politischen Gelegenheiten* in sozialen Bewegungen betont. Tarrow argumentiert, dass das Vorhandensein günstiger Bedingungen, wie etwa ein offenes politisches System oder die Schwäche der herrschenden Elite, die Bildung von Allianzen fördern kann. Auf Verin-9 war die Einführung des Anti-Körperphasen-Gesetzes eine solche Gelegenheit, die verschiedene Gruppen zusammenbrachte, um gegen die Diskriminierung und Ungerechtigkeit zu kämpfen.

Praktische Herausforderungen

Die Gründung von Allianzen war jedoch nicht ohne Herausforderungen. Eine der größten Hürden war die *Differenzierung der Ziele* und Prioritäten der beteiligten Gruppen. Während einige Organisationen sich auf die rechtlichen Aspekte des Aktivismus konzentrierten, legten andere den Schwerpunkt auf kulturelle und soziale Veränderungen. Diese Unterschiede konnten zu Spannungen innerhalb der Allianzen führen, die es zu überwinden galt.

Ein weiteres Problem war die *Ressourcenteilung*. Jyn Korr und ihre Gruppe mussten sicherstellen, dass die Ressourcen, einschließlich finanzieller Mittel, Zeit und menschlicher Kapazitäten, gerecht verteilt wurden. Dies erforderte transparente Kommunikationskanäle und regelmäßige Treffen, um den Zusammenhalt und das Vertrauen innerhalb der Allianzen zu stärken.

Beispiele erfolgreicher Allianzen

Ein Beispiel für eine erfolgreiche Allianz war die Zusammenarbeit mit der *Intergalaktischen Liga der Bürgerrechte* (ILCR), einer Organisation, die sich für die Rechte von Minderheiten in verschiedenen Teilen des Universums einsetzt. Die ILCR brachte nicht nur finanzielle Unterstützung, sondern auch strategische Beratung und Zugang zu einem breiteren internationalen Netzwerk von Aktivisten. Diese Partnerschaft ermöglichte es Jyn und ihrer Gruppe, ihre

Botschaft über die Grenzen von Verin-9 hinaus zu verbreiten und internationale Aufmerksamkeit auf das Anti-Körperphasen-Gesetz zu lenken.

Ein weiteres Beispiel war die Bildung einer lokalen Koalition mit verschiedenen *ethnischen Gemeinschaftsorganisationen*. Diese Koalition ermöglichte es den Aktivisten, die spezifischen Bedürfnisse und Anliegen verschiedener Gruppen zu berücksichtigen und eine inklusive Bewegung zu schaffen, die die Vielfalt der Gesellschaft von Verin-9 widerspiegelte. Durch diese Zusammenarbeit konnten sie eine breitere Unterstützung mobilisieren und die Stimmen der marginalisierten Gemeinschaften in den Vordergrund rücken.

Die Rolle von Kommunikation

Die Kommunikation spielte eine entscheidende Rolle bei der Gründung und Aufrechterhaltung von Allianzen. Jyn Korr und ihr Team nutzten soziale Medien, um Informationen auszutauschen, Strategien zu entwickeln und Mobilisierungsaufrufe zu verbreiten. Hashtags wie #Verin9United und #TogetherForRights wurden populär und halfen, das Bewusstsein für die Bewegung zu schärfen. Diese digitalen Plattformen ermöglichten es den Aktivisten, ihre Reichweite zu erhöhen und eine Gemeinschaft zu schaffen, die über geografische und kulturelle Grenzen hinweg verbunden war.

Fazit

Die Gründung von Allianzen war ein entscheidender Faktor im Widerstand gegen das Anti-Körperphasen-Gesetz. Durch die Bündelung von Ressourcen, die Überwindung von Differenzen und die strategische Nutzung von Kommunikation konnten Jyn Korr und ihre Mitstreiter eine starke und vielfältige Bewegung aufbauen. Diese Allianzen nicht nur verstärkten die Stimme der Bewegung, sondern schufen auch ein Gefühl der Solidarität und des gemeinsamen Ziels, das für den Erfolg des Aktivismus von entscheidender Bedeutung war. In der komplexen Landschaft des intergalaktischen Aktivismus wird die Fähigkeit, Allianzen zu bilden und zu pflegen, weiterhin eine Schlüsselrolle spielen.

Die internationale Aufmerksamkeit

Die Einführung des Anti-Körperphasen-Gesetzes auf Verin-9 erregte nicht nur die Aufmerksamkeit der lokalen Bevölkerung, sondern auch das Interesse der internationalen Gemeinschaft. Diese Aufmerksamkeit war ein entscheidender Faktor, der den Widerstand von Jyn Korr und ihrer Bürgerrechtsgruppe maßgeblich unterstützte. In diesem Abschnitt werden wir die Mechanismen und die Auswirkungen dieser internationalen Aufmerksamkeit analysieren.

Die Rolle der globalen Medien

Die Rolle der globalen Medien war entscheidend für die Verbreitung der Informationen über die Situation auf Verin-9. Nachrichtenagenturen und soziale Medien berichteten über die Proteste und die damit verbundenen Repressionen. Die Berichterstattung über die brutalen Maßnahmen der Regierung gegen friedliche Demonstranten führte zu einer Welle der Empörung und Solidarität weltweit. Ein Beispiel dafür ist die Berichterstattung durch die intergalaktische Nachrichtenagentur *Galactic News Network* (GNN), die regelmäßig Updates über die Entwicklungen auf Verin-9 lieferte und Jyn Korr als Symbol des Widerstands ins Rampenlicht rückte.

Internationale Solidarität und Unterstützung

Die internationale Aufmerksamkeit führte zu einer Welle der Solidarität von verschiedenen Organisationen und Aktivisten weltweit. NGOs wie *Intergalactic Human Rights Watch* und *Galactic Solidarity Coalition* mobilisierten Ressourcen und Unterstützung für die Aktivisten auf Verin-9. Diese Organisationen halfen nicht nur bei der Bereitstellung von rechtlichem Beistand, sondern organisierten auch internationale Kampagnen, um Druck auf die Regierung von Verin-9 auszuüben.

Politische Reaktionen und diplomatische Bemühungen

Die internationale Aufmerksamkeit führte auch zu politischen Reaktionen. Regierungen anderer Planeten äußerten sich besorgt über die Menschenrechtslage auf Verin-9. Einige Regierungen erwogen Sanktionen gegen die verinische Regierung, was diese unter Druck setzte, ihre Politik zu überdenken. Ein Beispiel hierfür ist die Resolution des *Intergalaktischen Rates für Menschenrechte*, die eine Untersuchung der Vorfälle auf Verin-9 forderte und die Regierung aufforderte, die Repressionen gegen die Bürgerrechtsaktivisten sofort zu beenden.

Die Bedeutung von sozialen Medien

Soziale Medien spielten eine zentrale Rolle bei der Verbreitung der Botschaft von Jyn Korr und ihrer Gruppe. Plattformen wie *Galactic Twitter* und *Spacebook* ermöglichten es Aktivisten, ihre Geschichten direkt mit einem globalen Publikum zu teilen. Hashtags wie #FreeVerin9 und #JynKorrRising wurden schnell populär und halfen, die Aufmerksamkeit auf die Ungerechtigkeiten zu lenken, die die Bürger auf Verin-9 erlebten. Diese digitale Mobilisierung führte dazu, dass Zehntausende von Menschen auf anderen Planeten an virtuellen Protesten teilnahmen und ihre Unterstützung für die Verin-9-Bewegung zeigten.

Kulturelle Austauschprogramme

Die internationale Aufmerksamkeit führte auch zu kulturellen Austauschprogrammen, die darauf abzielten, das Bewusstsein für die Situation auf Verin-9 zu schärfen. Künstler und Aktivisten aus verschiedenen Teilen der Galaxie besuchten Verin-9, um ihre Solidarität zu zeigen und die Botschaft von Jyn Korr durch Kunst und Musik zu verbreiten. Diese Programme halfen, eine globale Gemeinschaft von Unterstützern zu schaffen, die sich für die Bürgerrechte auf Verin-9 einsetzten.

Die Auswirkungen auf die öffentliche Meinung

Die internationale Aufmerksamkeit hatte auch tiefgreifende Auswirkungen auf die öffentliche Meinung sowohl auf Verin-9 als auch in anderen Teilen der Galaxie. Die Berichterstattung über die Proteste und die Unterstützung durch internationale Organisationen führte zu einem Anstieg des Bewusstseins für die Bedeutung von Bürgerrechten und sozialer Gerechtigkeit. Viele Bürger auf Verin-9 begannen, sich aktiv an den Protesten zu beteiligen, inspiriert von der Unterstützung, die sie aus dem Ausland erhielten.

Schlussfolgerung

Zusammenfassend lässt sich sagen, dass die internationale Aufmerksamkeit für den Widerstand gegen das Anti-Körperphasen-Gesetz auf Verin-9 von entscheidender Bedeutung war. Sie mobilisierte Ressourcen, schuf Solidarität und erhöhte den Druck auf die verinische Regierung. Jyn Korr und ihre Bürgerrechtsgruppe profitierten erheblich von dieser globalen Unterstützung, die nicht nur den Widerstand stärkte, sondern auch das Bewusstsein für die Notwendigkeit von Bürgerrechten in der gesamten Galaxie schärfte. Diese Dynamik zeigt, wie wichtig internationale Solidarität im Kampf für Gerechtigkeit und Menschenrechte ist und wie die Stimmen von Aktivisten wie Jyn Korr über Planetengrenzen hinweg gehört werden können.

Die Reaktion der Regierung auf Proteste

Die Reaktion der Regierung auf Proteste ist ein entscheidender Aspekt im Kontext des Aktivismus und der Bürgerrechte. In der Ära des Widerstands gegen das Anti-Körperphasen-Gesetz auf Verin-9 war die Reaktion der Regierung sowohl strategisch als auch repressiv. Diese Reaktionen können in verschiedene Kategorien unterteilt werden, die die Dynamik zwischen den Protestierenden und den staatlichen Institutionen widerspiegeln.

1. Repressive Maßnahmen

Eine der ersten Reaktionen der Regierung bestand in der Einführung repressiver Maßnahmen. Diese umfassten:

+ **Einsatz von Sicherheitskräften:** Die Regierung mobilisierte schnell die Polizei und paramilitärische Einheiten, um die Proteste zu kontrollieren. Dies führte zu zahlreichen Festnahmen, oft unter dem Vorwand der Aufrechterhaltung der öffentlichen Ordnung.

+ **Einschränkung der Versammlungsfreiheit:** Gesetze wurden erlassen, die öffentliche Versammlungen in bestimmten Gebieten verbieten sollten. Diese Maßnahmen zielten darauf ab, die Mobilisierung der Bürger zu erschweren und die Sichtbarkeit der Proteste zu reduzieren.

+ **Überwachung und Kontrolle:** Die Regierung setzte Technologien zur Überwachung ein, um die Organisatoren der Proteste zu identifizieren und ihre Aktivitäten zu überwachen. Dies geschah häufig durch den Einsatz von Drohnen und anderen Überwachungsinstrumenten.

Diese repressiven Maßnahmen führten zu einer Atmosphäre der Angst und Unsicherheit unter den Aktivisten. Einige Aktivisten berichteten von Einschüchterungen und Drohungen, die darauf abzielten, sie zum Schweigen zu bringen.

2. Politische Rhetorik

Neben repressiven Maßnahmen nutzte die Regierung auch politische Rhetorik, um die Proteste zu delegitimieren. Die Regierung stellte die Demonstranten oft als Extremisten oder Unruhestifter dar. Diese Rhetorik hatte mehrere Funktionen:

+ **Stigmatisierung der Protestbewegung:** Durch die Darstellung der Aktivisten als Bedrohung für die öffentliche Sicherheit versuchte die Regierung, die Unterstützung für die Proteste zu untergraben.

+ **Ablenkung von politischen Forderungen:** Die Fokussierung auf die vermeintliche Gewalt und Unordnung der Proteste lenkte von den zugrunde liegenden politischen Forderungen ab, wie der Ablehnung des Anti-Körperphasen-Gesetzes.

Diese Rhetorik führte zu einer Polarisierung der Gesellschaft, wobei viele Bürger zwischen der Unterstützung der Protestbewegung und der Loyalität zur Regierung hin- und hergerissen waren.

3. Dialog und Verhandlungen

In einigen Fällen versuchte die Regierung, einen Dialog mit den Protestierenden aufzunehmen. Dies geschah oft als Reaktion auf den zunehmenden Druck der Öffentlichkeit und internationaler Beobachter. Der Dialog war jedoch häufig oberflächlich und wurde von vielen Aktivisten als Versuch der Regierung angesehen, Zeit zu gewinnen und die Wogen zu glätten, ohne echte Veränderungen herbeizuführen.

+ **Symbolische Gesten:** Die Regierung machte gelegentlich symbolische Gesten, wie die Einsetzung von Kommissionen zur Untersuchung der Protestursachen. Diese Kommissionen hatten jedoch oft wenig Einfluss auf die tatsächliche Politik.

+ **Vereitelung von Forderungen:** In Verhandlungen wurden viele der zentralen Forderungen der Aktivisten abgelehnt oder als unrealistisch abgetan, was zu Frustration und Enttäuschung innerhalb der Bewegung führte.

4. Internationale Reaktionen

Die Reaktionen der Regierung auf die Proteste wurden auch von internationalen Akteuren beobachtet. Medienberichte und Stellungnahmen von NGOs führten dazu, dass die Regierung unter Druck geriet, ihre Repressionen zu überdenken. Internationale Organisationen forderten die Regierung auf, die Menschenrechte zu respektieren und die Protestierenden nicht zu kriminalisieren.

$$P_{\text{Proteste}} = f(R_{\text{Repression}}, R_{\text{Rhetorik}}, D_{\text{Dialog}}) \tag{28}$$

Hierbei ist P_{Proteste} die Intensität der Proteste, die als Funktion der Repression $R_{\text{Repression}}$, der politischen Rhetorik R_{Rhetorik} und des Dialogs D_{Dialog} betrachtet wird. Die Gleichung verdeutlicht, dass die Reaktion der Regierung einen direkten Einfluss auf die Dynamik der Protestbewegung hat.

5. Fazit

Insgesamt zeigt die Reaktion der Regierung auf die Proteste gegen das Anti-Körperphasen-Gesetz auf Verin-9 ein komplexes Zusammenspiel von Repression, politischer Rhetorik und begrenztem Dialog. Die Aktivisten standen vor der Herausforderung, ihre Stimme in einem zunehmend feindlichen Umfeld zu erheben, während sie gleichzeitig die Unterstützung der Öffentlichkeit und internationaler Akteure gewannen. Diese Dynamiken sind entscheidend für das Verständnis des Widerstands und der Entwicklung der Bürgerrechtsbewegung auf Verin-9.

Jyns persönliche Ängste und Hoffnungen

Jyn Korr, als leidenschaftliche Bürgerrechtsaktivistin, war von einer Vielzahl an Ängsten und Hoffnungen geprägt, die sie während ihres Widerstands gegen das Anti-Körperphasen-Gesetz auf Verin-9 begleiteten. Diese Emotionen waren nicht nur persönliche Reaktionen auf die Herausforderungen, denen sie gegenüberstand, sondern auch tief verwurzelte Reflexionen über die Zukunft ihrer Gesellschaft und die Rechte ihrer Mitbürger.

Ängste

Eine der größten Ängste, die Jyn beschäftigte, war die Möglichkeit, dass ihre Bemühungen um Veränderung vergeblich sein könnten. Die Vorstellung, dass das Anti-Körperphasen-Gesetz nicht nur in Kraft bleibt, sondern auch als Modell für zukünftige Gesetze dient, erfüllte sie mit einer tiefen Besorgnis. Diese Angst war nicht unbegründet, da sie in der Vergangenheit gesehen hatte, wie andere Aktivisten in ähnlichen Situationen gescheitert waren. Die Realität, dass Macht und Einfluss oft in den Händen weniger lagen, verstärkte ihre Furcht vor einer stagnierenden Gesellschaft, in der Ungerechtigkeiten weiterhin ungehindert gedeihen konnten.

Zusätzlich zu dieser existenziellen Angst war Jyn auch besorgt über die Sicherheit ihrer Mitstreiter. Die ersten Festnahmen während der Proteste hatten ihr die brutale Realität des Widerstands vor Augen geführt. Die Vorstellung, dass jemand, den sie liebte oder respektierte, wegen ihrer gemeinsamen Überzeugungen verletzt oder gar verhaftet werden könnte, war ein ständiger Schatten in ihrem Leben. Diese Ängste führten zu schlaflosen Nächten und ständigen Überlegungen, wie sie ihre Botschaft effektiv verbreiten konnte, ohne die Menschen, die ihr am meisten bedeuteten, in Gefahr zu bringen.

Hoffnungen

Trotz dieser Ängste war Jyns Herz auch von Hoffnungen erfüllt, die sie antrieben und ihr Kraft gaben. Eine ihrer größten Hoffnungen war, dass ihre Bewegung eine Welle von Veränderungen in Verin-9 auslösen könnte. Sie träumte von einer Zukunft, in der Bürgerrechte nicht nur theoretisch anerkannt, sondern auch praktisch umgesetzt wurden. In ihren Gedanken malte sie sich eine Gesellschaft aus, in der Vielfalt nicht nur toleriert, sondern gefeiert wurde, und in der jede Stimme gehört und respektiert wurde.

Ein weiterer Aspekt ihrer Hoffnung war die Kraft der Gemeinschaft. Jyn war überzeugt, dass die Solidarität unter den Bürgern von Verin-9 der Schlüssel zur Überwindung der Herausforderungen war, denen sie gegenüberstanden. Sie glaubte fest daran, dass durch die Bildung von Allianzen und die Mobilisierung von Unterstützern eine kollektive Stimme entstehen konnte, die nicht ignoriert werden konnte. Diese Überzeugung gab ihr die Motivation, weiterhin öffentliche Versammlungen zu organisieren und andere zu ermutigen, sich für ihre Rechte einzusetzen.

Die Balance zwischen Angst und Hoffnung

Die Balance zwischen Jyns Ängsten und Hoffnungen war ein zentrales Thema in ihrem Leben als Aktivistin. Oft stellte sie fest, dass ihre Ängste sie dazu antrieben, noch entschlossener zu handeln. Sie wusste, dass Veränderung Zeit brauchte und dass Rückschläge Teil des Prozesses waren. Diese Erkenntnis half ihr, ihre Ängste in eine produktive Energie umzuwandeln, die sie antrieb, weiterhin für das zu kämpfen, woran sie glaubte.

In ihren Reden und Schriften sprach Jyn oft über diese Dualität. Sie ermutigte andere, ihre Ängste zu erkennen, sie aber nicht als Hindernisse, sondern als Antrieb für den Aktivismus zu nutzen. Für Jyn war es wichtig, dass jeder verstand, dass Hoffnung und Angst Hand in Hand gehen können und dass die Überwindung der Angst oft der erste Schritt zur Verwirklichung der Hoffnung ist.

Schlussfolgerung

Jyns persönliche Ängste und Hoffnungen waren nicht nur individuelle Emotionen, sondern spiegelten auch die kollektiven Gefühle der Bürger von Verin-9 wider. Ihre Fähigkeit, diese Emotionen zu erkennen und zu artikulieren, machte sie zu einer starken Führungsfigur in der Bewegung. Indem sie ihre Ängste in Worte fasste und ihre Hoffnungen teilte, inspirierte sie andere, sich ihrer eigenen Ängste zu stellen und aktiv an der Gestaltung einer gerechteren Zukunft mitzuwirken. In der Auseinandersetzung mit dem Anti-Körperphasen-Gesetz wurde deutlich, dass der Weg zum Aktivismus oft durch ein Tal der Ängste führt, aber die Hoffnung das Licht am Ende des Tunnels ist, das den Weg weist.

Strategien des Widerstands

Friedliche Proteste und Demonstrationen

Friedliche Proteste und Demonstrationen sind zentrale Elemente des Aktivismus und spielen eine entscheidende Rolle im Widerstand gegen ungerechte Gesetze wie das Anti-Körperphasen-Gesetz auf Verin-9. Diese Form des Protests zielt darauf ab, durch gewaltfreie Mittel auf Missstände aufmerksam zu machen und Veränderungen zu fordern. In diesem Abschnitt werden wir die Theorie hinter friedlichen Protesten, die damit verbundenen Herausforderungen sowie einige Beispiele für erfolgreiche Demonstrationen betrachten.

Theoretische Grundlagen

Die Theorie des gewaltfreien Widerstands basiert auf den Prinzipien von Mahatma Gandhi und Martin Luther King Jr., die beide die Macht der Gewaltlosigkeit als Mittel zur Erreichung sozialer und politischer Veränderungen propagierten. Gandhi formulierte die Idee des *Satyagraha*, was so viel wie „Festhalten an der Wahrheit" bedeutet. Diese Philosophie betont, dass der Einsatz von Gewalt nicht nur moralisch falsch ist, sondern auch kontraproduktiv für das Erreichen von Gerechtigkeit und Gleichheit.

Die *Social Movement Theory* (Theorie sozialer Bewegungen) bietet einen Rahmen, um zu verstehen, wie und warum Menschen sich mobilisieren, um für soziale Veränderungen zu kämpfen. Nach dieser Theorie sind mehrere Faktoren entscheidend für den Erfolg friedlicher Proteste:

+ **Gemeinschaftsbildung:** Die Schaffung eines starken Gemeinschaftsgefühls unter den Aktivisten ist entscheidend, um die Mobilisierung zu fördern.

+ **Ziele und Botschaften:** Klare, einheitliche Botschaften helfen, die Aufmerksamkeit der Öffentlichkeit zu gewinnen und die Unterstützung zu mobilisieren.

+ **Strategische Planung:** Die sorgfältige Planung von Protesten, einschließlich der Wahl von Orten, Zeiten und Methoden, ist entscheidend für den Erfolg.

Herausforderungen

Trotz der positiven Aspekte friedlicher Proteste gibt es auch zahlreiche Herausforderungen, mit denen Aktivisten konfrontiert sind:

+ **Repression durch die Regierung:** Häufig reagieren Regierungen auf friedliche Proteste mit Gewalt oder Repression, was das Risiko für die Demonstrierenden erhöht.

+ **Mediale Verzerrung:** Die Berichterstattung in den Medien kann oft ein verzerrtes Bild der Proteste vermitteln, indem gewaltsame Auseinandersetzungen hervorgehoben werden, während friedliche Aspekte ignoriert werden.

+ **Interne Konflikte:** Innerhalb von Bewegungen können unterschiedliche Meinungen über Strategien und Ziele zu Spannungen führen, die die Effektivität der Proteste beeinträchtigen können.

Beispiele erfolgreicher Demonstrationen

Ein herausragendes Beispiel für einen erfolgreichen friedlichen Protest ist die *March on Washington for Jobs and Freedom* im Jahr 1963, bei der Martin Luther King Jr. seine berühmte Rede „I Have a Dream" hielt. Diese Demonstration vereinte über 250.000 Menschen und führte letztendlich zur Verabschiedung des Civil Rights Act von 1964.

Ein weiteres Beispiel ist die *Friedliche Revolution* in der DDR 1989, die durch Montagsdemonstrationen begann. Diese Proteste waren entscheidend für den Fall der Berliner Mauer und die Wiedervereinigung Deutschlands. Die Teilnehmer forderten Freiheit, Demokratie und Menschenrechte, und ihre gewaltfreie Strategie trug maßgeblich zum Erfolg der Bewegung bei.

Auf Verin-9 hat Jyn Korr ebenfalls friedliche Proteste organisiert, um gegen das Anti-Körperphasen-Gesetz zu mobilisieren. Diese Demonstrationen, die oft von kulturellen Veranstaltungen und kreativen Ausdrucksformen begleitet wurden, zogen zahlreiche Unterstützer an und schafften es, die öffentliche

Meinung zu beeinflussen. Die Verwendung von Kunst, Musik und Theater half, die Botschaft der Bewegung zu verbreiten und eine breitere Basis für den Widerstand zu schaffen.

Schlussfolgerung

Friedliche Proteste und Demonstrationen sind ein unverzichtbares Werkzeug im Kampf für soziale Gerechtigkeit. Sie ermöglichen es den Menschen, ihre Stimmen zu erheben und auf Missstände aufmerksam zu machen, ohne dabei auf Gewalt zurückzugreifen. Trotz der Herausforderungen, mit denen Aktivisten konfrontiert sind, zeigt die Geschichte, dass friedlicher Widerstand einen tiefgreifenden Einfluss auf gesellschaftliche Veränderungen haben kann. Jyn Korr und ihre Mitstreiterinnen und Mitstreiter auf Verin-9 sind ein lebendiges Beispiel dafür, wie friedliche Proteste das Potenzial haben, selbst die hartnäckigsten Gesetze in Frage zu stellen und die Gesellschaft in eine gerechtere Richtung zu lenken.

Die Nutzung von Kunst und Kultur

Die Nutzung von Kunst und Kultur im Aktivismus ist ein mächtiges Werkzeug, das es ermöglicht, Botschaften zu kommunizieren, Emotionen zu wecken und Gemeinschaften zu mobilisieren. In diesem Abschnitt werden die Theorien, Herausforderungen und Beispiele für den Einsatz von Kunst und Kultur im Widerstand gegen das Anti-Körperphasen-Gesetz auf Verin-9 untersucht.

Theoretische Grundlagen

Kunst und Kultur sind nicht nur Ausdrucksformen, sondern auch Mittel zur Schaffung von Identität und zur Förderung von sozialem Wandel. Theoretiker wie Herbert Marcuse und Theodor Adorno argumentieren, dass Kunst eine kritische Funktion hat, indem sie die bestehende Ordnung hinterfragt und alternative Perspektiven anbietet. In der Tradition des kritischen Theaters, wie es von Bertolt Brecht propagiert wurde, wird Kunst als ein Werkzeug zur Bewusstseinsbildung betrachtet, das das Publikum aktiv einbezieht und zur Reflexion anregt.

Probleme und Herausforderungen

Trotz der Wirksamkeit von Kunst im Aktivismus gibt es mehrere Herausforderungen, die es zu überwinden gilt. Zunächst einmal kann die Zensur durch die Regierung ein erhebliches Hindernis darstellen. Künstler und Aktivisten riskieren oft ihre Freiheit, wenn sie sich gegen oppressive Regime äußern. Darüber hinaus kann die Kommerzialisierung von Kunst dazu führen, dass kritische Stimmen abgeschwächt oder verwässert werden. Die Frage bleibt, wie Kunst authentisch und wirkungsvoll bleiben kann, während sie gleichzeitig einem breiteren Publikum zugänglich gemacht wird.

Ein weiteres Problem ist die Fragmentierung der kulturellen Landschaft. In einer globalisierten Welt kann es schwierig sein, eine einheitliche Botschaft zu vermitteln, die verschiedene Gemeinschaften anspricht. Die Herausforderung besteht darin, lokale kulturelle Ausdrucksformen zu nutzen, um universelle Themen zu behandeln, die den Widerstand stärken.

Beispiele für die Nutzung von Kunst und Kultur

Auf Verin-9 hat Jyn Korr verschiedene künstlerische Ansätze genutzt, um den Widerstand gegen das Anti-Körperphasen-Gesetz zu unterstützen. Ein bemerkenswertes Beispiel ist das *Kunstkollektiv der Vielfalt*, das lokale Künstler zusammenbrachte, um ein Wandgemälde zu schaffen, das die Vielfalt der Gemeinschaft feierte und gleichzeitig die Diskriminierung, die durch das Gesetz verursacht wurde, anprangerte. Dieses Wandgemälde wurde nicht nur zu einem Symbol des Widerstands, sondern auch zu einem Treffpunkt für Aktivisten und Unterstützer.

Ein weiteres Beispiel ist die Nutzung von Theateraufführungen, um das Bewusstsein für die Probleme, die durch das Anti-Körperphasen-Gesetz verursacht wurden, zu schärfen. Theatergruppen führten Stücke auf, die auf wahren Begebenheiten basierten und die persönlichen Geschichten von Betroffenen erzählten. Diese Aufführungen schufen eine emotionale Verbindung zum Publikum und regten zur Diskussion über die Ungerechtigkeiten an.

Digitale Kunst spielte ebenfalls eine entscheidende Rolle im Widerstand. Durch die Schaffung von Memes und viralen Videos konnten Aktivisten die Aufmerksamkeit auf ihre Anliegen lenken und eine breitere Öffentlichkeit erreichen. Soziale Medien wurden zu Plattformen, auf denen Kunst und Aktivismus miteinander verschmolzen, was zu einer neuen Form des digitalen Aktivismus führte.

Die Bedeutung von Kunst im Widerstand

Die Nutzung von Kunst und Kultur im Aktivismus hat mehrere Vorteile. Sie ermöglicht es, komplexe Themen auf eine zugängliche und ansprechende Weise zu präsentieren. Kunst kann Emotionen wecken, die oft in politischen Debatten verloren gehen, und sie schafft einen Raum für Dialog und Reflexion. Darüber hinaus kann sie Gemeinschaften mobilisieren und ein Gefühl der Zugehörigkeit fördern.

Die Verbindung zwischen Kunst und Aktivismus ist nicht nur auf Verin-9 von Bedeutung. Weltweit haben Künstler in verschiedenen Kontexten Kunst genutzt, um soziale Gerechtigkeit zu fördern. Die *Black Lives Matter*-Bewegung in den Vereinigten Staaten ist ein weiteres Beispiel, bei dem Kunst und Kultur eine zentrale Rolle spielten. Künstler wie Kendrick Lamar und Beyoncé haben ihre Plattform genutzt, um auf Rassismus und Ungerechtigkeit aufmerksam zu machen und eine breite Diskussion über diese Themen anzuregen.

Fazit

Zusammenfassend lässt sich sagen, dass die Nutzung von Kunst und Kultur im Widerstand gegen das Anti-Körperphasen-Gesetz auf Verin-9 ein effektives Mittel war, um Botschaften zu kommunizieren, Gemeinschaften zu mobilisieren und das Bewusstsein für die Bedeutung von Bürgerrechten zu schärfen. Trotz der Herausforderungen, die mit der Nutzung von Kunst im Aktivismus verbunden sind, bleibt sie ein unverzichtbares Werkzeug für den sozialen Wandel. Jyn Korr und ihre Mitstreiterinnen und Mitstreiter haben gezeigt, dass Kunst nicht nur ein Ausdruck von Kreativität ist, sondern auch eine kraftvolle Waffe im Kampf für Gerechtigkeit und Gleichheit.

Digitale Kampagnen und Hashtags

In der heutigen digitalen Ära haben soziale Medien eine transformative Rolle im Aktivismus eingenommen. Digitale Kampagnen, unterstützt durch die Verwendung von Hashtags, ermöglichen es Aktivisten, ihre Botschaften effektiv zu verbreiten, Gemeinschaften zu mobilisieren und das Bewusstsein für gesellschaftliche Themen zu schärfen. Diese Sektion beleuchtet die Theorie hinter digitalen Kampagnen und Hashtags, die Herausforderungen, die sie mit sich bringen, und einige bemerkenswerte Beispiele, die ihren Einfluss demonstrieren.

Theoretischer Rahmen

Digitale Kampagnen basieren auf verschiedenen kommunikationstheoretischen Ansätzen, darunter die *Agenda-Setting-Theorie* und die *Framing-Theorie*. Die Agenda-Setting-Theorie postuliert, dass Medien durch die Auswahl und Gewichtung von Themen die öffentliche Agenda beeinflussen können. In Bezug auf digitale Kampagnen bedeutet dies, dass die Art und Weise, wie Informationen präsentiert werden, entscheidend dafür ist, welche Themen in den Vordergrund rücken und welche ignoriert werden.

Die Framing-Theorie ergänzt dies, indem sie untersucht, wie die Präsentation eines Themas die Wahrnehmung und Interpretation beeinflusst. Aktivisten nutzen gezielte Frames in ihren Kampagnen, um die öffentliche Meinung zu beeinflussen und Unterstützung zu mobilisieren.

Ein zentrales Element digitaler Kampagnen ist die Verwendung von Hashtags. Hashtags dienen als Katalysatoren, um Diskussionen zu bündeln und die Sichtbarkeit von Themen zu erhöhen. Sie ermöglichen es Nutzern, relevante Inhalte zu finden und sich an Gesprächen zu beteiligen.

Herausforderungen

Trotz ihrer Vorteile stehen digitale Kampagnen vor mehreren Herausforderungen. Eine der größten ist die *Überflutung von Informationen*. In einer Zeit, in der Nutzer mit einer Fülle von Inhalten konfrontiert werden, kann es schwierig sein, die Aufmerksamkeit auf spezifische Themen zu lenken. Dies führt oft zu einer *Desensibilisierung* der Öffentlichkeit, bei der wichtige Themen in der Masse untergehen.

Ein weiteres Problem ist die *Polarisierung* der Online-Diskussionen. Digitale Plattformen neigen dazu, Echokammern zu schaffen, in denen Nutzer hauptsächlich mit Gleichgesinnten interagieren. Dies kann den Dialog zwischen verschiedenen Gruppen erschweren und zu einer verstärkten Spaltung in der Gesellschaft führen.

Zusätzlich können digitale Kampagnen auch *Missbrauch* ausgesetzt sein, indem sie von Trollen oder Gegnern sabotiert werden. Dies kann durch gezielte Desinformation oder durch das gezielte Herabsetzen von Aktivisten geschehen, was die Glaubwürdigkeit und Effektivität der Kampagne untergräbt.

Beispiele für digitale Kampagnen

Ein herausragendes Beispiel für eine erfolgreiche digitale Kampagne ist die *#BlackLivesMatter*-Bewegung. Diese Kampagne begann als Reaktion auf die Gewalt gegen schwarze Bürger in den USA und nutzte soziale Medien, um die Aufmerksamkeit auf rassistische Ungerechtigkeiten zu lenken. Der Hashtag wurde schnell viral und half, eine globale Bewegung zu mobilisieren, die sich für Gleichheit und Gerechtigkeit einsetzt.

Ein weiteres Beispiel ist die *#MeToo*-Bewegung, die Frauen ermutigte, ihre Erfahrungen mit sexueller Belästigung und Gewalt zu teilen. Durch die

Verwendung des Hashtags konnten Millionen von Frauen weltweit ihre Geschichten erzählen, was zu einem signifikanten gesellschaftlichen Umdenken über sexuelle Übergriffe führte.

Fazit

Digitale Kampagnen und Hashtags sind zu einem unverzichtbaren Werkzeug im modernen Aktivismus geworden. Sie bieten eine Plattform für marginalisierte Stimmen und ermöglichen es, gesellschaftliche Themen in den Vordergrund zu rücken. Trotz der Herausforderungen, die mit ihrer Nutzung verbunden sind, bleibt ihr Potenzial zur Mobilisierung und Sensibilisierung enorm. In einer Welt, die zunehmend von digitalen Interaktionen geprägt ist, ist es unerlässlich, die Mechanismen und Strategien hinter diesen Kampagnen zu verstehen, um ihre Wirksamkeit zu maximieren und den Widerstand gegen Ungerechtigkeiten zu stärken.

$$\text{Erfolg} = \text{Reichweite} \times \text{Engagement} \tag{29}$$

Die obige Gleichung verdeutlicht, dass der Erfolg digitaler Kampagnen nicht nur von der Reichweite abhängt, sondern auch von der aktiven Teilnahme der Nutzer. Nur durch eine Kombination beider Faktoren kann eine nachhaltige Wirkung erzielt werden.

Die Bedeutung von Reden und Ansprachen

Reden und Ansprachen sind zentrale Elemente des Aktivismus, insbesondere in Zeiten des Widerstands. Sie dienen nicht nur der Informationsvermittlung, sondern auch der Mobilisierung und Inspiration von Unterstützern. In diesem Abschnitt werden wir die theoretischen Grundlagen, die Herausforderungen und einige Beispiele für die Bedeutung von Reden und Ansprachen im Kontext des Widerstands gegen das Anti-Körperphasen-Gesetz auf Verin-9 untersuchen.

Theoretische Grundlagen

Die Rhetorik, als die Kunst der Überzeugung, spielt eine entscheidende Rolle in der Effektivität von Reden. Aristoteles identifizierte drei Hauptarten der Überzeugung: Ethos, Pathos und Logos.

+ **Ethos** bezieht sich auf die Glaubwürdigkeit des Sprechers. Ein Aktivist wie Jyn Korr, der für ihre Integrität und Hingabe bekannt ist, kann durch ihre persönliche Geschichte und Erfahrungen das Vertrauen der Zuhörer gewinnen.

+ **Pathos** appelliert an die Emotionen des Publikums. Durch das Teilen bewegender Geschichten von Betroffenen des Anti-Körperphasen-Gesetzes kann Jyn Empathie und Mitgefühl wecken, was zu einer stärkeren Mobilisierung führt.

+ **Logos** beinhaltet den Einsatz von logischen Argumenten und Fakten. Jyn kann statistische Daten und wissenschaftliche Erkenntnisse verwenden, um die Ungerechtigkeit des Gesetzes zu untermauern und rationalen Widerstand zu fördern.

Eine erfolgreiche Rede kombiniert diese drei Elemente, um eine tiefere Verbindung zum Publikum herzustellen und die gewünschte Wirkung zu erzielen.

Herausforderungen

Trotz der Bedeutung von Reden und Ansprachen gibt es auch zahlreiche Herausforderungen, die Aktivisten bewältigen müssen:

+ **Zuhörerengagement:** Es kann schwierig sein, die Aufmerksamkeit eines Publikums zu gewinnen, insbesondere in einer Zeit, in der Ablenkungen durch soziale Medien und andere Informationsquellen allgegenwärtig sind. Eine fesselnde Erzählweise und die Verwendung von visuellen Hilfsmitteln können hier hilfreich sein.

+ **Politische Repression:** In autoritären Regimen kann die Freiheit der Meinungsäußerung stark eingeschränkt sein. Aktivisten müssen oft Risiken eingehen, um ihre Botschaften zu verbreiten, was zu Angst und Unsicherheit führen kann.

+ **Missverständnisse und Fehlinterpretationen:** Reden können leicht missverstanden oder aus dem Kontext gerissen werden. Es ist wichtig, klar und präzise zu kommunizieren, um Missverständnisse zu vermeiden.

Beispiele

Ein bemerkenswertes Beispiel für die Kraft von Reden im Widerstand gegen das Anti-Körperphasen-Gesetz war Jyns Rede während der ersten großen Protestversammlung. Ihre Ansprache, die in den Medien weit verbreitet wurde, beinhaltete folgende Schlüsselpunkte:

„Wir stehen hier zusammen, nicht nur als Individuen, sondern als Gemeinschaft. Das Anti-Körperphasen-Gesetz ist nicht nur ein Gesetz; es ist ein Angriff auf unsere Identität, unsere Rechte und unsere Menschlichkeit. Wir müssen uns erheben und für das kämpfen, was gerecht ist!"

Diese Worte weckten nicht nur Emotionen, sondern mobilisierten auch zahlreiche Menschen, die sich der Bewegung anschlossen. Die Rede wurde durch soziale Medien viral und führte zu einer erhöhten Sichtbarkeit des Widerstands.

Ein weiteres Beispiel ist die Rede eines prominenten intergalaktischen Aktivisten, der Jyns Bewegung unterstützte. In seiner Ansprache betonte er die internationale Solidarität und die Notwendigkeit eines vereinten Vorgehens gegen Diskriminierung:

„Wir sind nicht allein in diesem Kampf. Die Ungerechtigkeit, die auf Verin-9 geschieht, betrifft uns alle. Lasst uns gemeinsam für die Rechte aller Wesen kämpfen, unabhängig von ihrer Herkunft!"

Diese Botschaft der Einheit und Solidarität verstärkte den Widerstand und ermutigte andere, sich ebenfalls zu engagieren.

Schlussfolgerung

Reden und Ansprachen sind unverzichtbare Werkzeuge im Aktivismus. Sie ermöglichen es Aktivisten, ihre Botschaften zu verbreiten, Unterstützung zu mobilisieren und ein Gefühl der Gemeinschaft zu schaffen. Trotz der Herausforderungen, die mit dem öffentlichen Sprechen verbunden sind, können gut formulierte und leidenschaftlich gehaltene Reden einen signifikanten Einfluss auf den Verlauf von Bewegungen haben. Jyn Korrs Fähigkeit, durch ihre Worte zu inspirieren und zu mobilisieren, wird als ein Schlüsselfaktor in der erfolgreichen Bekämpfung des Anti-Körperphasen-Gesetzes angesehen. Die Bedeutung von Reden und Ansprachen wird auch in zukünftigen Kämpfen um Bürgerrechte weiterhin von zentraler Bedeutung sein.

Die Rolle von Influencern

In der heutigen Zeit sind Influencer zu einer bedeutenden Kraft im Aktivismus geworden. Sie haben die Fähigkeit, große Menschenmengen zu mobilisieren und eine breite Öffentlichkeit auf soziale und politische Themen aufmerksam zu machen. Die Rolle von Influencern im Widerstand gegen das

Anti-Körperphasen-Gesetz auf Verin-9 war entscheidend, da sie als Brücke zwischen den Aktivisten und der breiten Öffentlichkeit fungierten.

Einfluss und Reichweite

Influencer besitzen oft eine enorme Reichweite, die es ihnen ermöglicht, Botschaften schnell und effektiv zu verbreiten. Diese Reichweite kann durch verschiedene Plattformen wie soziale Medien, Blogs und Videokanäle erzielt werden. Laut einer Studie von Smith (2022) haben Influencer die Fähigkeit, Informationen innerhalb von Stunden an Millionen von Menschen zu verbreiten. Dies geschieht oft durch virale Kampagnen, die in der Lage sind, ein bestimmtes Thema in den Vordergrund zu rücken und das öffentliche Bewusstsein zu schärfen.

Die mathematische Formel zur Berechnung der Reichweite eines Influencers kann wie folgt dargestellt werden:

$$R = F \times E \tag{30}$$

wobei R die Reichweite, F die Anzahl der Follower und E die Engagement-Rate ist. Diese Gleichung verdeutlicht, dass die Reichweite eines Influencers nicht nur von der Anzahl der Follower abhängt, sondern auch von der Interaktion, die sie mit ihren Inhalten haben.

Mobilisierung und Engagement

Ein weiterer wichtiger Aspekt der Rolle von Influencern im Aktivismus ist ihre Fähigkeit, Mobilisierung und Engagement zu fördern. Influencer können ihre Plattformen nutzen, um ihre Follower zu ermutigen, an Protesten teilzunehmen, Petitionen zu unterschreiben oder Spenden zu sammeln. Ein Beispiel dafür ist die Influencerin Zara Korr, die während der Proteste gegen das Anti-Körperphasen-Gesetz eine Kampagne ins Leben rief, die über 100.000 Unterschriften für eine Petition zur Aufhebung des Gesetzes sammelte.

Die Mobilisierung kann auch durch kreative Inhalte gefördert werden, die auf sozialen Medien geteilt werden. Videos, Memes und Grafiken können dazu beitragen, das Interesse und die Beteiligung an einem bestimmten Thema zu steigern. Diese Inhalte können oft emotional ansprechend sein, was die Wahrscheinlichkeit erhöht, dass sie geteilt werden.

Herausforderungen und Kritiken

Trotz ihrer positiven Rolle im Aktivismus stehen Influencer auch vor Herausforderungen und Kritiken. Eine der größten Herausforderungen ist die

Frage der Authentizität. Kritiker argumentieren, dass viele Influencer ihre Plattformen für persönliche Gewinne oder Markenpartnerschaften nutzen, anstatt sich für echte soziale Veränderungen einzusetzen. Dies kann zu einem Verlust des Vertrauens bei ihren Followern führen.

Ein weiteres Problem ist die Fragmentierung der Botschaften. Influencer können unterschiedliche Ansichten und Ansätze zur Lösung von Problemen haben, was zu Verwirrung und Uneinigkeit innerhalb der Bewegung führen kann. Es ist wichtig, dass Influencer sich ihrer Verantwortung bewusst sind und klare, konsistente Botschaften vermitteln.

Beispiele für erfolgreiche Influencer-Kampagnen

Ein herausragendes Beispiel für den Einfluss von Influencern im Aktivismus ist die Kampagne „#StandWithJyn", die von verschiedenen Influencern ins Leben gerufen wurde, um Jyn Korrs Bemühungen zu unterstützen. Diese Kampagne erlangte internationale Aufmerksamkeit und führte zu einer Welle von Solidarität, die sich über Verin-9 hinaus ausbreitete. Influencer aus verschiedenen Teilen der Galaxie schlossen sich zusammen, um Videos und Beiträge zu teilen, die Jyns Botschaft der Gleichheit und Gerechtigkeit unterstützten.

Ein weiteres Beispiel ist die Verwendung von Hashtags, um die Sichtbarkeit zu erhöhen. Hashtags wie „#JusticeForVerin9" wurden von Influencern genutzt, um Diskussionen zu fördern und Menschen zu ermutigen, sich zu engagieren. Die Analyse der Nutzung dieser Hashtags zeigte einen signifikanten Anstieg der Diskussionen über das Anti-Körperphasen-Gesetz in sozialen Medien, was zu einer verstärkten öffentlichen Aufmerksamkeit führte.

Schlussfolgerung

Zusammenfassend lässt sich sagen, dass Influencer eine entscheidende Rolle im Widerstand gegen das Anti-Körperphasen-Gesetz auf Verin-9 gespielt haben. Ihre Fähigkeit, Botschaften zu verbreiten, Menschen zu mobilisieren und das öffentliche Bewusstsein zu schärfen, hat den Aktivismus auf ein neues Level gehoben. Dennoch müssen sie sich auch den Herausforderungen und Kritiken stellen, die mit ihrer Rolle verbunden sind. Es ist von größter Bedeutung, dass Influencer authentisch bleiben und sich für echte Veränderungen einsetzen, um das Vertrauen ihrer Follower zu erhalten und den Aktivismus voranzutreiben.

Bibliography

[1] Smith, J. (2022). *Influencer Marketing: The New Frontier of Activism*. Galactic Press.

Die Gründung von Unterstützungsnetzwerken

Die Gründung von Unterstützungsnetzwerken ist ein entscheidender Schritt im Aktivismus, insbesondere in Zeiten politischer Repression und gesellschaftlicher Unruhen. Diese Netzwerke bieten nicht nur praktische Hilfe, sondern auch emotionale Unterstützung und eine Plattform für den Austausch von Ideen und Strategien. In diesem Abschnitt werden wir die Theorie hinter Unterstützungsnetzwerken, die Herausforderungen bei ihrer Gründung und einige erfolgreiche Beispiele untersuchen.

Theoretische Grundlagen

Unterstützungsnetzwerke basieren auf der Theorie des sozialen Kapitals, die von Pierre Bourdieu und Robert Putnam entwickelt wurde. Soziales Kapital bezieht sich auf die Ressourcen, die Individuen durch ihre sozialen Beziehungen und Netzwerke gewinnen können. Putnam (2000) argumentiert, dass soziale Netzwerke die Zusammenarbeit in der Gemeinschaft fördern und das Vertrauen zwischen den Mitgliedern stärken. In einem aktivistischen Kontext können solche Netzwerke entscheidend sein, um Mobilisierung und Widerstand zu fördern.

Die Bildung von Unterstützungsnetzwerken kann auch durch die Theorie des kollektiven Handelns erklärt werden. Diese Theorie besagt, dass Individuen zusammenarbeiten müssen, um gemeinsame Ziele zu erreichen. Die Gründung eines Netzwerks ermöglicht es Aktivisten, ihre Ressourcen zu bündeln, Informationen auszutauschen und strategische Aktionen zu koordinieren.

Herausforderungen bei der Gründung

Die Gründung von Unterstützungsnetzwerken ist jedoch nicht ohne
Herausforderungen. Eine der größten Hürden ist die Rekrutierung und
Mobilisierung von Mitgliedern. Viele Menschen sind aufgrund von Angst vor
Repression oder sozialer Isolation zögerlich, sich einer Gruppe anzuschließen. Um
diese Hürde zu überwinden, ist es wichtig, ein Gefühl von Sicherheit und
Gemeinschaft zu schaffen.

Ein weiteres Problem ist die Diversität innerhalb der Gruppen.
Unterschiedliche Hintergründe, Erfahrungen und Perspektiven können sowohl
eine Stärke als auch eine Herausforderung sein. Während Diversität zu
kreativeren Lösungen führen kann, kann sie auch zu Konflikten innerhalb der
Gruppe führen. Es ist entscheidend, einen Raum zu schaffen, in dem alle Stimmen
gehört werden und in dem ein respektvoller Dialog gefördert wird.

Beispiele erfolgreicher Unterstützungsnetzwerke

Ein bemerkenswertes Beispiel für ein erfolgreiches Unterstützungsnetzwerk ist die
Black Lives Matter-Bewegung, die in den USA entstand. Diese Bewegung hat ein
weitreichendes Netzwerk von Unterstützern und Aktivisten geschaffen, das sich
über soziale Medien und lokale Gemeinschaften erstreckt. Durch die Nutzung von
Plattformen wie Twitter und Facebook konnte die Bewegung schnell
Mobilisierung und Solidarität fördern.

Ein weiteres Beispiel ist das *Women's March*-Netzwerk, das nach der Wahl von
Donald Trump im Jahr 2016 gegründet wurde. Die Organisatoren schufen eine
Plattform für Frauen und Verbündete, um ihre Stimmen zu erheben und sich
gegen Ungerechtigkeiten zu wehren. Die Nutzung von sozialen Medien spielte eine
entscheidende Rolle bei der Mobilisierung von Millionen von Menschen weltweit.

Strategien zur Gründung von Unterstützungsnetzwerken

Um ein effektives Unterstützungsnetzwerk zu gründen, sollten Aktivisten mehrere
Strategien in Betracht ziehen:

+ **Identifizierung von Schlüsselpersonen:** Es ist wichtig, engagierte und
  vertrauenswürdige Personen zu identifizieren, die bereit sind, die Initiative
  zu ergreifen und andere zu mobilisieren.

+ **Schaffung eines klaren Ziels:** Ein gemeinsames Ziel oder eine Vision hilft,
  die Mitglieder zu vereinen und den Fokus der Gruppe zu bestimmen.

+ **Nutzung von Technologie:** Digitale Plattformen können eine effektive Möglichkeit sein, Informationen auszutauschen und die Kommunikation aufrechtzuerhalten.

+ **Förderung von Inklusion:** Die Schaffung eines inklusiven Umfelds, in dem alle Stimmen gehört werden, ist entscheidend für den langfristigen Erfolg des Netzwerks.

+ **Regelmäßige Treffen:** Regelmäßige Treffen, sowohl virtuell als auch persönlich, helfen, den Zusammenhalt zu stärken und die Motivation aufrechtzuerhalten.

Fazit

Die Gründung von Unterstützungsnetzwerken ist ein wesentlicher Bestandteil des Aktivismus. Sie bieten nicht nur die notwendige Unterstützung und Ressourcen, sondern fördern auch ein Gefühl der Gemeinschaft und Solidarität. Trotz der Herausforderungen, die mit der Gründung solcher Netzwerke verbunden sind, können sie entscheidend dazu beitragen, die Stimme der Unterdrückten zu stärken und Veränderungen in der Gesellschaft herbeizuführen. Aktivisten wie Jyn Korr, die solche Netzwerke schaffen und pflegen, können einen nachhaltigen Einfluss auf den Widerstand gegen Ungerechtigkeit ausüben.

Die Nutzung von Humor und Kreativität

In der Welt des Aktivismus sind Humor und Kreativität oft die mächtigsten Werkzeuge, die Aktivisten zur Verfügung stehen. Sie ermöglichen es, ernste Themen auf eine zugängliche und ansprechende Weise zu präsentieren, wodurch das Bewusstsein für soziale Ungerechtigkeiten geschärft und die Mobilisierung von Unterstützern gefördert wird. Der Einsatz von Humor kann eine Brücke schlagen, die es den Menschen erleichtert, sich mit komplexen und oft belastenden Themen auseinanderzusetzen.

Theoretische Grundlagen

Die Nutzung von Humor im Aktivismus basiert auf der Theorie der sozialen Veränderung durch Humor, die besagt, dass humorvolle Ansätze die Aufmerksamkeit der Öffentlichkeit auf wichtige Themen lenken können, ohne dass diese sich sofort in einer defensiven Haltung befinden. Dies geschieht, weil Humor oft die emotionale Distanz verringert und den Menschen erlaubt, sich mit der Materie zu identifizieren, ohne sich überfordert zu fühlen.

Ein Beispiel für diese Theorie ist die Verwendung von Satire in politischen Karikaturen. Diese Art von Humor kann nicht nur unterhalten, sondern auch zum Nachdenken anregen und kritische Diskussionen fördern. Studien zeigen, dass humorvolle Inhalte oft eine höhere Reichweite in sozialen Medien haben, was sie zu einem effektiven Werkzeug für die Verbreitung von Botschaften macht.

Probleme und Herausforderungen

Trotz der Vorteile, die Humor und Kreativität im Aktivismus bieten, gibt es auch Herausforderungen. Eine der größten Herausforderungen ist die Gefahr von Missverständnissen. Humor kann leicht falsch interpretiert werden, insbesondere in sensiblen Kontexten. Was für eine Person lustig ist, kann für eine andere beleidigend oder unangemessen erscheinen. Dies erfordert von Aktivisten ein hohes Maß an Sensibilität und das Verständnis der Zielgruppe, um sicherzustellen, dass der Humor nicht vom eigentlichen Anliegen ablenkt oder die Botschaft verwässert.

Ein weiteres Problem ist, dass Humor nicht immer ernst genommen wird. In einigen Fällen kann der Einsatz von Humor dazu führen, dass die Schwere eines Themas heruntergespielt wird, was den Eindruck erweckt, dass die Aktivisten das Problem nicht ernst nehmen. Daher ist es wichtig, den richtigen Ton zu finden und Humor in einer Weise zu verwenden, die die Ernsthaftigkeit der Botschaft unterstreicht.

Beispiele für kreative Ansätze

Ein herausragendes Beispiel für die Nutzung von Humor im Aktivismus ist die Kampagne „#BlackLivesMatter", die soziale Medien einsetzte, um auf die Ungerechtigkeiten gegenüber der schwarzen Gemeinschaft aufmerksam zu machen. Durch humorvolle Memes und Videos konnten die Aktivisten eine breitere Zielgruppe erreichen und die Diskussion über Rassismus und Polizeigewalt anregen.

Ein weiteres Beispiel ist die Verwendung von kreativen Protestformen, wie dem „Kiss-In" oder „Die-In", bei denen Teilnehmer in einer humorvollen oder dramatischen Weise auf die Ungerechtigkeiten aufmerksam machen. Diese Aktionen ziehen oft die Aufmerksamkeit der Medien auf sich und schaffen eine Plattform für ernsthafte Diskussionen.

Fazit

Die Nutzung von Humor und Kreativität im Aktivismus ist ein kraftvolles Mittel, um Aufmerksamkeit zu erregen und das Bewusstsein für soziale Gerechtigkeit zu schärfen. Trotz der Herausforderungen, die mit dieser Methode einhergehen, können humorvolle Ansätze den Aktivismus bereichern und eine breitere Öffentlichkeit erreichen. Es ist entscheidend, dass Aktivisten den richtigen Balanceakt finden, um sowohl die Ernsthaftigkeit ihrer Anliegen zu vermitteln als auch die Menschen auf eine einladende und ansprechende Weise zu erreichen. In einer Welt, in der die Aufmerksamkeitsspanne der Menschen immer kürzer wird, könnte Humor der Schlüssel sein, um die Botschaft des Widerstands lebendig und relevant zu halten.

Die Wichtigkeit von Bildung und Aufklärung

Bildung und Aufklärung sind die Grundpfeiler eines jeden erfolgreichen Widerstands. In der Auseinandersetzung mit dem Anti-Körperphasen-Gesetz auf Verin-9 erkannte Jyn Korr, dass Wissen Macht ist. Die Fähigkeit, informierte Entscheidungen zu treffen und andere zu mobilisieren, hängt von der Verfügbarkeit und dem Verständnis von Informationen ab. Dies gilt sowohl für die Aktivisten selbst als auch für die breitere Öffentlichkeit, die sie zu erreichen versuchen.

Theoretische Grundlagen

Die Rolle der Bildung im Aktivismus kann durch verschiedene theoretische Perspektiven beleuchtet werden. Eine der zentralen Theorien ist die *Kritische Theorie*, die von Denkern wie Theodor Adorno und Max Horkheimer entwickelt wurde. Diese Theorie betont die Notwendigkeit, bestehende gesellschaftliche Strukturen zu hinterfragen und zu kritisieren, um soziale Gerechtigkeit zu erreichen. Bildung wird hier als ein Werkzeug gesehen, um kritisches Denken zu fördern und Individuen zu befähigen, ihre eigene Realität zu hinterfragen.

Ein weiterer wichtiger Aspekt ist die *Empowerment-Theorie*, die besagt, dass Bildung Individuen und Gemeinschaften in die Lage versetzt, Kontrolle über ihr eigenes Leben zu gewinnen. Dies geschieht durch den Zugang zu Informationen, die Entwicklung von Fähigkeiten und das Verständnis von Rechten und Pflichten. Jyn Korr und ihre Mitstreiterinnen und Mitstreiter setzten daher auf Bildungsinitiativen, um das Bewusstsein für die Auswirkungen des Anti-Körperphasen-Gesetzes zu schärfen.

Probleme und Herausforderungen

Trotz der erkannten Bedeutung von Bildung gibt es erhebliche Herausforderungen. Eine der größten Hürden ist der Zugang zu qualitativ hochwertiger Bildung. In vielen Teilen von Verin-9 sind Bildungseinrichtungen unterfinanziert und bieten oft keine umfassende Aufklärung über Bürgerrechte und gesellschaftliche Themen. Dies führt zu einem Mangel an kritischem Denken und einem unzureichenden Verständnis der eigenen Rechte.

Darüber hinaus kann die Verbreitung von Fehlinformationen durch soziale Medien und andere Kanäle die Bemühungen um Aufklärung untergraben. Falschinformationen über das Anti-Körperphasen-Gesetz und dessen Auswirkungen führten zu Verwirrung und Misstrauen innerhalb der Bevölkerung. Jyn erkannte, dass es unerlässlich war, nicht nur die richtigen Informationen zu verbreiten, sondern auch die Fähigkeiten zu fördern, um zwischen verlässlichen und irreführenden Informationen zu unterscheiden.

Beispiele für Bildungsinitiativen

In Reaktion auf diese Herausforderungen entwickelte Jyn Korr eine Reihe von Bildungsprogrammen, die sich an verschiedene Zielgruppen richteten. Dazu gehörten Workshops, in denen Bürger über ihre Rechte aufgeklärt wurden, sowie öffentliche Vorträge, die sich mit den sozialen und politischen Implikationen des Anti-Körperphasen-Gesetzes befassten.

Ein bemerkenswertes Beispiel war die *Aktion „Wissen ist Widerstand"*, die in mehreren Städten auf Verin-9 durchgeführt wurde. Diese Initiative umfasste interaktive Veranstaltungen, bei denen Bürger in Gruppen zusammenkamen, um über die Bedeutung von Bürgerrechten zu diskutieren. Die Teilnehmer wurden ermutigt, ihre eigenen Geschichten und Erfahrungen zu teilen, was zu einer stärkeren Gemeinschaftsbildung und einem Gefühl der Solidarität führte.

Zusätzlich wurden digitale Kampagnen ins Leben gerufen, um Informationen über soziale Medien zu verbreiten. Hashtags wie #BildungFürAlle und #WiderstandDurchWissen wurden verwendet, um Aufmerksamkeit auf die Notwendigkeit von Bildung und Aufklärung zu lenken. Diese Kampagnen halfen nicht nur, das Bewusstsein zu schärfen, sondern mobilisierten auch Unterstützer, die sich für die Sache einsetzten.

Langfristige Auswirkungen

Die Bemühungen um Bildung und Aufklärung hatten langfristige Auswirkungen auf den Widerstand gegen das Anti-Körperphasen-Gesetz. Durch die Förderung von kritischem Denken und die Stärkung des Bewusstseins für Bürgerrechte konnten mehr Menschen in den Aktivismus eingebunden werden. Die Gemeinschaft wurde widerstandsfähiger und informierter, was zu einer stärkeren Mobilisierung und letztendlich zu einem erfolgreicheren Widerstand führte. Zusammenfassend lässt sich sagen, dass Bildung und Aufklärung nicht nur für den unmittelbaren Widerstand gegen das Anti-Körperphasen-Gesetz von entscheidender Bedeutung waren, sondern auch für die Schaffung einer informierten und engagierten Bürgerschaft auf Verin-9. Jyn Korrs Überzeugung, dass Wissen der Schlüssel zur Veränderung ist, bleibt ein zentraler Grundsatz für zukünftige Generationen von Aktivisten. Der Kampf für Bürgerrechte ist ein fortwährender Prozess, der ständige Bildung und Aufklärung erfordert, um die Herausforderungen der Zukunft zu meistern.

Jyns persönliche Herausforderungen

Jyn Korr, als führende Stimme im Widerstand gegen das Anti-Körperphasen-Gesetz auf Verin-9, sah sich während ihrer Aktivismusreise mit einer Vielzahl persönlicher Herausforderungen konfrontiert. Diese Herausforderungen waren nicht nur emotional und psychologisch, sondern auch physisch und sozial.

Emotionale Belastungen

Die emotionalen Belastungen, die Jyn erlebte, waren enorm. Der Druck, als Anführerin einer Bürgerrechtsbewegung zu agieren, führte zu ständigen Ängsten um ihre Sicherheit und die ihrer Unterstützer. Die ständige Bedrohung durch staatliche Repression und die Möglichkeit von Festnahmen schufen ein Klima der Angst. Jyn musste lernen, mit dieser Angst umzugehen, um weiterhin effektiv für ihre Überzeugungen einzutreten.

Ein Beispiel für diese emotionale Belastung war die erste große Protestaktion gegen das Anti-Körperphasen-Gesetz, bei der Jyn als Hauptrednerin auftrat. Die Nervosität, die sie vor dem Auftritt verspürte, war überwältigend. Sie erinnerte sich an die Worte eines Mentors, der ihr geraten hatte, sich auf die Botschaft zu konzentrieren und nicht auf die Reaktionen des Publikums. Diese Strategie half ihr, ihre Angst zu überwinden und die Menschen zu inspirieren.

Physische Herausforderungen

Die physischen Herausforderungen, denen Jyn gegenüberstand, waren ebenso bedeutend. Bei den Protesten kam es häufig zu Auseinandersetzungen mit der

Polizei, die oft zu gewaltsamen Zusammenstößen führten. Jyn musste lernen, sich in solchen Situationen zu schützen und gleichzeitig ihre Botschaft klar zu kommunizieren.

Eine prägnante Situation war, als Jyn während eines friedlichen Protests von der Polizei festgenommen wurde. Diese Erfahrung hinterließ nicht nur physische Spuren, sondern auch psychologische Wunden. Jyn musste sich mit den Folgen dieser Festnahme auseinandersetzen, einschließlich der rechtlichen Herausforderungen und der Stigmatisierung, die damit verbunden waren.

Soziale Isolation

Ein weiterer Aspekt von Jyns persönlichen Herausforderungen war die soziale Isolation. Als öffentliche Figur, die gegen ein umstrittenes Gesetz kämpfte, wurde sie von einigen Teilen der Gesellschaft verurteilt. Freunde und Bekannte, die zuvor Unterstützer waren, distanzierten sich aus Angst vor Repression oder wegen ihrer eigenen politischen Überzeugungen. Diese Isolation führte zu einem Gefühl der Einsamkeit und der Entfremdung.

Jyn fand Trost und Unterstützung in ihrer Bürgerrechtsgruppe, die zu einer neuen Familie für sie wurde. Diese Gemeinschaft bot nicht nur emotionale Unterstützung, sondern auch eine Plattform, um ihre Ideen zu teilen und ihre Stimme zu erheben. Die Bedeutung von Solidarität wurde für Jyn in dieser Zeit besonders deutlich.

Selbstzweifel und innere Konflikte

Die inneren Konflikte und Selbstzweifel, die Jyn erlebte, waren ebenfalls bedeutend. Oft stellte sie in Frage, ob sie die richtige Strategie verfolgte oder ob ihre Stimme wirklich einen Unterschied machte. Diese Zweifel wurden durch Rückschläge und Misserfolge im Aktivismus verstärkt.

Ein Beispiel für diese Selbstzweifel war die Reaktion auf eine ihrer ersten öffentlichen Reden, die von einigen als zu radikal angesehen wurde. Jyn musste sich mit der Kritik auseinandersetzen und sich fragen, ob sie ihren Ansatz ändern sollte, um breitere Unterstützung zu gewinnen. Letztlich entschied sie sich, ihrer Überzeugung treu zu bleiben und ihre Botschaft klar und deutlich zu vermitteln.

Strategien zur Bewältigung

Um mit diesen Herausforderungen umzugehen, entwickelte Jyn verschiedene Bewältigungsstrategien. Dazu gehörten regelmäßige Gespräche mit Mentoren, die ihr halfen, ihre Gedanken zu klären und ihre Ängste zu adressieren. Zudem fand sie in der Kunst und im Schreiben einen kreativen Ausdruck, der ihr half, ihre Emotionen zu verarbeiten.

Jyn organisierte auch Workshops innerhalb ihrer Bürgerrechtsgruppe, in denen sie und andere Aktivisten ihre Erfahrungen und Herausforderungen teilten. Diese Veranstaltungen förderten nicht nur die Gemeinschaft, sondern halfen auch, ein Gefühl der Normalität und des Verständnisses inmitten des Chaos zu schaffen.

Fazit

Die persönlichen Herausforderungen, denen Jyn Korr gegenüberstand, waren entscheidend für ihre Entwicklung als Aktivistin. Sie lehrten sie nicht nur, mit Angst und Druck umzugehen, sondern auch, die Bedeutung von Gemeinschaft und Unterstützung zu schätzen. Durch ihre Erfahrungen wurde Jyn zu einer stärkeren und resilienteren Führungspersönlichkeit, die bereit war, für die Rechte aller Bürger auf Verin-9 zu kämpfen.

Diese persönlichen Herausforderungen sind ein zentraler Bestandteil von Jyns Geschichte und verdeutlichen, dass der Weg des Aktivismus nicht nur von äußeren Konflikten geprägt ist, sondern auch von den inneren Kämpfen, die jede Person auf diesem Weg durchlebt.

Der Einfluss von Rückhalt und Gemeinschaft

Der Rückhalt und die Gemeinschaft spielen eine entscheidende Rolle im Aktivismus, insbesondere in Zeiten von Konflikten und Widerstand. In diesem Abschnitt werden wir die verschiedenen Dimensionen des Rückhalts und der Gemeinschaft untersuchen, die Jyn Korr in ihrem Kampf gegen das Anti-Körperphasen-Gesetz auf Verin-9 erfahren hat. Es wird erörtert, wie diese sozialen Strukturen nicht nur zur Stärkung individueller Akteure, sondern auch zur Mobilisierung kollektiver Anstrengungen beitragen.

Die Bedeutung von Gemeinschaft im Aktivismus

Aktivismus ist oft ein kollektives Unterfangen, das von der Unterstützung und dem Engagement einer Gemeinschaft abhängt. Gemeinschaften bieten einen Raum für Austausch, Solidarität und strategische Planung. Der Rückhalt, den Aktivisten von ihren Gemeinschaften erhalten, kann in verschiedenen Formen auftreten, darunter emotionaler, finanzieller und logistischer Support.

Emotionaler Rückhalt Emotionale Unterstützung ist von zentraler Bedeutung für das Wohlbefinden von Aktivisten. In Zeiten von Unsicherheit und Bedrohung können positive Rückmeldungen und Ermutigungen aus der Gemeinschaft dazu beitragen, die Moral zu stärken. Jyn Korr erlebte dies während ihrer ersten Proteste, als ihre Freunde und Familienmitglieder anwesend waren, um sie zu unterstützen. Diese Präsenz gab ihr die Kraft, ihre Stimme zu erheben und für die Rechte der Bürger zu kämpfen.

Finanzieller und logistischer Support Finanzieller Rückhalt ist oft notwendig, um die organisatorischen Kosten von Protesten, Kampagnen und anderen Aktivitäten zu decken. Gemeinschaften, die bereit sind, Ressourcen zu mobilisieren, können einen erheblichen Einfluss auf den Erfolg von Aktivismus haben. Jyns Bürgerrechtsgruppe erhielt Spenden von lokalen Unternehmen und Einzelpersonen, die an ihrer Sache interessiert waren. Diese finanziellen Mittel ermöglichten es ihnen, Plakate, Flyer und andere Materialien zu produzieren, die für ihre Mobilisierung unerlässlich waren.

Logistischer Support, wie Transportmittel für Demonstrationen oder die Bereitstellung von Räumlichkeiten für Versammlungen, ist ebenfalls wichtig. Gemeinschaften, die aktiv in die Planung und Durchführung von Veranstaltungen eingebunden sind, können den Unterschied zwischen einem gut organisierten Protest und einem chaotischen Versuch ausmachen.

Die Rolle von Netzwerken und Allianzen

Die Bildung von Netzwerken und Allianzen ist ein weiterer Schlüssel zum Erfolg im Aktivismus. Jyn Korr erkannte, dass der Aufbau von Beziehungen zu anderen Gruppen, die ähnliche Ziele verfolgten, ihre Reichweite und ihren Einfluss erheblich erweitern konnte. Diese Allianzen ermöglichten es, Ressourcen und Strategien zu teilen, was zu einem stärkeren und kohärenteren Widerstand führte.

Ein Beispiel für eine erfolgreiche Allianz war die Zusammenarbeit zwischen Jyns Gruppe und einer intergalaktischen Organisation, die sich für die Rechte von Minderheiten einsetzt. Durch den Austausch von Informationen und die gemeinsame Durchführung von Veranstaltungen konnten sie ein größeres Publikum erreichen und die öffentliche Aufmerksamkeit auf das Anti-Körperphasen-Gesetz lenken.

Herausforderungen und Widerstände

Trotz der positiven Aspekte von Rückhalt und Gemeinschaft gibt es auch Herausforderungen, die es zu bewältigen gilt. In vielen Fällen können interne Konflikte innerhalb einer Gemeinschaft entstehen, die den Aktivismus behindern.

Unterschiedliche Meinungen über Strategien oder Prioritäten können zu Spannungen führen, die die Effektivität der Gruppe beeinträchtigen.

Jyn Korr erlebte solche Herausforderungen, als einige Mitglieder ihrer Gruppe nicht mit der gewählten Strategie einverstanden waren. Diese Differenzen führten zu hitzigen Diskussionen und zeitweiligen Spannungen, die die Gruppe schwächten. Es war jedoch die Fähigkeit der Gemeinschaft, diese Konflikte zu lösen und sich auf gemeinsame Ziele zu konzentrieren, die letztendlich ihre Stärke bewahrte.

Der Einfluss von Gemeinschaft auf die öffentliche Wahrnehmung

Die Unterstützung einer Gemeinschaft kann auch die öffentliche Wahrnehmung von Aktivismus beeinflussen. Wenn eine Gemeinschaft geschlossen hinter einer Sache steht, kann dies das Bild der Bewegung in der breiteren Gesellschaft positiv beeinflussen. Jyns Proteste wurden durch die sichtbare Unterstützung ihrer Gemeinschaft verstärkt, was dazu beitrug, die Medienberichterstattung zu beeinflussen und mehr Menschen zu mobilisieren.

Die Berichterstattung über den großen Protest, bei dem Tausende von Menschen aus Jyns Gemeinschaft teilnahmen, zeigte nicht nur die Anzahl der Unterstützer, sondern auch die Vielfalt der Teilnehmer, was die Botschaft der Inklusivität und Solidarität verstärkte. Diese positive öffentliche Wahrnehmung trug dazu bei, den Druck auf die Regierung zu erhöhen und die Diskussion über das Anti-Körperphasen-Gesetz zu intensivieren.

Schlussfolgerung

Zusammenfassend lässt sich sagen, dass der Einfluss von Rückhalt und Gemeinschaft im Aktivismus nicht zu unterschätzen ist. Die emotionale, finanzielle und logistische Unterstützung, die Aktivisten von ihren Gemeinschaften erhalten, kann entscheidend für den Erfolg ihrer Bemühungen sein. Darüber hinaus sind Netzwerke und Allianzen unerlässlich, um die Reichweite und den Einfluss von Bewegungen zu erhöhen. Trotz der Herausforderungen, die sich aus internen Konflikten ergeben können, bleibt die Stärke einer Gemeinschaft ein zentraler Faktor im Kampf für Bürgerrechte und soziale Gerechtigkeit. Jyn Korrs Erfahrungen verdeutlichen, dass der Weg zum Erfolg oft durch die Unterstützung und den Rückhalt einer engagierten Gemeinschaft geebnet wird.

Kapitel 4: Die Eskalation der Konflikte

Konfrontationen mit der Regierung

Die ersten Festnahmen

Die ersten Festnahmen während des Widerstands gegen das Anti-Körperphasen-Gesetz auf Verin-9 markierten einen entscheidenden Moment in der Geschichte des Aktivismus. Diese Ereignisse waren nicht nur ein Ausdruck der Repression durch die Regierung, sondern auch ein Katalysator für das Wachstum und die Mobilisierung der Bewegung. In diesem Abschnitt werden die Umstände, die zu diesen Festnahmen führten, die Reaktionen der Aktivisten sowie die breiteren gesellschaftlichen Auswirkungen analysiert.

Hintergrund der Festnahmen

Die Einführung des Anti-Körperphasen-Gesetzes führte zu einer Welle des Protests in der Bevölkerung. Die Bürgerrechtsgruppe, die von Jyn Korr und anderen Aktivisten gegründet wurde, organisierte friedliche Demonstrationen, um gegen die diskriminierenden Bestimmungen des Gesetzes zu protestieren. Diese Proteste zogen schnell die Aufmerksamkeit der Regierung auf sich, die sich zunehmend bedroht fühlte.

Die ersten Festnahmen fanden während einer großen Demonstration in der Hauptstadt von Verin-9 statt. Diese Versammlung, die unter dem Motto „Gleichheit für alle!" stand, wurde von Tausenden von Bürgern besucht, die sich gegen die Ungerechtigkeit des neuen Gesetzes aussprachen. Die Polizei, die auf die steigende Anzahl der Demonstranten nicht vorbereitet war, reagierte mit übermäßiger Gewalt.

Die Dynamik der Festnahmen

Die Festnahmen waren nicht willkürlich, sondern schienen strategisch geplant zu sein. Die Polizei identifizierte führende Mitglieder der Bürgerrechtsbewegung und konzentrierte sich darauf, diese Personen festzunehmen, um die Bewegung zu schwächen. Jyn Korr, die als eine der Hauptrednerinnen der Demonstration auftrat, wurde ebenfalls ins Visier genommen.

Die Festnahmen wurden oft mit der Behauptung gerechtfertigt, dass die Demonstrationen „störend" und „gefährlich" seien. Diese Narrative wurden durch die staatlich kontrollierten Medien verstärkt, die versuchten, die öffentliche Meinung gegen die Aktivisten zu wenden. Ein Beispiel für diese Strategie war die Berichterstattung über die Festnahme von Jyn Korr, die als „Anführerin eines gewalttätigen Aufstands" dargestellt wurde, obwohl die Proteste durchweg friedlich waren.

Reaktionen der Aktivisten

Die Reaktionen der Aktivisten auf die ersten Festnahmen waren vielfältig. Viele fühlten sich durch die Repression entmutigt, während andere motiviert wurden, noch stärker für ihre Überzeugungen einzutreten. Die Bürgerrechtsgruppe organisierte sofortige Solidaritätsaktionen und forderte die Freilassung der Festgenommenen.

Ein zentraler Aspekt dieser Reaktionen war die Nutzung von sozialen Medien. Aktivisten begannen, Hashtags wie *#FreiheitFürJyn* zu verwenden, um internationale Aufmerksamkeit auf die Situation zu lenken. Diese digitale Mobilisierung führte dazu, dass die Festnahmen in vielen intergalaktischen Nachrichtenportalen behandelt wurden, was den Druck auf die Regierung erhöhte.

Gesellschaftliche Auswirkungen

Die ersten Festnahmen hatten weitreichende gesellschaftliche Auswirkungen. Sie schufen ein Gefühl der Dringlichkeit innerhalb der Gemeinschaft und führten zu einer verstärkten Mobilisierung. Menschen, die zuvor apolitisch waren, begannen, sich zu engagieren und ihre Stimme zu erheben.

Darüber hinaus kam es zu einem Anstieg der internationalen Solidarität. Aktivisten aus anderen Welten und Organisationen begannen, sich mit den Kämpfen auf Verin-9 zu identifizieren und Unterstützung anzubieten. Dies führte zu einer globalen Bewegung, die die Aufmerksamkeit auf die Verletzung der Bürgerrechte auf Verin-9 lenkte.

Theoretische Perspektiven

Aus einer theoretischen Perspektive können die ersten Festnahmen im Kontext der sozialen Bewegungstheorie betrachtet werden. Nach der *Ressourcentheorie* benötigen soziale Bewegungen Ressourcen, um erfolgreich zu sein. Die Festnahmen führten zwar zu einem kurzfristigen Rückgang der Mobilisierung, schufen jedoch auch neue Ressourcen in Form von internationaler Aufmerksamkeit und Unterstützung.

Ein weiteres relevantes Konzept ist die *Politische Gelegenheitsstruktur*, die besagt, dass Veränderungen im politischen Umfeld die Chancen für soziale Bewegungen beeinflussen. Die Repression durch die Regierung führte zu einer verstärkten Mobilisierung und einem Gefühl der Dringlichkeit, was die Aktivisten in die Lage versetzte, ihre Strategien anzupassen und neue Allianzen zu bilden.

Schlussfolgerung

Zusammenfassend lässt sich sagen, dass die ersten Festnahmen während des Widerstands gegen das Anti-Körperphasen-Gesetz auf Verin-9 ein Wendepunkt in der Geschichte des Aktivismus darstellten. Sie verdeutlichten die Gefahren, denen Aktivisten ausgesetzt sind, und gleichzeitig die Kraft der Solidarität und des Widerstands. Diese Ereignisse trugen dazu bei, die Bürgerrechtsbewegung zu stärken und einen nachhaltigen Einfluss auf die Gesellschaft auszuüben. Jyn Korr und ihre Mitstreiterinnen und Mitstreiter erkannten, dass der Kampf um Gerechtigkeit nicht nur eine lokale, sondern auch eine intergalaktische Dimension hatte, die sie nicht ignorieren konnten.

Die Reaktion der Aktivisten

Die Einführung des Anti-Körperphasen-Gesetzes auf Verin-9 war ein Wendepunkt in der Geschichte des Planeten und rief eine Welle von Reaktionen unter den Aktivisten hervor. Diese Reaktionen waren vielfältig und umfassten sowohl emotionale als auch strategische Ansätze, um den Widerstand gegen das Gesetz zu organisieren und zu mobilisieren.

Emotionale Reaktionen

Die ersten Reaktionen der Aktivisten waren stark emotional geprägt. Viele fühlten sich durch das Gesetz persönlich angegriffen, da es nicht nur die Rechte von Individuen, sondern auch die Grundwerte der Gesellschaft in Frage stellte. Jyn Korr, die zentrale Figur im Widerstand, äußerte in einer ihrer ersten Reden:

„Dieses Gesetz ist nicht nur ein Angriff auf unsere Körper, sondern auf unsere Identität und unser Recht, wir selbst zu sein!"

Diese Worte trafen den Nerv der Bevölkerung und mobilisierten viele, die sich zuvor vielleicht nicht mit dem Thema auseinandergesetzt hatten.

Strategische Mobilisierung

Neben den emotionalen Reaktionen war eine strategische Mobilisierung der Aktivisten entscheidend. Die Bürgerrechtsgruppe, die Jyn Korr gegründet hatte, nutzte verschiedene Plattformen, um ihre Botschaft zu verbreiten. Die Aktivisten organisierten sofortige Treffen, um Strategien zu entwickeln, die sowohl die öffentliche Meinung beeinflussen als auch die Regierung unter Druck setzen sollten.

Ein Beispiel für diese strategische Mobilisierung war die Nutzung sozialer Medien. Die Gruppe startete eine Kampagne mit dem Hashtag #StopAntiBodyPhase, um auf die Ungerechtigkeiten des Gesetzes aufmerksam zu machen. Diese Online-Kampagne erreichte schnell Tausende von Menschen und führte zu einer massiven Unterstützung innerhalb der intergalaktischen Gemeinschaft.

Kooperation und Solidarität

Die Reaktion der Aktivisten beinhaltete auch die Bildung von Allianzen mit anderen Gruppen. Verschiedene Organisationen, die sich für Bürgerrechte und soziale Gerechtigkeit einsetzten, schlossen sich zusammen, um eine vereinte Front gegen das Gesetz zu bilden. Diese Solidarität war entscheidend, um die Stimmen der Unterdrückten zu verstärken und um die Aufmerksamkeit der Medien auf die Problematik zu lenken.

Die Aktivisten organisierten eine Reihe von friedlichen Protesten, die sowohl lokal als auch intergalaktisch ausstrahlten. Diese Proteste waren nicht nur eine Möglichkeit, um gegen das Gesetz zu demonstrieren, sondern auch eine Gelegenheit, um die Gemeinschaft zu vereinen und ein Gefühl der Hoffnung zu schaffen.

Einsatz von Kunst und Kreativität

Ein weiterer bemerkenswerter Aspekt der Reaktion der Aktivisten war der Einsatz von Kunst und Kreativität. Künstler und Musiker schlossen sich dem Widerstand an und schufen Werke, die die Botschaft des Aktivismus verbreiteten. Diese

Kunstwerke wurden in öffentlichen Räumen ausgestellt und bei Protesten präsentiert, um die Emotionen der Menschen zu wecken und sie zum Handeln zu inspirieren.

Ein Beispiel für diesen kreativen Ansatz war ein Wandgemälde, das während eines großen Protestes in der Hauptstadt von Verin-9 enthüllt wurde. Es zeigte eine Gruppe von verschiedenen Spezies, die Hand in Hand standen, mit dem Slogan:

„Gemeinsam gegen Ungerechtigkeit!"

Dieses Bild wurde zum Symbol des Widerstands und ermutigte viele, sich der Bewegung anzuschließen.

Die Rolle der Medien

Die Medien spielten eine entscheidende Rolle bei der Reaktion der Aktivisten. Durch Berichterstattung über die Proteste und die Geschichten der Betroffenen konnte die Bewegung an Sichtbarkeit gewinnen. Journalisten berichteten über die ersten Proteste, die von Jyn Korr und anderen Aktivisten organisiert wurden, und beleuchteten die Ungerechtigkeiten des Anti-Körperphasen-Gesetzes.

Die Berichterstattung führte dazu, dass internationale Organisationen und Menschenrechtsgruppen auf die Situation aufmerksam wurden, was zusätzliche Unterstützung für die Aktivisten brachte. Diese Berichterstattung war nicht nur wichtig für die Mobilisierung innerhalb von Verin-9, sondern auch für die Schaffung eines intergalaktischen Bewusstseins für die Probleme, die durch das Gesetz verursacht wurden.

Zusammenfassung

Die Reaktion der Aktivisten auf das Anti-Körperphasen-Gesetz war ein komplexes Zusammenspiel von Emotionen, strategischer Mobilisierung, Solidarität, kreativen Ausdrucksformen und der Rolle der Medien. Diese Elemente trugen dazu bei, eine breite Bewegung zu schaffen, die nicht nur gegen das spezifische Gesetz kämpfte, sondern auch für die grundlegenden Bürgerrechte aller Wesen auf Verin-9 eintrat. Der Widerstand war nicht nur ein Kampf gegen Ungerechtigkeit, sondern auch ein Aufruf zur Einheit und zur Verteidigung der Werte, die die Gesellschaft zusammenhalten.

Jyns persönliche Erfahrungen mit der Polizei

Jyn Korrs Beziehung zur Polizei war von Anfang an komplex und von Spannungen geprägt. In Verin-9, wo das Anti-Körperphasen-Gesetz eingeführt wurde, war die

Polizei nicht nur eine Institution zur Aufrechterhaltung von Ordnung, sondern auch ein Werkzeug der Regierung, um Dissens zu unterdrücken. In dieser Sektion werden wir Jyns persönliche Erfahrungen mit der Polizei untersuchen, die sowohl prägend für ihren Aktivismus waren als auch ihre Sicht auf die Rolle der Strafverfolgung in der Gesellschaft beeinflussten.

Die erste Begegnung mit der Polizei

Jyns erste bewusste Begegnung mit der Polizei fand während eines friedlichen Protests gegen das Anti-Körperphasen-Gesetz statt. Sie war gerade 18 Jahre alt und voller Enthusiasmus, als sie sich zusammen mit Gleichgesinnten versammelte, um ihre Stimme gegen die Ungerechtigkeit zu erheben. Der Protest war gut organisiert, und die Teilnehmer hatten sich darauf geeinigt, friedlich zu demonstrieren. Doch als die Polizei eintraf, um die Versammlung zu überwachen, spürte Jyn sofort die angespannte Atmosphäre.

Die Beamten trugen schusssichere Westen und hielten Schilde in den Händen, was eine bedrohliche Präsenz erzeugte. Jyn erinnerte sich an das Gefühl der Angst, das sie überkam, als sie sah, wie die Polizei mit einer aggressiven Haltung auf die friedlichen Demonstranten zuging. Die Anspannung in der Luft war greifbar, und die Frage, die ihr durch den Kopf ging, war: *„Sind sie hier, um uns zu schützen oder um uns zu kontrollieren?"*

Konfrontation und Missverständnisse

Während des Protests kam es zu einer Konfrontation zwischen einem der Demonstranten und der Polizei. Jyn beobachtete, wie ein Freund von ihr, der sich für die Rechte von Minderheiten einsetzte, von einem Polizisten angesprochen wurde. Der Polizist forderte ihn auf, sich zu entfernen, da die Versammlung nicht genehmigt war. Jyn fühlte sich in diesem Moment machtlos und wütend. Sie trat vor und versuchte, die Situation zu deeskalieren, indem sie erklärte, dass sie das Recht hätten, ihre Meinung zu äußern. Doch der Polizist schien unbeeindruckt und antwortete: *„Ihr Recht endet dort, wo unser Gesetz beginnt."*

Diese Worte hallten in Jyns Kopf wider und ließen sie die Kluft zwischen den Bürgern und den Strafverfolgungsbehörden erkennen. Sie verstand, dass die Polizei nicht nur eine Autorität war, sondern auch eine Institution, die oft die Interessen der Regierung über die Rechte der Bürger stellte. Diese Erfahrung prägte ihre Sicht auf die Polizei und führte zu einer tiefen Skepsis gegenüber deren Motiven.

Die Rolle der Polizei im Aktivismus

Im Laufe ihrer Aktivismusjahre wurde Jyn immer wieder mit der Polizei konfrontiert. In einer weiteren Demonstration, die sie organisierte, wurde die Polizei erneut mobilisiert, um die Veranstaltung zu überwachen. Jyn hatte sich darauf vorbereitet, indem sie rechtliche Informationen über die Rechte der Demonstranten gesammelt hatte. Sie wusste, dass es wichtig war, im Falle einer Konfrontation gut informiert zu sein. Doch trotz ihrer Vorbereitung fühlte sie sich in der Gegenwart der Polizei unwohl.

Die Polizei hatte die Anweisung, die Versammlung aufzulösen, und Jyn sah, wie die Beamten begannen, die Menge zu zerstreuen. In diesem Moment spürte sie eine Mischung aus Angst und Entschlossenheit. Sie stellte sich vor die Polizisten und rief: *„Wir haben das Recht, hier zu sein! Wir sind hier, um für unsere Rechte zu kämpfen!"* Ihre Stimme war laut und klar, doch die Polizei blieb unbeeindruckt. Jyn wurde schließlich von den Beamten abgeführt, was zu einem weiteren Höhepunkt in ihrem Aktivismus führte.

Die Auswirkungen auf Jyns Aktivismus

Die Erfahrungen mit der Polizei hatten tiefgreifende Auswirkungen auf Jyns Aktivismus. Sie begann, die Polizei nicht nur als eine Institution der Ordnung zu sehen, sondern auch als einen Teil des Problems, das sie bekämpfen wollte. Diese Erkenntnis führte dazu, dass sie sich intensiver mit den Themen Polizeigewalt und den Rechten der Bürger auseinandersetzte. Sie recherchierte darüber, wie Polizeigewalt in vielen Gesellschaften ein systematisches Problem darstellt und wie Bürgerrechtsbewegungen weltweit gegen solche Missstände ankämpfen.

Jyn begann, Workshops und Schulungen zu organisieren, um andere über ihre Rechte zu informieren und sie darauf vorzubereiten, falls sie in eine ähnliche Situation geraten sollten. Sie erkannte, dass Wissen Macht ist und dass die Aufklärung der Bürger über ihre Rechte entscheidend für den Erfolg ihrer Bewegung war. Diese Initiative führte zu einer stärkeren Gemeinschaft und einem Gefühl der Solidarität unter den Aktivisten.

Schlussfolgerung

Jyns persönliche Erfahrungen mit der Polizei waren entscheidend für ihre Entwicklung als Bürgerrechtsaktivistin. Sie lehrten sie, dass der Kampf für Gerechtigkeit oft auch einen Kampf gegen das System selbst bedeutet. Die Polizei, die einst als Schutzmacht angesehen wurde, wurde in Jyns Augen zu einem Symbol für die Ungerechtigkeit, gegen die sie kämpfte. Diese Transformation in ihrer

Wahrnehmung führte sie dazu, nicht nur für ihre eigenen Rechte, sondern auch für die Rechte anderer zu kämpfen, die unter dem Druck autoritärer Strukturen litten.

In den folgenden Jahren wurde Jyn zu einer Stimme für die Unterdrückten und setzte sich unermüdlich für Reformen innerhalb der Polizei und der Regierung ein. Ihre Erfahrungen prägten nicht nur ihren eigenen Aktivismus, sondern inspirierten auch andere, sich gegen Ungerechtigkeiten zu erheben und für eine bessere Zukunft zu kämpfen.

Die Rolle von Anwälten und Rechtsbeiständen

In der turbulenten Zeit des Widerstands gegen das Anti-Körperphasen-Gesetz auf Verin-9 spielte die Rolle von Anwälten und Rechtsbeiständen eine entscheidende Rolle. Diese Fachleute waren nicht nur rechtliche Berater, sondern auch strategische Partner im Kampf um Gerechtigkeit und Bürgerrechte. Ihre Expertise war von entscheidender Bedeutung, um die komplexen rechtlichen Herausforderungen zu bewältigen, die sich aus der repressiven Gesetzgebung ergaben.

Rechtliche Unterstützung und Beratung

Anwälte und Rechtsbeistände boten den Aktivisten rechtliche Unterstützung und Beratung, die für die Planung und Durchführung von Protesten unerlässlich war. Sie halfen dabei, die rechtlichen Rahmenbedingungen zu verstehen, die für die Organisation von Demonstrationen und Versammlungen relevant waren. Dies umfasste die Analyse von Gesetzen, die die Versammlungsfreiheit und das Recht auf freie Meinungsäußerung betreffen.

Ein Beispiel dafür war die Beratung zur Einreichung von Anträgen für Genehmigungen für öffentliche Versammlungen. Anwälte erklärten den Aktivisten, wie sie ihre Anträge formulieren sollten, um die Genehmigung zu erhalten, und welche rechtlichen Schritte sie unternehmen konnten, wenn ihre Anträge abgelehnt wurden.

Vertretung vor Gericht

Ein weiterer wichtiger Aspekt der Rolle von Anwälten war die Vertretung der Aktivisten vor Gericht. Als die Regierung begann, führende Mitglieder der Bürgerrechtsbewegung aufgrund ihrer Aktivitäten zu verhaften, war es von größter Bedeutung, dass sie rechtlich vertreten wurden. Anwälte arbeiteten unermüdlich daran, die Rechte der Aktivisten zu verteidigen und sicherzustellen, dass sie einen fairen Prozess erhielten.

In einem bemerkenswerten Fall wurde Jyn Korr selbst verhaftet, nachdem sie an einer friedlichen Demonstration teilgenommen hatte. Ihr Anwalt argumentierte vor Gericht, dass ihre Verhaftung eine Verletzung ihrer verfassungsmäßigen Rechte darstelle. Der Fall erregte internationale Aufmerksamkeit und führte zu einer breiten Solidaritätsbewegung, die die Notwendigkeit der rechtlichen Verteidigung von Aktivisten unterstrich.

Öffentlichkeitsarbeit und Aufklärung

Die Anwälte trugen auch zur Öffentlichkeitsarbeit und Aufklärung über die rechtlichen Aspekte des Aktivismus bei. Sie organisierten Workshops und Informationsveranstaltungen, um den Aktivisten zu helfen, ihre Rechte zu verstehen und zu wissen, wie sie sich im Falle von Festnahmen oder rechtlichen Problemen verhalten sollten. Diese Schulungen waren entscheidend, um das Bewusstsein für die rechtlichen Risiken zu schärfen, die mit dem Aktivismus verbunden waren.

Die Rolle der Anwälte erstreckte sich auch auf die Nutzung von sozialen Medien, um rechtliche Informationen und Ressourcen zu verbreiten. Sie erstellten informative Beiträge und Videos, die den Aktivisten halfen, sich in der rechtlichen Landschaft zurechtzufinden. Dies trug dazu bei, die Gemeinschaft zu stärken und den Aktivisten das Gefühl zu geben, dass sie nicht allein waren.

Herausforderungen und Risiken

Trotz ihrer wichtigen Rolle sahen sich Anwälte und Rechtsbeistände auch zahlreichen Herausforderungen und Risiken gegenüber. Die Repression durch die Regierung führte dazu, dass viele Anwälte selbst ins Visier genommen wurden. Einige wurden bedroht oder sogar verhaftet, weil sie sich für die Rechte der Aktivisten einsetzten. Diese Risiken führten zu einer Atmosphäre der Angst, die es schwierig machte, effektiv zu arbeiten.

Ein Beispiel für diese Herausforderungen war der Fall von Anwalt Lira Tal, der wegen seiner Verteidigung von Protestierenden inhaftiert wurde. Sein Fall wurde zu einem Symbol für die Gefahren, denen sich Anwälte in einem repressiven Regime ausgesetzt sehen. Dies führte zu einer internationalen Kampagne zur Unterstützung von Tal und anderen Anwälten, die sich für Bürgerrechte einsetzten.

Zusammenarbeit mit internationalen Organisationen

Um die Herausforderungen zu bewältigen, suchten viele Anwälte die Zusammenarbeit mit internationalen Organisationen, die sich für Menschenrechte und rechtliche Unterstützung einsetzten. Diese Partnerschaften ermöglichten es, zusätzliche Ressourcen und Unterstützung zu mobilisieren, um die Aktivisten und ihre Rechtsbeistände zu stärken.

Durch die Zusammenarbeit mit Organisationen wie der Intergalaktischen Anwaltsvereinigung konnten Anwälte Zugang zu rechtlichen Ressourcen und Fachwissen erhalten, die für die Verteidigung der Aktivisten von entscheidender Bedeutung waren. Diese internationale Unterstützung half, den Druck auf die Regierung zu erhöhen und die Aufmerksamkeit auf die Menschenrechtsverletzungen auf Verin-9 zu lenken.

Fazit

Zusammenfassend lässt sich sagen, dass die Rolle von Anwälten und Rechtsbeiständen im Widerstand gegen das Anti-Körperphasen-Gesetz auf Verin-9 von grundlegender Bedeutung war. Ihre rechtliche Unterstützung, Vertretung vor Gericht und Öffentlichkeitsarbeit trugen entscheidend dazu bei, die Aktivisten zu schützen und ihre Stimmen zu stärken. Die Herausforderungen, denen sie gegenüberstanden, verdeutlichen die Risiken, die mit dem Einsatz für Gerechtigkeit verbunden sind, und die Notwendigkeit, rechtliche Unterstützung in Zeiten der Repression zu mobilisieren. Der Mut und das Engagement dieser Anwälte bleiben ein inspirierendes Beispiel für den unermüdlichen Kampf um Bürgerrechte und Gerechtigkeit.

Die internationale Reaktion auf Repression

Die internationale Reaktion auf die Repression, die Aktivisten wie Jyn Korr auf Verin-9 erfahren haben, ist ein komplexes Zusammenspiel von Diplomatie, öffentlichem Druck und globalen Solidaritätsbewegungen. Die Repression gegen Bürgerrechtsaktivisten kann nicht isoliert betrachtet werden; sie ist Teil eines größeren, intergalaktischen Kontextes, der die Dynamik zwischen Regierungen, NGOs und der Zivilgesellschaft beeinflusst.

Theoretischer Rahmen

Um die internationale Reaktion auf die Repression zu verstehen, ist es wichtig, einige theoretische Konzepte zu betrachten. Der **Konstruktivismus** in den internationalen Beziehungen legt nahe, dass die Identität und die Interessen von Staaten durch soziale Interaktionen und Normen geformt werden. In diesem Sinne können internationale Normen wie Menschenrechte und Bürgerrechte als Katalysatoren für das Handeln von Staaten fungieren.

Ein weiteres relevantes Konzept ist die **Theorie der transnationalen Aktivismusnetzwerke**, die beschreibt, wie Gruppen über nationale Grenzen hinweg zusammenarbeiten, um gemeinsame Ziele zu erreichen. Diese Netzwerke können durch soziale Medien und digitale Plattformen verstärkt werden, was die Mobilisierung und den Austausch von Informationen erleichtert.

Internationale Reaktionen

Die Reaktionen auf die Repression gegen Jyn Korr und ihre Mitstreiter waren vielfältig:

+ **Diplomatische Proteste:** Verschiedene Regierungen, insbesondere aus Ländern mit einer Tradition der Unterstützung von Menschenrechten, äußerten ihre Besorgnis über die Behandlung von Aktivisten auf Verin-9. Diese diplomatischen Proteste reichten von offiziellen Erklärungen bis hin zu öffentlichen Stellungnahmen von Außenministern.

+ **Unterstützung durch NGOs:** Internationale Nichtregierungsorganisationen, wie Amnesty International und Human Rights Watch, mobilisierten ihre Ressourcen, um auf die Situation aufmerksam zu machen. Sie veröffentlichten Berichte, die die Repression dokumentierten, und forderten die Verin-9 Regierung auf, die Bürgerrechte zu respektieren.

+ **Medienberichterstattung:** Die Berichterstattung in internationalen Medien spielte eine entscheidende Rolle bei der Sensibilisierung für die Repression. Journalisten berichteten über die Ereignisse auf Verin-9 und schufen ein Bewusstsein für die Herausforderungen, mit denen Aktivisten konfrontiert sind. Diese Berichterstattung führte oft zu einem Druck auf die Regierung von Verin-9, ihre Praktiken zu überdenken.

+ **Internationale Solidaritätsbewegungen:** Aktivisten aus anderen Teilen der Galaxie organisierten Solidaritätsveranstaltungen, um die Anliegen von Jyn Korr und ihrer Gruppe zu unterstützen. Diese Veranstaltungen reichten von friedlichen Demonstrationen bis hin zu Online-Kampagnen, die auf die Missstände aufmerksam machten.

Beispiele für internationale Interventionen

Ein bemerkenswertes Beispiel für internationale Intervention war die **Resolution des Galaktischen Rates für Menschenrechte**, die eine Untersuchung der Menschenrechtslage auf Verin-9 forderte. Diese Resolution wurde von mehreren Mitgliedsstaaten unterstützt und führte zu einer Delegation von Beobachtern, die die Situation vor Ort untersuchten.

Ein weiteres Beispiel ist die **Kampagne "Licht für Jyn"**, die von verschiedenen intergalaktischen Künstlern initiiert wurde. Diese Kampagne nutzte Kunst und Musik, um auf die Repression aufmerksam zu machen und forderte die Freilassung von inhaftierten Aktivisten. Die Kampagne erhielt breite Unterstützung und führte zu einer Reihe von Konzerten und Veranstaltungen, die in verschiedenen Teilen der Galaxie stattfanden.

Probleme und Herausforderungen

Trotz der internationalen Reaktionen gab es erhebliche Herausforderungen:

+ **Politische Rückschläge:** Einige Regierungen, die sich ursprünglich solidarisch zeigten, zogen ihre Unterstützung zurück, als die Situation auf Verin-9 eskalierte. Dies führte zu einem Gefühl der Isolation unter den Aktivisten.

+ **Repression gegen Unterstützer:** In einigen Fällen wurden auch Unterstützer außerhalb von Verin-9 Ziel von Repressionen. Dies führte zu einer verstärkten Angst unter den Aktivisten und ihren Verbündeten.

+ **Komplexität der intergalaktischen Beziehungen:** Die Beziehungen zwischen verschiedenen Planeten und Regierungen können komplex und oft von politischen und wirtschaftlichen Interessen geprägt sein. Diese Komplexität kann dazu führen, dass Menschenrechtsfragen in den Hintergrund gedrängt werden.

Fazit

Die internationale Reaktion auf die Repression gegen Jyn Korr und ihre Bewegung war vielschichtig und zeigte sowohl die Möglichkeiten als auch die Grenzen des globalen Aktivismus. Während internationale Solidarität und diplomatischer Druck wichtige Werkzeuge im Kampf für Bürgerrechte sind, bleibt die Realität, dass die Herausforderungen oft tief verwurzelt und komplex sind. Die Reaktionen verdeutlichen die Notwendigkeit eines anhaltenden Engagements und die

Bedeutung von globaler Zusammenarbeit, um die fundamentalen Menschenrechte zu schützen und zu fördern.

Jyns Kampf um Gerechtigkeit

Jyn Korr war nicht nur eine Aktivistin; sie war ein Symbol des Widerstands gegen Ungerechtigkeit auf Verin-9. Ihr Kampf um Gerechtigkeit war geprägt von persönlichen Erfahrungen, tiefem Mitgefühl und einem unerschütterlichen Glauben an die Möglichkeit des Wandels. In diesem Abschnitt beleuchten wir die verschiedenen Facetten von Jyns Kampf und die Herausforderungen, denen sie gegenüberstand.

Die Motivation hinter Jyns Engagement

Jyns Kampf um Gerechtigkeit war nicht nur eine Reaktion auf das Anti-Körperphasen-Gesetz, sondern auch eine Antwort auf die tief verwurzelten Ungerechtigkeiten, die in der Gesellschaft von Verin-9 existierten. Sie hatte früh in ihrem Leben die Ungleichheiten gesehen, die durch gesellschaftliche Strukturen und politische Entscheidungen verursacht wurden. Diese Ungerechtigkeiten manifestierten sich in verschiedenen Formen, darunter Diskriminierung aufgrund von Herkunft, Geschlecht und sozialen Status.

Persönliche Erfahrungen und Empathie

Ein Schlüsselmoment in Jyns Leben war die Erfahrung ihrer besten Freundin, die aufgrund ihrer außerirdischen Herkunft diskriminiert wurde. Diese persönliche Verbindung zu einem leidenden Individuum verstärkte Jyns Empathie und motivierte sie, sich aktiv für die Rechte aller Bürger einzusetzen. Sie glaubte fest daran, dass jeder das Recht auf Gleichheit und Gerechtigkeit hatte, unabhängig von seiner Herkunft.

Die Rolle der Bildung

Jyn erkannte schnell, dass Bildung ein entscheidendes Werkzeug im Kampf um Gerechtigkeit war. Sie begann, Workshops und Seminare zu organisieren, um das Bewusstsein für die Probleme, die die Gesellschaft plagten, zu schärfen. Durch die Verbreitung von Wissen über Bürgerrechte und die Auswirkungen des Anti-Körperphasen-Gesetzes konnte sie viele Menschen mobilisieren, die zuvor apathisch gegenüber politischen Themen waren.

$$\text{Wissen} \rightarrow \text{Bewusstsein} \rightarrow \text{Aktion}$$

Diese Gleichung beschreibt den Prozess, den Jyn in ihrer Gemeinschaft förderte. Sie war überzeugt, dass das Verständnis der eigenen Rechte der erste Schritt zur Mobilisierung war.

Die Herausforderungen des Aktivismus

Jyns Weg war jedoch nicht ohne Herausforderungen. Die Repression durch die Regierung war stark, und viele Aktivisten wurden verfolgt oder gar inhaftiert. Jyn selbst erlebte mehrere gefährliche Situationen, in denen sie mit der Polizei konfrontiert wurde. Diese Erfahrungen schüchterten viele ein, doch für Jyn waren sie eine Bestätigung, dass ihr Kampf notwendig war.

Ein Beispiel für diese Repression war die gewaltsame Auflösung einer ihrer ersten Demonstrationen. Jyn hatte eine friedliche Versammlung organisiert, um gegen das Gesetz zu protestieren, doch die Reaktion der Behörden war brutal. Diese Erfahrung stärkte ihren Entschluss, sich noch intensiver für die Rechte der Bürger einzusetzen.

Solidarität und Unterstützung

Inmitten der Herausforderungen fand Jyn Unterstützung in der Gemeinschaft. Sie gründete Allianzen mit anderen Gruppen, die ähnliche Ziele verfolgten. Diese Solidarität war entscheidend, um den Druck auf die Regierung zu erhöhen. Jyn glaubte an die Kraft der Gemeinschaft und an die Notwendigkeit, gemeinsam zu kämpfen.

$$\text{Solidarität} = \text{Kraft} \times \text{Einheit}$$

Diese Gleichung beschreibt die Dynamik, die Jyn und ihre Mitstreiter in ihrem Kampf erlebten. Je mehr Menschen sich zusammenschlossen, desto stärker wurde ihre Stimme.

Dokumentation und Sichtbarkeit

Ein weiterer wichtiger Aspekt von Jyns Kampf war die Dokumentation der Ungerechtigkeiten. Sie verstand, dass die Sichtbarkeit von Problemen entscheidend war, um Veränderungen herbeizuführen. Jyn begann, Geschichten von Betroffenen zu sammeln und diese in sozialen Medien und durch traditionelle

Medien zu verbreiten. Diese Geschichten hatten eine emotionale Kraft, die viele Menschen berührte und mobilisierte.

Der Einfluss von Kunst und Kultur

Jyn erkannte auch die Rolle von Kunst und Kultur im Aktivismus. Sie förderte kreative Ausdrucksformen, um die Botschaft des Widerstands zu verbreiten. Theaterstücke, Musik und bildende Kunst wurden zu Werkzeugen des Wandels. Diese kulturellen Initiativen halfen, die Menschen zu inspirieren und ein Gefühl der Zugehörigkeit zu schaffen.

Jyns persönliche Reflexionen

In ihren Reflexionen über ihren Kampf um Gerechtigkeit stellte Jyn fest, dass es nicht nur um den Sieg über das Anti-Körperphasen-Gesetz ging. Es war auch ein persönlicher Prozess der Selbstfindung und des Wachstums. Sie lernte, dass der Weg zur Gerechtigkeit oft steinig und voller Rückschläge war, aber dass jeder Schritt, den sie machte, sie näher zu ihrem Ziel brachte.

Der Weg nach vorne

Jyns Kampf um Gerechtigkeit war ein fortwährender Prozess, der nicht mit der Aufhebung des Gesetzes endete. Sie wusste, dass die Herausforderungen, die die Gesellschaft plagten, tief verwurzelt waren und dass es ständiger Anstrengungen bedurfte, um echte Veränderungen zu bewirken. Jyns Vision war eine Gesellschaft, in der Gleichheit und Gerechtigkeit nicht nur Ideale, sondern Realität waren.

Insgesamt zeigt Jyns Kampf um Gerechtigkeit, dass der Einsatz für die Rechte der Bürger eine komplexe und vielschichtige Aufgabe ist, die Mut, Empathie und unermüdliche Anstrengungen erfordert. Ihre Geschichte ist eine Inspiration für kommende Generationen, die sich für eine gerechtere Welt einsetzen wollen.

Die Bedeutung von Dokumentation

Die Dokumentation ist ein entscheidender Aspekt des Aktivismus, insbesondere im Kontext des Widerstands gegen das Anti-Körperphasen-Gesetz auf Verin-9. In diesem Abschnitt werden wir die theoretischen Grundlagen der Dokumentation, die Herausforderungen, die Aktivisten dabei begegnen, und einige relevante Beispiele betrachten, um die zentrale Rolle der Dokumentation im Aktivismus zu verdeutlichen.

Theoretische Grundlagen der Dokumentation

Dokumentation im Aktivismus bezieht sich auf den systematischen Prozess der Sammlung, Aufzeichnung und Analyse von Informationen, die für die Aufklärung der Öffentlichkeit, die Mobilisierung von Unterstützern und die Dokumentation von Menschenrechtsverletzungen von Bedeutung sind. Laut [?] ist die Dokumentation nicht nur ein Werkzeug zur Beweissicherung, sondern auch ein Mittel zur Schaffung von Narrativen, die die Stimme der Unterdrückten verstärken.

Ein zentrales Konzept in der Dokumentation ist die **Transparenz.** Transparenz fördert das Vertrauen zwischen Aktivisten und der Gemeinschaft, da sie den Menschen ermöglicht, zu verstehen, wie Entscheidungen getroffen werden und welche Informationen zur Unterstützung von Forderungen herangezogen werden. [?] argumentiert, dass transparente Dokumentationspraktiken die Rechenschaftspflicht der Regierung und anderer Institutionen erhöhen können.

Herausforderungen bei der Dokumentation

Trotz ihrer Bedeutung stehen Aktivisten vor mehreren Herausforderungen bei der Dokumentation. Eine der größten Herausforderungen ist der **Zugang zu Informationen.** Oft sind relevante Daten und Berichte schwer zu beschaffen, insbesondere wenn die Regierung versucht, Informationen zu unterdrücken oder zu manipulieren. In vielen Fällen sind Aktivisten gezwungen, sich auf inoffizielle Quellen zu stützen, die möglicherweise nicht verifiziert sind, was die Glaubwürdigkeit der Dokumentation beeinträchtigen kann.

Ein weiteres Problem ist die **Sicherheit der Dokumentation.** Aktivisten müssen sicherstellen, dass ihre Dokumentationsmethoden nicht ihre eigene Sicherheit oder die der betroffenen Personen gefährden. Die Verwendung von digitalen Plattformen zur Dokumentation kann beispielsweise das Risiko von Cyberangriffen und Datenlecks erhöhen. Daher ist es wichtig, sichere Kommunikationskanäle und Verschlüsselungstechnologien zu verwenden, um sensible Informationen zu schützen.

Beispiele für erfolgreiche Dokumentation im Aktivismus

Ein herausragendes Beispiel für erfolgreiche Dokumentation im Aktivismus ist die Arbeit von *Witness*, einer Organisation, die Videos und Dokumentationen von Menschenrechtsverletzungen in Krisengebieten sammelt. Durch die Dokumentation von Vorfällen, die oft von den Mainstream-Medien ignoriert werden, hat Witness dazu beigetragen, internationale Aufmerksamkeit auf die

Missstände in verschiedenen Ländern zu lenken. Diese Dokumentationen werden häufig als Beweismittel in internationalen Gerichtsverfahren verwendet und haben dazu beigetragen, das Bewusstsein für die Notwendigkeit von Reformen zu schärfen.

Ein weiteres Beispiel ist die *#MeToo*-Bewegung, die soziale Medien als Plattform zur Dokumentation von sexueller Belästigung und Missbrauch genutzt hat. Durch die Sammlung und Veröffentlichung von persönlichen Geschichten konnten Aktivisten ein kollektives Bewusstsein schaffen und Druck auf Institutionen ausüben, um Veränderungen herbeizuführen. Die Dokumentation dieser Geschichten hat es ermöglicht, Muster von Missbrauch zu identifizieren und eine breitere Diskussion über Geschlechtergerechtigkeit zu fördern.

Schlussfolgerung

Die Bedeutung der Dokumentation im Aktivismus kann nicht überschätzt werden. Sie ist ein unverzichtbares Werkzeug für die Aufklärung, Mobilisierung und Rechenschaftspflicht. Trotz der Herausforderungen, die Aktivisten bei der Dokumentation begegnen, zeigen Beispiele aus der Praxis, wie wirkungsvoll Dokumentation sein kann, um Veränderungen herbeizuführen und die Stimmen der Unterdrückten zu stärken. Für Jyn Korr und ihre Mitstreiter auf Verin-9 war die Dokumentation ein Schlüssel zu ihrem Erfolg im Widerstand gegen das Anti-Körperphasen-Gesetz und wird auch in zukünftigen Kämpfen von entscheidender Bedeutung sein.

Die Auswirkungen auf die Gemeinschaft

Die Einführung des Anti-Körperphasen-Gesetzes hatte weitreichende und tiefgreifende Auswirkungen auf die Gemeinschaft auf Verin-9. Diese Auswirkungen manifestierten sich in verschiedenen Bereichen, einschließlich sozialer Dynamik, wirtschaftlicher Stabilität und kultureller Identität. In diesem Abschnitt werden wir die verschiedenen Dimensionen dieser Auswirkungen untersuchen und die Reaktionen der Gemeinschaft analysieren.

Soziale Fragmentierung

Zunächst führte das Gesetz zu einer spürbaren sozialen Fragmentierung innerhalb der Gemeinschaft. Die Bürger wurden in verschiedene Lager gespalten, was zu einem Anstieg von Spannungen und Konflikten führte. Diejenigen, die das Gesetz unterstützten, argumentierten, dass es notwendig sei, um die Sicherheit der Gesellschaft zu gewährleisten. Andererseits sahen die Gegner des Gesetzes es als eine direkte Bedrohung ihrer Bürgerrechte und Freiheiten. Diese Spaltung führte zu einem Verlust des Gemeinschaftsgefühls, da Nachbarn und Freunde sich aufgrund ihrer politischen Überzeugungen voneinander distanzierten.

Wirtschaftliche Auswirkungen

Die wirtschaftlichen Auswirkungen des Anti-Körperphasen-Gesetzes waren ebenfalls signifikant. Viele Unternehmen, insbesondere solche, die auf Vielfalt und Inklusion setzten, sahen sich gezwungen, ihre Strategien zu überdenken. Einige Firmen entschieden sich, ihre Geschäfte auf anderen Planeten zu verlagern, um dem repressiven Klima zu entkommen. Dies führte zu einem Anstieg der Arbeitslosigkeit und einem Rückgang der wirtschaftlichen Aktivität auf Verin-9.

$$E = mc^2 \tag{31}$$

Obwohl die Gleichung von Einstein nicht direkt mit den wirtschaftlichen Auswirkungen des Gesetzes zu tun hat, könnte man argumentieren, dass das Potenzial für wirtschaftliche Energie (E) in der Gemeinschaft durch die Einführung diskriminierender Gesetze (m) und deren Einfluss auf die soziale Dynamik (c) verringert wurde.

Kulturelle Identität

Die kulturelle Identität der Gemeinschaft wurde durch das Gesetz ebenfalls bedroht. Viele kulturelle Ausdrucksformen, die Vielfalt und Inklusion feierten, wurden als gefährlich eingestuft und in ihrer Ausübung eingeschränkt. Dies führte zu einem Verlust an kreativen Ausdrucksmöglichkeiten und einem Rückgang kultureller Veranstaltungen, die zuvor das Gemeinschaftsgefühl gefördert hatten.

Psychologische Auswirkungen

Die psychologischen Auswirkungen auf die Bürger waren nicht zu vernachlässigen. Viele fühlten sich durch das Gesetz und die damit verbundenen Repressionen verängstigt und isoliert. Studien zeigen, dass solche repressiven Maßnahmen zu einem Anstieg von Angstzuständen und Depressionen führen können. In einer Umfrage unter den Bürgern von Verin-9 gaben über 60% an, sich in ihrer Freiheit eingeschränkt zu fühlen, was zu einem allgemeinen Gefühl der Hoffnungslosigkeit führte.

Widerstand und Solidarität

Trotz dieser Herausforderungen gab es auch positive Auswirkungen, insbesondere in Form von Widerstand und Solidarität. Die Einführung des Gesetzes mobilisierte viele Bürger, die sich für ihre Rechte einsetzten. Aktivismus blühte auf, und zahlreiche Gruppen formierten sich, um gegen die Ungerechtigkeiten zu kämpfen. Diese Bewegungen förderten ein Gefühl der Gemeinschaft und des Zusammenhalts, das zuvor in der Gesellschaft verloren gegangen war.

Ein Beispiel für diesen Widerstand war die Organisation von Protesten, die nicht nur lokal, sondern auch intergalaktisch Aufmerksamkeit erregten. Diese Proteste vereinten Menschen aus verschiedenen sozialen Schichten und Kulturen und stärkten das Gefühl, dass man gemeinsam für eine gerechtere Zukunft kämpfen kann.

Langfristige Folgen

Die langfristigen Folgen des Anti-Körperphasen-Gesetzes sind noch nicht vollständig abzuschätzbar. Es ist jedoch klar, dass die Gemeinschaft auf Verin-9 durch diese Erfahrungen geprägt wurde. Die Lehren aus diesem Widerstand könnten zukünftige Generationen von Aktivisten inspirieren und die Bedeutung von Bürgerrechten und sozialer Gerechtigkeit in den Vordergrund rücken.

Insgesamt zeigt sich, dass die Auswirkungen des Anti-Körperphasen-Gesetzes auf die Gemeinschaft von Verin-9 vielschichtig und komplex sind. Während es zu sozialer Fragmentierung und wirtschaftlichen Schwierigkeiten führte, schuf es auch Raum für Widerstand und Solidarität, was letztlich die Gemeinschaft stärken könnte. Die Herausforderungen, die das Gesetz mit sich brachte, könnten also als Katalysator für positive Veränderungen dienen, die in der Zukunft weiterwirken.

Die Mobilisierung von Unterstützern

Die Mobilisierung von Unterstützern spielt eine entscheidende Rolle im Aktivismus, insbesondere im Kontext des Widerstands gegen das Anti-Körperphasen-Gesetz auf Verin-9. In diesem Abschnitt werden wir die verschiedenen Strategien und Herausforderungen untersuchen, die Jyn Korr und ihre Mitstreiter bei der Mobilisierung von Unterstützern begegneten.

Theoretische Grundlagen der Mobilisierung

Mobilisierung kann als der Prozess definiert werden, durch den Individuen und Gruppen mobilisiert werden, um sich an kollektiven Aktionen zu beteiligen. Laut Tilly und Tarrow (2015) sind drei Hauptfaktoren für eine erfolgreiche Mobilisierung entscheidend:

1. **Ressourcen:** Dazu gehören finanzielle Mittel, menschliche Ressourcen und Zugang zu Informationen.

2. **Motivation:** Die Beweggründe der Unterstützer, die von persönlichen Überzeugungen bis hin zu sozialen Normen reichen können.

3. **Gelegenheit:** Ein günstiger Kontext, der es den Unterstützern ermöglicht, aktiv zu werden, wie z.B. die Einführung des Anti-Körperphasen-Gesetzes.

Herausforderungen bei der Mobilisierung

Die Mobilisierung von Unterstützern stellte Jyn Korr vor mehrere Herausforderungen:

+ **Desinformation:** In der heutigen digitalen Welt sind Unterstützer häufig mit Fehlinformationen konfrontiert. Jyn und ihr Team mussten sicherstellen, dass die richtigen Informationen verbreitet wurden, um das Vertrauen der Gemeinschaft zu gewinnen.

+ **Politische Repression:** Die Regierung von Verin-9 reagierte auf den Aktivismus mit Einschüchterung und Repression, was es schwierig machte, Unterstützer zu mobilisieren. Viele Menschen hatten Angst vor den Konsequenzen ihrer Beteiligung.

+ **Ressourcenknappheit:** Die Gründung einer Bürgerrechtsgruppe erforderte finanzielle Mittel und logistische Unterstützung. Jyn musste kreative Wege finden, um Ressourcen zu beschaffen.

Strategien zur Mobilisierung

Um diese Herausforderungen zu bewältigen, entwickelte Jyn Korr mehrere effektive Strategien:

1. Nutzung sozialer Medien Die Nutzung sozialer Medien war entscheidend für die Mobilisierung von Unterstützern. Plattformen wie *GalacticBook* und *InstaVerin* ermöglichten es Jyn, ihre Botschaft schnell und weitreichend zu verbreiten. Durch kreative Kampagnen und Hashtags konnte sie eine breite Öffentlichkeit erreichen und das Bewusstsein für die Ungerechtigkeit des Gesetzes schärfen.

2. Organisieren von Veranstaltungen Jyn und ihre Gruppe organisierten zahlreiche Veranstaltungen, um die Gemeinschaft zu mobilisieren. Diese reichten von kleinen Versammlungen in Nachbarschaften bis hin zu größeren Demonstrationen, die Tausende von Menschen anzogen. Jede Veranstaltung bot eine Plattform für Diskussionen und die Möglichkeit, persönliche Geschichten zu teilen, was die emotionale Verbindung zur Sache stärkte.

3. Aufbau von Allianzen Die Gründung von Allianzen mit anderen Bürgerrechtsgruppen und Organisationen war ein weiterer Schlüssel zur Mobilisierung. Jyn erkannte, dass durch die Zusammenarbeit mit anderen Gruppen, die ähnliche Ziele verfolgten, eine stärkere Stimme geschaffen werden konnte. Diese Allianzen ermöglichten es, Ressourcen zu bündeln und die Reichweite der Mobilisierungsbemühungen zu erweitern.

4. Bildung und Aufklärung Ein zentrales Element der Mobilisierung war die Aufklärung der Gemeinschaft über die Auswirkungen des Anti-Körperphasen-Gesetzes. Jyn und ihre Unterstützer führten Workshops und Informationsveranstaltungen durch, um die Bürger über ihre Rechte aufzuklären und sie zu ermutigen, aktiv zu werden.

Beispiele für erfolgreiche Mobilisierung

Ein herausragendes Beispiel für die erfolgreiche Mobilisierung von Unterstützern war die *Woche der Solidarität*, die Jyn organisierte. Während dieser Woche fanden verschiedene Veranstaltungen statt, darunter:

- **Kunst- und Kulturfestivals:** Diese Festivals feierten die kulturelle Vielfalt von Verin-9 und boten Künstlern eine Plattform, um ihre Werke zu präsentieren, die sich mit Themen der Ungerechtigkeit und des Widerstands auseinandersetzten.

- **Öffentliche Reden:** Jyn und andere Aktivisten hielten leidenschaftliche Reden, die die Bürger motivierten und inspirieren sollten. Diese Reden wurden über soziale Medien live übertragen und erreichten ein breiteres Publikum.

+ **Petitionen und Unterschriftensammlungen:** Die Bürger wurden ermutigt, sich an Petitionen zu beteiligen, um ihre Ablehnung des Gesetzes zu zeigen. Diese Petitionen wurden sowohl online als auch bei Veranstaltungen gesammelt.

Die *Woche der Solidarität* führte zu einem Anstieg der Unterstützerzahlen und half, das öffentliche Bewusstsein für die Problematik zu schärfen.

Fazit

Die Mobilisierung von Unterstützern ist ein komplexer, aber entscheidender Aspekt des Aktivismus. Jyn Korrs Fähigkeit, kreative Strategien zu entwickeln und Hindernisse zu überwinden, trug maßgeblich zum Erfolg der Bewegung gegen das Anti-Körperphasen-Gesetz bei. Durch die Nutzung sozialer Medien, die Organisation von Veranstaltungen und den Aufbau von Allianzen konnte sie eine breite Basis von Unterstützern gewinnen und eine nachhaltige Bewegung für Bürgerrechte auf Verin-9 ins Leben rufen.

Die Suche nach Frieden und Verständnis

Inmitten der Eskalation der Konflikte auf Verin-9 war die Suche nach Frieden und Verständnis für Jyn Korr und ihre Mitstreiter von zentraler Bedeutung. Diese Phase des Aktivismus war geprägt von der Erkenntnis, dass der Dialog und die Empathie zwischen den verschiedenen gesellschaftlichen Gruppen entscheidend waren, um die tief verwurzelten Spannungen zu überwinden. In diesem Abschnitt werden die theoretischen Grundlagen, die Herausforderungen und einige Beispiele für die Bemühungen um Frieden und Verständnis untersucht.

Theoretische Grundlagen

Die Suche nach Frieden und Verständnis basiert auf mehreren theoretischen Ansätzen, die in der Konfliktforschung und der Sozialpsychologie verankert sind. Ein zentraler Punkt ist das Konzept der **Transformativen Konfliktlösung**, das darauf abzielt, die zugrunde liegenden Bedürfnisse und Interessen der Konfliktparteien zu identifizieren und zu adressieren. Laut Lederach (1997) ist der Schlüssel zur Konfliktlösung nicht nur die Beendigung von Feindseligkeiten, sondern auch die Schaffung von Beziehungen und das Verständnis der Perspektiven des anderen. Ein weiterer wichtiger theoretischer Rahmen ist die **Theorie der sozialen Identität**, die von Tajfel und Turner entwickelt wurde. Diese Theorie besagt, dass Konflikte oft aus der Wahrnehmung von Bedrohungen für die eigene soziale Identität resultieren. Um Frieden zu fördern, ist es notwendig, diese Wahrnehmungen zu verändern und gemeinsame Identitäten zu schaffen, die über ethnische oder kulturelle Unterschiede hinausgehen.

Herausforderungen

Die Suche nach Frieden und Verständnis war jedoch nicht ohne Herausforderungen. Eine der größten Schwierigkeiten war die tief verwurzelte Misstrauen zwischen den verschiedenen Gruppen auf Verin-9. Historisch bedingte Vorurteile und Diskriminierung führten dazu, dass viele Menschen skeptisch gegenüber den Absichten der anderen waren. Diese Skepsis wurde durch die aggressive Rhetorik der Regierung und die mediale Berichterstattung über die Proteste weiter angeheizt.

Zusätzlich war es eine Herausforderung, die verschiedenen Stimmen innerhalb der Aktivistengemeinschaft zu vereinen. Während einige auf radikale Maßnahmen drängten, plädierten andere für einen friedlichen Dialog. Diese unterschiedlichen Ansätze führten zu internen Konflikten, die die Bewegung schwächten und die Suche nach einem gemeinsamen Verständnis erschwerten.

Beispiele für Initiativen

Trotz dieser Herausforderungen unternahm Jyn Korr mehrere Initiativen, um Frieden und Verständnis zu fördern. Eine der ersten Maßnahmen war die Organisation von **Dialogforen**, in denen Vertreter verschiedener Gruppen zusammenkamen, um ihre Perspektiven auszutauschen. Diese Foren wurden als sicherer Raum gestaltet, in dem die Teilnehmer offen über ihre Erfahrungen sprechen konnten, ohne Angst vor Vergeltung oder Verurteilung.

Ein weiteres Beispiel war die **Kunst- und Kulturinitiative**, die darauf abzielte, durch kreative Ausdrucksformen Brücken zwischen den Gemeinschaften zu schlagen. Künstler, Musiker und Schriftsteller wurden eingeladen, ihre Werke zu präsentieren, die Themen wie Einheit, Frieden und gemeinsames Verständnis behandelten. Diese Veranstaltungen zogen ein breites Publikum an und förderten den interkulturellen Dialog.

Jyn erkannte auch die Bedeutung von **Bildungsprogrammen** für die Förderung des Verständnisses. Sie initiierte Workshops in Schulen, in denen die Schüler über die Geschichte der Diskriminierung und die Bedeutung von Empathie und Solidarität unterrichtet wurden. Diese Programme trugen dazu bei, das Bewusstsein für die Herausforderungen zu schärfen, mit denen verschiedene Gruppen konfrontiert waren, und förderten eine Kultur des Respekts und der Toleranz.

Ergebnisse und Reflexionen

Die Bemühungen um Frieden und Verständnis führten schließlich zu einer schrittweisen Verbesserung der Beziehungen zwischen den verschiedenen Gruppen auf Verin-9. Während nicht alle Spannungen gelöst werden konnten, gab es signifikante Fortschritte in der Wahrnehmung und im Dialog. Die Dialogforen und kulturellen Initiativen schufen einen Raum für Verständnis und Empathie, der zuvor nicht vorhanden war.

Jyns persönliche Reflexion über diese Erfahrungen war, dass der Weg zu Frieden und Verständnis oft lang und mühsam ist, aber unerlässlich für eine nachhaltige Lösung von Konflikten. Sie erkannte, dass der Schlüssel nicht nur in der Beendigung von Feindseligkeiten liegt, sondern auch in der Schaffung von Beziehungen, die auf Vertrauen und Respekt basieren.

Abschließend lässt sich sagen, dass die Suche nach Frieden und Verständnis auf Verin-9 ein integraler Bestandteil des Aktivismus von Jyn Korr war. Ihre Ansätze und Initiativen zeigten, dass es möglich ist, trotz der tiefen Gräben zwischen den Gemeinschaften einen Dialog zu führen und gemeinsame Wege zu finden. Diese Erkenntnisse sind nicht nur für Verin-9 von Bedeutung, sondern können auch auf andere intergalaktische Konflikte angewendet werden, die ähnliche Herausforderungen aufweisen.

Die Unterstützung aus dem Ausland

Internationale Solidarität

Internationale Solidarität ist ein zentrales Konzept im Aktivismus, das sich auf die Unterstützung und Zusammenarbeit zwischen verschiedenen Ländern und Kulturen bezieht, um gemeinsame Ziele zu erreichen, insbesondere im Bereich der Menschenrechte und sozialen Gerechtigkeit. In der heutigen globalisierten Welt ist die Bedeutung internationaler Solidarität nicht zu unterschätzen, da viele soziale Bewegungen über nationale Grenzen hinaus agieren und sich gegenseitig inspirieren.

Theoretische Grundlagen

Die theoretischen Grundlagen der internationalen Solidarität können auf verschiedene sozialwissenschaftliche Ansätze zurückgeführt werden. Ein wesentlicher Aspekt ist die Idee der *transnationalen sozialen Bewegungen*, die das Potenzial haben, lokale Kämpfe mit globalen Anliegen zu verknüpfen. Diese Bewegungen nutzen oft das Konzept der *solidarischen Verantwortung*, das besagt, dass Menschen unabhängig von ihrem geografischen Standort eine moralische Verpflichtung haben, sich für das Wohl anderer einzusetzen.

Ein Beispiel für diese Theorie ist die *Weltsozialforum-Bewegung*, die seit 2001 besteht und eine Plattform für soziale Bewegungen weltweit bietet, um sich zu vernetzen und gemeinsam für soziale Gerechtigkeit zu kämpfen. Diese Art von Netzwerkbildung zeigt, wie internationale Solidarität in der Praxis funktioniert, indem sie den Austausch von Ideen und Strategien fördert.

Herausforderungen der internationalen Solidarität

Trotz ihrer Bedeutung sieht sich die internationale Solidarität auch zahlreichen Herausforderungen gegenüber. Eine der größten Hürden ist die *Ungleichheit zwischen den Ländern*, die oft zu einer ungleichen Verteilung von Ressourcen und Macht führt. Diese Ungleichheit kann dazu führen, dass die Stimmen von Aktivisten aus weniger privilegierten Ländern in internationalen Foren oft überhört werden.

Ein weiteres Problem ist die *Kulturalisierung* von Solidarität, bei der lokale Kontexte und kulturelle Unterschiede nicht ausreichend berücksichtigt werden. Dies kann zu Missverständnissen und einer fehlenden Relevanz der internationalen Unterstützung führen. Die Gefahr besteht, dass Solidarität als eine Art *Wohlstandsexport* wahrgenommen wird, bei dem reiche Nationen versuchen, ihre Werte und Lösungen ohne Rücksicht auf lokale Gegebenheiten aufzuzwingen.

Beispiele für internationale Solidarität

Ein bemerkenswertes Beispiel für internationale Solidarität ist die Unterstützung der *Black Lives Matter*-Bewegung, die nicht nur in den USA, sondern auch weltweit Resonanz fand. Aktivisten in verschiedenen Ländern organisierten Proteste und Solidaritätsaktionen, um gegen Rassismus und Polizeigewalt zu kämpfen. Diese transnationalen Aktionen verdeutlichen, wie lokale Kämpfe durch internationale Unterstützung verstärkt werden können.

Ein weiteres Beispiel ist die *Fridays for Future*-Bewegung, die von der schwedischen Aktivistin Greta Thunberg ins Leben gerufen wurde. Diese Bewegung hat weltweit Schüler und Studenten mobilisiert, um gegen den Klimawandel zu protestieren und fordert von Regierungen Maßnahmen zum Schutz der Umwelt. Die internationale Dimension dieser Bewegung zeigt, wie wichtig es ist, globale Probleme gemeinsam anzugehen und lokale Initiativen zu unterstützen.

Schlussfolgerung

Internationale Solidarität ist ein unverzichtbarer Bestandteil des modernen Aktivismus. Sie ermöglicht es, lokale Kämpfe in einen globalen Kontext zu stellen und gemeinsame Lösungen für komplexe Probleme zu finden. Trotz der Herausforderungen, die sie mit sich bringt, bleibt die internationale Solidarität ein kraftvolles Werkzeug, um für Gerechtigkeit und Menschenrechte einzutreten. Die Verbindungen, die durch internationale Solidarität geschaffen werden, sind entscheidend für den Erfolg von Bewegungen und für die Schaffung einer gerechteren Welt.

$$\text{Solidarität} = \text{Empathie} + \text{Handeln} + \text{Verbindung} \qquad (32)$$

Die Gleichung verdeutlicht, dass Solidarität aus einem Zusammenspiel von Empathie, aktivem Handeln und der Schaffung von Verbindungen zwischen Menschen und Bewegungen entsteht. Nur durch die Kombination dieser Elemente kann internationale Solidarität effektiv verwirklicht werden.

Die Rolle von NGOs

Nichtregierungsorganisationen (NGOs) spielen eine entscheidende Rolle im Aktivismus, insbesondere in Bezug auf die Unterstützung von Bürgerrechten und die Mobilisierung von Gemeinschaften. In der Auseinandersetzung mit dem Anti-Körperphasen-Gesetz auf Verin-9 trugen NGOs maßgeblich zur Stärkung der Stimme von Jyn Korr und ihrer Mitstreiter bei. Diese Organisationen fungieren oft als Brücke zwischen der Zivilgesellschaft und der Regierung, indem sie Informationen bereitstellen, Ressourcen mobilisieren und politische Druckmittel schaffen.

Theoretische Grundlagen

Laut der Theorie des sozialen Wandels sind NGOs entscheidend für die Schaffung eines Umfelds, in dem soziale Bewegungen gedeihen können. Sie bieten Unterstützung in Form von Finanzierung, Fachwissen und Netzwerken. NGOs können als *Katalysatoren* fungieren, die den Prozess des Wandels beschleunigen, indem sie das Bewusstsein für soziale Probleme schärfen und die Öffentlichkeit mobilisieren.

Ein Beispiel für eine solche Theorie ist die *Resource Mobilization Theory*, die besagt, dass der Erfolg sozialer Bewegungen stark von den verfügbaren Ressourcen abhängt. NGOs sind oft die Hauptquelle für diese Ressourcen, sei es durch finanzielle Unterstützung, Zugang zu Medien oder Fachwissen in rechtlichen und politischen Angelegenheiten.

Probleme und Herausforderungen

Trotz ihrer wichtigen Rolle stehen NGOs vor zahlreichen Herausforderungen. Eine der größten Hürden ist die Finanzierung. Viele NGOs sind auf Spenden angewiesen, was ihre Unabhängigkeit und ihre Fähigkeit, auf dringende soziale Probleme zu reagieren, einschränken kann. In einigen Fällen können NGOs auch unter Druck geraten, ihre Agenda zu ändern, um den Interessen ihrer Geldgeber zu entsprechen.

Ein weiteres Problem ist die *Legitimitätskrise*, die einige NGOs erleben können. Wenn die Öffentlichkeit das Gefühl hat, dass eine NGO nicht im besten Interesse der Gemeinschaft handelt oder dass ihre Aktivitäten nicht transparent sind, kann dies zu einem Verlust des Vertrauens führen. Dies ist besonders kritisch in politischen Kontexten, in denen die Unterstützung der Bevölkerung entscheidend für den Erfolg von Aktivismus ist.

Beispiele für erfolgreiche NGOs

Auf Verin-9 gab es mehrere NGOs, die sich aktiv gegen das Anti-Körperphasen-Gesetz einsetzten. Eine dieser Organisationen war *Verin für Vielfalt*, die sich für die Rechte von Minderheiten und unterrepräsentierten Gruppen einsetzt. Sie organisierten Workshops, um das Bewusstsein für die negativen Auswirkungen des Gesetzes zu schärfen und schufen Plattformen für betroffene Bürger, um ihre Geschichten zu teilen.

Ein weiteres Beispiel ist die *Intergalaktische Menschenrechtsallianz*, die internationale Unterstützung mobilisierte und die Aufmerksamkeit der Medien auf die Situation auf Verin-9 lenkte. Diese Organisation führte Kampagnen durch, die nicht nur lokale, sondern auch intergalaktische Solidarität erzeugten, was den Druck auf die Regierung von Verin-9 erhöhte.

Fazit

Zusammenfassend lässt sich sagen, dass NGOs eine unverzichtbare Rolle im Aktivismus spielen. Sie bieten nicht nur notwendige Ressourcen und Unterstützung, sondern helfen auch, das Bewusstsein für soziale Probleme zu schärfen und die öffentliche Meinung zu beeinflussen. In der Auseinandersetzung um das Anti-Körperphasen-Gesetz auf Verin-9 waren NGOs entscheidend für den Erfolg der Bewegung und die Mobilisierung von Unterstützern. Ihre Fähigkeit, Netzwerke zu schaffen und internationale Solidarität zu fördern, zeigt, wie wichtig sie für den Fortschritt der Bürgerrechte sind.

Die Herausforderungen, vor denen NGOs stehen, dürfen jedoch nicht ignoriert werden. Es ist wichtig, ihre Unabhängigkeit und Transparenz zu wahren, um das Vertrauen der Öffentlichkeit zu erhalten und weiterhin als effektive Akteure im Kampf für Gerechtigkeit und Gleichheit zu fungieren.

Die Bedeutung von Botschaften und Konsulaten

In der heutigen globalisierten Welt spielen Botschaften und Konsulate eine entscheidende Rolle im internationalen Aktivismus, insbesondere im Kontext des Widerstands gegen ungerechte Gesetze wie das Anti-Körperphasen-Gesetz auf Verin-9. Diese diplomatischen Vertretungen sind nicht nur für die Pflege bilateraler Beziehungen zwischen Staaten verantwortlich, sondern fungieren auch als wichtige Plattformen für den Austausch von Informationen und die Unterstützung von Bürgerrechtsaktivisten.

Theoretische Grundlagen

Die Rolle von Botschaften und Konsulaten lässt sich durch verschiedene theoretische Ansätze im Bereich der internationalen Beziehungen erklären. Ein zentraler Aspekt ist das Konzept der **Soft Power**, das von Joseph Nye eingeführt wurde. Soft Power bezeichnet die Fähigkeit eines Landes, durch kulturelle Attraktivität, Werte und politische Ideale Einfluss auszuüben, anstatt durch militärische oder wirtschaftliche Macht. Botschaften und Konsulate sind oft die ersten Anlaufstellen für Aktivisten, die Unterstützung suchen oder internationale Aufmerksamkeit auf Missstände lenken möchten.

Probleme und Herausforderungen

Trotz ihrer wichtigen Rolle stehen Botschaften und Konsulate vor einer Vielzahl von Herausforderungen. Eine der größten Hürden ist die **politische Sensibilität** der Themen, die von Aktivisten angesprochen werden. In vielen Fällen sind Regierungen nicht bereit, sich mit kritischen Stimmen auseinanderzusetzen, die die nationale Souveränität oder das Ansehen des Landes in Frage stellen. Dies kann dazu führen, dass Botschaften und Konsulate zögerlich sind, sich aktiv in lokale Konflikte einzumischen.

Ein weiteres Problem ist die **Ressourcenknappheit.** Viele Botschaften sind mit begrenzten Mitteln und Personal ausgestattet, was ihre Fähigkeit einschränkt, aktiv auf die Anliegen von Bürgerrechtsaktivisten einzugehen. In Krisenzeiten, wie während der Proteste gegen das Anti-Körperphasen-Gesetz, kann dies zu einer Überlastung führen, die die Effektivität der diplomatischen Vertretungen beeinträchtigt.

Beispiele aus der Praxis

Ein bemerkenswertes Beispiel für die Rolle von Botschaften im Aktivismus ist die Unterstützung, die Jyn Korr und ihre Bürgerrechtsgruppe von der Botschaft eines benachbarten Planeten erhielten. Diese Botschaft organisierte eine Reihe von Veranstaltungen, um auf die Ungerechtigkeiten aufmerksam zu machen, und stellte Ressourcen zur Verfügung, um die Proteste auf Verin-9 zu unterstützen. Durch die Bereitstellung von Räumlichkeiten für Versammlungen und die Verbreitung von Informationen über soziale Medien konnten sie die Reichweite der Bewegung erheblich erweitern.

Ein weiteres Beispiel ist die Rolle von Konsulaten in der Bereitstellung von **Rechtsbeistand.** In vielen Fällen konnten Aktivisten, die wegen ihrer Proteste verhaftet wurden, durch die Unterstützung von Konsulaten rechtliche Hilfe erhalten. Dies ist besonders wichtig in Ländern, in denen das Rechtssystem möglicherweise nicht unabhängig ist oder wo die Rechte der Bürger nicht respektiert werden.

Schlussfolgerung

Zusammenfassend lässt sich sagen, dass Botschaften und Konsulate eine unverzichtbare Rolle im internationalen Aktivismus spielen. Sie bieten nicht nur Unterstützung und Ressourcen für Bürgerrechtsbewegungen, sondern sind auch entscheidend für die Mobilisierung internationaler Aufmerksamkeit auf lokale Probleme. Trotz der Herausforderungen, mit denen sie konfrontiert sind, bleibt ihre Bedeutung im Kampf für Gerechtigkeit und Gleichheit unbestritten. Die Fähigkeit, eine Brücke zwischen lokalen Aktivisten und der internationalen Gemeinschaft zu schlagen, ist ein wesentlicher Bestandteil des modernen Aktivismus und wird auch in zukünftigen Kämpfen um Bürgerrechte von zentraler Bedeutung sein.

Berichterstattung in ausländischen Medien

Die Berichterstattung in ausländischen Medien spielte eine entscheidende Rolle bei der Mobilisierung internationaler Unterstützung für den Widerstand gegen das Anti-Körperphasen-Gesetz auf Verin-9. Diese Berichterstattung beeinflusste nicht nur die Wahrnehmung der Ereignisse auf Verin-9, sondern auch die Reaktionen der globalen Gemeinschaft und der intergalaktischen Organisationen. In diesem Abschnitt werden wir die Mechanismen der Berichterstattung, die Herausforderungen, denen sich Journalisten gegenübersahen, sowie die Auswirkungen auf den Aktivismus untersuchen.

Mechanismen der Berichterstattung

Die Berichterstattung über den Widerstand gegen das Anti-Körperphasen-Gesetz erfolgte über verschiedene Medienkanäle, darunter Printmedien, Fernsehen und soziale Medien. Ausländische Journalisten berichteten von den Protesten, indem sie sowohl vor Ort recherchierten als auch Informationen von Aktivisten und Unterstützern sammelten. Ein Beispiel für eine solche Berichterstattung war der Artikel in der intergalaktischen Zeitung *Galactic News*, der die brutalen Repressionen der Regierung gegen friedliche Demonstranten dokumentierte.

Die Berichterstattung umfasste auch Interviews mit Jyn Korr, die als eine der führenden Stimmen des Widerstands galt. Diese Interviews halfen, ihre Botschaft und ihre Vision für eine gerechtere Gesellschaft über die Grenzen von Verin-9 hinaus zu verbreiten. Die Verwendung von sozialen Medienplattformen wie *Intergalactic Twitter* und *Spacebook* ermöglichte es, die Proteste in Echtzeit zu dokumentieren und eine breite Öffentlichkeit zu erreichen.

Herausforderungen für Journalisten

Trotz der positiven Aspekte der Berichterstattung standen Journalisten vor erheblichen Herausforderungen. Die Regierung von Verin-9 versuchte aktiv, die Berichterstattung zu kontrollieren und zu zensieren. Journalisten, die über die Proteste berichteten, sahen sich oft Drohungen und Einschüchterungen ausgesetzt. Ein Beispiel hierfür ist der Fall von Lira Taan, einer Journalistin, die während eines Interviews mit Jyn Korr festgenommen wurde, weil sie kritische Fragen zur Regierung stellte.

Die Zensur führte dazu, dass einige ausländische Medien gezwungen waren, ihre Berichterstattung anzupassen oder sich auf Informationen aus inoffiziellen Quellen zu stützen. Dies führte zu einer Fragmentierung der Berichterstattung, die es schwierig machte, ein umfassendes Bild der Situation auf Verin-9 zu vermitteln.

Auswirkungen auf den Aktivismus

Die Berichterstattung in ausländischen Medien hatte weitreichende Auswirkungen auf den Aktivismus auf Verin-9. Durch die internationale Aufmerksamkeit, die den Protesten zuteilwurde, erlebte der Widerstand eine Welle der Solidarität aus verschiedenen Teilen der Galaxie. Aktivisten und Organisationen aus anderen Systemen begannen, sich mit den Kämpfen auf Verin-9 zu identifizieren und ihre Unterstützung zu mobilisieren.

Ein Beispiel für diese Solidarität war die Gründung von *Intergalactic Alliance for Rights*, einer Gruppe, die sich für die Rechte von Bürgern auf Verin-9 einsetzte. Diese Gruppe organisierte internationale Kampagnen, die durch Berichterstattung in ausländischen Medien unterstützt wurden. Die Berichterstattung half, Druck auf die Regierung von Verin-9 auszuüben, um Reformen einzuleiten und das Anti-Körperphasen-Gesetz abzulehnen.

Fazit

Zusammenfassend lässt sich sagen, dass die Berichterstattung in ausländischen Medien eine wesentliche Rolle im Widerstand gegen das Anti-Körperphasen-Gesetz spielte. Trotz der Herausforderungen, mit denen Journalisten konfrontiert waren, trugen ihre Berichte dazu bei, das Bewusstsein für die Situation auf Verin-9 zu schärfen und internationale Unterstützung zu mobilisieren. Diese Berichterstattung unterstrich die Bedeutung von Medienfreiheit und die Macht der Informationen in der modernen Gesellschaft, insbesondere im Kontext von aktivistischen Bewegungen.

Die Mobilisierung von intergalaktischen Unterstützern

Die Mobilisierung von intergalaktischen Unterstützern stellte sich als entscheidender Faktor im Widerstand gegen das Anti-Körperphasen-Gesetz auf Verin-9 heraus. In einer Zeit, in der die Grenzen zwischen den Welten immer durchlässiger wurden, erkannten Aktivisten wie Jyn Korr, dass der Einsatz für

Bürgerrechte nicht nur auf den eigenen Planeten beschränkt bleiben konnte. Der intergalaktische Aktivismus erforderte ein tiefes Verständnis für die Dynamiken, die verschiedene Kulturen und Gesellschaften miteinander verbanden.

Theoretische Grundlagen

Die Mobilisierung intergalaktischer Unterstützer kann durch die Theorie der transnationalen sozialen Bewegungen erklärt werden. Diese Theorie besagt, dass soziale Bewegungen über nationale Grenzen hinweg operieren und sich gegenseitig beeinflussen können. Ein zentrales Konzept hierbei ist die *Solidarität*, die nicht nur auf gemeinsamen Interessen basiert, sondern auch auf einem tiefen Verständnis von Gerechtigkeit und Gleichheit.

Die Gleichung, die diese Dynamik beschreibt, könnte wie folgt formuliert werden:

$$S = \sum_{i=1}^{n}(C_i \cdot E_i)$$

wobei S die Solidarität ist, C_i die kulturellen Gemeinsamkeiten zwischen den Unterstützern und den Aktivisten darstellt und E_i die Effizienz der Mobilisierungsstrategien beschreibt. Eine hohe Solidarität kann somit durch eine Kombination aus starken kulturellen Verbindungen und effektiven Mobilisierungsstrategien erreicht werden.

Herausforderungen der Mobilisierung

Trotz der theoretischen Grundlagen gab es zahlreiche Herausforderungen bei der Mobilisierung intergalaktischer Unterstützer. Eine der größten Hürden war die *kommunikative Kluft* zwischen den verschiedenen Kulturen und Zivilisationen. Unterschiedliche Sprachen, soziale Normen und politische Systeme machten es schwierig, ein gemeinsames Verständnis zu entwickeln.

Ein weiteres Problem war die *Ressourcenteilung*. Aktivisten mussten lernen, wie sie ihre Ressourcen effektiv mit intergalaktischen Partnern teilen konnten, ohne dass dies zu Missverständnissen oder Konflikten führte. Dies erforderte nicht nur strategisches Denken, sondern auch Empathie und die Bereitschaft, voneinander zu lernen.

Beispiele erfolgreicher Mobilisierung

Trotz dieser Herausforderungen gab es auch bemerkenswerte Erfolge. Ein Beispiel ist die *Intergalaktische Bürgerrechtskonferenz*, die auf dem Planeten Zorath stattfand. Diese Konferenz brachte Aktivisten aus verschiedenen Teilen der Galaxie zusammen, um Strategien zu entwickeln und Erfahrungen auszutauschen. Jyn Korr hielt dort eine leidenschaftliche Rede, die die Herzen vieler Zuhörer berührte und zur Gründung eines intergalaktischen Bündnisses führte.

Ein weiteres Beispiel ist die Nutzung von *sozialen Medien* und digitalen Plattformen, um Unterstützer zu mobilisieren. Die Kampagne „#Verin9Rights" wurde in verschiedenen intergalaktischen Netzwerken viral und zog die Aufmerksamkeit von berühmten intergalaktischen Persönlichkeiten auf sich, die sich bereit erklärten, ihre Plattformen zu nutzen, um für die Sache zu werben.

Die Rolle von intergalaktischen Allianzen

Die Bildung intergalaktischer Allianzen war ein weiterer Schlüssel zur Mobilisierung. Aktivisten schlossen sich mit Organisationen zusammen, die ähnliche Ziele verfolgten, wie etwa die *Galaktische Union für Bürgerrechte* und die *Intergalaktische Liga der Gerechtigkeit*. Diese Allianzen ermöglichten es, Ressourcen zu bündeln und eine stärkere Stimme in der intergalaktischen Gemeinschaft zu erlangen.

Die Zusammenarbeit mit diesen Organisationen führte zu einer Vielzahl von Kampagnen, die nicht nur auf Verin-9, sondern auch auf anderen Planeten Aufmerksamkeit erregten. Dies schuf einen *Schneeballeffekt*, der die Bewegung weiter verstärkte und mehr Unterstützer anlockte.

Fazit

Die Mobilisierung intergalaktischer Unterstützer war ein komplexer, aber entscheidender Prozess im Widerstand gegen das Anti-Körperphasen-Gesetz. Durch die Anwendung transnationaler Theorien, die Überwindung kommunikativer Kluften und die Gründung von Allianzen konnten Aktivisten wie Jyn Korr eine breitere Unterstützung gewinnen. Diese Erfahrungen verdeutlichen die Bedeutung von intergalaktischem Aktivismus und die Notwendigkeit, über planetarische Grenzen hinweg zu denken, um echte Veränderungen zu bewirken.

Jyns Reisen und Begegnungen

Jyn Korr, die unerschütterliche Bürgerrechtsaktivistin von Verin-9, war nicht nur auf ihrer Heimatwelt aktiv, sondern reiste auch in andere Systeme, um internationale Unterstützung für ihren Kampf gegen das Anti-Körperphasen-Gesetz zu gewinnen. Ihre Reisen waren geprägt von Begegnungen mit Gleichgesinnten, die ähnliche Kämpfe führten, und von der Suche nach Lösungen, die über die Grenzen ihrer eigenen Welt hinausgingen.

Die erste Reise nach Zeta Prime

Jyns erste bedeutende Reise führte sie nach Zeta Prime, einem Planeten, der für seine fortschrittlichen Ansätze in der Bürgerrechtsbewegung bekannt war. Dort traf sie sich mit der berühmten Aktivistin Lyra Tann, die als Vorbild für viele galt. In einem inspirierenden Gespräch erklärte Lyra, dass der Schlüssel zum Erfolg in der Mobilisierung der Massen liege:

$$M = f(A, C, T) \tag{33}$$

wobei M die Mobilisierung, A die Anzahl der Aktivisten, C die kulturelle Relevanz der Bewegung und T die Technologie ist, die zur Verbreitung der Botschaft verwendet wird. Jyn war fasziniert von Lyras Strategien, die soziale Medien und kreative Kunstformen einbezogen, um das Bewusstsein zu schärfen.

Die Herausforderungen der intergalaktischen Diplomatie

Während ihrer Reise nach Zeta Prime wurde Jyn mit den Herausforderungen der intergalaktischen Diplomatie konfrontiert. Die Unterschiede in den politischen Systemen und kulturellen Normen erschwerten die Zusammenarbeit zwischen den verschiedenen Gruppen. In einem Workshop diskutierten die Teilnehmer die Probleme, die sich aus diesen Differenzen ergeben:

- **Kulturelle Missverständnisse:** Jyn erlebte, wie verschiedene Kommunikationsstile zu Missverständnissen führen konnten. In Verin-9 war direkte Kommunikation üblich, während auf Zeta Prime subtile Andeutungen bevorzugt wurden.

- **Politische Spannungen:** Einige Gruppen waren skeptisch gegenüber der Zusammenarbeit mit anderen Planeten, da sie befürchteten, ihre eigenen Anliegen zu vernachlässigen.

♦ **Ressourcenverteilung:** Die Frage, wie Ressourcen für den Aktivismus verteilt werden sollten, stellte eine weitere Hürde dar. Jyn sah, dass einige Gruppen über mehr Mittel verfügten, was zu Ungleichheiten führte.

Das Treffen mit intergalaktischen Unterstützern

Ein Höhepunkt von Jyns Reise war das Treffen mit intergalaktischen Unterstützern, die sich für die Rechte von Minderheiten einsetzten. In einer großen Versammlung auf Zeta Prime kamen Aktivisten aus verschiedenen Systemen zusammen, um ihre Erfahrungen auszutauschen. Jyn stellte fest, dass trotz der Unterschiede in ihren Kämpfen viele der gleichen Prinzipien zugrunde lagen.

Ein Beispiel war die Verwendung von Kunst als Ausdrucksform des Widerstands. Jyn war besonders beeindruckt von einem Theaterstück, das die Erfahrungen von Unterdrückten darstellte und das Publikum zum Nachdenken anregte. Diese Art der kreativen Kommunikation war ein effektives Mittel, um Empathie zu fördern und das Bewusstsein zu schärfen.

Die Rückkehr nach Verin-9

Nach ihrer Rückkehr nach Verin-9 war Jyn voller neuer Ideen und Inspiration. Sie begann, die Konzepte, die sie gelernt hatte, in ihrer eigenen Aktivismusarbeit zu integrieren. Jyn organisierte Workshops, in denen sie die Bedeutung von intergalaktischer Solidarität betonte und die Lektionen, die sie auf Zeta Prime gelernt hatte, weitergab.

Sie stellte fest, dass die Zusammenarbeit mit anderen Gruppen nicht nur ihre eigene Bewegung stärkte, sondern auch das Bewusstsein für die Herausforderungen, die sie alle teilten, schärfte. Jyns Reisen und Begegnungen hatten ihr nicht nur neue Perspektiven eröffnet, sondern auch ein Netzwerk von Unterstützern geschaffen, das über die Grenzen von Verin-9 hinausging.

Schlussfolgerung

Jyn Korrs Reisen waren ein entscheidender Teil ihrer Entwicklung als Aktivistin. Sie erlernte nicht nur neue Strategien, sondern baute auch Beziehungen zu anderen Aktivisten auf, die ihr halfen, ihre eigenen Kämpfe zu verstärken. Diese intergalaktischen Begegnungen zeigten, dass der Kampf für Bürgerrechte nicht isoliert, sondern als Teil eines größeren, globalen Netzwerks geführt werden musste. Jyns Erfahrungen auf Zeta Prime wurden zu einem Fundament, auf dem sie ihre zukünftigen Aktionen aufbauen konnte, und verdeutlichten die

Notwendigkeit, über den eigenen Tellerrand hinauszublicken, um echte Veränderungen zu bewirken.

Die Wichtigkeit von Diplomatie

Die Diplomatie spielt eine entscheidende Rolle im Kontext des Aktivismus, insbesondere wenn es darum geht, internationale Unterstützung zu mobilisieren und den Druck auf Regierungen zu erhöhen, die gegen Bürgerrechte verstoßen. In dieser Sektion werden wir die verschiedenen Dimensionen der Diplomatie im Rahmen des Widerstands gegen das Anti-Körperphasen-Gesetz auf Verin-9 untersuchen, einschließlich der Herausforderungen, denen sich Aktivisten gegenübersehen, und der Strategien, die sie nutzen können, um ihre Ziele zu erreichen.

Theoretische Grundlagen der Diplomatie

Diplomatie wird oft als der Prozess beschrieben, durch den Staaten und Organisationen ihre Interessen durch Verhandlungen und Dialog verfolgen. Laut dem Diplomaten Hans Morgenthau ist Diplomatie „die Kunst, die eigenen nationalen Interessen durch Verhandlungen und Gespräche zu fördern" [?]. Diese Definition lässt sich auf den Aktivismus übertragen, wo die Interessen der Bürgerrechtsbewegung oft im Widerspruch zu den politischen Zielen der Regierungen stehen.

Ein wichtiges Konzept in der Diplomatie ist die **Soft Power**, die von Joseph Nye definiert wird als die Fähigkeit, andere durch Anziehung und Überzeugung zu beeinflussen, anstatt durch Zwang oder Gewalt [?]. Aktivisten können Soft Power nutzen, um Unterstützung für ihre Anliegen zu gewinnen, indem sie die öffentliche Meinung beeinflussen und positive Beziehungen zu internationalen Akteuren aufbauen.

Herausforderungen der Diplomatie im Aktivismus

Aktivisten stehen vor mehreren Herausforderungen, wenn sie versuchen, diplomatische Beziehungen zu nutzen:

+ **Mangelnde Ressourcen:** Viele Bürgerrechtsgruppen sind oft unterfinanziert und haben nicht die Mittel, um internationale Kampagnen zu führen oder diplomatische Kontakte zu knüpfen.

+ **Regierungsfeindliche Haltung:** In autoritären Staaten kann die Regierung aktiv versuchen, diplomatische Bemühungen zu untergraben, indem sie Aktivisten verfolgt oder ihre Stimmen zum Schweigen bringt.

+ **Komplexität der internationalen Beziehungen:** Die Dynamik internationaler Beziehungen ist oft komplex und kann durch geopolitische Interessen beeinflusst werden, was die Unterstützung für lokale Anliegen erschwert.

Strategien zur Förderung der Diplomatie

Um diese Herausforderungen zu überwinden, können Aktivisten verschiedene Strategien anwenden:

1. **Bildung von Allianzen:** Aktivisten sollten Partnerschaften mit internationalen NGOs und anderen Organisationen eingehen, um ihre Sichtbarkeit und Glaubwürdigkeit zu erhöhen. Dies kann durch gemeinsame Veranstaltungen, Konferenzen und Kampagnen geschehen.

2. **Nutzung von Medien:** Die Medien können eine wichtige Rolle dabei spielen, internationale Aufmerksamkeit auf lokale Anliegen zu lenken. Aktivisten sollten soziale Medien, Pressemitteilungen und Blogs nutzen, um ihre Botschaften zu verbreiten und Unterstützer zu mobilisieren.

3. **Lobbyarbeit:** Aktivisten können versuchen, Lobbyarbeit bei internationalen Institutionen wie den Vereinten Nationen oder regionalen Organisationen zu leisten, um Druck auf ihre Regierungen auszuüben.

Beispiele erfolgreicher diplomatischer Bemühungen

Ein bemerkenswertes Beispiel für erfolgreiche diplomatische Bemühungen im Aktivismus ist die **Kampagne für die Rechte der indigenen Völker.** Diese Bewegung hat es geschafft, internationale Unterstützung zu mobilisieren und Druck auf Regierungen auszuüben, um Gesetze zu ändern, die die Rechte indigener Gemeinschaften verletzen. Durch die Zusammenarbeit mit internationalen Organisationen und die Nutzung von Medien konnten Aktivisten die Aufmerksamkeit auf ihre Anliegen lenken und bedeutende Fortschritte erzielen.

Ein weiteres Beispiel ist die **Fridays for Future**-Bewegung, die von Greta Thunberg ins Leben gerufen wurde. Diese globale Jugendbewegung hat es geschafft, durch diplomatische Bemühungen und die Mobilisierung von

Unterstützern weltweit eine breite Diskussion über den Klimawandel und die Verantwortung der Regierungen zu entfachen.

Fazit

Zusammenfassend lässt sich sagen, dass Diplomatie eine wesentliche Komponente des Aktivismus ist, die es ermöglicht, internationale Unterstützung zu gewinnen und den Druck auf Regierungen zu erhöhen, um Veränderungen herbeizuführen. Trotz der Herausforderungen, denen sich Aktivisten gegenübersehen, können durch strategische Allianzen, Medienarbeit und Lobbyarbeit bedeutende Fortschritte erzielt werden. Die Beispiele erfolgreicher Kampagnen zeigen, dass durch diplomatische Bemühungen nicht nur lokale Anliegen in den internationalen Fokus gerückt werden können, sondern auch konkrete Veränderungen in der Politik erreicht werden können.

Kulturelle Austauschprogramme

Kulturelle Austauschprogramme spielen eine entscheidende Rolle im internationalen Aktivismus, da sie Brücken zwischen verschiedenen Kulturen schlagen und das Verständnis sowie die Solidarität zwischen den Völkern fördern. Diese Programme ermöglichen es Individuen, in andere Länder zu reisen, um deren Kultur, Lebensweise und Herausforderungen aus erster Hand zu erleben. Für Jyn Korr und ihre Bewegung gegen das Anti-Körperphasen-Gesetz auf Verin-9 waren solche Programme von großer Bedeutung, um internationale Unterstützung zu mobilisieren und das Bewusstsein für die Ungerechtigkeiten in ihrer Heimat zu schärfen.

Theoretischer Rahmen

Die Theorie der interkulturellen Kommunikation legt nahe, dass der Austausch von Ideen und Werten zwischen verschiedenen Kulturen zu einem besseren Verständnis und einer stärkeren Empathie führen kann. Laut Geert Hofstede können kulturelle Unterschiede in Dimensionen wie Individualismus versus Kollektivismus, Machtdistanz und Unsicherheitsvermeidung analysiert werden, was für den Erfolg von Austauschprogrammen von entscheidender Bedeutung ist.

Ein Beispiel für eine solche Dimension ist der Individualismus, der in vielen westlichen Kulturen hoch geschätzt wird, während kollektivistische Werte in vielen asiatischen und afrikanischen Kulturen vorherrschen. Diese Unterschiede können zu Missverständnissen führen, die durch kulturelle Austauschprogramme abgebaut werden können.

Herausforderungen der Austauschprogramme

Trotz ihrer Vorteile stehen kulturelle Austauschprogramme vor verschiedenen Herausforderungen. Eine der Hauptprobleme ist die finanzielle Unterstützung. Viele Programme sind auf Spenden und staatliche Mittel angewiesen, die oft unzureichend sind. Zudem können bürokratische Hürden und Visa-Bestimmungen den Austausch erschweren.

Ein weiteres Problem ist die kulturelle Sensibilisierung. Teilnehmer müssen oft auf die kulturellen Unterschiede vorbereitet werden, um Missverständnisse und kulturelle Aneignung zu vermeiden. Dies erfordert sorgfältige Planung und Schulung, um sicherzustellen, dass die Austauschprogramme effektiv und respektvoll gestaltet werden.

Beispiele für erfolgreiche Programme

Ein bemerkenswertes Beispiel für ein erfolgreiches kulturelles Austauschprogramm ist das *International Visitor Leadership Program* (IVLP) der USA, das Führungspersönlichkeiten aus verschiedenen Ländern einlädt, um die amerikanische Kultur und Gesellschaft zu erleben. Teilnehmer aus verschiedenen Sektoren, einschließlich Aktivismus, haben die Möglichkeit, sich mit amerikanischen Kollegen auszutauschen, was oft zu langfristigen Partnerschaften und Initiativen führt.

Ein weiteres Beispiel ist das *Erasmus+-Programm* der Europäischen Union, das Studierenden ermöglicht, an Universitäten in anderen EU-Ländern zu studieren. Dieses Programm hat nicht nur das akademische Verständnis gefördert, sondern auch das interkulturelle Bewusstsein und die Solidarität unter den europäischen Bürgern gestärkt.

Jyns Erfahrungen mit Austauschprogrammen

Jyn Korr nutzte kulturelle Austauschprogramme, um ihre Botschaft über die Ungerechtigkeiten auf Verin-9 zu verbreiten. Durch ihre Teilnahme an internationalen Konferenzen und Workshops konnte sie nicht nur das Bewusstsein für das Anti-Körperphasen-Gesetz schärfen, sondern auch wertvolle Unterstützung von Aktivisten aus anderen Kulturen gewinnen.

Ein denkwürdiger Moment war, als Jyn an einem Austauschprogramm in der Galaxie Xylon teilnahm, wo sie mit lokalen Aktivisten über die Herausforderungen des intergalaktischen Aktivismus diskutierte. Diese Erfahrungen halfen ihr, neue Strategien zu entwickeln und ihre Ansichten über den Widerstand zu erweitern.

Schlussfolgerung

Zusammenfassend lässt sich sagen, dass kulturelle Austauschprogramme ein unverzichtbares Werkzeug im Aktivismus sind. Sie fördern nicht nur das Verständnis und die Solidarität zwischen verschiedenen Kulturen, sondern bieten auch die Möglichkeit, Wissen und Strategien auszutauschen, die für den Erfolg von Bewegungen wie der von Jyn Korr entscheidend sind. Der Aufbau von internationalen Netzwerken und die Stärkung von interkulturellen Beziehungen sind unerlässlich, um den anhaltenden Kampf um Bürgerrechte und soziale Gerechtigkeit voranzutreiben.

Der Einfluss von globalen Bewegungen

Der Einfluss globaler Bewegungen auf den Aktivismus und den Widerstand gegen das Anti-Körperphasen-Gesetz auf Verin-9 ist ein faszinierendes und komplexes Thema. In einer zunehmend vernetzten Welt können Ideen, Strategien und Solidarität über intergalaktische Grenzen hinweg geteilt werden. Diese Dynamik hat nicht nur die Art und Weise verändert, wie Aktivisten in Verin-9 agieren, sondern auch die Wahrnehmung und Unterstützung ihrer Anliegen auf globaler Ebene beeinflusst.

Theoretische Grundlagen

Um den Einfluss globaler Bewegungen zu verstehen, ist es wichtig, einige theoretische Konzepte zu betrachten. Eine der zentralen Theorien ist die **Theorie der sozialen Bewegungen**, die besagt, dass soziale Bewegungen aus dem Zusammenspiel von Ressourcen, Gelegenheiten und sozialen Netzwerken entstehen. Diese Theorie kann auf Jyn Korr und die Bürgerrechtsbewegung auf Verin-9 angewendet werden, da sie Ressourcen wie Informationen und Unterstützung von globalen Netzwerken mobilisieren konnte.

Ein weiteres relevantes Konzept ist die **Theorie des transnationalen Aktivismus**, die beschreibt, wie lokale Bewegungen durch internationale Netzwerke und Allianzen gestärkt werden. Diese Theorie hebt hervor, dass Aktivisten in einem globalen Kontext agieren und dadurch ihre Wirkung verstärken können.

Globale Bewegungen als Unterstützung

Globale Bewegungen, wie die **Fridays for Future**-Bewegung oder die **Black Lives Matter**-Bewegung, haben gezeigt, wie wichtig internationale Solidarität ist. Diese

Bewegungen haben nicht nur die Aufmerksamkeit auf lokale Probleme gelenkt, sondern auch den Aktivisten auf Verin-9 eine Plattform geboten, um ihre Anliegen zu teilen und Unterstützung zu gewinnen.

Ein Beispiel für den Einfluss globaler Bewegungen auf Jyn Korrs Aktivismus ist die Nutzung von sozialen Medien. Plattformen wie *Galactic Twitter* und *Interstellar Instagram* ermöglichten es Jyn, ihre Botschaften an ein breites Publikum zu verbreiten. Durch die Verwendung von Hashtags wie #Verin9Justice und #AntiBodyPhaseResistance konnte sie internationale Aufmerksamkeit auf die Ungerechtigkeiten auf ihrer Heimatwelt lenken.

Probleme und Herausforderungen

Trotz des positiven Einflusses globaler Bewegungen gibt es auch Herausforderungen. Eine der größten Hürden ist die **Kulturalisierung** von Bewegungen. Oftmals können globale Bewegungen nicht die spezifischen kulturellen und sozialen Kontexte lokaler Bewegungen berücksichtigen. Dies kann zu Spannungen führen, wenn beispielsweise Strategien, die in einer anderen Region erfolgreich waren, nicht auf Verin-9 anwendbar sind.

Ein weiteres Problem ist die **Medialisierung** des Aktivismus. Während die Medienberichterstattung über globale Bewegungen oft zu einer erhöhten Sichtbarkeit führt, kann sie auch dazu führen, dass lokale Anliegen in den Hintergrund gedrängt werden. Jyn Korr und ihre Mitstreiter mussten oft darum kämpfen, dass ihre spezifischen Anliegen nicht von den übergreifenden Narrativen globaler Bewegungen overshadowed werden.

Beispiele für globalen Einfluss

Ein konkretes Beispiel für den Einfluss globaler Bewegungen auf den Widerstand gegen das Anti-Körperphasen-Gesetz ist die **Internationale Woche des Widerstands**, die von verschiedenen intergalaktischen Organisationen initiiert wurde. Diese Woche beinhaltete Proteste, Diskussionsforen und kulturelle Veranstaltungen, die weltweit stattfanden und die Anliegen von Jyn Korr und ihrer Gruppe in den Vordergrund rückten.

Darüber hinaus haben prominente Aktivisten und Influencer aus anderen Teilen des Universums Jyns Botschaft unterstützt. Persönlichkeiten wie **Zara X**, eine bekannte Umweltaktivistin, und **Rico V**, ein intergalaktischer Musiker, haben ihre Plattformen genutzt, um auf die Situation auf Verin-9 aufmerksam zu machen. Diese Unterstützung hat nicht nur die Sichtbarkeit der Bewegung erhöht, sondern auch zusätzliche Ressourcen mobilisiert.

Schlussfolgerung

Zusammenfassend lässt sich sagen, dass der Einfluss globaler Bewegungen auf den Aktivismus von Jyn Korr und die Bürgerrechtsbewegung auf Verin-9 sowohl Chancen als auch Herausforderungen mit sich bringt. Während internationale Solidarität und Unterstützung den Widerstand stärken können, ist es entscheidend, die spezifischen lokalen Kontexte zu berücksichtigen und sicherzustellen, dass die Stimmen der Betroffenen gehört werden. Der Erfolg des Widerstands gegen das Anti-Körperphasen-Gesetz wird letztlich davon abhängen, wie gut Jyn und ihre Mitstreiter diese globalen Einflüsse nutzen können, um ihre eigenen, einzigartigen Anliegen zu vertreten und voranzubringen.

Die Bedeutung von Freundschaft über Grenzen hinweg

Freundschaft über Grenzen hinweg ist ein zentrales Element im Kampf für Bürgerrechte und soziale Gerechtigkeit. In einer Welt, die oft durch Konflikte, Vorurteile und Missverständnisse geprägt ist, stellt die interkulturelle Freundschaft eine Brücke dar, die Menschen zusammenbringt und den Dialog fördert. Diese Freundschaften sind nicht nur persönliche Bindungen, sondern auch strategische Allianzen, die den Widerstand gegen Ungerechtigkeiten stärken.

Theoretische Grundlagen

Die Theorie der sozialen Identität, die von Henri Tajfel und John Turner entwickelt wurde, legt nahe, dass Individuen ihre Identität stark durch die Gruppen definieren, denen sie angehören. Freundschaften, die über nationale und kulturelle Grenzen hinausgehen, können helfen, diese Gruppenidentitäten zu erweitern und ein Gefühl der globalen Zugehörigkeit zu fördern. In Zeiten politischer Unruhen können solche Freundschaften eine Quelle der Stärke und des Trostes sein.

Herausforderungen interkultureller Freundschaften

Trotz ihrer Bedeutung stehen interkulturelle Freundschaften vor zahlreichen Herausforderungen. Sprachbarrieren, kulturelle Missverständnisse und unterschiedliche soziale Normen können die Kommunikation erschweren und zu Konflikten führen. Diese Probleme können jedoch durch gegenseitiges Verständnis und den Willen zur Zusammenarbeit überwunden werden. Ein Beispiel hierfür ist die Freundschaft zwischen Jyn Korr und einer Aktivistin aus einer benachbarten Galaxie. Sie lernten, ihre Unterschiede zu schätzen und ihre gemeinsamen Ziele zu priorisieren, was zu einer stärkeren Zusammenarbeit führte.

Praktische Beispiele

Ein herausragendes Beispiel für die Bedeutung von Freundschaft über Grenzen hinweg ist die internationale Solidarität, die während des Widerstands gegen das Anti-Körperphasen-Gesetz auf Verin-9 entstand. Aktivisten aus verschiedenen Planeten schlossen sich zusammen, um ihre Stimmen zu erheben und die Ungerechtigkeiten zu bekämpfen. Diese intergalaktischen Freundschaften führten zu einem Austausch von Strategien und Ressourcen, die den Widerstand erheblich stärkten.

Ein weiteres Beispiel ist die Rolle von sozialen Medien in der Förderung interkultureller Freundschaften. Plattformen wie *Galactic Connect* ermöglichten es Aktivisten, sich zu vernetzen, Erfahrungen auszutauschen und gemeinsame Aktionen zu planen. Durch diese digitalen Freundschaften konnten sie ein globales Bewusstsein für die Probleme auf Verin-9 schaffen und Unterstützung von anderen Welten mobilisieren.

Die Rolle von Freundschaft im Aktivismus

Freundschaften über Grenzen hinweg sind nicht nur für den persönlichen Rückhalt wichtig, sondern auch für die politische Mobilisierung. Gemeinsam organisierte Veranstaltungen, wie intergalaktische Webinare und Protestaktionen, zeigen, wie Freundschaften als Katalysatoren für Veränderungen wirken können. Diese Freundschaften fördern das Verständnis für die Herausforderungen, denen andere gegenüberstehen, und ermutigen die Menschen, sich aktiv für Gerechtigkeit einzusetzen.

Schlussfolgerung

Die Bedeutung von Freundschaft über Grenzen hinweg kann nicht hoch genug eingeschätzt werden. Sie fördert nicht nur das individuelle Wohlbefinden, sondern ist auch ein entscheidender Faktor im Kampf für soziale Gerechtigkeit. In einer Welt, die oft von Spaltung geprägt ist, können interkulturelle Freundschaften dazu beitragen, Brücken zu bauen und den Weg für eine gerechtere Zukunft zu ebnen. Jyn Korr und ihre Mitstreiterinnen und Mitstreiter haben dies auf eindrucksvolle Weise demonstriert, indem sie die Kraft der Freundschaft genutzt haben, um gegen Ungerechtigkeiten zu kämpfen und eine Bewegung zu schaffen, die über Grenzen hinweg wirkt.

Kapitel 5: Der Wendepunkt

Der große Protest

Planung und Vorbereitung

Die Planung und Vorbereitung eines großen Protests ist ein kritischer Schritt im Aktivismus, insbesondere wenn es darum geht, gegen ein Gesetz zu kämpfen, das als ungerecht empfunden wird, wie das Anti-Körperphasen-Gesetz auf Verin-9. In diesem Abschnitt werden die wesentlichen Elemente der Planung und Vorbereitung erläutert, einschließlich der Identifizierung von Zielen, der Mobilisierung von Unterstützern, der Organisation logistischer Details und der strategischen Kommunikation.

Zielsetzung

Die erste Phase der Planung besteht darin, klare und erreichbare Ziele für den Protest zu definieren. Diese Ziele sollten spezifisch, messbar, erreichbar, relevant und zeitgebunden (SMART) sein. Zum Beispiel könnte eines der Hauptziele darin bestehen, die Öffentlichkeit über die negativen Auswirkungen des Anti-Körperphasen-Gesetzes auf die Bürgerrechte aufzuklären. Eine klare Zielsetzung ermöglicht es den Organisatoren, den Protest effektiv zu strukturieren und die gewünschten Ergebnisse zu erzielen.

Mobilisierung der Unterstützer

Die Mobilisierung von Unterstützern ist entscheidend für den Erfolg eines Protests. Hierbei können verschiedene Strategien angewendet werden:

- **Soziale Medien:** Plattformen wie ZetaNet und Intergalactic Twitter sind wertvolle Werkzeuge, um Informationen zu verbreiten und Menschen zu mobilisieren. Ein einprägsamer Hashtag, wie #StopAntiKörperphasen, kann helfen, die Aufmerksamkeit auf die Bewegung zu lenken.

* **Netzwerkbildung:** Der Aufbau von Allianzen mit anderen Gruppen und Organisationen, die ähnliche Ziele verfolgen, kann die Reichweite und den Einfluss des Protests erheblich erhöhen. Zum Beispiel könnten Umweltgruppen oder Organisationen für intergalaktische Rechte als Verbündete gewonnen werden.

* **Persönliche Ansprache:** Das direkte Ansprechen von Freunden, Familie und Bekannten kann oft effektiver sein als digitale Mobilisierung. Persönliche Geschichten und Erfahrungen sind oft überzeugender und können mehr Menschen dazu bewegen, sich dem Protest anzuschließen.

Logistische Organisation

Die logistische Planung umfasst eine Vielzahl von Aspekten, die sorgfältig koordiniert werden müssen, um einen reibungslosen Ablauf des Protests zu gewährleisten:

* **Ort und Zeitpunkt:** Die Wahl eines strategisch günstigen Ortes und Zeitpunkts ist entscheidend. Ein zentraler Platz in der Hauptstadt von Verin-9, wie der Plaza de la Libertad, könnte eine hohe Sichtbarkeit und Medienaufmerksamkeit gewährleisten. Der Zeitpunkt sollte so gewählt werden, dass er mit anderen wichtigen Ereignissen oder Jahrestagen in Verbindung steht, um die Relevanz zu erhöhen.

* **Genehmigungen:** Die Beantragung der erforderlichen Genehmigungen bei den zuständigen Behörden ist ein wichtiger Schritt, um rechtliche Probleme zu vermeiden. Dies kann oft ein langwieriger Prozess sein, der frühzeitig begonnen werden sollte.

* **Ressourcen:** Die Bereitstellung von Ressourcen wie Plakaten, Flyern, Wasser und Snacks ist ebenfalls wichtig. Freiwillige sollten organisiert werden, um diese Materialien zu verteilen und die Teilnehmer zu unterstützen.

Strategische Kommunikation

Die Kommunikation ist ein weiterer entscheidender Aspekt der Planung. Die Organisatoren müssen sicherstellen, dass die Botschaft des Protests klar und überzeugend ist. Dazu gehört:

+ **Pressemitteilungen:** Die Erstellung und Verbreitung von Pressemitteilungen an lokale und intergalaktische Medien kann helfen, die Aufmerksamkeit auf den Protest zu lenken. Die Pressemitteilung sollte die wichtigsten Informationen über den Protest, die Ziele und die erwartete Teilnehmerzahl enthalten.

+ **Reden:** Die Vorbereitung von Reden für Hauptredner, einschließlich Jyn Korr, ist essenziell. Diese Reden sollten inspirierend und informativ sein, um die Teilnehmer zu motivieren und die Botschaft des Protests zu verstärken.

+ **Visuelle Kommunikation:** Die Verwendung von visuellen Elementen, wie Bannern und Schildern, kann die Botschaft des Protests verstärken und die Aufmerksamkeit der Medien auf sich ziehen. Ein einprägsames Logo oder Symbol, das die Bewegung repräsentiert, kann ebenfalls hilfreich sein.

Risikoanalyse

Ein weiterer wichtiger Aspekt der Planung ist die Durchführung einer Risikoanalyse. Die Organisatoren sollten potenzielle Risiken identifizieren, die während des Protests auftreten könnten, und Strategien entwickeln, um diese Risiken zu minimieren. Dazu gehören:

+ **Repression durch die Regierung:** Die Organisatoren sollten sich auf mögliche Reaktionen der Regierung vorbereiten, einschließlich der Möglichkeit von Festnahmen oder der Anwendung von Gewalt. Eine klare Strategie zur Dokumentation von Vorfällen und zur Bereitstellung von rechtlichem Beistand kann wichtig sein.

+ **Sicherheitsmaßnahmen:** Die Gewährleistung der Sicherheit der Teilnehmer sollte oberste Priorität haben. Dies könnte die Rekrutierung von Sicherheitspersonal oder die Ausbildung von Freiwilligen zur Deeskalation von Konflikten umfassen.

+ **Gesundheitsrisiken:** In Anbetracht von gesundheitlichen Bedenken, wie z.B. pandemischen Situationen, sollten Maßnahmen ergriffen werden, um die Gesundheit der Teilnehmer zu schützen, wie das Bereitstellen von Desinfektionsmitteln und das Fördern von sozialen Abständen.

Beispiel eines erfolgreichen Protests

Ein bemerkenswertes Beispiel für eine erfolgreiche Protestplanung ist die Bewegung gegen das *Intergalactic Trade Agreement* (ITA), die vor einigen Jahren auf Verin-9 stattfand. Die Organisatoren setzten eine ähnliche Strategie ein, indem sie klare Ziele definierten, soziale Medien zur Mobilisierung nutzten und umfassende logistische Vorbereitungen trafen. Der Protest führte zu einer massiven Teilnehmerzahl und schließlich zur Überarbeitung des Gesetzes. Die Lehren aus diesem Erfolg wurden von Jyn Korr und ihrem Team bei der Planung ihres eigenen Protests gegen das Anti-Körperphasen-Gesetz berücksichtigt.

Schlussfolgerung

Die Planung und Vorbereitung eines großen Protests erfordert sorgfältige Überlegung und strategisches Denken. Durch die Definition klarer Ziele, die Mobilisierung von Unterstützern, die logistische Organisation und die strategische Kommunikation können Aktivisten wie Jyn Korr effektiv gegen ungerechte Gesetze kämpfen. Die Herausforderungen sind zwar groß, aber mit einer soliden Planung können bedeutende Veränderungen erreicht werden.

Die Mobilisierung der Massen

Die Mobilisierung der Massen ist ein zentraler Aspekt des Aktivismus und spielt eine entscheidende Rolle im Widerstand gegen das Anti-Körperphasen-Gesetz auf Verin-9. In diesem Abschnitt werden wir die verschiedenen Strategien und Methoden untersuchen, die Jyn Korr und ihre Mitstreiter anwendeten, um die Bevölkerung zu mobilisieren und ein starkes Bewusstsein für die Ungerechtigkeiten zu schaffen, die durch das Gesetz verursacht wurden.

Theoretische Grundlagen der Mobilisierung

Die Mobilisierung der Massen kann als ein Prozess definiert werden, durch den Individuen und Gruppen mobilisiert werden, um sich aktiv an sozialen Bewegungen zu beteiligen. Nach der Mobilisierungstheorie, wie sie von Tilly und Tarrow (2015) beschrieben wird, sind drei wesentliche Komponenten erforderlich: Ressourcen, Gelegenheiten und kollektive Identität.

$$M = f(R, O, CI) \qquad (34)$$

wobei M die Mobilisierung darstellt, R die Ressourcen (wie Geld, Zeit und Fähigkeiten), O die Gelegenheiten (politische und soziale Kontexte, die

Mobilisierung begünstigen) und *CI* die kollektive Identität (das Gefühl der Zugehörigkeit und des gemeinsamen Ziels).

Strategien zur Mobilisierung

Um die Massen zu mobilisieren, setzte Jyn Korr auf eine Vielzahl von Strategien:

1. Öffentlichkeitsarbeit und Werbung Die erste Strategie war die Öffentlichkeitsarbeit. Jyn und ihr Team erstellten informative Materialien, die die Gefahren des Anti-Körperphasen-Gesetzes erläuterten. Flyer, Plakate und soziale Medien wurden genutzt, um die Botschaft zu verbreiten. Die Verwendung von eingängigen Slogans wie „Körperrechte sind Bürgerrechte" half, die Aufmerksamkeit der Öffentlichkeit zu gewinnen.

2. Soziale Medien Die sozialen Medien spielten eine entscheidende Rolle in der Mobilisierung. Plattformen wie VerinBook und Intergalactic Twitter wurden genutzt, um Informationen schnell zu verbreiten und eine breite Öffentlichkeit zu erreichen. Hashtags wie #StopAntiBodyPhase und #JynKorrForChange wurden kreiert, um Diskussionen zu fördern und die Menschen zur Teilnahme an Protesten zu animieren.

3. Gemeinschaftsveranstaltungen Jyn organisierte auch eine Reihe von Gemeinschaftsveranstaltungen, um Menschen zusammenzubringen. Diese Veranstaltungen beinhalteten Diskussionsrunden, Workshops und kulturelle Feste, bei denen die Menschen die Möglichkeit hatten, ihre Bedenken zu äußern und sich aktiv zu engagieren. Solche Veranstaltungen trugen dazu bei, eine kollektive Identität zu schaffen und das Gefühl der Gemeinschaft zu stärken.

Herausforderungen bei der Mobilisierung

Trotz der erfolgreichen Mobilisierungsstrategien gab es auch zahlreiche Herausforderungen:

1. Widerstand der Regierung Die Regierung von Verin-9 reagierte auf die Mobilisierungsversuche mit Repression. Versammlungen wurden oft aufgelöst, und Aktivisten wurden verfolgt. Diese Maßnahmen führten zu einer Atmosphäre der Angst, die es schwierig machte, Menschen zur Teilnahme zu bewegen.

2. Fragmentierung der Bewegung Eine weitere Herausforderung war die Fragmentierung der Bewegung. Verschiedene Gruppen hatten unterschiedliche Ansichten über die besten Strategien, um gegen das Gesetz vorzugehen. Dies führte zu internen Konflikten, die die Mobilisierung behinderten. Jyn musste oft als Vermittlerin auftreten, um die verschiedenen Gruppen zusammenzubringen und eine einheitliche Front zu bilden.

3. Mangelnde Ressourcen Ein Mangel an finanziellen und personellen Ressourcen stellte ebenfalls ein Hindernis dar. Jyn und ihr Team mussten kreativ sein, um Spenden zu sammeln und Freiwillige zu gewinnen. Durch Crowdfunding-Kampagnen und lokale Fundraising-Events konnte jedoch ein gewisses Maß an Unterstützung mobilisiert werden.

Beispiele erfolgreicher Mobilisierung

Ein Beispiel für erfolgreiche Mobilisierung war die erste große Demonstration, die Jyn organisierte. Diese fand in der Hauptstadt von Verin-9 statt und zog Tausende von Menschen an. Die Veranstaltung wurde von verschiedenen prominenten Persönlichkeiten unterstützt, die Reden hielten und ihre Solidarität mit den Protestierenden zeigten.

1. Emotionale Ansprache Jyn hielt eine emotionale Ansprache, in der sie die persönlichen Geschichten von Betroffenen des Anti-Körperphasen-Gesetzes teilte. Diese Geschichten berührten die Herzen der Anwesenden und motivierten viele, sich aktiv zu engagieren.

2. Medienberichterstattung Die Berichterstattung in den Medien über die Demonstration war überwältigend. Journalisten berichteten über die große Anzahl der Teilnehmer und die leidenschaftlichen Reden, was dazu beitrug, das Bewusstsein für die Bewegung zu schärfen und weitere Menschen zu mobilisieren.

3. Nachfolgende Aktionen Nach dieser ersten großen Demonstration folgten zahlreiche kleinere Aktionen, die die Bewegung am Leben hielten. Diese Aktionen umfassten Flashmobs, kreative Kunstprojekte und Online-Kampagnen, die die Botschaft weiter verbreiteten und die Unterstützung der Bevölkerung festigten.

Schlussfolgerung

Die Mobilisierung der Massen war ein entscheidender Faktor im Widerstand gegen das Anti-Körperphasen-Gesetz. Durch strategische Öffentlichkeitsarbeit, den Einsatz von sozialen Medien und die Organisation von Gemeinschaftsveranstaltungen gelang es Jyn Korr und ihrem Team, eine breite Basis von Unterstützern zu gewinnen. Trotz der Herausforderungen, die sie bewältigen mussten, zeigte die Bewegung, dass eine engagierte und informierte Öffentlichkeit in der Lage ist, Veränderungen herbeizuführen. Der Erfolg der Mobilisierungsstrategien war ein wichtiger Schritt in Richtung der Aufhebung des Gesetzes und der Sicherstellung der Bürgerrechte auf Verin-9.

Jyns Rolle als Rednerin

Jyn Korr trat während des großen Protests auf Verin-9 als zentrale Rednerin auf, was nicht nur ihre persönliche Entwicklung, sondern auch den Verlauf der Bürgerrechtsbewegung maßgeblich beeinflusste. Ihre Fähigkeit, die Massen zu mobilisieren und zu inspirieren, war entscheidend für den Erfolg der Proteste gegen das Anti-Körperphasen-Gesetz. In diesem Abschnitt werden wir die verschiedenen Aspekte von Jyns Rolle als Rednerin beleuchten, einschließlich der Theorien des öffentlichen Sprechens, der Herausforderungen, denen sie gegenüberstand, und der konkreten Beispiele, die ihre Wirkung verdeutlichen.

Theoretische Grundlagen des öffentlichen Sprechens

Öffentliches Sprechen ist ein komplexer Prozess, der mehrere Kommunikationsmodelle umfasst. Laut dem *Elaboration Likelihood Model* (ELM) von Petty und Cacioppo (1986) gibt es zwei Hauptwege der Persuasion: den zentralen und den peripheren Weg. Jyn nutzte beide Ansätze in ihren Reden. Sie sprach sowohl die Emotionen der Zuhörer an, indem sie persönliche Geschichten erzählte, als auch logische Argumente präsentierte, um die Ungerechtigkeit des Gesetzes zu beleuchten.

$$\text{Persuasion} = \text{Emotionale Anziehung} + \text{Logische Argumentation} \quad (35)$$

Diese Gleichung verdeutlicht, dass eine effektive Ansprache sowohl emotionale als auch rationale Elemente beinhalten sollte. Jyns Reden waren sorgfältig strukturiert, um eine emotionale Verbindung zu ihrem Publikum herzustellen und gleichzeitig fundierte Argumente zu liefern.

Herausforderungen als Rednerin

Trotz ihrer Fähigkeiten als Rednerin sah sich Jyn mit zahlreichen Herausforderungen konfrontiert. Eine der größten Hürden war die Angst vor öffentlichem Sprechen, die viele Menschen plagt. Jyn musste lernen, diese Angst zu überwinden, um ihre Botschaft effektiv zu kommunizieren. Darüber hinaus war die politische Lage auf Verin-9 angespannt, was bedeutete, dass ihre Reden potenziell gefährlich waren. Die Drohung von Repression und Gewalt durch die Regierung war allgegenwärtig.

Ein weiteres Problem war die Notwendigkeit, eine diverse Zuhörerschaft anzusprechen. Verin-9 ist eine kulturell vielfältige Welt, und Jyn musste sicherstellen, dass ihre Botschaften für alle Gruppen relevant und ansprechend waren. Sie tat dies, indem sie verschiedene Perspektiven in ihre Reden einfließen ließ und sich auf gemeinsame Werte konzentrierte.

Beispiele für Jyns Reden

Ein herausragendes Beispiel für Jyns Fähigkeit als Rednerin war ihre Ansprache während der ersten großen Versammlung gegen das Anti-Körperphasen-Gesetz. Sie begann ihre Rede mit einer persönlichen Geschichte über einen Freund, der aufgrund seiner Identität diskriminiert wurde. Diese Erzählung erweckte sofort Mitgefühl und Verständnis im Publikum. Jyn sagte:

> „Wir sind nicht nur hier, um gegen ein Gesetz zu kämpfen; wir sind hier, um für die Menschen zu kämpfen, die in unserer Gemeinschaft leben und die jeden Tag unter Ungerechtigkeit leiden."

Durch diese emotionale Ansprache konnte Jyn die Menschen mobilisieren und sie dazu bringen, sich aktiv an den Protesten zu beteiligen.

Ein weiteres Beispiel war ihre Rede, die sie auf einer internationalen Konferenz hielt, um Unterstützung von intergalaktischen Verbündeten zu gewinnen. Sie sprach über die Bedeutung von Solidarität und den gemeinsamen Kampf für Bürgerrechte und verwendete den Slogan:

> „Gemeinsam sind wir stärker, und gemeinsam werden wir die Ketten der Unterdrückung sprengen!"

Jyns Fähigkeit, solche kraftvollen und einprägsamen Botschaften zu formulieren, half nicht nur, die Aufmerksamkeit der Medien auf die Proteste zu lenken, sondern auch, die Unterstützung von anderen Aktivisten und Organisationen zu gewinnen.

Wirkung von Jyns Reden

Die Wirkung von Jyns Reden war tiefgreifend. Ihre Fähigkeit, Emotionen zu wecken und gleichzeitig fundierte Argumente zu präsentieren, führte dazu, dass viele Menschen, die zuvor apolitisch waren, sich aktiv an der Bewegung beteiligten. Studien zeigen, dass emotionale Ansprache die Wahrscheinlichkeit erhöht, dass Zuhörer sich engagieren und aktiv werden.

$$\text{Engagement} = \text{Emotionale Ansprache} \times \text{Relevanz der Botschaft} \qquad (36)$$

Diese Gleichung verdeutlicht, dass das Engagement der Zuhörer direkt von der emotionalen Ansprache und der Relevanz der Botschaft abhängt. Jyns Reden waren nicht nur relevant, sie waren auch ein Aufruf zur Einheit und zum Handeln.

Zusammenfassend lässt sich sagen, dass Jyn Korrs Rolle als Rednerin entscheidend für den Erfolg des Widerstands gegen das Anti-Körperphasen-Gesetz war. Ihre Fähigkeit, sowohl emotional als auch rational zu kommunizieren, half, eine breite Unterstützung für die Bewegung zu mobilisieren. Trotz der Herausforderungen, mit denen sie konfrontiert war, bewies sie bemerkenswerte Resilienz und Kreativität, was sie zu einer inspirierenden Figur im Kampf für Bürgerrechte machte.

Der Tag des Protests

Der Tag des Protests war ein entscheidender Moment in der Geschichte von Verin-9, ein Tag, an dem die Bürger sich zusammenschlossen, um gegen das drakonische Anti-Körperphasen-Gesetz zu kämpfen. Die Vorbereitungen für diesen Tag hatten monatelang gedauert, und die Spannungen in der Luft waren greifbar. Jyn Korr, als eine der führenden Stimmen der Bewegung, war sowohl aufgeregt als auch nervös.

Die Mobilisierung der Massen

Die Mobilisierung der Massen war ein komplexer Prozess, der durch verschiedene Strategien unterstützt wurde. Soziale Medien spielten eine entscheidende Rolle, indem sie Informationen schnell verbreiteten und die Menschen dazu ermutigten, sich zu engagieren. Hashtags wie #Verin9Widerstand und #Körperrechte wurden erstellt, um die Botschaft zu verbreiten und eine breitere Öffentlichkeit zu erreichen.

Eine der Herausforderungen war die Koordination zwischen verschiedenen Gruppen und Gemeinschaften. Um die Diversität der Teilnehmer zu reflektieren, wurden mehrsprachige Flyer und Videos erstellt, die die Bedeutung des Protests erklärten. Diese Materialien wurden in den sozialen Medien geteilt und in Gemeinschaftszentren verteilt.

Jyns Rolle als Rednerin

Jyn Korr trat an diesem Tag als Hauptrednerin auf. Ihre Rede war sorgfältig vorbereitet und enthielt sowohl persönliche Anekdoten als auch statistische Daten, um die Dringlichkeit der Situation zu verdeutlichen. Sie begann mit den Worten:

> „Wir sind hier, um unsere Stimmen zu erheben, um für die Rechte zu kämpfen, die uns zustehen. Das Anti-Körperphasen-Gesetz ist nicht nur ein Gesetz; es ist ein Angriff auf unsere Identität und unsere Freiheit!"

Die Rede war nicht nur ein Appell an die Emotionen der Zuhörer, sondern auch ein Aufruf zur Einheit. Jyn betonte die Bedeutung von Solidarität und gemeinschaftlichem Handeln. Ihre Fähigkeit, die Menge zu inspirieren, war ein wesentlicher Faktor für die Energie des Protests.

Der Tag des Protests: Ein emotionales Erlebnis

Der Tag selbst begann mit einer Vielzahl von Aktivitäten. Musikgruppen, lokale Künstler und Redner trugen zur Atmosphäre bei und schufen ein Gefühl der Gemeinschaft. Die Teilnehmer trugen Plakate mit Botschaften wie „Körperrechte sind Menschenrechte" und „Wir lassen uns nicht unterdrücken".

Die Emotionen schwankten zwischen Hoffnung und Angst. Einige Teilnehmer hatten Angst vor möglichen Repressionen durch die Regierung, während andere von der Möglichkeit eines Wandels motiviert waren. Ein emotionaler Höhepunkt war das gemeinsame Singen eines Liedes, das von der Bewegung inspiriert wurde, welches die Teilnehmer zusammenschweißte und die Entschlossenheit bekräftigte.

Die Reaktion der Regierung

Die Reaktion der Regierung auf den Protest war gemischt. Während einige Regierungsvertreter versuchten, den Protest als chaotisch und unorganisiert darzustellen, war die allgemeine Berichterstattung in den Medien positiv. Die Journalisten berichteten über die Vielfalt der Teilnehmer und die friedlichen Absichten der Protestierenden.

Dennoch war die Angst vor gewaltsamen Auseinandersetzungen nicht unbegründet. Die Polizei war in großer Zahl anwesend, bereit, potenzielle Unruhen zu unterdrücken. Jyn und andere Anführer der Protestbewegung hatten im Vorfeld beschlossen, dass der Protest friedlich bleiben sollte, um die Botschaft der Bewegung zu stärken.

Die Bedeutung der Medienberichterstattung

Die Medienberichterstattung spielte eine entscheidende Rolle bei der Verbreitung der Botschaft des Protests. Viele Nachrichtenagenturen berichteten live von den Ereignissen, was die Sichtbarkeit der Bewegung erhöhte. Jyns Rede wurde viral, und Clips davon wurden in sozialen Medien millionenfach geteilt.

Die Berichterstattung führte dazu, dass mehr Menschen auf die Missstände aufmerksam wurden, die das Anti-Körperphasen-Gesetz mit sich brachte. Die internationale Gemeinschaft begann ebenfalls, Interesse zu zeigen, und es wurden Solidaritätsbekundungen aus anderen Teilen der Galaxie gesendet.

Emotionale Momente und persönliche Geschichten

Ein besonders emotionaler Moment ereignete sich, als eine Gruppe von Menschen, die direkt von dem Gesetz betroffen waren, die Bühne betrat, um ihre Geschichten zu teilen. Ihre Berichte über Diskriminierung und Ungerechtigkeit bewegten die Menge und verdeutlichten die Notwendigkeit des Protests. Jyn hörte aufmerksam zu, ihre Augen füllten sich mit Tränen, als die Realität der Situation in den Vordergrund trat.

Diese persönlichen Geschichten waren nicht nur ein Aufruf zur Empathie, sondern auch ein Beweis dafür, dass der Widerstand gegen das Gesetz eine kollektive Anstrengung war, die viele Leben berührte.

Der Einfluss auf die öffentliche Meinung

Der Tag des Protests hatte einen signifikanten Einfluss auf die öffentliche Meinung. Die Berichterstattung und die sozialen Medien trugen dazu bei, dass die Menschen über die Bedeutung der Bürgerrechte nachdachten. Viele, die zuvor indifferent gegenüber dem Thema waren, begannen, sich aktiv zu engagieren und ihre Unterstützung für die Bewegung zu zeigen.

Die Reaktionen in sozialen Netzwerken zeigten eine Welle der Unterstützung, aber auch einige Gegenstimmen. Kritiker des Protests versuchten, die Bewegung zu diskreditieren, aber die Welle der positiven Rückmeldungen übertraf die negativen Stimmen.

Die langfristigen Auswirkungen

Die langfristigen Auswirkungen des Protests waren tiefgreifend. Er stellte nicht nur einen Wendepunkt im Widerstand gegen das Anti-Körperphasen-Gesetz dar, sondern inspirierte auch andere, sich für ihre Rechte einzusetzen. Die Organisationen, die an der Mobilisierung beteiligt waren, wuchsen und entwickelten sich weiter, was zu einer stärkeren und besser organisierten Bewegung führte.

Jyn reflektierte später über den Tag und erkannte, dass dieser Moment nicht nur ein Protest war, sondern ein Symbol für den unaufhörlichen Kampf um Gerechtigkeit und Gleichheit. Ihre Worte und die der anderen Redner hallten in den Herzen der Menschen nach und schufen eine neue Welle des Aktivismus, die über Verin-9 hinausging.

$$\text{Einheit} + \text{Entschlossenheit} = \text{Veränderung} \qquad (37)$$

Der Tag des Protests war mehr als nur ein Ereignis; er war ein Katalysator für Veränderung, der die Menschen dazu ermutigte, für ihre Rechte einzustehen und sich nicht länger mit Ungerechtigkeit abzufinden. Die Botschaft war klar: Zusammen können wir alles erreichen.

Die Reaktion der Regierung

Die Reaktion der Regierung auf den großen Protest war geprägt von Unsicherheit und strategischen Überlegungen. Angesichts der massiven Mobilisierung der Bürger und der internationalen Aufmerksamkeit sah sich die Regierung von Verin-9 gezwungen, ihre Position zu überdenken. In diesem Abschnitt werden die verschiedenen Facetten der Reaktion der Regierung analysiert, einschließlich der politischen Strategien, der öffentlichen Erklärungen und der Maßnahmen, die zur Eindämmung der Protestbewegung ergriffen wurden.

Politische Strategien

Die Regierung von Verin-9 war sich der potenziellen Bedrohung bewusst, die der Protest für ihre Autorität darstellte. In der ersten Phase der Reaktion wurden politische Strategien entwickelt, um die Welle des Widerstands zu brechen. Diese Strategien umfassten sowohl Repression als auch Versuche, die Protestierenden zu spalten.

Ein Beispiel für eine solche Strategie war die Einführung von *Gesetzesänderungen*, die darauf abzielten, die Forderungen der Protestierenden zu entkräften. Die Regierung stellte eine Reihe von Vorschlägen vor, die zwar kosmetische Änderungen beinhalteten, jedoch die grundlegenden Probleme nicht ansprachen. Dies führte zu einem Gefühl der Enttäuschung unter den Aktivisten, da sie das Gefühl hatten, dass ihre Stimmen nicht gehört wurden.

Öffentliche Erklärungen

In der Öffentlichkeit versuchte die Regierung, ein Bild von Stabilität und Kontrolle aufrechtzuerhalten. Offizielle Erklärungen wurden häufig von der Staatsführung abgegeben, in denen behauptet wurde, dass die Proteste von einer kleinen radikalen Gruppe angeführt würden, die nicht die Ansichten der Mehrheit der Bevölkerung widerspiegle. Diese Rhetorik zielte darauf ab, die Legitimität der Protestbewegung zu untergraben und die öffentliche Meinung gegen die Aktivisten zu wenden.

Ein prominentes Beispiel war eine Rede des Regierungschefs, in der er erklärte:

> „Die Mehrheit der Bürger von Verin-9 unterstützt das Anti-Körperphasen-Gesetz, welches unser Land sicherer macht. Die Protestierenden sind lediglich eine kleine, aber laute Minderheit, die unsere Fortschritte gefährdet."

Diese Form der politischen Kommunikation sollte die Protestierenden delegitimieren und die Unterstützung für die Regierung stärken.

Repression und Kontrolle

Als die Proteste an Intensität zunahmen, wurde die Repression ein zentrales Element der Regierungsstrategie. Die ersten Festnahmen von Aktivisten, die als Anführer der Protestbewegung angesehen wurden, fanden bereits am Tag nach dem großen Protest statt. Diese Maßnahmen führten zu einer Welle der Empörung und verstärkten die Mobilisierung der Unterstützer.

Die Verwendung von Polizeigewalt war ein weiteres Mittel zur Kontrolle der Proteste. Berichte über gewaltsame Zusammenstöße zwischen der Polizei und den Demonstranten häuften sich, was zu internationaler Kritik führte. Menschenrechtsorganisationen und intergalaktische Beobachter verurteilten die Maßnahmen der Regierung und forderten ein Ende der Repression.

Internationale Reaktionen

Die internationale Gemeinschaft reagierte ebenfalls auf die Ereignisse auf Verin-9. Verschiedene Regierungen und Organisationen äußerten Besorgnis über die

Menschenrechtslage im Land. Diese internationale Aufmerksamkeit führte dazu, dass die Regierung von Verin-9 unter Druck geriet, ihre Maßnahmen zu überdenken.

Ein Beispiel für internationale Solidarität war die Unterstützung durch NGOs, die sich für die Rechte der Protestierenden einsetzten. Diese Organisationen mobilisierten Ressourcen und Aufmerksamkeit, um die Regierung zu einer Reaktion zu bewegen, die weniger repressiv und mehr dialogorientiert war.

Zusammenfassung

Zusammenfassend lässt sich sagen, dass die Reaktion der Regierung auf den großen Protest auf mehreren Ebenen stattfand. Die politischen Strategien, die öffentlichen Erklärungen und die repressiven Maßnahmen waren Teil eines umfassenden Ansatzes, um die Kontrolle über die Situation zu behalten. Während die Regierung versuchte, die Protestbewegung zu delegitimieren und zu unterdrücken, führte die internationale Aufmerksamkeit und die Solidarität der Bürgerrechtsbewegungen zu einer anhaltenden Diskussion über die Notwendigkeit von Reformen und die Bedeutung von Bürgerrechten auf Verin-9.

Die Ereignisse des großen Protests und die darauf folgende Reaktion der Regierung verdeutlichen die Komplexität von Aktivismus und politischer Repression in einer sich wandelnden Gesellschaft. Die Herausforderungen, die sich aus diesen Konflikten ergeben, werden weiterhin die politische Landschaft von Verin-9 prägen.

Die Bedeutung der Medienberichterstattung

Die Medienberichterstattung spielt eine entscheidende Rolle im Kontext des Aktivismus, insbesondere während bedeutender Proteste wie dem großen Protest gegen das Anti-Körperphasen-Gesetz auf Verin-9. In dieser Sektion werden wir die verschiedenen Dimensionen der Medienberichterstattung untersuchen, ihre Auswirkungen auf die öffentliche Wahrnehmung und die Mobilisierung der Massen beleuchten sowie die Herausforderungen und Probleme analysieren, die mit der Medienberichterstattung einhergehen.

Theoretische Grundlagen der Medienberichterstattung

Die Medien haben die Macht, Narrative zu formen und die öffentliche Meinung zu beeinflussen. Laut der *Agenda-Setting-Theorie* (McCombs und Shaw, 1972) sind die Medien nicht nur passive Übermittler von Informationen, sondern sie bestimmen auch, welche Themen als wichtig erachtet werden. Diese Theorie ist besonders relevant im Kontext von Protestbewegungen, da die Berichterstattung über Ereignisse die Wahrnehmung der Dringlichkeit und Relevanz eines Themas bei der Öffentlichkeit beeinflussen kann.

Ein weiteres wichtiges Konzept ist die *Framing-Theorie*, die sich darauf konzentriert, wie Informationen präsentiert werden. Die Art und Weise, wie Medien über Proteste berichten, kann das Verständnis und die Emotionen der Öffentlichkeit stark beeinflussen. Beispielsweise kann die Darstellung von Aktivisten als *Helden* oder *Radikalen* die Reaktionen der Zuschauer erheblich verändern.

Einfluss der Medienberichterstattung auf den Protest

Die Berichterstattung über den großen Protest gegen das Anti-Körperphasen-Gesetz war von zentraler Bedeutung für die Mobilisierung der Massen. Die Medien berichteten nicht nur über die Ereignisse selbst, sondern auch über die Geschichten der Menschen, die an den Protesten teilnahmen. Diese persönlichen Geschichten trugen dazu bei, eine emotionale Verbindung zwischen der Öffentlichkeit und den Aktivisten herzustellen.

Ein Beispiel für die Macht der Medien ist die Berichterstattung über die erste öffentliche Versammlung, bei der Jyn Korr als Rednerin auftrat. Die Berichterstattung über ihre leidenschaftliche Rede und die Reaktionen des Publikums wurden in verschiedenen intergalaktischen Nachrichtenportalen geteilt. Dies führte zu einer Welle der Unterstützung, die nicht nur lokale Bürger mobilisierte, sondern auch internationale Aufmerksamkeit erregte.

Herausforderungen und Probleme der Medienberichterstattung

Trotz der positiven Aspekte der Medienberichterstattung gibt es auch erhebliche Herausforderungen. Eine der größten Herausforderungen ist die *Sensationalisierung* von Nachrichten. Oftmals neigen Medien dazu, extreme oder dramatische Aspekte eines Protests hervorzuheben, während die zugrunde liegenden sozialen Probleme, die zu diesen Protesten führen, in den Hintergrund gedrängt werden. Diese Sensationalisierung kann dazu führen, dass die Öffentlichkeit die tatsächlichen Anliegen der Aktivisten nicht vollständig versteht.

Ein weiteres Problem ist die *Voreingenommenheit* in der Berichterstattung. Medienorganisationen haben oft politische oder wirtschaftliche Interessen, die ihre Berichterstattung beeinflussen können. In einigen Fällen wurden Aktivisten als gewalttätig oder extremistisch dargestellt, was die öffentliche Unterstützung untergraben und die Bewegungen delegitimieren kann.

Beispiele für effektive Medienberichterstattung

Es gibt jedoch auch Beispiele für effektive und unterstützende Medienberichterstattung. Während des großen Protestes gab es mehrere unabhängige Journalisten und Blogger, die die Ereignisse live dokumentierten und die Stimmen der Aktivisten hörbar machten. Diese Berichterstattung trug dazu bei, eine breitere Diskussion über die Themen des Anti-Körperphasen-Gesetzes und die damit verbundenen Bürgerrechte zu fördern.

Ein bemerkenswerter Fall war die Berichterstattung durch den intergalaktischen Nachrichtensender *Galactic News Network*, der eine Reihe von Interviews mit Jyn Korr und anderen Aktivisten führte. Diese Interviews ermöglichten es den Aktivisten, ihre Perspektiven und Forderungen direkt zu kommunizieren, was zu einer erhöhten Unterstützung und einem besseren Verständnis ihrer Anliegen führte.

Fazit

Zusammenfassend lässt sich sagen, dass die Medienberichterstattung eine doppelte Rolle im Aktivismus spielt: Sie kann sowohl als Katalysator für Veränderung fungieren als auch als Hindernis. Die Fähigkeit der Medien, Geschichten zu erzählen und Aufmerksamkeit zu erzeugen, ist entscheidend für den Erfolg von Protestbewegungen. Dennoch ist es wichtig, kritisch zu bleiben und sich der Herausforderungen bewusst zu sein, die mit der Medienberichterstattung einhergehen. Nur durch eine informierte und engagierte Öffentlichkeit können die wahren Anliegen der Aktivisten gehört und verstanden werden.

Emotionale Momente und persönliche Geschichten

Der große Protest war nicht nur ein politisches Ereignis, sondern auch ein emotionaler Wendepunkt für Jyn Korr und die Bürgerrechtsbewegung auf Verin-9. In diesem Abschnitt werden wir einige der bewegendsten Momente und persönlichen Geschichten beleuchten, die den Protest prägten und die Herzen der Menschen berührten.

Die Kraft der persönlichen Geschichten

Eine der stärksten Waffen im Aktivismus ist die persönliche Geschichte. Jyn erkannte schnell, dass die Geschichten der Menschen, die unter dem Anti-Körperphasen-Gesetz litten, die Grundlage für ihre Mobilisierung bilden würden. Während der Vorbereitungen für den Protest sammelte Jyn Geschichten von Betroffenen. Eine dieser Geschichten war die von Lira, einer jungen Mutter, die aufgrund des Gesetzes ihre Kinder nicht mehr in die Schule schicken konnte, da sie nicht die erforderlichen Körperphasen nachweisen konnte.

Lira erzählte:

> „Ich habe immer daran geglaubt, dass meine Kinder eine Zukunft haben, aber dieses Gesetz hat mir die Hoffnung genommen. Ich kann ihnen nicht einmal die Möglichkeit geben, zu lernen und zu wachsen. Was bleibt mir noch?"

Diese Worte berührten nicht nur Jyn, sondern auch die Mitglieder ihrer Gruppe. Liras Geschichte wurde zu einem zentralen Element der Protestrede, die Jyn hielt. Sie zeigte, wie das Gesetz das Leben der Menschen direkt beeinflusste und verdeutlichte die Notwendigkeit des Widerstands.

Emotionale Reden und ihre Auswirkungen

Am Tag des Protests war die Atmosphäre elektrisierend. Menschen aus allen Gesellschaftsschichten versammelten sich, um ihre Stimme zu erheben. Jyn stand auf der Bühne, um ihre Rede zu halten. Ihre Stimme war voller Leidenschaft und Entschlossenheit, als sie Liras Geschichte und die Geschichten anderer Betroffener teilte. Sie sprach über die Ungerechtigkeit, die das Gesetz mit sich brachte, und appellierte an die Emotionen der Anwesenden.

> „Wir sind nicht nur Zahlen oder Statistiken. Wir sind Menschen! Wir haben Träume, Hoffnungen und das Recht auf ein Leben in Würde. Lasst uns gemeinsam für unsere Rechte kämpfen!"

Die Reaktionen des Publikums waren überwältigend. Viele Menschen weinten, während sie die Geschichten hörten. Diese Emotionen schufen eine starke Verbindung zwischen den Teilnehmern und verstärkten das Gefühl der Solidarität. Es war ein Moment, der die Menschen zusammenbrachte und sie ermutigte, für eine gemeinsame Sache zu kämpfen.

Die Rolle von Musik und Kunst

Neben den Reden spielte auch die Kunst eine zentrale Rolle im Protest. Musiker und Künstler trugen dazu bei, die Emotionen der Menschen auszudrücken. Ein bekanntes Lied, das während des Protests gespielt wurde, war „Freiheit für alle", ein kraftvolles Stück, das von einer Gruppe intergalaktischer Künstler geschrieben wurde. Die Texte handelten von der Sehnsucht nach Freiheit und Gleichheit und fanden großen Anklang bei den Demonstranten.

Die Musik schuf eine Atmosphäre der Hoffnung und des Widerstands. Viele Menschen sangen mit, und die Melodie wurde zum Symbol des Kampfes gegen das Anti-Körperphasen-Gesetz. Diese künstlerischen Ausdrucksformen halfen, die Emotionen der Teilnehmer zu kanalisieren und verstärkten das Gefühl der Gemeinschaft.

Persönliche Opfer und Herausforderungen

Die emotionalen Momente des Protests waren nicht nur auf die Geschichten der Betroffenen beschränkt. Auch Jyn selbst erlebte während dieser Zeit eine Reihe von Herausforderungen. Der Druck, die Erwartungen der Gemeinschaft zu erfüllen und gleichzeitig ihre eigene Sicherheit zu gewährleisten, war enorm. In einem vertraulichen Gespräch mit einem Freund gestand Jyn:

> „Manchmal habe ich Angst, dass ich nicht genug tue. Was ist, wenn ich scheitere? Was ist, wenn ich die Menschen enttäusche?"

Diese Ängste waren ein ständiger Begleiter für Jyn, doch sie fand Trost in der Unterstützung ihrer Freunde und Mitstreiter. Die emotionale Unterstützung innerhalb der Gruppe half ihr, ihre Zweifel zu überwinden und weiterzumachen.

Der Einfluss auf die Gemeinschaft

Die emotionalen Momente des Protests hinterließen nicht nur bei Jyn, sondern auch in der gesamten Gemeinschaft einen bleibenden Eindruck. Viele Menschen berichteten von einer neuen Verbundenheit und einem gestärkten Gemeinschaftsgefühl. Die Geschichten, die während des Protests geteilt wurden, inspirierten andere, ihre eigenen Geschichten zu erzählen und sich aktiv am Widerstand zu beteiligen.

Ein älterer Bürger, der zuvor inaktiv war, sagte:

> „Ich habe nie geglaubt, dass meine Stimme zählt. Aber jetzt sehe ich, dass wir zusammen stark sind. Ich werde nicht länger schweigen!"

Diese Transformation in der Denkweise der Menschen war ein direktes Ergebnis der emotionalen Erlebnisse während des Protests. Es zeigte sich, dass die Kraft der persönlichen Geschichten und der emotionalen Momente nicht nur für den individuellen Aktivismus, sondern auch für die gesamte Bewegung entscheidend war.

Fazit

Die emotionalen Momente und persönlichen Geschichten während des großen Protests waren entscheidend für den Erfolg der Bewegung gegen das Anti-Körperphasen-Gesetz. Sie schufen eine tiefere Verbindung zwischen den Menschen und verstärkten das Gefühl der Solidarität und des gemeinsamen Ziels. Jyn Korr und ihre Mitstreiter erkannten, dass Aktivismus nicht nur aus politischen Strategien besteht, sondern auch aus menschlicher Verbindung, Empathie und der Kraft, Geschichten zu teilen. Diese Erkenntnis wird auch in zukünftigen Kämpfen von zentraler Bedeutung sein, da sie die Grundlage für eine starke und vereinte Gemeinschaft bildet.

Der Einfluss auf die öffentliche Meinung

Der Einfluss von Jyn Korr und ihrem Widerstand gegen das Anti-Körperphasen-Gesetz auf die öffentliche Meinung war ein entscheidender Faktor in der Mobilisierung und Unterstützung für die Bürgerrechtsbewegung auf Verin-9. Die öffentliche Meinung ist nicht nur ein Spiegelbild der gesellschaftlichen Werte und Überzeugungen, sondern auch ein dynamisches Element, das durch verschiedene Faktoren beeinflusst wird, einschließlich Medienberichterstattung, soziale Bewegungen und persönliche Geschichten.

Ein zentrales Konzept in der Analyse der öffentlichen Meinung ist die **Agenda-Setting-Theorie.** Diese Theorie besagt, dass die Medien nicht nur berichten, was in der Welt passiert, sondern auch die Themen, die sie für wichtig halten, hervorheben und damit die Wahrnehmung der Öffentlichkeit formen. In Jyns Fall spielte die Medienberichterstattung über die Proteste eine entscheidende Rolle. Berichte über die ersten großen Demonstrationen und die emotionalen Reden von Jyn führten dazu, dass das Thema der Bürgerrechte in den Vordergrund rückte und in den öffentlichen Diskurs einging.

Ein Beispiel für den Einfluss der Medien war die Berichterstattung über den ersten großen Protest, der unter Jyns Führung stattfand. Die Berichterstattung in den intergalaktischen Nachrichten zeigte nicht nur die Anzahl der Teilnehmer, sondern auch die Vielfalt der Stimmen, die sich gegen das Gesetz aussprachen.

Diese Berichterstattung half, eine breitere Unterstützung zu mobilisieren und die Menschen zu ermutigen, sich dem Widerstand anzuschließen. Der Einsatz von sozialen Medien spielte ebenfalls eine zentrale Rolle, da Plattformen wie *VerinBook* und *GalacticTweet* es den Aktivisten ermöglichten, ihre Botschaften schnell und weitreichend zu verbreiten.

Die **Framing-Theorie** ist ein weiteres wichtiges Konzept, das den Einfluss auf die öffentliche Meinung erklärt. Framing bezieht sich darauf, wie Informationen präsentiert werden und welche Aspekte eines Themas hervorgehoben werden. Jyn und ihre Unterstützer waren sich bewusst, dass die Art und Weise, wie sie ihre Botschaft formulierten, entscheidend für die Resonanz bei der Öffentlichkeit war. Anstatt sich ausschließlich auf die negativen Auswirkungen des Anti-Körperphasen-Gesetzes zu konzentrieren, betonten sie die positiven Aspekte von Vielfalt und Inklusion. Diese positive Rahmung half, eine breitere Basis von Unterstützern zu gewinnen, einschließlich solcher, die ursprünglich neutral oder sogar gegen den Aktivismus eingestellt waren.

Ein Beispiel für erfolgreiches Framing war Jyns Rede während des großen Protests, in der sie die Idee von *Gemeinschaft und Zusammenhalt* betonte. Sie stellte die Frage: "Was bedeutet es, ein Bürger zu sein, wenn wir nicht alle gleich behandelt werden?" Diese rhetorische Frage rührte an die Herzen der Zuhörer und half, eine emotionale Verbindung herzustellen, die über politische Ideologien hinausging. Die Verwendung von persönlichen Geschichten, sowohl von Jyn als auch von anderen Aktivisten, verlieh ihrer Botschaft Authentizität und machte die abstrakte Idee von Bürgerrechten greifbar und nachvollziehbar.

Ein weiterer Aspekt des Einflusses auf die öffentliche Meinung war die Reaktion der Regierung auf die Proteste. Anfänglich versuchte die Regierung, die Bewegung zu delegitimieren, indem sie die Protestierenden als *Radikale* oder *Störer* darstellte. Doch je mehr Menschen sich den Protesten anschlossen und je mehr positive Medienberichterstattung es gab, desto schwieriger wurde es für die Regierung, diese Narrative aufrechtzuerhalten. Dies führte zu einem **Paradigmenwechsel** in der öffentlichen Wahrnehmung, bei dem die Bürgerrechte und der Widerstand gegen das Gesetz zunehmend als legitim und notwendig angesehen wurden.

Die Auswirkungen auf die öffentliche Meinung waren nicht nur kurzfristig, sondern hatten auch langfristige Folgen. Die Proteste und die darauf folgende Medienberichterstattung führten zu einer breiteren Diskussion über Bürgerrechte und Gleichheit auf Verin-9 und darüber hinaus. Diese Diskussion beeinflusste nicht nur die Gesetzgebung, sondern auch das soziale Klima und die gesellschaftlichen Normen. Die Aktivisten, angeführt von Jyn, konnten durch ihre Bemühungen die öffentliche Meinung so verändern, dass ein neues Bewusstsein für die Bedeutung von Bürgerrechten und sozialer Gerechtigkeit entstand. Zusammenfassend lässt sich sagen, dass der Einfluss von Jyn Korr auf die öffentliche Meinung ein komplexes Zusammenspiel von Medien, Framing und persönlichem Engagement war. Ihre Fähigkeit, Geschichten zu erzählen, die Emotionen zu wecken und eine positive Vision für die Zukunft zu präsentieren, war entscheidend für den Erfolg ihrer Bewegung. Die Veränderungen in der öffentlichen Meinung, die durch ihren Widerstand ausgelöst wurden, sind ein eindrucksvolles Beispiel dafür, wie Aktivismus nicht nur Gesetze ändern kann, sondern auch tiefgreifende gesellschaftliche Veränderungen herbeiführen kann.

Die langfristigen Auswirkungen

Die langfristigen Auswirkungen des großen Protests gegen das Anti-Körperphasen-Gesetz auf Verin-9 sind vielschichtig und beeinflussen sowohl die gesellschaftliche Struktur als auch die politischen Rahmenbedingungen der gesamten Region. Jyn Korr und ihre Mitstreiter hinterließen ein bedeutendes Erbe, das weit über die unmittelbare Aufhebung des Gesetzes hinausgeht. In diesem Abschnitt werden wir die verschiedenen Dimensionen dieser Auswirkungen analysieren, einschließlich der sozialen, politischen und kulturellen Veränderungen, die durch den Aktivismus initiiert wurden.

Soziale Veränderungen

Der Protest führte zu einem tiefgreifenden Bewusstsein für die Bedeutung von Bürgerrechten und der Notwendigkeit, diese aktiv zu verteidigen. Die Mobilisierung der Massen und die damit verbundene öffentliche Diskussion schufen ein neues gesellschaftliches Klima, in dem Diskriminierung und Ungerechtigkeit nicht länger toleriert wurden.

Ein Beispiel für diese soziale Veränderung ist die verstärkte Teilnahme von Jugendlichen an politischen Bewegungen. Die Proteste inspirierten viele junge Menschen, sich für ihre Rechte und die ihrer Gemeinschaften einzusetzen. Diese neue Generation von Aktivisten brachte frische Ideen und Perspektiven in den Diskurs über Bürgerrechte, was zu einer Diversifizierung der Stimmen und Anliegen innerhalb der Bewegung führte.

Politische Veränderungen

Politisch gesehen führte der Protest zu einem Umdenken innerhalb der Regierung von Verin-9. Die öffentliche Meinung, die durch die Proteste mobilisiert wurde, zwang die politischen Entscheidungsträger, ihre Haltung zu überdenken. Die

Aufhebung des Anti-Körperphasen-Gesetzes war nicht nur ein Sieg für die Aktivisten, sondern auch ein Signal an andere Regierungen im intergalaktischen Raum, dass Bürgerrechte nicht ignoriert werden können.

Die Einführung neuer Gesetze, die den Schutz von Minderheiten und die Förderung von Gleichheit gewährleisten, ist ein direktes Ergebnis der Protestbewegung. Diese gesetzlichen Änderungen wurden durch die andauernde Lobbyarbeit von Jyn Korr und anderen Aktivisten unterstützt, die sich für eine nachhaltige Verbesserung der Rechte aller Bürger einsetzten.

Kulturelle Veränderungen

Die kulturellen Auswirkungen des Widerstands sind ebenso bemerkenswert. Kunst und Kultur wurden zu mächtigen Werkzeugen im Aktivismus. Durch Theater, Musik und visuelle Kunstwerke konnten die Botschaften der Bewegung kreativ vermittelt werden. Veranstaltungen, die die Geschichten der Betroffenen erzählten, schufen eine tiefere Verbindung zwischen den Menschen und förderten Empathie für die Anliegen der Aktivisten.

Ein Beispiel hierfür ist das Theaterstück „Die Stimmen von Verin-9", das auf den Erfahrungen der Protestierenden basiert und landesweit aufgeführt wurde. Dieses Stück sensibilisierte die Öffentlichkeit für die Herausforderungen, mit denen viele Bürger konfrontiert sind, und förderte eine breitere Diskussion über die Rolle der Kunst im Aktivismus.

Langfristige Herausforderungen

Trotz der positiven Veränderungen, die durch den Protest erreicht wurden, bleiben viele Herausforderungen bestehen. Die Implementierung der neuen Gesetze erfordert kontinuierliche Anstrengungen, um sicherzustellen, dass sie nicht nur auf dem Papier existieren, sondern auch in der Praxis umgesetzt werden. Es besteht die Gefahr, dass politische Akteure versuchen, bestehende Gesetze zu untergraben oder zu umgehen, was eine ständige Wachsamkeit der Bürger erfordert.

Zusätzlich bleibt die gesellschaftliche Spaltung ein Problem. Während der Protest viele Menschen mobilisierte, gibt es immer noch Gruppen, die gegen die Fortschritte der Bürgerrechtsbewegung sind. Diese Widerstände können zu Spannungen und Konflikten führen, die die gesellschaftliche Harmonie gefährden.

Schlussfolgerung

Insgesamt haben die langfristigen Auswirkungen des großen Protests auf Verin-9 das Fundament für eine aktivere und engagiertere Bürgerschaft gelegt. Jyn Korrs

Vermächtnis inspiriert weiterhin Generationen von Aktivisten, die sich für soziale Gerechtigkeit und Gleichheit einsetzen. Die Herausforderungen, die bestehen, sind nicht zu unterschätzen, aber die Fortschritte, die erzielt wurden, bieten Hoffnung und Motivation für zukünftige Kämpfe. Das Engagement für Bürgerrechte ist ein fortwährender Prozess, der ständige Aufmerksamkeit und Einsatz erfordert, um sicherzustellen, dass die erkämpften Freiheiten und Rechte auch in Zukunft geschützt werden.

$$\text{Langfristige Auswirkungen} = \text{Soziale Veränderungen} + \text{Politische Veränderungen} + \text{Kult}$$
$$(38)$$

Jyns Reflexion über den Protest

Nach dem großen Protest auf Verin-9, der sowohl in der lokalen als auch in der intergalaktischen Gemeinschaft für Aufsehen sorgte, fand Jyn Korr sich in einer Phase der tiefen Reflexion wieder. Die Ereignisse des Protesttags, die Mobilisierung der Massen und die Reaktion der Regierung hinterließen einen bleibenden Eindruck in ihrem Herzen und Geist. In dieser Reflexion analysierte sie die verschiedenen Dimensionen des Aktivismus, die Bedeutung von Gemeinschaft und die Herausforderungen, die noch bevorstanden.

Zunächst einmal war Jyn sich der enormen Kraft bewusst, die in der kollektiven Stimme der Bürger lag. Der Protest war nicht nur eine Ansammlung von Individuen; es war ein lebendiges Beispiel für die Stärke der Solidarität. Jyn erinnerte sich an die Gesichter der Menschen, die sich versammelt hatten, um für ihre Rechte zu kämpfen. Diese Gesichter repräsentierten verschiedene Kulturen, Hintergründe und Geschichten, die alle in einem gemeinsamen Ziel vereint waren: die Aufhebung des Anti-Körperphasen-Gesetzes. In diesem Kontext reflektierte Jyn über die Theorie des sozialen Wandels, die besagt, dass kollektives Handeln oft der Schlüssel zu gesellschaftlicher Transformation ist. Sie erinnerte sich an die Worte eines ihrer Mentoren: „Die Veränderung geschieht nicht im Stillstand, sondern im Zusammenkommen."

Ein weiteres zentrales Thema in Jyns Reflexion war die Rolle der Medien. Der Protest wurde von den Medien intensiv verfolgt, was zu einer breiten öffentlichen Debatte führte. Jyn erkannte, dass die Medien sowohl eine Plattform als auch ein Werkzeug für den Aktivismus darstellen konnten. Sie analysierte kritisch, wie die Berichterstattung über den Protest die öffentliche Meinung beeinflusste und wie wichtig es war, die Narrative zu kontrollieren. In einer Welt, in der Informationen schnell verbreitet werden, war die Fähigkeit, die eigene Geschichte zu erzählen, von entscheidender Bedeutung. Jyn stellte fest, dass der Einsatz von sozialen Medien und traditionellen Nachrichtenkanälen eine wesentliche Strategie für den Erfolg des Protests war.

Jedoch war Jyn auch mit den Herausforderungen konfrontiert, die aus dieser Sichtweise resultierten. Sie erkannte, dass nicht alle Berichterstattung positiv war und dass es auch verzerrte Darstellungen gab, die das Bild der Aktivisten negativ beeinflussen konnten. Diese Reflexion führte sie zu der Erkenntnis, dass es wichtig war, nicht nur die positiven Aspekte des Aktivismus zu betonen, sondern auch die Schwierigkeiten und Rückschläge, die sie erlebt hatten. Diese Authentizität war notwendig, um eine tiefere Verbindung zur Gemeinschaft aufzubauen und das Vertrauen der Menschen zu gewinnen.

Ein weiterer Punkt, den Jyn in ihrer Reflexion ansprach, war die emotionale Dimension des Aktivismus. Der Protest war nicht nur ein politisches Ereignis; es war auch eine tiefgreifende emotionale Erfahrung. Jyn sprach über die Freude, die sie fühlte, als sie sah, wie viele Menschen sich ihrer Sache anschlossen, aber auch über die Traurigkeit und Frustration, die sie erlebte, als sie die Repression und Gewalt sah, die gegen ihre Mitstreiter gerichtet war. Diese duale Erfahrung war eine ständige Herausforderung, die sie in ihrer Rolle als Anführerin bewältigen musste.

Jyn stellte fest, dass die emotionale Intelligenz, die sie während des Protests entwickelte, entscheidend für ihre persönliche und politische Entwicklung war. Sie erkannte, dass die Fähigkeit, Empathie zu zeigen und die Emotionen anderer zu verstehen, einen bedeutenden Einfluss auf die Mobilisierung und das Engagement der Menschen hatte. Diese Erkenntnis führte sie zu der Überzeugung, dass Aktivismus nicht nur auf rationalen Argumenten basieren sollte, sondern auch auf menschlichen Verbindungen und dem Verständnis für die Erfahrungen anderer.

Abschließend reflektierte Jyn über die langfristigen Auswirkungen des Protests. Sie wusste, dass die Aufhebung des Anti-Körperphasen-Gesetzes nur der erste Schritt in einem viel größeren Kampf um Bürgerrechte und Gleichheit war. Der Protest hatte zwar einen bedeutenden Sieg errungen, doch die Herausforderungen, die vor ihnen lagen, waren nach wie vor enorm. Jyn war sich bewusst, dass der Aktivismus ein kontinuierlicher Prozess war, der ständige Anpassungen und neue Strategien erforderte.

Sie schloss ihre Reflexion mit einem Aufruf an ihre Mitstreiter und die nächste Generation von Aktivisten. „Lasst uns nicht nur für das kämpfen, was wir wollen, sondern auch für das, was wir glauben", sagte sie. „Lasst uns die Geschichten derer erzählen, die nicht gehört werden, und lasst uns die Hoffnung nie verlieren, egal wie dunkel die Zeiten auch sein mögen." Diese Worte, durchdrungen von ihrer Leidenschaft und ihrem Glauben an den Wandel, wurden zu einem Leitmotiv für die zukünftigen Kämpfe und die anstehenden Herausforderungen im Aktivismus auf Verin-9 und darüber hinaus.

Der Sieg und die Herausforderungen

Die Aufhebung des Anti-Körperphasen-Gesetzes

Die Aufhebung des Anti-Körperphasen-Gesetzes war ein historischer Wendepunkt auf Verin-9, der nicht nur die rechtlichen Rahmenbedingungen für die Bürgerrechte veränderte, sondern auch das gesellschaftliche Bewusstsein und die politische Landschaft nachhaltig beeinflusste.

Hintergrund und Kontext

Das Anti-Körperphasen-Gesetz, das ursprünglich als Reaktion auf die wachsenden intergalaktischen Spannungen und die damit verbundenen Ängste erlassen wurde, stellte eine Vielzahl von Einschränkungen für Bürger dar, die als nicht konform mit der vorherrschenden Norm angesehen wurden. Es führte zu einer systematischen Diskriminierung und einem Gefühl der Unsicherheit unter den betroffenen Bürgern. Die Aufhebung dieses Gesetzes war das Ergebnis jahrelanger Anstrengungen von Aktivisten, insbesondere von Jyn Korr und ihrer Bürgerrechtsgruppe.

Der Prozess der Aufhebung

Der Prozess der Aufhebung begann mit einer Reihe von strategischen Maßnahmen, die von Jyn und ihren Mitstreitern initiiert wurden. Zunächst wurde eine umfassende Kampagne zur Sensibilisierung der Öffentlichkeit gestartet. Diese beinhaltete:

+ **Öffentliche Versammlungen:** Jyn organisierte zahlreiche Versammlungen, um die Bürger über die negativen Auswirkungen des Gesetzes aufzuklären. Diese Veranstaltungen waren nicht nur informativ, sondern auch eine Plattform für persönliche Geschichten und Erfahrungen, die die emotionale Dimension des Problems verdeutlichten.

+ **Medienberichterstattung:** Die Rolle der Medien war entscheidend. Durch strategische Pressemitteilungen und Interviews gelang es der Bürgerrechtsgruppe, die Berichterstattung über das Gesetz zu beeinflussen.

Jyn nutzte soziale Medien, um die Reichweite ihrer Botschaft zu maximieren.

+ **Lobbyarbeit:** In Zusammenarbeit mit anderen Organisationen wurde eine Lobbykampagne ins Leben gerufen, um politische Entscheidungsträger zu überzeugen, das Gesetz zu überprüfen. Diese Bemühungen führten dazu, dass die Thematik in den politischen Diskurs einfloss.

Politische Reaktionen

Die Reaktionen der Regierung auf die Mobilisierung der Bürger waren gemischt. Zunächst gab es Widerstand von Seiten konservativer Politiker, die die Notwendigkeit des Gesetzes verteidigten. Doch mit wachsendem Druck aus der Bevölkerung und der internationalen Gemeinschaft begannen einige politische Akteure, die Vorzüge einer Gesetzesänderung in Betracht zu ziehen.

Die entscheidende Wende kam, als eine Gruppe von Abgeordneten, die von der Bewegung beeinflusst waren, einen Gesetzentwurf zur Aufhebung des Anti-Körperphasen-Gesetzes einbrachten. Dies führte zu intensiven Debatten im Parlament, in denen die ethischen und sozialen Implikationen des Gesetzes thematisiert wurden.

Der Tag der Abstimmung

Der Tag der Abstimmung über die Aufhebung des Gesetzes war ein historischer Moment. Tausende von Bürgern versammelten sich vor dem Parlament, um ihre Unterstützung zu zeigen. Jyn Korr hielt eine leidenschaftliche Rede, in der sie die Bedeutung von Gleichheit und Gerechtigkeit für alle Bürger betonte. Ihre Worte hallten durch die Menge und schufen eine Atmosphäre der Hoffnung und des Wandels.

Die Abstimmung selbst war ein emotionaler Prozess. Als das Ergebnis verkündet wurde und die Aufhebung des Gesetzes mit einer Mehrheit von Stimmen beschlossen wurde, brach ein Jubel aus. Dies war nicht nur ein Sieg für Jyn und ihre Mitstreiter, sondern auch für alle Bürger von Verin-9, die unter dem Gesetz gelitten hatten.

Nachwirkungen der Aufhebung

Die Aufhebung des Anti-Körperphasen-Gesetzes hatte weitreichende Konsequenzen. Zunächst führte sie zu einer sofortigen Verbesserung der Lebensbedingungen für viele Bürger, die zuvor diskriminiert worden waren. Es wurde ein neuer rechtlicher Rahmen geschaffen, der die Bürgerrechte schützte und die Gleichheit vor dem Gesetz garantierte.

Darüber hinaus inspirierte dieser Erfolg eine neue Generation von Aktivisten, die sich für soziale Gerechtigkeit und Gleichheit einsetzten. Jyn Korr wurde zu einem Symbol des Wandels und der Hoffnung, und ihre Methoden des friedlichen Protests und der Mobilisierung wurden zum Vorbild für zukünftige Bewegungen.

Schlussfolgerung

Die Aufhebung des Anti-Körperphasen-Gesetzes war ein entscheidender Moment in der Geschichte von Verin-9, der die Kraft des Aktivismus und die Bedeutung von Gemeinschaft und Solidarität verdeutlichte. Jyn Korr und ihre Mitstreiter bewiesen, dass durch Engagement, Bildung und Zusammenarbeit bedeutende Veränderungen erreicht werden können. Ihre Geschichte lehrt uns, dass der Kampf für Bürgerrechte niemals abgeschlossen ist, sondern eine ständige Anstrengung erfordert, um sicherzustellen, dass Gerechtigkeit für alle gewährt wird.

Die Reaktionen der Bürger

Die Reaktionen der Bürger auf die Aufhebung des Anti-Körperphasen-Gesetzes waren vielfältig und vielschichtig. In der ersten Phase der Bekanntgabe der Entscheidung gab es eine Welle von Erleichterung und Freude unter denjenigen, die sich aktiv gegen das Gesetz eingesetzt hatten. Diese Erleichterung war jedoch nicht universell; verschiedene gesellschaftliche Gruppen reagierten unterschiedlich auf die Veränderungen.

Positive Reaktionen

Zahlreiche Bürger, insbesondere die Mitglieder der Bürgerrechtsgruppe, die von Jyn Korr gegründet worden war, feierten den Erfolg als einen bedeutenden Sieg für die Gerechtigkeit und die Bürgerrechte. Die sozialen Medien wurden zu einem wichtigen Instrument, um diese positiven Reaktionen zu verbreiten. Hashtags wie #FreiheitFürVerin9 und #JynKorrSieg trendeten in den intergalaktischen Netzwerken und ermöglichten es den Bürgern, ihre Freude und Dankbarkeit auszudrücken.

$$\text{Zufriedenheit} = \frac{\text{Anzahl der positiven Rückmeldungen}}{\text{Gesamtanzahl der Rückmeldungen}} \times 100\% \quad (39)$$

Diese Gleichung zeigt, dass die Zufriedenheit der Bürger in direktem
Verhältnis zur Anzahl der positiven Rückmeldungen stand. In den ersten Tagen
nach der Gesetzesaufhebung berichteten Umfragen von einer Zufriedenheitsrate
von über 75%, was auf eine breite Unterstützung in der Bevölkerung hinwies.

Negative Reaktionen

Auf der anderen Seite gab es auch signifikante negative Reaktionen, insbesondere
von denjenigen, die das Anti-Körperphasen-Gesetz unterstützten. Konservative
Gruppen argumentierten, dass die Aufhebung des Gesetzes eine Bedrohung für
die gesellschaftliche Stabilität darstelle. Sie befürchteten, dass dies zu einem
Anstieg von intergalaktischen Spannungen führen könnte, insbesondere in Bezug
auf die intergalaktischen Beziehungen, die durch das Gesetz ursprünglich reguliert
wurden.

Ein Beispiel hierfür war die Protestbewegung GegenDieFreiheit, die sich
schnell formierte und öffentliche Demonstrationen organisierte. Diese Gruppe
nutzte ebenfalls soziale Medien, um ihre Botschaften zu verbreiten, jedoch mit
dem Ziel, die Aufhebung des Gesetzes rückgängig zu machen. Ihre Argumente
basierten oft auf dem Konzept der *sozialen Ordnung*, das besagt, dass Gesetze
notwendig sind, um das Gleichgewicht in der Gesellschaft zu wahren.

$$\text{Soziale Ordnung} = \frac{\text{Anzahl der unterstützenden Stimmen}}{\text{Gesamtanzahl der Stimmen}} \times 100\% \quad (40)$$

Diese Gleichung verdeutlicht, dass die soziale Ordnung in der Wahrnehmung
der Bürger stark von der Anzahl der unterstützenden Stimmen abhängt. Berichte
zeigten, dass etwa 20% der Bevölkerung die Rückkehr zu den alten Gesetzen
forderten, was eine nicht unerhebliche Minderheit darstellt.

Die Rolle der Medien

Die Medien spielten eine entscheidende Rolle in der Vermittlung dieser
Reaktionen. Während einige Nachrichtenagenturen die positiven Aspekte der
Gesetzesaufhebung hervorhoben und die Stimmen der Befürworter verstärkten,
berichteten andere über die Bedenken der Gegner. Diese unterschiedliche
Berichterstattung führte zu einer Polarisierung der öffentlichen Meinung.

Ein Beispiel für diese mediale Polarisierung war die Berichterstattung des
intergalaktischen Senders VerinNews, der eine Reihe von Interviews mit Bürgern
führte, die sowohl für als auch gegen die Aufhebung des Gesetzes waren. Diese

Interviews wurden in einer Serie von Dokumentationen ausgestrahlt, die die verschiedenen Perspektiven der Bürger beleuchteten.

Langfristige Auswirkungen

Langfristig gesehen führte die Aufhebung des Anti-Körperphasen-Gesetzes zu einer verstärkten Diskussion über Bürgerrechte und die Rolle der Regierung in der Gesellschaft. Bürgerrechtsaktivisten, angeführt von Jyn Korr, begannen, Workshops und Bildungsprogramme zu organisieren, um das Bewusstsein für die Bedeutung von Bürgerrechten und die Verantwortung der Bürger zu schärfen. Diese Programme umfassten Themen wie:

+ Die Bedeutung der politischen Teilhabe

+ Die Rolle von Aktivismus in der modernen Gesellschaft

+ Strategien zur Förderung von Gleichheit und Gerechtigkeit

Die Reaktionen der Bürger auf die Aufhebung des Gesetzes waren somit ein Katalysator für eine breitere gesellschaftliche Debatte über die Zukunft der Bürgerrechte auf Verin-9. Diese Debatte wird voraussichtlich auch in den kommenden Jahren anhalten, da die Bürger weiterhin für ihre Rechte und Freiheiten eintreten.

Insgesamt lässt sich sagen, dass die Aufhebung des Anti-Körperphasen-Gesetzes nicht nur eine rechtliche, sondern auch eine gesellschaftliche Wende markierte, die die Bürger von Verin-9 dazu anregte, aktiv an der Gestaltung ihrer Zukunft mitzuwirken.

Jyns persönliche Erfolge und Enttäuschungen

Jyn Korrs Weg im Aktivismus war geprägt von einer Vielzahl an Erfolgen, die sie ermutigten, und Enttäuschungen, die sie herausforderten. Diese Erfahrungen formten nicht nur ihren Charakter, sondern auch ihre Sichtweise auf den Aktivismus und die Bürgerrechte auf Verin-9.

Erfolge im Aktivismus

Einer der größten Erfolge von Jyn war die Mobilisierung einer breiten Basis von Unterstützern für die Bürgerrechtsbewegung. Durch ihre Fähigkeit, Menschen zu inspirieren und zu motivieren, gelang es ihr, eine diverse Gruppe von Aktivisten zu versammeln. Diese Gruppe war nicht nur in der Lage, Proteste zu organisieren, sondern auch, fundierte Argumente gegen das Anti-Körperphasen-Gesetz zu entwickeln. Ein Beispiel für diesen Erfolg war die erste öffentliche Versammlung, die Jyn organisierte, an der über 500 Bürger teilnahmen. Dies war ein klarer Beweis für die wachsende Unterstützung in der Gemeinschaft.

Ein weiterer bemerkenswerter Erfolg war die kleine Gesetzesänderung, die durch den Druck der Bürgerrechtsgruppe erreicht wurde. Diese Änderung war zwar nicht das endgültige Ziel, aber sie stellte einen wichtigen Schritt in die richtige Richtung dar. Sie zeigte, dass der kollektive Einsatz der Bürger tatsächlich Veränderungen bewirken kann und gab den Aktivisten das Gefühl, dass ihre Stimmen gehört werden.

Persönliche Erfolge

Auf persönlicher Ebene erlebte Jyn auch bedeutende Erfolge. Ihre Fähigkeit, als Rednerin zu überzeugen, wurde in verschiedenen Medien hervorgehoben. Ihre Ansprachen während der Proteste waren emotional und gut formuliert, was dazu führte, dass sie in der intergalaktischen Presse als eine der führenden Stimmen des Widerstands gefeiert wurde. Diese Anerkennung stärkte ihr Selbstvertrauen und motivierte sie, weiterhin für die Rechte ihrer Mitbürger zu kämpfen.

Enttäuschungen und Herausforderungen

Trotz dieser Erfolge war der Weg für Jyn nicht immer einfach. Eine der größten Enttäuschungen war die Reaktion der Regierung auf die Proteste. Anstatt auf die Anliegen der Bürger einzugehen, reagierte die Regierung mit Repression und Gewalt. Die ersten Festnahmen von Aktivisten waren ein harter Schlag für die Bewegung und führten zu einem Gefühl der Ohnmacht unter den Unterstützern.

Ein weiteres Beispiel für eine Enttäuschung war die Tatsache, dass nicht alle Bürger von Verin-9 die Bewegung unterstützten. Jyn stellte fest, dass einige ihrer ehemaligen Freunde und Verwandten skeptisch gegenüber dem Aktivismus waren und den Status quo bevorzugten. Diese persönlichen Konflikte waren emotional belastend und führten dazu, dass Jyn sich isoliert fühlte.

Reflexion über Erfolge und Enttäuschungen

Jyn lernte, dass Erfolg und Misserfolg oft Hand in Hand gehen. Während die Erfolge sie motivierten, waren die Enttäuschungen lehrreich. Sie halfen ihr, Resilienz zu entwickeln und die Bedeutung von Durchhaltevermögen zu erkennen. Jyn erkannte, dass jeder Rückschlag auch eine Gelegenheit zur Reflexion und Verbesserung bietet.

Die Theorie des sozialen Wandels, wie sie von Soziologen wie Charles Tilly beschrieben wurde, zeigt, dass soziale Bewegungen oft durch eine Kombination aus Erfolgen und Misserfolgen wachsen. Jyns Erfahrungen spiegeln diese Theorie wider, da sie durch die Herausforderungen, die sie erlebte, sowohl als Aktivistin als auch als Person gewachsen ist. Sie lernte, dass der Weg zum Wandel selten linear ist und dass jeder Schritt, ob vorwärts oder rückwärts, Teil des größeren Bildes ist.

Insgesamt waren Jyns persönliche Erfolge und Enttäuschungen entscheidend für ihre Entwicklung als Bürgerrechtsaktivistin. Sie formten nicht nur ihre Strategien und Ansätze im Aktivismus, sondern auch ihre Überzeugungen über die Kraft der Gemeinschaft und die Notwendigkeit, für Gerechtigkeit zu kämpfen. Diese Erfahrungen legten den Grundstein für ihre zukünftigen Kämpfe und ihre Vision für eine gerechtere Gesellschaft auf Verin-9.

Die Rolle von Aktivismus in der Gesellschaft

Aktivismus spielt eine entscheidende Rolle in der Gesellschaft, indem er die Stimme der Unterdrückten erhebt, soziale Gerechtigkeit fördert und Veränderungen in der politischen Landschaft herbeiführt. In einer Zeit, in der viele Menschen das Gefühl haben, von politischen Entscheidungsträgern ignoriert zu werden, wird der Aktivismus zu einem unverzichtbaren Instrument, um auf Missstände aufmerksam zu machen und für die Rechte der Bürger einzutreten.

Theoretische Grundlagen des Aktivismus

Der Aktivismus ist tief in der politischen Theorie verwurzelt. Er basiert auf dem Konzept der *Bürgerbeteiligung*, das in der politischen Philosophie von Denker*innen wie John Locke und Jean-Jacques Rousseau verankert ist. Diese Theoretiker argumentieren, dass eine funktionierende Demokratie die aktive Teilnahme der Bürger erfordert, um die Machtverhältnisse zu überprüfen und die Regierung zur Rechenschaft zu ziehen. Aktivismus kann als ein Ausdruck dieser Bürgerbeteiligung verstanden werden, der darauf abzielt, die öffentliche Meinung zu mobilisieren und politische Veränderungen zu bewirken.

Ein zentrales Element des Aktivismus ist die *kollektive Aktion*, die sich aus der Interaktion zwischen Individuen und Gruppen ergibt. Diese kollektive Aktion kann in verschiedenen Formen auftreten, darunter Proteste, Petitionen, Lobbyarbeit und soziale Medien. Der *Resource Mobilization Theory* zufolge benötigen soziale Bewegungen Ressourcen wie Zeit, Geld und soziale Netzwerke, um erfolgreich zu sein. Diese Ressourcen werden mobilisiert, um die Ziele des Aktivismus zu erreichen.

Probleme und Herausforderungen

Trotz der positiven Auswirkungen des Aktivismus gibt es auch zahlreiche Herausforderungen, mit denen Aktivist*innen konfrontiert sind. Eine der größten Hürden ist die *Repression* durch staatliche Institutionen. In vielen Ländern sehen sich Aktivist*innen mit Gewalt, Verhaftungen und anderen Formen der Unterdrückung konfrontiert. Diese Repression kann sowohl physisch als auch psychologisch sein und die Fähigkeit der Bewegung einschränken, ihre Ziele zu erreichen.

Ein weiteres Problem ist die *Fragmentierung* innerhalb sozialer Bewegungen. Unterschiedliche Gruppen innerhalb einer Bewegung können unterschiedliche Ziele, Strategien und Ideologien verfolgen, was zu internen Konflikten führen kann. Diese Fragmentierung kann die Effektivität der Bewegung verringern und den Druck auf die Regierung schwächen.

Zudem spielt die *Medienberichterstattung* eine entscheidende Rolle im Aktivismus. Während soziale Medien eine Plattform für die Verbreitung von Informationen bieten, können traditionelle Medien oft eine verzerrte oder ungenaue Darstellung von Protesten und Bewegungen liefern. Dies kann die öffentliche Wahrnehmung des Aktivismus beeinflussen und die Unterstützung der Bevölkerung verringern.

Beispiele für erfolgreichen Aktivismus

Trotz dieser Herausforderungen gibt es zahlreiche Beispiele für erfolgreichen Aktivismus, der bedeutende Veränderungen in der Gesellschaft bewirkt hat. Ein herausragendes Beispiel ist die *Bürgerrechtsbewegung* in den USA in den 1960er Jahren, die maßgeblich zur Abschaffung der Rassentrennung und zur Einführung des *Civil Rights Act* von 1964 führte. Führende Figuren wie Martin Luther King Jr. nutzten gewaltfreie Proteste, um auf die Ungerechtigkeiten aufmerksam zu machen und eine breite Unterstützung in der Bevölkerung zu mobilisieren.

Ein weiteres Beispiel ist die *Fridays for Future*-Bewegung, die von der schwedischen Aktivistin Greta Thunberg ins Leben gerufen wurde. Diese Bewegung hat weltweit Millionen von Menschen mobilisiert, um für Klimaschutz und nachhaltige Politiken zu kämpfen. Die Nutzung sozialer Medien hat es der Bewegung ermöglicht, schnell zu wachsen und eine globale Reichweite zu erzielen.

Die Bedeutung von Bildung und Aufklärung

Ein wichtiger Aspekt des Aktivismus ist die *Bildung* und *Aufklärung* der Öffentlichkeit über soziale, politische und wirtschaftliche Themen. Aktivist*innen nutzen Workshops, Informationsveranstaltungen und soziale Medien, um das Bewusstsein für Missstände zu schärfen und Menschen zu ermutigen, sich zu engagieren. Bildung spielt eine Schlüsselrolle, um das Verständnis für komplexe Themen zu fördern und die Menschen zu befähigen, informierte Entscheidungen zu treffen.

Zukunftsperspektiven des Aktivismus

Die Rolle des Aktivismus in der Gesellschaft wird sich weiterhin entwickeln, insbesondere mit dem Aufkommen neuer Technologien und Kommunikationsmittel. Die *digitale Revolution* hat es Aktivist*innen ermöglicht, ihre Botschaften schneller und effektiver zu verbreiten. Soziale Medien bieten eine Plattform für den Austausch von Ideen und die Mobilisierung von Unterstützern, während Online-Petitionen und Crowdfunding neue Wege für die Finanzierung von Aktivismus eröffnen.

In der Zukunft wird es entscheidend sein, dass Aktivist*innen weiterhin innovative Strategien entwickeln, um die Herausforderungen der Repression, Fragmentierung und Medienberichterstattung zu überwinden. Die Fähigkeit, sich an veränderte gesellschaftliche Bedingungen anzupassen und neue Allianzen zu bilden, wird für den Erfolg von Bewegungen von entscheidender Bedeutung sein.

Zusammenfassend lässt sich sagen, dass Aktivismus eine fundamentale Rolle in der Gesellschaft spielt, indem er Veränderungen vorantreibt, die Stimme der Unterdrückten erhebt und das Bewusstsein für soziale Gerechtigkeit schärft. Trotz der Herausforderungen, mit denen Aktivist*innen konfrontiert sind, bleibt der Aktivismus ein kraftvolles Werkzeug für sozialen Wandel und die Förderung von Bürgerrechten.

Die Notwendigkeit von fortwährendem Engagement

In der Welt des Aktivismus ist die Notwendigkeit von fortwährendem Engagement von entscheidender Bedeutung. Nachdem Jyn Korr und ihre Mitstreiter das Anti-Körperphasen-Gesetz erfolgreich aufgehoben hatten, wurde schnell klar, dass der Kampf um Bürgerrechte nicht mit einem einzigen Sieg endet. Vielmehr ist es ein fortlaufender Prozess, der ständige Aufmerksamkeit und Engagement erfordert.

Theoretische Grundlagen

Aktivismus kann als ein dynamischer Prozess verstanden werden, der sich in verschiedenen Phasen entfaltet. Wie in der *Theorie des sozialen Wandels* beschrieben, erfordert jede Veränderung in der Gesellschaft nicht nur initiale Aktionen, sondern auch die Aufrechterhaltung von Mobilisierung und Engagement über längere Zeiträume. [1] Diese Theorie postuliert, dass soziale Bewegungen nicht nur auf kurzfristige Erfolge abzielen, sondern auch strukturelle Veränderungen in der Gesellschaft bewirken wollen, die nachhaltigen Einfluss haben.

Probleme des fortwährenden Engagements

Trotz der Wichtigkeit von fortwährendem Engagement gibt es zahlreiche Herausforderungen, die Aktivisten bewältigen müssen. Eine der größten Schwierigkeiten besteht darin, das Interesse und die Motivation der Unterstützer aufrechtzuerhalten. Oftmals geschieht es, dass nach einem großen Erfolg die öffentliche Aufmerksamkeit nachlässt und die Mobilisierung zurückgeht. Dies kann zu einer Abnahme der Ressourcen und der Unterstützung führen, was die langfristige Wirksamkeit der Bewegung gefährdet.

Ein weiteres Problem ist die Fragmentierung innerhalb der Bewegung selbst. Unterschiedliche Gruppen können unterschiedliche Prioritäten und Strategien haben, was zu internen Konflikten führen kann. Diese Fragmentierung kann die Effektivität der Kampagnen beeinträchtigen und dazu führen, dass wichtige Themen übersehen werden.

Beispiele für fortwährendes Engagement

Ein herausragendes Beispiel für fortwährendes Engagement ist die *Black Lives Matter*-Bewegung. Nach den ersten Protesten im Jahr 2013, ausgelöst durch die Freisprechung von George Zimmerman im Fall Trayvon Martin, blieb die Bewegung aktiv und hat sich über die Jahre weiterentwickelt. Die Aktivisten haben kontinuierlich auf Missstände hingewiesen, politische Veränderungen gefordert und das Bewusstsein für Rassismus und Polizeigewalt geschärft. Dies zeigt, dass der Erfolg einer Bewegung nicht nur von einmaligen Protesten abhängt, sondern von einer langfristigen Strategie und einem fortwährenden Engagement.

Ein weiteres Beispiel ist die *Fridays for Future*-Bewegung, die von Greta Thunberg ins Leben gerufen wurde. Diese Bewegung hat es geschafft, Millionen von Menschen weltweit zu mobilisieren und das Thema Klimawandel in den Mittelpunkt der politischen Agenda zu rücken. Durch regelmäßige Demonstrationen und die Nutzung sozialer Medien bleibt die Bewegung relevant und übt Druck auf Entscheidungsträger aus.

Strategien für fortwährendes Engagement

Um fortwährendes Engagement zu gewährleisten, sind verschiedene Strategien erforderlich. Dazu gehört die Bildung von Netzwerken, die den Austausch von Informationen und Ressourcen fördern. Durch die Schaffung von Allianzen mit anderen Gruppen können Aktivisten ihre Reichweite und ihren Einfluss erhöhen.

Ein weiterer wichtiger Aspekt ist die Nutzung von sozialen Medien. Plattformen wie Twitter, Facebook und Instagram ermöglichen es Aktivisten, ihre Botschaften schnell und effektiv zu verbreiten und eine breitere Öffentlichkeit zu erreichen. Die Verwendung von Hashtags und viralen Kampagnen kann helfen, die Aufmerksamkeit auf wichtige Themen zu lenken und die Mobilisierung zu fördern.

Zudem ist es entscheidend, die Gemeinschaft einzubeziehen und die Menschen zu ermutigen, sich aktiv zu beteiligen. Dies kann durch Workshops, Informationsveranstaltungen und kreative Aktionen geschehen, die das Bewusstsein für soziale Themen schärfen und die Menschen motivieren, sich zu engagieren.

Fazit

Zusammenfassend lässt sich sagen, dass fortwährendes Engagement im Aktivismus unerlässlich ist, um nachhaltige Veränderungen in der Gesellschaft zu bewirken. Die Herausforderungen sind vielfältig, aber durch strategische Planung, Netzwerkbildung und die Einbeziehung der Gemeinschaft können Aktivisten sicherstellen, dass ihre Bewegung lebendig bleibt und langfristigen Einfluss hat. Jyn Korr und ihre Mitstreiter haben dies erkannt und werden weiterhin an der Spitze des Kampfes für Bürgerrechte und soziale Gerechtigkeit stehen.

Die Bedeutung von Bildung und Aufklärung

Bildung und Aufklärung spielen eine entscheidende Rolle im Aktivismus und sind wesentliche Faktoren für den sozialen Wandel. Sie ermöglichen es Individuen, kritisch zu denken, informierte Entscheidungen zu treffen und aktiv an der Gesellschaft teilzunehmen. In diesem Abschnitt werden wir die Bedeutung von Bildung und Aufklärung im Kontext des Widerstands gegen das Anti-Körperphasen-Gesetz auf Verin-9 untersuchen und dabei relevante Theorien, Probleme und Beispiele anführen.

Theoretische Grundlagen

Die Theorie der kritischen Pädagogik, wie sie von Paulo Freire formuliert wurde, betont die Notwendigkeit, Bildung als einen Prozess des Dialogs und der Reflexion zu verstehen. Freire argumentiert, dass Bildung nicht nur die Übertragung von Wissen ist, sondern ein Werkzeug zur Befreiung und zur Förderung von sozialer Gerechtigkeit. In seinem Buch *Pedagogy of the Oppressed* beschreibt er, wie Bildung als ein Mittel zur Aufklärung der Massen dienen kann, um sie in die Lage zu versetzen, gegen Unterdrückung zu kämpfen.

Ein weiteres relevantes Konzept ist das des *empowerment* (Ermächtigung). Bildung ermöglicht es Individuen, ihre Stimme zu erheben und sich für ihre Rechte einzusetzen. Sie gibt den Menschen das Wissen und die Fähigkeiten, um die Strukturen der Macht zu hinterfragen und zu verändern. In diesem Sinne wird Bildung zu einem Schlüsselwerkzeug im Kampf gegen Diskriminierung und Ungerechtigkeit.

Herausforderungen in der Bildung

Trotz der offensichtlichen Vorteile von Bildung gibt es zahlreiche Herausforderungen, die den Zugang zu qualitativ hochwertiger Bildung und Aufklärung behindern. In vielen Gesellschaften, einschließlich Verin-9, sind Bildungssysteme oft ungleich verteilt. Marginalisierte Gruppen haben häufig weniger Zugang zu Bildung, was zu einem Teufelskreis der Armut und des Mangels an Möglichkeiten führt.

Ein Beispiel hierfür ist die Diskriminierung von Minderheiten in Bildungseinrichtungen. Auf Verin-9 wurden viele Schüler aus unterrepräsentierten Gruppen aufgrund des Anti-Körperphasen-Gesetzes von den besten Schulen ausgeschlossen. Dies führte zu einer weiteren Marginalisierung und einem Mangel an Vertretern in wichtigen gesellschaftlichen Positionen.

Beispiele für erfolgreiche Bildungsinitiativen

Trotz dieser Herausforderungen gab es in der Vergangenheit zahlreiche Initiativen, die darauf abzielten, Bildung und Aufklärung zu fördern. Eine solche Initiative war das Programm „Wissen für alle", das von Jyn Korr und ihrer Bürgerrechtsgruppe ins Leben gerufen wurde. Dieses Programm zielte darauf ab, Informationsveranstaltungen in benachteiligten Gemeinden zu organisieren, um das Bewusstsein für die Rechte der Bürger zu schärfen und die Menschen zu ermutigen, sich aktiv zu engagieren.

Ein konkretes Beispiel ist die Veranstaltung *„Bürgerrechte und du"*, bei der Experten eingeladen wurden, um über die Auswirkungen des Anti-Körperphasen-Gesetzes zu sprechen. Diese Veranstaltungen führten nicht nur zu einem erhöhten Bewusstsein, sondern auch zu einer Mobilisierung von Gemeinschaften, die sich gegen das Gesetz aussprachen.

Der Einfluss von Medien und Technologie

In der heutigen Zeit spielt auch die Technologie eine entscheidende Rolle in der Bildung und Aufklärung. Soziale Medien und Online-Plattformen ermöglichen es Aktivisten, Informationen schnell zu verbreiten und eine breitere Öffentlichkeit zu erreichen. Jyn Korr nutzte soziale Medien, um Kampagnen zu starten und um die Stimmen derjenigen zu verstärken, die unter dem Anti-Körperphasen-Gesetz litten.

Ein Beispiel für den erfolgreichen Einsatz von Technologie ist die Kampagne *#KörperrechteFürAlle*, die auf verschiedenen Plattformen viral ging. Diese Kampagne informierte die Bürger über die negativen Auswirkungen des Gesetzes und mobilisierte Tausende von Menschen zu Protesten. Die Verwendung von Hashtags und viralen Videos half, das Thema in den Mittelpunkt der öffentlichen Diskussion zu rücken.

Langfristige Auswirkungen von Bildung und Aufklärung

Die langfristigen Auswirkungen von Bildung und Aufklärung sind enorm. Sie fördern nicht nur das individuelle Wachstum, sondern stärken auch die Gemeinschaften und die Gesellschaft als Ganzes. Gebildete Bürger sind eher in der Lage, sich für ihre Rechte einzusetzen und an politischen Prozessen teilzunehmen. Dies führt zu einer stärkeren Demokratie und einer gerechteren Gesellschaft.

Darüber hinaus können Bildungsinitiativen dazu beitragen, Vorurteile abzubauen und das Verständnis zwischen verschiedenen Gruppen zu fördern. Auf Verin-9 wurden durch Bildungsprogramme viele Stereotypen über Minderheiten abgebaut, was zu einer stärkeren Solidarität und Zusammenarbeit zwischen den verschiedenen Gemeinschaften führte.

Schlussfolgerung

Zusammenfassend lässt sich sagen, dass Bildung und Aufklärung entscheidende Elemente im Kampf für Bürgerrechte sind. Sie bieten nicht nur das notwendige Wissen, um Ungerechtigkeiten zu erkennen und anzugehen, sondern fördern auch das Gefühl der Gemeinschaft und der Solidarität. Jyn Korrs Engagement für

Bildung und Aufklärung hat nicht nur ihr eigenes Leben verändert, sondern auch das Leben vieler anderer auf Verin-9. Der Weg zur Gleichheit und Gerechtigkeit ist lang, aber mit Bildung und Aufklärung als Fundament können zukünftige Generationen die Herausforderungen meistern und eine bessere Welt schaffen.

Jyns Vision für die Zukunft

Jyn Korr blickt in die Zukunft mit einer unerschütterlichen Überzeugung, dass der Kampf für Bürgerrechte und soziale Gerechtigkeit nicht nur eine vorübergehende Phase ist, sondern eine fortwährende Verpflichtung, die alle Generationen betrifft. Ihre Vision für die Zukunft ist geprägt von Hoffnung, Engagement und einem tiefen Verständnis für die Herausforderungen, die noch vor uns liegen.

Die Bedeutung von Bildung und Aufklärung

Ein zentrales Element in Jyns Vision ist die Rolle von Bildung als Werkzeug des Wandels. Sie glaubt, dass Aufklärung der Schlüssel ist, um Vorurteile abzubauen und Empathie zu fördern. Jyn setzt sich dafür ein, dass Bildungsprogramme nicht nur die Geschichte der Bürgerrechtsbewegungen lehren, sondern auch aktuelle Themen wie interkulturelle Verständigung und soziale Gerechtigkeit in den Lehrplan integrieren.

$$\text{Wissen} \rightarrow \text{Empathie} \rightarrow \text{Handeln} \qquad (41)$$

Diese Gleichung zeigt, dass Wissen zu Empathie führt, was wiederum zu aktivem Handeln anregt. Jyn plant, Partnerschaften mit Schulen und Universitäten zu fördern, um Workshops und Seminare zu organisieren, die das Bewusstsein für Bürgerrechte stärken.

Die Rolle der Technologie

In einer zunehmend digitalisierten Welt erkennt Jyn die Macht der Technologie als Katalysator für sozialen Wandel. Sie sieht in sozialen Medien nicht nur eine Plattform für die Verbreitung von Informationen, sondern auch ein Werkzeug zur Mobilisierung von Massen. Jyn ermutigt junge Aktivisten, digitale Kampagnen zu entwickeln, die auf kreative Weise Aufmerksamkeit auf Ungerechtigkeiten lenken.

$$\text{Mobilisierung} = \text{Technologie} + \text{Kreativität} \qquad (42)$$

Hierbei steht die Mobilisierung im direkten Verhältnis zur Kombination von Technologie und Kreativität. Jyn plant, Schulungen für Aktivisten anzubieten, um ihnen zu helfen, effektive digitale Kampagnen zu erstellen, die eine breitere Öffentlichkeit erreichen.

Diversität und Inklusion

Ein weiterer wichtiger Aspekt von Jyns Vision ist die Förderung von Diversität und Inklusion innerhalb der Aktivismusbewegung. Sie ist überzeugt, dass ein vielfältiges Team nicht nur kreativer ist, sondern auch verschiedene Perspektiven und Erfahrungen einbringt, die für den Erfolg von Bewegungen entscheidend sind. Jyn setzt sich dafür ein, dass alle Stimmen gehört werden, insbesondere die von marginalisierten Gruppen.

$$\text{Erfolg} \propto \text{Diversität} + \text{Inklusion} \tag{43}$$

Diese Beziehung zeigt, dass der Erfolg einer Bewegung proportional zur Diversität und Inklusion innerhalb ihrer Reihen ist. Jyn plant, Programme zu initiieren, die darauf abzielen, Menschen aus verschiedenen Hintergründen in den Aktivismus einzubeziehen und ihnen eine Plattform zu bieten.

Langfristige Strategien für den Wandel

Jyn ist sich bewusst, dass kurzfristige Erfolge zwar wichtig sind, jedoch langfristige Strategien für nachhaltigen Wandel unerlässlich sind. Sie schlägt vor, dass Aktivisten sich auf die Schaffung von Allianzen konzentrieren, um ihre Kräfte zu bündeln und eine stärkere Stimme zu entwickeln.

$$\text{Nachhaltiger Wandel} = \sum(\text{Allianzen}) + \text{Langfristige Planung} \tag{44}$$

In dieser Gleichung wird der nachhaltige Wandel als Summe der gebildeten Allianzen und der langfristigen Planung dargestellt. Jyn plant, regelmäßige Treffen und Konferenzen zu organisieren, um den Austausch zwischen verschiedenen Gruppen zu fördern und gemeinsame Strategien zu entwickeln.

Ein Aufruf zur Verantwortung

Jyns Vision für die Zukunft ist auch ein Aufruf an die nächste Generation, Verantwortung zu übernehmen. Sie glaubt, dass jeder Einzelne die Fähigkeit hat, Veränderungen herbeizuführen, und dass es wichtig ist, sich aktiv an der Gestaltung der Gesellschaft zu beteiligen.

$$\text{Verantwortung} = \text{Engagement} + \text{Handeln} \qquad (45)$$

Diese Formel verdeutlicht, dass Verantwortung aus Engagement und aktivem Handeln resultiert. Jyn plant, Programme zu initiieren, die junge Menschen ermutigen, sich in ihren Gemeinschaften zu engagieren und ihre Stimme zu erheben.

Jyns Vermächtnis

Schließlich sieht Jyn ihr Vermächtnis nicht nur in den Gesetzen, die geändert werden, oder in den Bewegungen, die sie inspiriert hat, sondern in den Herzen und Köpfen der Menschen, die sie berührt hat. Ihre Vision ist eine Welt, in der die Menschen nicht nur für ihre eigenen Rechte kämpfen, sondern auch für die Rechte anderer, und in der Solidarität und Empathie die treibenden Kräfte des Wandels sind.

$$\text{Vermächtnis} = \text{Einheit} + \text{Empathie} \qquad (46)$$

In dieser letzten Gleichung wird Jyns Vermächtnis als das Ergebnis von Einheit und Empathie dargestellt. Sie hofft, dass zukünftige Generationen weiterhin für Gerechtigkeit und Gleichheit eintreten und ihre Vision von einer besseren Zukunft verwirklichen.

Jyn Korrs Vision für die Zukunft ist eine inspirierende Botschaft, die uns alle dazu aufruft, aktiv zu werden und für eine gerechtere Welt zu kämpfen. Sie erinnert uns daran, dass der Weg zum Wandel oft lang und steinig ist, aber dass jeder Schritt, den wir gemeinsam unternehmen, einen Unterschied machen kann.

Die Herausforderungen, die bleiben

Trotz des historischen Sieges über das Anti-Körperphasen-Gesetz auf Verin-9 bleibt der Aktivismus mit einer Vielzahl von Herausforderungen konfrontiert, die sowohl strukturelle als auch gesellschaftliche Dimensionen umfassen. Diese Herausforderungen sind nicht nur für Jyn Korr und ihre Bewegung relevant, sondern betreffen auch zukünftige Generationen von Aktivisten, die sich für Bürgerrechte und soziale Gerechtigkeit einsetzen.

1. Strukturelle Ungleichheiten

Eine der zentralen Herausforderungen, die nach der Aufhebung des Gesetzes bestehen bleibt, sind die tief verwurzelten strukturellen Ungleichheiten in der

Gesellschaft von Verin-9. Diese Ungleichheiten manifestieren sich in verschiedenen Bereichen, darunter Bildung, Gesundheitsversorgung und wirtschaftliche Chancen. Laut der *Verin-9 Bürgerrechtsstudie 2023* leben immer noch 30% der Bevölkerung in Armut, was den Zugang zu grundlegenden Dienstleistungen erheblich einschränkt.

Die **Gini-Koeffizienten** für Verin-9, die als Maß für die Einkommensungleichheit dienen, zeigen, dass trotz eines Anstiegs des nationalen Einkommens die Kluft zwischen den Reichen und den Armen weiterhin wächst. Mathematisch ausgedrückt:

$$G = \frac{A}{A + B} \tag{47}$$

wobei A die Fläche zwischen der Gleichverteilungslinie und der Lorenzkurve ist und B die Fläche unter der Lorenzkurve darstellt. Ein höherer Gini-Koeffizient deutet auf eine größere Ungleichheit hin.

2. Politische Repression

Ein weiteres bedeutendes Problem ist die anhaltende politische Repression. Obwohl das Anti-Körperphasen-Gesetz aufgehoben wurde, hat die Regierung von Verin-9 weiterhin Maßnahmen ergriffen, um dissidente Stimmen zu unterdrücken. Dies geschieht durch restriktive Gesetze, die das Recht auf Versammlung und freie Meinungsäußerung einschränken. Aktivisten berichten von einer Zunahme von Überwachungsmaßnahmen und der Kriminalisierung von Protesten.

Die *Berichtskommission für Bürgerrechte* hat in ihrem letzten Bericht aufgezeigt, dass 45% der Befragten angaben, sie hätten Angst vor Repressalien, wenn sie sich öffentlich äußern. Diese Angst kann lähmend wirken und die Mobilisierung zukünftiger Bewegungen erheblich behindern.

3. Fragmentierung der Bewegung

Die Fragmentierung innerhalb der Bürgerrechtsbewegung ist eine weitere Herausforderung. Verschiedene Gruppen verfolgen unterschiedliche Ansätze und Ziele, was zu einem Mangel an Einheit und kohärenter Strategie führt. Jyn Korr hat wiederholt betont, dass die Bewegung nur dann erfolgreich sein kann, wenn sie in der Lage ist, die verschiedenen Stimmen und Anliegen zu integrieren.

Die Theorie der *kollektiven Identität* legt nahe, dass ein starkes Gemeinschaftsgefühl und eine gemeinsame Vision entscheidend für den Erfolg eines sozialen Bewegungsprozesses sind. Diese Identität kann jedoch durch interne Konflikte und unterschiedliche Prioritäten gefährdet werden.

4. Bildung und Aufklärung

Die Notwendigkeit von Bildung und Aufklärung bleibt eine der größten Herausforderungen. Viele Bürger sind sich ihrer Rechte und der Mechanismen, die ihnen zur Verfügung stehen, um diese Rechte zu verteidigen, nicht bewusst. Jyn und ihre Mitstreiter setzen sich dafür ein, Bildungsprogramme zu entwickeln, die die Bürger über ihre Rechte aufklären und sie befähigen, aktiv zu werden.

Eine Studie der *Verin-9 Akademie für Bürgerrechte* zeigt, dass 70% der Befragten nicht wissen, wie sie sich bei Rechtsverletzungen wehren können. Um dies zu ändern, müssen umfassende Bildungsinitiativen ins Leben gerufen werden, die sich an alle Altersgruppen richten und die Bedeutung von Aktivismus betonen.

5. Interkulturelle Dialoge

Die kulturelle Vielfalt auf Verin-9 kann sowohl eine Stärke als auch eine Herausforderung darstellen. Während die verschiedenen kulturellen Perspektiven bereichernd sind, können sie auch zu Missverständnissen und Spannungen führen. Jyn hat erkannt, dass interkulturelle Dialoge notwendig sind, um eine inklusive Bewegung zu schaffen, die alle Stimmen hört und respektiert.

Die *Interkulturelle Dialoginitiative* hat Programme ins Leben gerufen, um den Austausch zwischen verschiedenen Gemeinschaften zu fördern. Solche Initiativen sind entscheidend, um Vorurteile abzubauen und ein gemeinsames Verständnis zu entwickeln.

6. Nachhaltigkeit des Aktivismus

Schließlich bleibt die Frage der Nachhaltigkeit des Aktivismus eine zentrale Herausforderung. Viele Aktivisten sind oft frustriert, wenn sie nicht sofortige Ergebnisse sehen, was zu einem Rückgang des Engagements führen kann. Jyn Korr betont die Bedeutung von langfristigem Denken und der Notwendigkeit, Geduld zu haben, während man auf Veränderungen hinarbeitet.

$$S = \frac{E}{T} \tag{48}$$

wobei S die Nachhaltigkeit des Aktivismus darstellt, E für Engagement und T für Zeit steht. Ein höherer Wert von S zeigt an, dass Engagement über längere

Zeiträume aufrechterhalten werden kann, was entscheidend für den Erfolg von Bewegungen ist.

Schlussfolgerung

Die Herausforderungen, die bleiben, sind vielschichtig und erfordern eine kontinuierliche Anstrengung von Jyn Korr, ihren Mitstreitern und zukünftigen Generationen von Aktivisten. Es ist von entscheidender Bedeutung, dass die Bewegung sich anpasst, lernt und wächst, um die anhaltenden Ungerechtigkeiten und die Notwendigkeit für Gleichheit und Gerechtigkeit auf Verin-9 zu bekämpfen. Nur durch vereinte Anstrengungen, Bildung und interkulturellen Dialog kann eine nachhaltige Veränderung erreicht werden.

Die Bedeutung von Gemeinschaft und Solidarität

Die Bedeutung von Gemeinschaft und Solidarität im Kontext des Aktivismus kann nicht hoch genug eingeschätzt werden. In einer Zeit, in der gesellschaftliche Ungerechtigkeiten und politische Unterdrückung weit verbreitet sind, wird die Rolle von Gemeinschaften als Rückgrat für Widerstand und Veränderung immer deutlicher. Gemeinschaft und Solidarität sind nicht nur Begriffe; sie sind essentielle Elemente, die den Aktivismus stärken und die Wirksamkeit von Bewegungen erhöhen.

Theoretische Grundlagen

Die Theorie der sozialen Bewegungen legt nahe, dass der Erfolg von Aktivismus stark von der Fähigkeit abhängt, kollektive Identitäten zu formen und Gemeinschaften um gemeinsame Ziele zu vereinen. Der Sozialwissenschaftler Charles Tilly (2004) argumentiert, dass soziale Bewegungen durch die Mobilisierung von Ressourcen, die Schaffung von Gelegenheiten und die Entwicklung von kollektiven Identitäten gekennzeichnet sind. Diese Aspekte sind entscheidend für die Bildung einer solidarischen Gemeinschaft, die in der Lage ist, Veränderungen herbeizuführen.

Probleme der Isolation

Isolation kann eine der größten Herausforderungen für Aktivisten darstellen. Einzelne Stimmen können in der Masse untergehen, und das Fehlen einer unterstützenden Gemeinschaft kann zu Entmutigung führen. In vielen Fällen fühlen sich Aktivisten allein und unverstanden, was ihre Bereitschaft, sich gegen

Ungerechtigkeiten zu wehren, stark einschränken kann. Dies kann zu einem
Phänomen führen, das als „kollektive Lethargie" bezeichnet wird, bei dem die
Motivation zur Teilnahme an Bewegungen aufgrund mangelnder Unterstützung
schwindet (Klandermans, 1984).

Beispiele für Gemeinschaft und Solidarität

Ein herausragendes Beispiel für die Bedeutung von Gemeinschaft und Solidarität
ist die Bürgerrechtsbewegung in den Vereinigten Staaten in den 1960er Jahren.
Aktivisten wie Martin Luther King Jr. mobilisierten Gemeinschaften, um gegen
Rassendiskriminierung zu kämpfen. Die Gründung von Organisationen wie der
Southern Christian Leadership Conference (SCLC) war entscheidend, um
Menschen zusammenzubringen und kollektive Aktionen zu organisieren. Diese
Gemeinschaften boten nicht nur Unterstützung, sondern auch einen Raum für
den Austausch von Ideen und Strategien, was letztendlich zu bedeutenden
politischen Veränderungen führte.

Ein weiteres Beispiel ist die LGBTQ+-Bewegung, die in den letzten
Jahrzehnten eine bemerkenswerte Transformation erfahren hat. Die
Stonewall-Unruhen von 1969 sind ein Beispiel für einen Moment, in dem
Gemeinschaft und Solidarität eine entscheidende Rolle spielten. Diese Ereignisse
führten zur Gründung zahlreicher Organisationen, die sich für die Rechte von
LGBTQ+-Personen einsetzen, und schufen ein Gefühl der Zugehörigkeit und
Unterstützung, das für den Erfolg der Bewegung unerlässlich war.

Solidarität in der Praxis

Solidarität manifestiert sich auf verschiedene Weise, sei es durch gemeinsame
Proteste, die Schaffung von Unterstützungsnetzwerken oder die Nutzung sozialer
Medien zur Mobilisierung. Digitale Plattformen haben es Aktivisten ermöglicht,
über geografische Grenzen hinweg Gemeinschaften zu bilden. Hashtags wie
#BlackLivesMatter und #MeToo haben nicht nur Aufmerksamkeit erregt, sondern
auch eine globale Gemeinschaft von Unterstützern geschaffen, die sich für soziale
Gerechtigkeit einsetzen.

Der Einfluss von Gemeinschaft auf den Aktivismus

Die Stärke einer Gemeinschaft kann den Unterschied zwischen Erfolg und
Misserfolg eines Aktivismus ausmachen. Gemeinschaften bieten nicht nur
emotionale Unterstützung, sondern auch praktische Ressourcen wie Wissen,
finanzielle Mittel und Zugang zu Netzwerken. Dies ist besonders wichtig in

Zeiten von Rückschlägen oder Widerstand seitens der Regierung. Wenn Aktivisten wissen, dass sie auf die Unterstützung ihrer Gemeinschaft zählen können, sind sie eher bereit, sich den Herausforderungen zu stellen.

Schlussfolgerung

Zusammenfassend lässt sich sagen, dass Gemeinschaft und Solidarität grundlegende Elemente im Aktivismus sind. Sie fördern nicht nur die Mobilisierung und den Austausch von Ideen, sondern bieten auch den emotionalen Rückhalt, der notwendig ist, um langfristige Veränderungen zu erreichen. Die Herausforderungen, denen sich Aktivisten gegenübersehen, können durch starke Gemeinschaften und solidarische Beziehungen bewältigt werden. In einer Welt, die oft von Spaltung und Ungerechtigkeit geprägt ist, bleibt die Schaffung und Pflege von Gemeinschaften ein entscheidender Schritt auf dem Weg zu einer gerechteren Gesellschaft.

Bibliography

[1] Tilly, C. (2004). *Social Movements, 1760-2000*. Paradigm Publishers.

[2] Klandermans, B. (1984). *Mobilization and Participation in Social Movements*. In: D. S. Meyer & N. Whittier (Eds.), *Social Movements: Identity, Culture, and the State*.

Jyns Vermächtnis für kommende Generationen

Jyn Korrs Engagement und ihre unermüdlichen Bemühungen im Kampf für Bürgerrechte auf Verin-9 hinterlassen ein bedeutendes Vermächtnis für zukünftige Generationen. Ihre Geschichte ist nicht nur ein Beispiel für persönlichen Mut und Entschlossenheit, sondern auch eine lehrreiche Erzählung über die Wichtigkeit des Aktivismus in einer sich ständig verändernden Welt. Dieses Vermächtnis manifestiert sich in mehreren zentralen Aspekten, die für die künftigen Aktivisten von entscheidender Bedeutung sind.

Die Kraft der Gemeinschaft

Ein zentrales Element von Jyns Vermächtnis ist die Erkenntnis, dass echte Veränderungen nur durch kollektives Handeln erreicht werden können. Die Gründung von Bürgerrechtsgruppen und die Mobilisierung der Massen während ihrer Kämpfe zeigen, wie wichtig es ist, eine Gemeinschaft zu schaffen, die sich gegenseitig unterstützt. Jyns Fähigkeit, Menschen aus verschiedenen sozialen und kulturellen Hintergründen zusammenzubringen, verdeutlicht die Kraft der Solidarität. Die zukünftigen Generationen müssen lernen, dass Aktivismus nicht isoliert erfolgen kann, sondern dass er in einem Netzwerk von Unterstützern verwurzelt sein sollte.

Bildung als Schlüssel zum Wandel

Ein weiterer wichtiger Aspekt von Jyns Erbe ist die Bedeutung von Bildung. Sie erkannte, dass Wissen und Aufklärung entscheidend sind, um Ungerechtigkeiten zu bekämpfen. Jyn förderte Bildungsinitiativen, die darauf abzielten, das Bewusstsein für Bürgerrechte und soziale Gerechtigkeit zu schärfen. Ihre Überzeugung, dass Bildung der Schlüssel zu einem informierten und aktiven Bürger ist, sollte als Leitprinzip für zukünftige Aktivisten dienen. Der Zugang zu Bildung und die Förderung kritischen Denkens sind unerlässlich, um die Herausforderungen der Zukunft zu bewältigen.

Technologie und soziale Medien

In einer zunehmend digitalisierten Welt ist Jyns Verständnis für die Rolle von Technologie im Aktivismus von großer Bedeutung. Sie nutzte soziale Medien, um ihre Botschaften zu verbreiten und eine breitere Öffentlichkeit zu erreichen. Ihre Fähigkeit, digitale Plattformen effektiv zu nutzen, hat gezeigt, dass Technologie ein mächtiges Werkzeug für Mobilisierung und Aufklärung sein kann. Künftige Generationen müssen lernen, wie sie Technologie und soziale Medien strategisch einsetzen können, um ihre Anliegen zu fördern und eine größere Reichweite zu erzielen.

Kreativität und Kunst im Aktivismus

Jyns Einsatz von Kunst und Kreativität im Widerstand gegen das Anti-Körperphasen-Gesetz ist ein weiteres wichtiges Element ihres Vermächtnisses. Sie verstand, dass Kunst nicht nur ein Ausdruck von Emotionen ist, sondern auch ein wirkungsvolles Mittel zur Kommunikation von Ideen und zur Mobilisierung von Menschen. Durch kreative Projekte, von Theateraufführungen bis hin zu Kunstinstallationen, schuf Jyn eine Plattform, die das Bewusstsein für soziale Themen schärfte und Menschen inspirierte, sich zu engagieren. Künftige Aktivisten sollten die transformative Kraft der Kunst erkennen und nutzen, um ihre Botschaften zu verbreiten.

Ein Aufruf zum Handeln

Jyn Korr hinterlässt ein starkes Erbe, das zukünftige Generationen dazu ermutigt, aktiv zu werden und sich für ihre Überzeugungen einzusetzen. Ihr Leben und ihre Kämpfe sind ein eindringlicher Aufruf zum Handeln, der die Dringlichkeit betont, sich für Gerechtigkeit und Gleichheit einzusetzen. Jyns Vermächtnis ist nicht nur eine Erinnerung an das, was erreicht wurde, sondern auch eine Aufforderung, die Arbeit fortzusetzen und die Stimme für die, die nicht gehört werden, zu erheben.

Zusammenfassung

Insgesamt ist Jyns Vermächtnis ein multifacetedes Erbe, das die Bedeutung von Gemeinschaft, Bildung, Technologie, Kreativität und aktivem Handeln umfasst. Ihre Geschichte lehrt uns, dass der Kampf für Bürgerrechte und soziale Gerechtigkeit nie aufhört und dass jede Generation ihre eigenen Herausforderungen annehmen muss. Indem wir Jyns Prinzipien und Strategien in unsere eigenen Kämpfe integrieren, können wir sicherstellen, dass ihr Vermächtnis weiterlebt und zukünftige Generationen inspiriert, für eine gerechtere und gleichberechtigtere Welt zu kämpfen.

Schlussfolgerung

Reflexion über den Aktivismus

Jyns persönliche Entwicklung

Jyn Korrs Reise als Bürgerrechtsaktivistin auf Verin-9 ist nicht nur eine Geschichte des Widerstands gegen das Anti-Körperphasen-Gesetz, sondern auch eine tiefgreifende Erzählung über persönliche Transformation und Entwicklung. Diese Entwicklung kann in mehreren Schlüsselphasen unterteilt werden, die sowohl von äußeren Umständen als auch von inneren Überzeugungen geprägt sind.

Frühe Einflüsse

Die Wurzeln von Jyns Engagement liegen in ihrer Kindheit, die von einer Vielzahl an kulturellen Einflüssen und sozialen Herausforderungen geprägt war. Auf Verin-9, einer Welt, die durch ihre geographische Vielfalt und technologische Fortschritte gekennzeichnet ist, erlebte Jyn bereits früh Ungerechtigkeiten, die ihren Sinn für Gerechtigkeit und Empathie prägten. In der Theorie der sozialen Identität, wie sie von Tajfel und Turner (1979) beschrieben wurde, wird deutlich, dass Jyns Identifikation mit ihrer Gemeinschaft und das Bewusstsein für ihre Unterschiede zu anderen Gruppen entscheidend für die Entwicklung ihrer politischen Überzeugungen waren.

Erste Begegnungen mit Ungerechtigkeit

Jyns erste Erfahrungen mit Diskriminierung, sowohl persönlich als auch durch Geschichten von Freunden, führten zu einer tiefen Reflexion über ihre Werte. Diese Erfahrungen sind in der Psychologie als „kognitive Dissonanz" bekannt, ein Zustand, der entsteht, wenn individuelle Überzeugungen und die Realität nicht übereinstimmen. Jyn begann, ihre Umgebung kritisch zu hinterfragen und entwickelte eine starke Abneigung gegen Ungerechtigkeiten, die sie in ihrer Gesellschaft beobachtete.

Die Rolle von Mentoren und Vorbildern

Ein entscheidender Aspekt von Jyns Entwicklung war die Unterstützung durch Lehrer und Mentoren, die sie in ihrer Suche nach Antworten ermutigten. Diese Beziehungen sind in der Bildungspsychologie von großer Bedeutung, da sie das Konzept des „Vorbilder-Effekts" illustrieren, bei dem Individuen von den Handlungen und Einstellungen anderer lernen. Jyns Mentoren halfen ihr, ihre Stimme zu finden und ihre Gedanken in Worte zu fassen, was zu ihren ersten politischen Schriften führte.

Die Entstehung von Empathie und Mitgefühl

Jyns Empathie entwickelte sich weiter, als sie die Geschichten von Unterdrückten hörte und die Herausforderungen, denen sie gegenüberstanden, hautnah erlebte. Laut der Theorie des sozialen Lernens von Bandura (1977) lernen Menschen durch Beobachtung und Nachahmung. Jyns Fähigkeit, sich in die Lage anderer zu versetzen, wurde durch das Engagement in ihrer Gemeinschaft und die Teilnahme an kulturellen Festen und Traditionen gefördert. Diese Erlebnisse erweiterten ihren Horizont und stärkten ihr Mitgefühl für andere.

Erste Schritte in den Aktivismus

Mit der Zeit begannen Jyns Werte, sich in konkreten Aktionen zu manifestieren. Ihre ersten Protesterfahrungen waren entscheidend für ihre persönliche Entwicklung. Sie erlebte sowohl den Nervenkitzel des Engagements als auch die Angst vor Repression. Diese duale Erfahrung ist in der Theorie der Risikowahrnehmung von Slovic (1987) zu verstehen, die besagt, dass Menschen oft Risiken und Belohnungen abwägen, bevor sie handeln. Jyn lernte, dass der Kampf für Gerechtigkeit sowohl persönliche als auch gesellschaftliche Risiken birgt, aber auch eine immense Belohnung in Form von Gemeinschaft und Solidarität.

Der Weg zur Selbstfindung

Die Suche nach Antworten auf die drängenden Fragen ihrer Zeit führte Jyn auf einen Weg der Selbstfindung. Sie begann, sich mit ihrer Identität als Aktivistin auseinanderzusetzen und entwickelte eine klare Vision für die Zukunft, die auf

Gleichheit und Gerechtigkeit basierte. Diese Phase ihrer Entwicklung kann durch die Theorie der Identitätsentwicklung von Erikson (1968) beschrieben werden, die besagt, dass Individuen in verschiedenen Lebensphasen mit der Frage der Identität und Zugehörigkeit konfrontiert sind.

Reflexion und Wachstum

Jyns persönliche Entwicklung wurde auch durch Reflexion und kritisches Denken geprägt. Sie erkannte, dass Aktivismus nicht nur aus Protest und Widerstand besteht, sondern auch aus der Fähigkeit, zuzuhören, zu lernen und sich anzupassen. In diesem Sinne spiegelt sich die Theorie des konstruktivistischen Lernens von Piaget (1976) wider, die besagt, dass Lernen ein aktiver Prozess ist, bei dem Individuen Wissen konstruieren, indem sie Erfahrungen reflektieren und neue Einsichten gewinnen.

Schlussfolgerung

Insgesamt zeigt Jyn Korrs persönliche Entwicklung, dass der Weg eines Aktivisten von einer Vielzahl an Einflüssen geprägt ist, die sowohl von der Gemeinschaft als auch von individuellen Erfahrungen abhängen. Ihre Reise ist ein Beispiel dafür, wie persönliche Überzeugungen und Werte in den Dienst einer größeren Sache gestellt werden können. Jyns Geschichte ist nicht nur eine Erzählung über Widerstand, sondern auch ein inspirierendes Beispiel für die transformative Kraft des Aktivismus, die Generationen überdauern kann.

Die Lehren aus dem Widerstand

Der Widerstand gegen das Anti-Körperphasen-Gesetz auf Verin-9 hat viele wichtige Lehren hervorgebracht, die nicht nur für die Bewohner von Verin-9, sondern auch für Bürgerrechtler in der gesamten Galaxie von Bedeutung sind. Diese Lehren sind das Ergebnis von Erfahrungen, Rückschlägen und Erfolgen, die Jyn Korr und ihre Mitstreiter während ihrer Kämpfe gemacht haben. In diesem Abschnitt werden die wichtigsten Erkenntnisse zusammengefasst, die aus dem Widerstand gezogen werden können.

1. Die Kraft der Gemeinschaft

Eine der zentralen Lehren aus dem Widerstand ist die Bedeutung der Gemeinschaft. Jyn erkannte schnell, dass der Erfolg ihres Aktivismus nicht nur von ihren persönlichen Bemühungen abhing, sondern von der Unterstützung, die sie von anderen erhielt. Die Gründung von Allianzen mit anderen Bürgerrechtsgruppen und die Mobilisierung der Massen waren entscheidend. Diese Solidarität schuf ein starkes Netzwerk, das es den Aktivisten ermöglichte, ihre Stimmen zu erheben und die Aufmerksamkeit der Regierung sowie der Medien zu gewinnen.

2. Die Bedeutung von Bildung

Ein weiterer wesentlicher Aspekt des Widerstands war die Rolle der Bildung. Jyn und ihre Mitstreiter erkannten, dass die Aufklärung der Öffentlichkeit über die Auswirkungen des Anti-Körperphasen-Gesetzes entscheidend war, um Unterstützung zu gewinnen. Durch Informationsveranstaltungen, Workshops und die Verbreitung von Materialien in sozialen Medien wurde Wissen geschaffen und verbreitet. Dies führte zu einem informierten Publikum, das in der Lage war, die politischen Entscheidungen der Regierung kritisch zu hinterfragen.

3. Kreativität als Widerstandsform

Die Nutzung von Kunst und Kreativität stellte sich als effektives Mittel heraus, um die Botschaft des Widerstands zu verbreiten. Jyn und ihre Gruppe setzten kreative Ausdrucksformen wie Theater, Musik und visuelle Kunst ein, um die Ungerechtigkeiten des Gesetzes zu thematisieren. Diese kreativen Ansätze halfen nicht nur, das Bewusstsein zu schärfen, sondern machten die Bewegung auch zugänglicher und ansprechender für ein breiteres Publikum.

4. Resilienz und Durchhaltevermögen

Die Herausforderungen, denen sich die Aktivisten gegenübersahen, waren zahlreich und oft entmutigend. Rückschläge, wie die ersten Festnahmen von Aktivisten, führten zu Momenten der Verzweiflung. Doch die Lehre, die Jyn und ihre Mitstreiter aus diesen Erfahrungen zogen, war die Notwendigkeit von Resilienz. Der Widerstand lehrte sie, dass es wichtig ist, trotz Rückschlägen weiterzumachen und die Hoffnung nicht aufzugeben. Diese Resilienz wurde zu einem zentralen Bestandteil der Identität der Bewegung.

5. Die Rolle der Medien

Die Medien spielten eine entscheidende Rolle im Widerstand. Jyn lernte, dass die Berichterstattung über die Proteste und die Reaktionen der Regierung entscheidend für die Mobilisierung der Öffentlichkeit war. Die Aktivisten nutzten soziale Medien, um ihre Geschichten zu erzählen, Informationen zu verbreiten und ihre Botschaften zu verbreiten. Die Fähigkeit, die Medien zu nutzen, um die eigene Agenda voranzutreiben, wurde zu einer wertvollen Lektion für zukünftige Aktivisten.

6. Die Macht des Dialogs

Ein weiterer wichtiger Punkt war die Bedeutung des Dialogs. Jyn erkannte, dass der Widerstand nicht nur aus Protesten bestand, sondern auch aus dem Versuch, mit der Regierung und anderen Interessengruppen in einen konstruktiven Dialog zu treten. Durch Gespräche und Verhandlungen konnten sie einige ihrer Anliegen direkt an Entscheidungsträger herantragen. Diese Fähigkeit, Brücken zu bauen, stellte sich als entscheidend heraus, um langfristige Veränderungen zu bewirken.

7. Intergalaktische Solidarität

Die Unterstützung, die Jyn von intergalaktischen Bewegungen erhielt, erweiterte den Horizont des Widerstands. Die Lehre hier war, dass Bürgerrechtskämpfe nicht isoliert sind, sondern Teil eines größeren globalen Netzwerks von Aktivismus. Der Austausch von Strategien und Erfahrungen mit anderen Bewegungen auf verschiedenen Planeten stärkte die eigene Position und förderte ein Gefühl der Zusammengehörigkeit über intergalaktische Grenzen hinweg.

8. Die Notwendigkeit von Anpassungsfähigkeit

Schließlich lehrte der Widerstand Jyn, dass Anpassungsfähigkeit eine entscheidende Fähigkeit ist. Die politischen Landschaften sind dynamisch und können sich schnell ändern. Jyn musste lernen, ihre Strategien anzupassen, um auf neue Herausforderungen zu reagieren. Diese Flexibilität ermöglichte es der Bewegung, relevant zu bleiben und auf die sich verändernden Umstände zu reagieren.

Zusammenfassend lässt sich sagen, dass die Lehren aus dem Widerstand gegen das Anti-Körperphasen-Gesetz nicht nur für die Aktivisten auf Verin-9 von Bedeutung sind, sondern auch für zukünftige Generationen von Bürgerrechtlern in der gesamten Galaxie. Die Erkenntnisse über Gemeinschaft, Bildung, Kreativität, Resilienz, die Rolle der Medien, Dialog, intergalaktische Solidarität und Anpassungsfähigkeit bilden ein wertvolles Fundament für den fortwährenden Kampf um Gerechtigkeit und Gleichheit.

Die Rolle von Hoffnung und Glauben

In der Auseinandersetzung mit Ungerechtigkeit und Diskriminierung spielt die Hoffnung eine zentrale Rolle im Aktivismus. Hoffnung ist nicht nur ein Gefühl, sondern auch ein kraftvolles Werkzeug, das Individuen und Gemeinschaften motiviert, für Veränderungen einzutreten. In der Biografie von Jyn Korr wird deutlich, dass ihre Hoffnung auf eine gerechtere Gesellschaft eine treibende Kraft hinter ihrem Engagement war. Sie glaubte an die Möglichkeit einer besseren Zukunft, was sie dazu inspirierte, sich gegen das Anti-Körperphasen-Gesetz zu erheben.

Die Psychologie der Hoffnung

Die Psychologie der Hoffnung, wie sie von Snyder et al. (1991) beschrieben wird, umfasst zwei Hauptkomponenten: die Zielsetzung und die Überzeugung, dass man die notwendigen Wege finden kann, um diese Ziele zu erreichen. Jyns Hoffnung war nicht nur eine passive Erwartung, sondern eine aktive Überzeugung, dass Veränderung möglich ist. Diese Überzeugung ist entscheidend für den Erfolg von Aktivismus, da sie den Glauben an die eigene Wirksamkeit und die Fähigkeit, Hindernisse zu überwinden, stärkt.

Glauben als Antrieb

Glauben, insbesondere der Glaube an Gerechtigkeit und Gleichheit, ist ein weiterer wichtiger Aspekt des Aktivismus. Jyn Korr hatte nicht nur Hoffnung, sondern auch einen tiefen Glauben an die Werte der Menschenrechte. Dieser Glaube half ihr, in schwierigen Zeiten durchzuhalten und motivierte sie, andere zu inspirieren. Der Glaube kann als eine Art moralischer Kompass fungieren, der den Aktivisten zeigt, was richtig und was falsch ist.

Ein Beispiel für den Einfluss von Glauben im Aktivismus ist die Bürgerrechtsbewegung in den Vereinigten Staaten in den 1960er Jahren. Führer wie Martin Luther King Jr. nutzten ihren Glauben, um eine Vision von Gleichheit und Gerechtigkeit zu vermitteln. Seine berühmte Rede „I Have a Dream" ist ein Beispiel dafür, wie Glaube und Hoffnung in Worte gefasst werden können, um Massen zu mobilisieren und Veränderungen herbeizuführen.

Hoffnung in der Gemeinschaft

Hoffnung ist nicht nur individuell, sondern auch kollektiv. In Gemeinschaften, die von Diskriminierung betroffen sind, kann die gemeinsame Hoffnung auf

Veränderung eine starke Bindekraft erzeugen. Jyn Korr erkannte die Bedeutung von Solidarität und Gemeinschaftsbildung in ihrem Aktivismus. Sie schuf Räume, in denen Menschen ihre Hoffnungen und Ängste teilen konnten, was zu einem Gefühl der Zusammengehörigkeit und des gemeinsamen Ziels führte.

Die Rolle von Hoffnung und Glauben zeigt sich auch in der Nutzung von Symbolen und Ritualen im Aktivismus. Demonstrationen, Lieder und Kunstwerke, die Hoffnung und Glauben an eine bessere Zukunft ausdrücken, können die kollektive Identität stärken und die Motivation der Teilnehmer erhöhen. Diese kulturellen Ausdrucksformen helfen, die Botschaft des Aktivismus zu verbreiten und die Gemeinschaften zu mobilisieren.

Die Herausforderungen der Hoffnung

Trotz ihrer positiven Aspekte kann Hoffnung auch Herausforderungen mit sich bringen. In Zeiten von Rückschlägen und Enttäuschungen kann die Hoffnung auf eine bessere Zukunft auf die Probe gestellt werden. Jyn Korr erlebte persönlich, wie Rückschläge im Kampf gegen das Anti-Körperphasen-Gesetz ihre Hoffnung und ihren Glauben in Frage stellten. Es ist wichtig, in solchen Momenten Resilienz zu entwickeln und die Hoffnung als dynamische Kraft zu betrachten, die anpassungsfähig und erneuerbar ist.

Eine Theorie, die in diesem Zusammenhang relevant ist, ist die von der „Hoffnungspsychologie", die darauf hinweist, dass Hoffnung nicht nur eine emotionale Reaktion ist, sondern auch aktiv gefördert werden kann. Strategien zur Förderung von Hoffnung umfassen die Setzung erreichbarer Ziele, die Entwicklung von Problemlösungsfähigkeiten und die Schaffung unterstützender Gemeinschaften.

Schlussfolgerung

Zusammenfassend lässt sich sagen, dass Hoffnung und Glauben zentrale Elemente im Aktivismus sind. Sie bieten nicht nur die Motivation, sich für Veränderungen einzusetzen, sondern schaffen auch ein Gefühl der Gemeinschaft und Solidarität. Jyn Korrs Geschichte zeigt, wie wichtig es ist, Hoffnung zu kultivieren und Glauben als Antrieb für den Widerstand zu nutzen. In einer Welt, die oft von Ungerechtigkeit geprägt ist, bleibt die Hoffnung eine wesentliche Kraft, die Menschen dazu inspiriert, für eine bessere Zukunft zu kämpfen. Die Lehren aus Jyns Erfahrungen können als Leitfaden für zukünftige Generationen von Aktivisten dienen, die sich den Herausforderungen des Aktivismus stellen.

Die Bedeutung von Empathie

Empathie ist ein zentrales Element in jeder Form des Aktivismus und spielt eine entscheidende Rolle im Widerstand gegen Ungerechtigkeiten. Sie ermöglicht es Individuen, die Perspektiven und Erfahrungen anderer zu verstehen und sich mit deren Kämpfen zu identifizieren. In diesem Abschnitt werden wir die theoretischen Grundlagen der Empathie untersuchen, ihre Relevanz im Aktivismus beleuchten und konkrete Beispiele anführen, um ihre transformative Kraft zu verdeutlichen.

Theoretische Grundlagen der Empathie

Empathie wird oft als die Fähigkeit definiert, die Emotionen und Erfahrungen anderer Menschen zu erkennen und nachzuvollziehen. Laut der Psychologin *Carl Rogers* ist Empathie nicht nur ein Gefühl, sondern auch eine aktive Haltung, die ein tiefes Verständnis für die innere Welt einer anderen Person erfordert. Dies beinhaltet sowohl kognitive als auch affektive Komponenten:

$$E = C + A \tag{49}$$

wobei E für Empathie, C für kognitive Empathie (das Verstehen der Gedanken und Gefühle anderer) und A für affektive Empathie (das Mitfühlen mit den Emotionen anderer) steht.

Empathie im Aktivismus

Im Kontext des Aktivismus ist Empathie entscheidend, um Solidarität zu schaffen und kollektive Bewegungen zu fördern. Wenn Aktivisten in der Lage sind, die Geschichten und Herausforderungen der von Diskriminierung betroffenen Gruppen zu verstehen, können sie effektiver für Veränderungen eintreten. Empathie fördert das Gefühl der Verbundenheit und des gemeinsamen Ziels, was zu einer stärkeren Mobilisierung führt.

Ein Beispiel für die Bedeutung von Empathie im Aktivismus ist die *Black Lives Matter*-Bewegung, die aus der Notwendigkeit entstand, das Bewusstsein für rassistische Gewalt und Ungerechtigkeit zu schärfen. Die Bewegung hat durch persönliche Geschichten und Erfahrungen von Opfern rassistischer Gewalt eine breite Öffentlichkeit erreicht. Diese Geschichten wurden in sozialen Medien geteilt und haben eine Welle der Empathie und Unterstützung ausgelöst, die zu Protesten und politischen Veränderungen geführt hat.

Herausforderungen der Empathie

Trotz ihrer Bedeutung kann Empathie auch Herausforderungen mit sich bringen. In einer polarisierten Gesellschaft können Vorurteile und Stereotypen die Fähigkeit zur Empathie einschränken. Menschen neigen dazu, sich mit denen zu identifizieren, die ihnen ähnlich sind, was zu einer *Ingroup-Bias* führen kann. Dies kann dazu führen, dass das Leiden anderer, insbesondere von marginalisierten Gruppen, nicht wahrgenommen oder ignoriert wird.

Ein weiteres Problem ist die *Empathiemüdigkeit*, die auftreten kann, wenn Aktivisten ständig mit dem Leid anderer konfrontiert sind. Diese emotionale Erschöpfung kann zu einem Rückzug aus dem Aktivismus führen und die Fähigkeit zur Empathie verringern. Um dem entgegenzuwirken, ist es wichtig, dass Aktivisten Selbstfürsorge praktizieren und sich gegenseitig unterstützen.

Fallstudien und Beispiele

Um die transformative Kraft der Empathie zu verdeutlichen, betrachten wir einige Fallstudien:

1. **Die #MeToo-Bewegung**: Diese Bewegung hat durch das Teilen persönlicher Erfahrungen mit sexueller Belästigung und Gewalt eine Welle der Empathie ausgelöst. Frauen und Männer aus verschiedenen sozialen Schichten haben ihre Geschichten geteilt, was zu einem breiten gesellschaftlichen Diskurs über Geschlechtergerechtigkeit und die Notwendigkeit von Veränderungen geführt hat.

2. **Umweltschutzbewegungen**: In vielen Umweltschutzbewegungen wird Empathie als Schlüssel zur Mobilisierung von Unterstützern genutzt. Durch das Erzählen von Geschichten über Gemeinschaften, die von Umweltverschmutzung betroffen sind, wird ein emotionaler Bezug geschaffen, der Menschen dazu motiviert, sich für den Schutz der Umwelt einzusetzen.

3. **Flüchtlingskrisen**: Die Berichterstattung über Flüchtlinge und Migranten hat oft eine empathische Reaktion in der Gesellschaft ausgelöst. Durch die Darstellung individueller Schicksale und die Herausforderungen, denen diese Menschen gegenüberstehen, wird das Bewusstsein geschärft und die Unterstützung für humanitäre Maßnahmen gefördert.

Fazit

Zusammenfassend lässt sich sagen, dass Empathie eine grundlegende Rolle im Aktivismus spielt. Sie fördert das Verständnis, die Solidarität und die Mobilisierung von Menschen für gemeinsame Ziele. Dennoch müssen Aktivisten sich der Herausforderungen bewusst sein, die mit Empathie verbunden sind, und Strategien entwickeln, um diese zu überwinden. Die Fähigkeit, empathisch zu handeln und zu denken, ist nicht nur für den Erfolg von Bewegungen entscheidend, sondern auch für die Schaffung einer gerechteren und inklusiveren Gesellschaft. Indem wir Empathie in den Mittelpunkt unseres Handelns stellen, können wir die Verbindung zwischen Individuen stärken und den Weg für positive Veränderungen ebnen.

Jyns Ausblick auf die Zukunft

Jyn Korr blickt optimistisch in die Zukunft, trotz der Herausforderungen, die sie und ihre Mitstreiter im Kampf um Bürgerrechte auf Verin-9 erlebt haben. Ihre Vision ist geprägt von einem tiefen Glauben an die Fähigkeit der Gemeinschaft, Veränderungen herbeizuführen und eine gerechtere Gesellschaft zu schaffen. In diesem Abschnitt werden wir die verschiedenen Aspekte von Jyns Ausblick auf die Zukunft beleuchten, einschließlich ihrer Hoffnungen, der anstehenden Herausforderungen und der Strategien, die notwendig sind, um Fortschritte zu erzielen.

Hoffnung auf eine gerechtere Gesellschaft

Jyn glaubt fest daran, dass die Gesellschaft auf Verin-9 in der Lage ist, sich weiterzuentwickeln. Die Erfolge der Bürgerrechtsbewegung, insbesondere die Aufhebung des Anti-Körperphasen-Gesetzes, sind für sie ein Zeichen, dass Veränderungen möglich sind. Sie sieht die Notwendigkeit, dass Bürger aktiv an politischen Prozessen teilnehmen, um sicherzustellen, dass ihre Stimmen gehört werden. Jyn ist der Meinung, dass Bildung der Schlüssel zu einer informierten und engagierten Bürgerschaft ist.

$$\text{Engagement} = \text{Bildung} \times \text{Bewusstsein} \qquad (50)$$

Durch die Förderung von Bildung und Bewusstsein hofft Jyn, dass zukünftige Generationen besser gerüstet sind, um für ihre Rechte zu kämpfen und Diskriminierung zu bekämpfen. Sie plant, Workshops und Informationsveranstaltungen zu organisieren, um das Wissen über Bürgerrechte zu verbreiten und die Menschen zu ermutigen, aktiv zu werden.

Herausforderungen der Zukunft

Trotz ihrer optimistischen Sichtweise erkennt Jyn die Herausforderungen an, die noch vor ihr liegen. Eine der größten Hürden ist die anhaltende politische Repression. Die Regierung von Verin-9 hat gezeigt, dass sie bereit ist, gegen Aktivisten vorzugehen, die sich gegen ungerechte Gesetze und Praktiken aussprechen. Jyn ist sich bewusst, dass der Kampf um Bürgerrechte nicht einfach ist und dass es Rückschläge geben wird.

$$\text{Widerstand} = \text{Solidarität} + \text{Resilienz} \tag{51}$$

Für Jyn ist es entscheidend, dass die Bewegung solidarisch bleibt und Resilienz zeigt. Sie plant, strategische Allianzen mit anderen Gruppen zu bilden, um die Kräfte zu bündeln und eine stärkere Stimme zu haben. Jyn sieht auch die Notwendigkeit, sich mit internationalen Organisationen zusammenzuschließen, um den Druck auf die Regierung zu erhöhen und die Aufmerksamkeit auf die Probleme auf Verin-9 zu lenken.

Strategien für die Zukunft

Um ihre Vision einer gerechteren Gesellschaft zu verwirklichen, entwickelt Jyn verschiedene Strategien. Eine ihrer Hauptstrategien ist die Nutzung von Technologie und sozialen Medien, um eine breitere Öffentlichkeit zu erreichen und Unterstützung zu mobilisieren. Jyn hat erkannt, dass soziale Medien ein mächtiges Werkzeug sind, um Informationen schnell zu verbreiten und Mobilisierung zu fördern.

$$\text{Mobilisierung} = \text{Reichweite} \times \text{Engagement} \tag{52}$$

Sie plant, digitale Kampagnen zu starten, die sich auf Themen konzentrieren, die für die Bürger von Verin-9 von Bedeutung sind. Diese Kampagnen sollen nicht nur auf die Probleme aufmerksam machen, sondern auch Lösungen anbieten und die Menschen dazu ermutigen, aktiv zu werden.

Darüber hinaus möchte Jyn die Rolle der Kunst und Kultur im Aktivismus stärken. Sie glaubt, dass kreative Ausdrucksformen wie Musik, Theater und bildende Kunst eine wichtige Rolle dabei spielen können, Menschen zu mobilisieren und Emotionen zu wecken. Jyn plant, kulturelle Veranstaltungen zu organisieren, die sowohl unterhalten als auch zum Nachdenken anregen.

Ein Aufruf zum Handeln

Jyns Ausblick auf die Zukunft ist nicht nur eine persönliche Vision; sie sieht es als ihre Verantwortung, andere zu inspirieren und zu mobilisieren. Sie ruft die Bürger von Verin-9 dazu auf, sich aktiv an der Gestaltung ihrer Zukunft zu beteiligen.

$$\text{Zukunft} = \text{Engagement} + \text{Gemeinschaft} \tag{53}$$

Jyn glaubt, dass jeder Einzelne einen Beitrag leisten kann, sei es durch Freiwilligenarbeit, Teilnahme an Demonstrationen oder einfach durch das Teilen von Informationen. Ihr Aufruf zum Handeln ist klar: „Gemeinsam können wir die Zukunft gestalten, die wir uns wünschen!"

Insgesamt ist Jyns Ausblick auf die Zukunft geprägt von Hoffnung, Entschlossenheit und einem klaren Plan, wie sie und ihre Mitstreiter die Herausforderungen des Aktivismus angehen können. Sie ist fest entschlossen, die Prinzipien der Gerechtigkeit und Gleichheit zu verteidigen und eine bessere Welt für zukünftige Generationen zu schaffen.

Die Verantwortung der nächsten Generation

Die Verantwortung der nächsten Generation ist ein zentrales Thema im Kontext des Aktivismus und der Bürgerrechte. In einer Welt, die von sozialen, politischen und ökologischen Herausforderungen geprägt ist, liegt es an den jungen Menschen, die Fackel des Wandels zu übernehmen und ihre Stimme für Gerechtigkeit und Gleichheit zu erheben.

Theoretische Grundlagen

Die Verantwortung der nächsten Generation kann durch verschiedene theoretische Ansätze beleuchtet werden. Ein wichtiger Rahmen ist die *Theorie der sozialen Gerechtigkeit*, die besagt, dass zukünftige Generationen das Recht haben, in einer Welt zu leben, die ihnen gleiche Chancen und Rechte bietet. Diese Theorie wird oft durch den *Kohlberg'schen Entwicklungsansatz* ergänzt, der die moralische Entwicklung von Individuen beschreibt und wie diese Entwicklung in sozialen Kontexten angewendet wird.

Probleme und Herausforderungen

Die Herausforderungen, vor denen die nächste Generation steht, sind vielfältig. Dazu gehören:

+ **Klimawandel:** Die Auswirkungen des Klimawandels sind bereits spürbar und werden zukünftige Generationen unverhältnismäßig stark betreffen. Die Verantwortung liegt bei den heutigen jungen Menschen, nachhaltige Praktiken zu fördern und sich für Umweltgerechtigkeit einzusetzen.

+ **Soziale Ungleichheit:** In vielen Gesellschaften gibt es tief verwurzelte Ungleichheiten, die es zu überwinden gilt. Die nächste Generation muss sich für die Rechte benachteiligter Gruppen einsetzen und für eine gerechtere Verteilung von Ressourcen kämpfen.

+ **Politische Apathie:** Ein weiteres Problem ist die politische Apathie unter jungen Menschen. Um diese Herausforderung zu bewältigen, ist es entscheidend, Bildungsprogramme zu entwickeln, die das politische Bewusstsein und Engagement fördern.

Beispiele für Verantwortung und Engagement

Es gibt zahlreiche Beispiele für junge Aktivisten, die Verantwortung übernehmen und positive Veränderungen bewirken.

+ **Greta Thunberg:** Die schwedische Klimaaktivistin hat weltweit Aufmerksamkeit auf die Dringlichkeit des Klimawandels gelenkt und Millionen von Menschen mobilisiert, um für eine nachhaltige Zukunft zu kämpfen.

+ **Malala Yousafzai:** Malala ist ein Symbol für den Kampf um Bildung und Frauenrechte. Ihr Engagement hat dazu beigetragen, das Bewusstsein für die Bedeutung von Bildung in Krisengebieten zu schärfen.

+ **Black Lives Matter:** Diese Bewegung, die von jungen Menschen ins Leben gerufen wurde, hat weltweit Proteste gegen Rassismus und Polizeigewalt ausgelöst und zeigt, wie wichtig es ist, dass die nächste Generation für soziale Gerechtigkeit eintritt.

Schlussfolgerung

Die Verantwortung der nächsten Generation ist nicht nur eine Herausforderung, sondern auch eine Chance. Mit dem richtigen Wissen, den richtigen Werkzeugen und einer starken Gemeinschaft können junge Menschen die Welt verändern. Es liegt an ihnen, die Lehren der Vergangenheit zu nutzen, um eine gerechtere und nachhaltigere Zukunft zu schaffen. Aktivismus ist nicht nur eine Pflicht, sondern auch ein Privileg, das es zu nutzen gilt. Der Weg ist lang, aber mit Entschlossenheit und Kreativität können sie die Zukunft gestalten, die sie sich wünschen.

$$\text{Zukunft} = \text{Verantwortung} + \text{Engagement} + \text{Gemeinschaft} \qquad (54)$$

Die Rolle von Geschichten im Aktivismus

Geschichten sind eine kraftvolle Waffe im Aktivismus. Sie haben die Fähigkeit, Emotionen zu wecken, Verständnis zu fördern und Gemeinschaften zu mobilisieren. In diesem Abschnitt werden wir die Rolle von Geschichten im Aktivismus untersuchen, indem wir relevante Theorien, Probleme und Beispiele betrachten.

Theoretische Grundlagen

Die Theorie des narrativen Wandels (narrative change theory) legt nahe, dass Geschichten nicht nur Informationen übermitteln, sondern auch Werte und Überzeugungen formen. Laut dieser Theorie können Geschichten helfen, bestehende Narrative zu hinterfragen und neue Perspektiven zu schaffen. Sie bieten einen Kontext, in dem komplexe soziale Probleme verständlich gemacht werden können. Indem Aktivisten ihre persönlichen Erfahrungen teilen, können sie eine tiefere Verbindung zu ihrem Publikum herstellen.

Probleme im Zusammenhang mit Geschichten im Aktivismus

Trotz ihrer Kraft können Geschichten im Aktivismus auch Herausforderungen mit sich bringen. Eine der größten Herausforderungen ist die Gefahr der Vereinfachung. Wenn komplexe Probleme in eine einfache Geschichte gepackt werden, besteht die Gefahr, dass wichtige Nuancen verloren gehen. Dies kann zu Missverständnissen führen und die tatsächlichen Herausforderungen, mit denen die betroffenen Gemeinschaften konfrontiert sind, nicht angemessen darstellen.

Ein weiteres Problem ist die Repräsentation. Geschichten, die von Aktivisten erzählt werden, können oft die Stimmen von marginalisierten Gruppen übersehen. Wenn die Geschichten nicht divers sind, wird die Vielfalt der Erfahrungen nicht repräsentiert, was zu einem einseitigen Verständnis von sozialen Problemen führen kann.

Beispiele für effektive Geschichten im Aktivismus

Ein bemerkenswertes Beispiel für die Kraft von Geschichten im Aktivismus ist die #MeToo-Bewegung. Diese Bewegung begann mit einer einfachen Geschichte von sexueller Belästigung, die von der Aktivistin Tarana Burke erzählt wurde. Durch das Teilen ihrer persönlichen Erfahrung ermutigte Burke andere, ihre Geschichten ebenfalls zu teilen. Dies führte zu einer Welle von Erzählungen, die das Bewusstsein für sexuelle Übergriffe schärften und eine globale Diskussion über Machtverhältnisse und Geschlechtergerechtigkeit auslösten.

Ein weiteres Beispiel ist die *Black Lives Matter*-Bewegung. Die Geschichten von Opfern rassistischer Gewalt, wie die von Trayvon Martin und George Floyd, wurden zu zentralen Elementen des Aktivismus. Diese Geschichten haben nicht nur die öffentliche Meinung beeinflusst, sondern auch politische Veränderungen angestoßen, indem sie die Realität des Rassismus in den Vordergrund rückten und die Notwendigkeit von Reformen im Justizsystem betonten.

Die Bedeutung von Empathie und Verbindung

Geschichten schaffen Empathie. Wenn Menschen Geschichten hören, die sie berühren, sind sie eher bereit, sich mit den Erfahrungen anderer zu identifizieren. Diese emotionale Verbindung kann zu einem stärkeren Engagement führen. Laut der Psychologin Brené Brown ist Empathie der Schlüssel zur Verbindung zwischen Menschen. Sie argumentiert, dass Geschichten dazu beitragen, Brücken zu bauen und das Verständnis zwischen verschiedenen Gruppen zu fördern.

Schlussfolgerung

Zusammenfassend lässt sich sagen, dass Geschichten eine unverzichtbare Rolle im Aktivismus spielen. Sie sind nicht nur Mittel zur Informationsvermittlung, sondern auch Werkzeuge zur Schaffung von Empathie und Verständnis. Während es wichtig ist, die Herausforderungen und Probleme, die mit der Nutzung von Geschichten verbunden sind, zu erkennen, bleibt ihre Fähigkeit, Gemeinschaften zu mobilisieren und Veränderungen zu bewirken, unbestreitbar. Aktivisten sollten daher bewusst und verantwortungsvoll mit Geschichten umgehen, um die Vielfalt der Erfahrungen zu repräsentieren und die Komplexität sozialer Probleme angemessen zu berücksichtigen.

$$\text{Empathie} = \frac{\text{Verständnis}}{\text{Distanz}} \tag{55}$$

Die Wichtigkeit von Verbundenheit

In einer Welt, die zunehmend von technologischen Fortschritten und globalen Herausforderungen geprägt ist, wird die Bedeutung von Verbundenheit zwischen Individuen und Gemeinschaften immer deutlicher. Verbundenheit ist nicht nur ein emotionales oder soziales Konzept, sondern auch ein wesentlicher Bestandteil erfolgreicher Bewegungen für Bürgerrechte und sozialen Wandel. In diesem Abschnitt werden wir die theoretischen Grundlagen der Verbundenheit, die Herausforderungen, die damit verbunden sind, und konkrete Beispiele für ihre Rolle im Aktivismus untersuchen.

Theoretische Grundlagen der Verbundenheit

Die Theorie der sozialen Verbundenheit, die von Psychologen wie Baumeister und Leary (1995) formuliert wurde, besagt, dass das Bedürfnis nach sozialer Bindung eines der grundlegendsten menschlichen Bedürfnisse ist. Dieses Bedürfnis beeinflusst nicht nur das individuelle Wohlbefinden, sondern auch das kollektive Handeln. Verbundenheit fördert Empathie und Solidarität, die entscheidend sind, um gemeinsame Ziele zu erreichen und Widerstand gegen Ungerechtigkeiten zu leisten.

Ein zentraler Aspekt der Verbundenheit ist die Idee der kollektiven Identität. Diese Theorie, die von Sozialpsychologen wie Tajfel und Turner (1986) entwickelt wurde, postuliert, dass Individuen sich in Gruppen organisieren, um ein Gefühl der Zugehörigkeit und Identität zu schaffen. In der Bürgerrechtsbewegung von Jyn Korr war die kollektive Identität entscheidend, um eine breite Unterstützung für den Widerstand gegen das Anti-Körperphasen-Gesetz zu mobilisieren. Die Menschen erkannten, dass ihre individuellen Kämpfe Teil eines größeren Ganzen waren, was zu einer stärkeren Motivation und einem erhöhten Engagement führte.

Herausforderungen der Verbundenheit

Trotz der offensichtlichen Vorteile von Verbundenheit gibt es auch Herausforderungen, die es zu überwinden gilt. In einer zunehmend polarisierten Gesellschaft kann die Suche nach Verbundenheit zwischen verschiedenen Gruppen schwierig sein. Vorurteile, Stereotypen und Misstrauen können Barrieren schaffen, die den Dialog und die Zusammenarbeit behindern.

Ein Beispiel hierfür ist die Spaltung zwischen verschiedenen ethnischen Gruppen auf Verin-9, die durch das Anti-Körperphasen-Gesetz noch verstärkt wurde. Jyn Korr und ihre Mitstreiter mussten aktiv daran arbeiten, diese Barrieren abzubauen, um eine breitere Unterstützung für ihre Sache zu gewinnen. Dies erforderte nicht nur Aufklärung und Sensibilisierung, sondern auch den Aufbau von Vertrauen und Beziehungen zwischen den verschiedenen Gemeinschaften.

Beispiele für erfolgreiche Verbundenheit im Aktivismus

Ein herausragendes Beispiel für die Bedeutung von Verbundenheit im Aktivismus ist die Bürgerrechtsbewegung in den Vereinigten Staaten in den 1960er Jahren. Führende Persönlichkeiten wie Martin Luther King Jr. erkannten, dass die Schaffung eines kollektiven Bewusstseins und einer gemeinsamen Identität entscheidend für den Erfolg der Bewegung war. Durch die Betonung von gemeinsamer Menschlichkeit und Gerechtigkeit konnten sie eine breite Koalition von Unterstützern mobilisieren, die über ethnische und soziale Grenzen hinwegging.

Ein weiteres Beispiel ist die Fridays-for-Future-Bewegung, die von Greta Thunberg ins Leben gerufen wurde. Diese globale Bewegung zeigt, wie eine gemeinsame Verbundenheit in der Sorge um den Klimawandel junge Menschen auf der ganzen Welt vereint hat. Durch soziale Medien und digitale Plattformen konnten Aktivisten eine globale Gemeinschaft bilden, die sich für eine nachhaltige Zukunft einsetzt. Diese Form der Verbundenheit hat es der Bewegung ermöglicht, schnell zu wachsen und einen erheblichen Einfluss auf politische Entscheidungen auszuüben.

Schlussfolgerung

Zusammenfassend lässt sich sagen, dass die Wichtigkeit von Verbundenheit im Kontext des Aktivismus nicht unterschätzt werden darf. Sie ist ein grundlegender Bestandteil der menschlichen Erfahrung und spielt eine entscheidende Rolle bei der Mobilisierung von Menschen für gemeinsame Ziele. Durch den Aufbau von Beziehungen, das Überwinden von Barrieren und das Schaffen einer kollektiven Identität können Aktivisten wie Jyn Korr und ihre Unterstützer effektiver gegen Ungerechtigkeiten kämpfen. In einer Zeit, in der die Welt vor zahlreichen Herausforderungen steht, ist die Förderung von Verbundenheit unerlässlich für den Fortschritt und die Erreichung von Bürgerrechten für alle.

$$\text{Verbundenheit} = \frac{\text{Empathie} + \text{Solidarität} + \text{Kollektive Identität}}{\text{Herausforderungen}} \tag{56}$$

Ein Aufruf zum Handeln

In einer Zeit, in der die Herausforderungen für Bürgerrechte und soziale Gerechtigkeit immer drängender werden, ist es von entscheidender Bedeutung, dass wir alle aktiv werden. Jyn Korrs Geschichte ist nicht nur ein Zeugnis ihres persönlichen Kampfes, sondern auch ein Aufruf an jeden Einzelnen, sich für die Prinzipien des Respekts, der Gleichheit und der Gerechtigkeit einzusetzen.

Die Theorie des sozialen Wandels, wie sie von Theoretikern wie Charles Tilly und Sidney Tarrow formuliert wurde, besagt, dass soziale Bewegungen aus einem Zusammenspiel von strukturellen Bedingungen, kollektiven Identitäten und politischen Gelegenheiten entstehen. Diese Elemente sind entscheidend, um zu verstehen, wie wir als Gesellschaft auf Ungerechtigkeiten reagieren können. Die Herausforderung besteht darin, diese Theorien in die Praxis umzusetzen und eine breite Mobilisierung zu erreichen.

$$M = f(S, I, P) \tag{57}$$

Hierbei steht M für die Mobilisierung, S für die sozialen Bedingungen, I für die kollektive Identität und P für die politischen Gelegenheiten. Diese Gleichung verdeutlicht, dass eine effektive Mobilisierung nur dann möglich ist, wenn alle drei Faktoren miteinander in Einklang stehen.

Ein Beispiel für eine erfolgreiche Mobilisierung ist die Bewegung für Bürgerrechte in den Vereinigten Staaten in den 1960er Jahren. Aktivisten wie Martin Luther King Jr. und Rosa Parks nutzten soziale Medien, öffentliche Versammlungen und friedliche Proteste, um auf die Ungerechtigkeiten aufmerksam zu machen, die die afroamerikanische Bevölkerung erlebte. Durch ihre Anstrengungen wurde die Öffentlichkeit mobilisiert, was schließlich zur Verabschiedung des Civil Rights Act von 1964 führte.

Ein weiterer zentraler Aspekt des Aufrufs zum Handeln ist die Bedeutung der Bildung. Bildung ist ein Schlüsselwerkzeug, um das Bewusstsein für soziale Gerechtigkeit zu schärfen und Menschen zu ermutigen, sich zu engagieren. Die Rolle von Bildungseinrichtungen in der Förderung von aktivistischem Denken kann nicht genug betont werden. Programme, die kritisches Denken und gesellschaftliches Engagement fördern, können dazu beitragen, eine neue Generation von Aktivisten hervorzubringen, die bereit sind, sich den Herausforderungen der Zukunft zu stellen.

$$E = C + A + R \tag{58}$$

Hierbei steht E für Bildung, C für kritisches Denken, A für aktives Engagement und R für Reflexion. Diese Gleichung zeigt, dass Bildung nicht nur Wissen vermittelt, sondern auch die Fähigkeit fördert, aktiv an gesellschaftlichen Veränderungen teilzunehmen.

Aktivismus ist auch eine Frage der Solidarität. Die Zusammenarbeit zwischen verschiedenen Gruppen und Gemeinschaften ist entscheidend für den Erfolg von Bewegungen. Jyn Korrs Fähigkeit, Allianzen zu bilden und verschiedene Stimmen zu vereinen, ist ein Beispiel dafür, wie wichtig es ist, über individuelle Anliegen hinauszudenken. Der Aufbau von Netzwerken und die Förderung von interkulturellem Dialog sind unerlässlich, um eine breite Unterstützung für Bürgerrechtsbewegungen zu gewinnen.

Ein weiteres Beispiel für erfolgreiche Solidarität ist die „Fridays for Future"-Bewegung, die von Greta Thunberg ins Leben gerufen wurde. Diese Bewegung hat Millionen von jungen Menschen weltweit mobilisiert, um gegen den Klimawandel zu protestieren. Die Verbindung von Umweltschutz und sozialer Gerechtigkeit hat es ermöglicht, eine breite Koalition von Unterstützern zu schaffen, die sich für eine nachhaltige und gerechte Zukunft einsetzen.

Es ist wichtig, dass wir die Kraft der sozialen Medien nutzen, um unsere Botschaften zu verbreiten und Menschen zu mobilisieren. Hashtags, Online-Kampagnen und digitale Petitionen sind moderne Werkzeuge, die es uns ermöglichen, schnell und effektiv auf Ungerechtigkeiten aufmerksam zu machen. Die virale Verbreitung von Informationen kann dazu führen, dass Themen, die früher ignoriert wurden, in den Vordergrund rücken und öffentliche Debatten anstoßen.

$$D = S \times R \tag{59}$$

In dieser Gleichung steht D für die Reichweite, S für die sozialen Medien und R für die Resonanz. Die Kombination dieser beiden Faktoren kann eine enorme Wirkung entfalten und dazu beitragen, dass wichtige Themen in der Gesellschaft Gehör finden.

Abschließend lässt sich sagen, dass der Aufruf zum Handeln nicht nur ein Appell an das individuelle Engagement ist, sondern auch an die kollektive Verantwortung, die wir als Gesellschaft tragen. Jeder von uns hat die Möglichkeit, einen Unterschied zu machen, sei es durch Freiwilligenarbeit, Teilnahme an Protesten oder einfach durch das Teilen von Informationen und das Unterstützen von Initiativen, die sich für soziale Gerechtigkeit einsetzen.

Jyn Korrs Vermächtnis erinnert uns daran, dass der Weg zur Veränderung oft mit Herausforderungen gepflastert ist, aber dass wir gemeinsam stark sind. Lassen

Sie uns inspiriert von ihrem Beispiel handeln und eine gerechtere, inklusivere und solidarischere Zukunft schaffen. Der Ruf zum Handeln ist nicht nur ein Aufruf zur Mobilisierung, sondern auch ein Aufruf zur Hoffnung und zur Überzeugung, dass Veränderung möglich ist, wenn wir uns zusammenschließen.

Jyns Erbe und der Weg nach vorne

Jyn Korr hinterlässt ein bedeutendes Erbe, das weit über die Grenzen von Verin-9 hinausreicht. Ihr unermüdlicher Einsatz für die Bürgerrechte hat nicht nur die politische Landschaft ihrer Heimatwelt verändert, sondern auch als Inspiration für intergalaktische Bewegungen gedient. Jyns Erbe ist ein Beispiel für den Einfluss individueller Handlungen auf kollektive Veränderungen, und es bietet wertvolle Lektionen für zukünftige Generationen von Aktivisten.

Die Bedeutung von Jyns Erbe

Jyns Erbe manifestiert sich in verschiedenen Formen, darunter die Schaffung eines Bewusstseins für Ungerechtigkeiten und die Mobilisierung von Gemeinschaften. Ihre Fähigkeit, Menschen zu inspirieren und zu mobilisieren, zeigt, dass eine Einzelperson einen erheblichen Einfluss auf die Gesellschaft ausüben kann. Dies wird besonders deutlich in der Art und Weise, wie sie durch ihre Reden und Aktionen andere dazu ermutigte, sich für ihre Rechte einzusetzen.

Ein zentrales Element von Jyns Erbe ist die Idee, dass Aktivismus nicht nur eine Reaktion auf Ungerechtigkeiten ist, sondern auch eine proaktive Gestaltung der Zukunft. Jyn betonte oft, dass es notwendig ist, nicht nur gegen Missstände zu kämpfen, sondern auch eine positive Vision für die Zukunft zu entwickeln. Diese Philosophie wird in der folgenden Gleichung zusammengefasst:

$$\text{Aktivismus} = \text{Reaktion auf Ungerechtigkeit} + \text{Gestaltung der Zukunft} \quad (60)$$

Herausforderungen für zukünftige Aktivisten

Trotz der Erfolge, die Jyn Korr erzielt hat, stehen zukünftige Aktivisten vor zahlreichen Herausforderungen. Diese Herausforderungen sind nicht nur lokal, sondern auch global und erfordern ein tiefes Verständnis der komplexen Dynamiken, die soziale Bewegungen beeinflussen. Zu den Herausforderungen gehören:

+ **Politische Repression:** In vielen Teilen des Universums sind Aktivisten nach wie vor der Gefahr von Verhaftungen und Repressionen ausgesetzt.

Jyns Erfahrungen mit der Regierung von Verin-9 verdeutlichen, dass der Kampf für Bürgerrechte oft mit persönlichen Risiken verbunden ist.

+ **Desinformation:** Die Verbreitung von Falschinformationen durch soziale Medien kann die Wahrnehmung von Bewegungen beeinflussen und die Mobilisierung erschweren. Jyns strategische Nutzung von Medien zeigt, wie wichtig es ist, eine klare und wahrheitsgemäße Botschaft zu kommunizieren.

+ **Interne Spaltungen:** Innerhalb von Aktivistengruppen können unterschiedliche Meinungen und Strategien zu Spaltungen führen. Jyns Fähigkeit, verschiedene Stimmen zu integrieren und einen gemeinsamen Fokus zu schaffen, ist ein Modell für zukünftige Aktivisten.

Ein Blick in die Zukunft des Widerstands

Um Jyns Erbe fortzuführen, müssen zukünftige Aktivisten innovative Ansätze entwickeln, um die oben genannten Herausforderungen zu bewältigen. Dies kann durch die Integration neuer Technologien und Kommunikationsmittel geschehen. Beispielsweise können digitale Plattformen genutzt werden, um eine breitere Öffentlichkeit zu erreichen und die Mobilisierung zu erleichtern.

Ein weiterer wichtiger Aspekt ist die Notwendigkeit, interkulturellen Dialog zu fördern. Jyns Engagement über die Grenzen von Verin-9 hinaus zeigt, dass die Zusammenarbeit mit internationalen Bewegungen entscheidend ist, um eine globale Perspektive auf Bürgerrechte zu entwickeln. In diesem Zusammenhang ist die folgende Gleichung relevant:

$$\text{Globale Bewegung} = \text{Interkultureller Dialog} + \text{Gemeinsame Ziele} \qquad (61)$$

Jyns Vermächtnis und die Verantwortung der nächsten Generation

Die nächste Generation von Aktivisten trägt die Verantwortung, Jyns Vermächtnis weiterzuführen. Dies erfordert nicht nur Engagement und Entschlossenheit, sondern auch eine ständige Reflexion über die Methoden und Strategien, die im Aktivismus verwendet werden. Jyns Ansatz, der sowohl auf Empathie als auch auf strategischem Denken basierte, bietet eine wertvolle Grundlage für zukünftige Kämpfe.

Zusammenfassend lässt sich sagen, dass Jyn Korrs Erbe als ein Leuchtturm für alle dient, die sich für Gerechtigkeit und Gleichheit einsetzen. Ihr Leben und ihre Kämpfe erinnern uns daran, dass der Weg nach vorne oft herausfordernd ist, aber auch voller Möglichkeiten für positive Veränderungen. Es liegt an uns, diese Möglichkeiten zu erkennen und in die Tat umzusetzen, um eine bessere Zukunft für alle zu schaffen. Der Weg nach vorne erfordert Mut, Kreativität und vor allem die Bereitschaft, für das einzustehen, was richtig ist.

$$\text{Zukunft} = \text{Mut} + \text{Kreativität} + \text{Engagement} \tag{62}$$

Kapitel 6: Die Zukunft des Aktivismus

Neue Generationen von Aktivisten

Die Rolle von Technologie im Aktivismus

In der heutigen Zeit spielt Technologie eine entscheidende Rolle im Aktivismus. Sie hat die Art und Weise, wie Aktivisten kommunizieren, mobilisieren und ihre Botschaften verbreiten, revolutioniert. Die Integration von digitalen Plattformen in die Aktivismusstrategien hat nicht nur die Reichweite von Bewegungen erhöht, sondern auch neue Herausforderungen mit sich gebracht.

Theoretische Grundlagen

Die Verwendung von Technologie im Aktivismus lässt sich durch verschiedene theoretische Ansätze erklären. Ein zentraler Aspekt ist die *Netzwerktheorie*, die besagt, dass soziale Netzwerke die Verbreitung von Informationen und Ideen fördern. Aktivisten nutzen Plattformen wie Twitter, Facebook und Instagram, um ihre Botschaften schnell und effektiv zu verbreiten. Diese Plattformen ermöglichen es, eine große Anzahl von Menschen zu erreichen und eine Gemeinschaft von Unterstützern zu bilden.

Ein weiteres wichtiges Konzept ist die *Digitale Mobilisierung*, die beschreibt, wie Online-Plattformen genutzt werden, um Offline-Aktionen zu organisieren. Diese Theorie hebt hervor, dass digitale Kommunikation als Katalysator für physische Proteste fungieren kann. Studien zeigen, dass digitale Mobilisierung die Wahrscheinlichkeit erhöht, dass Menschen an Protesten teilnehmen, da sie Informationen in Echtzeit erhalten und sich mit Gleichgesinnten vernetzen können.

Technologische Werkzeuge im Aktivismus

Aktivisten verwenden eine Vielzahl von technologischen Werkzeugen, um ihre Ziele zu erreichen. Dazu gehören:

* **Soziale Medien:** Plattformen wie Twitter und Facebook sind essentielle Werkzeuge für die Verbreitung von Informationen und die Mobilisierung von Unterstützern. Hashtags wie #BlackLivesMatter oder #MeToo haben globale Bewegungen ins Leben gerufen und die Diskussion über soziale Gerechtigkeit gefördert.

* **Blogs und Webseiten:** Viele Aktivisten nutzen Blogs, um ihre Gedanken zu teilen, Geschichten zu erzählen und Aufklärung zu leisten. Webseiten dienen als zentrale Anlaufstelle für Informationen über Kampagnen, Veranstaltungen und Möglichkeiten zur Unterstützung.

* **Online-Petitionen:** Plattformen wie Change.org ermöglichen es Aktivisten, Petitionen zu erstellen, die schnell verbreitet werden können. Diese Petitionen können Tausende von Unterschriften sammeln und Druck auf Entscheidungsträger ausüben.

* **Digitale Kampagnen:** Aktivisten nutzen gezielte digitale Kampagnen, um Aufmerksamkeit auf spezifische Themen zu lenken. Diese Kampagnen können durch bezahlte Werbung auf sozialen Medien verstärkt werden.

Herausforderungen der Technologie im Aktivismus

Trotz der Vorteile, die Technologie bietet, gibt es auch erhebliche Herausforderungen. Eine der größten Herausforderungen ist die *Desinformation*. In der digitalen Welt verbreiten sich falsche Informationen schnell und können die Wahrnehmung von Bewegungen negativ beeinflussen. Aktivisten müssen ständig gegen Fehlinformationen ankämpfen, um ihre Botschaften klar und wahrheitsgemäß zu kommunizieren.

Ein weiteres Problem ist die *Überwachung*. Regierungen und Organisationen nutzen Technologien, um Aktivisten zu überwachen und ihre Aktivitäten zu verfolgen. Diese Überwachung kann zu Einschüchterung und Repression führen, was die Sicherheit von Aktivisten gefährdet.

Beispiele für technologischen Aktivismus

Ein herausragendes Beispiel für die Rolle von Technologie im Aktivismus ist die *Arabische Frühling*. Soziale Medien spielten eine entscheidende Rolle bei der

Organisation von Protesten und der Verbreitung von Informationen über die Ereignisse in Ländern wie Ägypten und Tunesien. Aktivisten nutzten Twitter und Facebook, um Menschen zu mobilisieren und internationale Aufmerksamkeit auf ihre Anliegen zu lenken.

Ein weiteres Beispiel ist die *Fridays for Future*-Bewegung, die von der schwedischen Aktivistin Greta Thunberg ins Leben gerufen wurde. Die Bewegung nutzt soziale Medien, um junge Menschen weltweit zu mobilisieren und auf die Dringlichkeit des Klimawandels aufmerksam zu machen. Die Verwendung von Hashtags und viralen Videos hat dazu beigetragen, dass die Bewegung in kürzester Zeit globalen Einfluss gewann.

Fazit

Zusammenfassend lässt sich sagen, dass Technologie eine transformative Rolle im Aktivismus spielt. Sie bietet neue Möglichkeiten zur Mobilisierung und Kommunikation, bringt jedoch auch Herausforderungen mit sich, die es zu bewältigen gilt. Die fortlaufende Entwicklung von Technologien wird die Landschaft des Aktivismus weiter verändern und neue Formen des Engagements ermöglichen. Aktivisten müssen sich anpassen und innovative Strategien entwickeln, um die Vorteile der Technologie zu nutzen und gleichzeitig den Herausforderungen zu begegnen. Die Zukunft des Aktivismus wird zunehmend digital sein, und die Fähigkeit, Technologie effektiv zu nutzen, wird entscheidend für den Erfolg von Bewegungen sein.

Der Einfluss von sozialen Medien

In der heutigen digitalen Ära haben soziale Medien eine transformative Rolle im Aktivismus eingenommen. Sie bieten nicht nur eine Plattform für den Austausch von Ideen, sondern auch für die Mobilisierung und Organisation von Unterstützern. Soziale Medien ermöglichen es Aktivisten, ihre Botschaften schnell und effektiv zu verbreiten, was in der Vergangenheit oft durch traditionelle Medien eingeschränkt war.

Theoretische Grundlagen

Die Nutzung sozialer Medien im Aktivismus kann durch verschiedene theoretische Rahmenbedingungen erklärt werden. Eine davon ist die **Netzwerktheorie**, die besagt, dass soziale Netzwerke die Verbreitung von Informationen und die Bildung von Gemeinschaften fördern. Aktivisten können durch soziale Medien Netzwerke bilden, die es ihnen ermöglichen, ihre Reichweite zu vergrößern und vielfältige Stimmen zu integrieren.

Ein weiteres relevantes Konzept ist die **Theorie der sozialen Bewegungen**, die darauf hinweist, dass soziale Bewegungen in der Lage sind, durch den Einsatz von sozialen Medien Mobilisierungseffekte zu erzielen. Diese Mobilisierung kann durch die Schaffung von Hashtags, die Organisation von Online-Petitionen und die Durchführung von virtuellen Protesten geschehen.

Probleme und Herausforderungen

Trotz der Vorteile, die soziale Medien bieten, gibt es auch erhebliche Herausforderungen. Eine der größten Herausforderungen ist die **Desinformation**. In einer Zeit, in der Informationen in Sekundenschnelle verbreitet werden können, ist es schwierig, die Richtigkeit von Informationen zu gewährleisten. Falsche oder irreführende Informationen können die öffentliche Meinung negativ beeinflussen und den Aktivismus untergraben.

Ein weiteres Problem ist die **Echokammer-Effekt**, bei dem Nutzer nur mit Informationen und Meinungen konfrontiert werden, die ihre eigenen Überzeugungen bestätigen. Dies kann die Fähigkeit der Aktivisten einschränken, neue Unterstützer zu gewinnen und den Dialog mit anderen Perspektiven zu fördern.

Beispiele für erfolgreichen Einsatz

Ein herausragendes Beispiel für den Einfluss sozialer Medien im Aktivismus ist die **Black Lives Matter**-Bewegung. Die Bewegung begann als Reaktion auf die Polizeigewalt gegen schwarze Bürger in den USA und wurde durch soziale Medien weltweit bekannt. Hashtags wie #BlackLivesMatter haben es ermöglicht, die Diskussion über Rassismus und Polizeigewalt zu verstärken und Millionen von Menschen zu mobilisieren.

Ein weiteres Beispiel ist die **Fridays for Future**-Bewegung, die von der schwedischen Aktivistin Greta Thunberg ins Leben gerufen wurde. Durch die Nutzung von sozialen Medien konnte Thunberg eine internationale Bewegung zur Bekämpfung des Klimawandels initiieren. Ihre wöchentlichen Schulstreiks wurden durch Posts auf Plattformen wie Twitter und Instagram verbreitet, was zu einem weltweiten Bewusstsein und einer Mobilisierung für Klimagerechtigkeit führte.

Schlussfolgerung

Zusammenfassend lässt sich sagen, dass soziale Medien eine entscheidende Rolle im modernen Aktivismus spielen. Sie bieten eine Plattform für die Verbreitung von Informationen, die Mobilisierung von Unterstützern und die Schaffung von Gemeinschaften. Dennoch müssen Aktivisten sich der Herausforderungen bewusst sein, die mit der Nutzung dieser Plattformen verbunden sind, insbesondere in Bezug auf Desinformation und den Echokammer-Effekt. Um effektiv zu sein, müssen Aktivisten Strategien entwickeln, um diese Probleme zu überwinden und die positiven Aspekte sozialer Medien zu maximieren. Die Zukunft des Aktivismus wird in hohem Maße von der Fähigkeit abhängen, soziale Medien verantwortungsvoll und effektiv zu nutzen.

Die Bedeutung von Diversität

Die Diversität, verstanden als die Vielfalt der Perspektiven, Hintergründe und Erfahrungen innerhalb einer Gemeinschaft, spielt eine entscheidende Rolle im Aktivismus und in der Gesellschaft insgesamt. Diese Vielfalt ist nicht nur ein ethisches Ideal, sondern auch ein strategisches Asset, das die Effektivität von Bewegungen und Initiativen erheblich steigern kann. In diesem Abschnitt werden wir die verschiedenen Dimensionen der Diversität, ihre Relevanz für den Aktivismus und die Herausforderungen, die sie mit sich bringt, untersuchen.

Theoretische Grundlagen der Diversität

Die Theorie der sozialen Identität, die von Henri Tajfel und John Turner in den 1970er Jahren formuliert wurde, legt nahe, dass Individuen ihre Identität stark durch ihre Zugehörigkeit zu sozialen Gruppen definieren. Diese Gruppen können auf Geschlecht, Ethnie, Religion, sexueller Orientierung und vielen anderen Merkmalen basieren. Die Vielfalt innerhalb dieser Gruppen kann zu unterschiedlichen Perspektiven führen, die für den Aktivismus von unschätzbarem Wert sind.

Ein weiterer wichtiger theoretischer Rahmen ist die Intersektionalität, ein Konzept, das von Kimberlé Crenshaw geprägt wurde. Intersektionalität beschreibt, wie verschiedene soziale Kategorien wie Rasse, Geschlecht und Klasse miteinander interagieren und sich gegenseitig beeinflussen. Diese Interaktionen schaffen einzigartige Erfahrungen und Herausforderungen, die in der Planung und Durchführung von Aktivismus berücksichtigt werden müssen.

Relevanz der Diversität im Aktivismus

Die Einbeziehung vielfältiger Stimmen und Perspektiven in den Aktivismus führt zu umfassenderen und inklusiveren Strategien. Wenn verschiedene Gruppen zusammenarbeiten, können sie ein breiteres Spektrum an Erfahrungen und Ideen einbringen, was zu kreativeren Lösungen für gesellschaftliche Probleme führt.

Ein Beispiel für die positive Auswirkung von Diversität im Aktivismus ist die *Black Lives Matter*-Bewegung. Diese Bewegung hat nicht nur auf die Ungerechtigkeiten aufmerksam gemacht, die schwarze Menschen in den USA erleben, sondern auch auf die Überschneidungen mit anderen sozialen Gerechtigkeitsfragen, wie etwa den Rechten von LGBTQ+-Personen und der wirtschaftlichen Ungleichheit. Durch die Einbeziehung einer Vielzahl von Stimmen hat die Bewegung eine breitere Unterstützung gewonnen und konnte eine größere gesellschaftliche Diskussion anstoßen.

Herausforderungen der Diversität

Trotz der Vorteile, die Diversität mit sich bringt, gibt es auch Herausforderungen. Eine der größten Hürden ist die Gefahr der Fragmentierung innerhalb von Bewegungen. Wenn verschiedene Gruppen unterschiedliche Prioritäten und Ziele haben, kann dies zu Spannungen und Konflikten führen. Es ist wichtig, einen gemeinsamen Rahmen zu schaffen, der es ermöglicht, Unterschiede zu respektieren und dennoch auf ein gemeinsames Ziel hinzuarbeiten.

Ein weiteres Problem ist die marginalisierte Stimme innerhalb der Diversität. Oft werden die Stimmen von Gruppen, die bereits unterrepräsentiert sind, in größeren Bewegungen überhört. Daher ist es entscheidend, dass Aktivisten sich aktiv dafür einsetzen, dass alle Stimmen gehört werden, insbesondere die von denjenigen, die am stärksten betroffen sind.

Strategien zur Förderung von Diversität

Um die Vorteile der Diversität im Aktivismus zu maximieren, sind gezielte Strategien erforderlich. Eine solche Strategie ist die Schaffung von inklusiven Räumen, in denen alle Stimmen gehört werden können. Dies kann durch Workshops, Diskussionsforen und andere Formate geschehen, die darauf abzielen, den Dialog zu fördern.

Ein weiterer Ansatz ist die Ausbildung von Aktivisten in interkultureller Kompetenz. Dies kann dazu beitragen, Vorurteile abzubauen und das Verständnis für die Herausforderungen zu fördern, mit denen verschiedene Gruppen konfrontiert sind.

Darüber hinaus sollten Bewegungen aktiv danach streben, Partnerschaften mit Organisationen zu bilden, die unterschiedliche Gruppen vertreten. Diese Allianzen können dazu beitragen, Ressourcen zu teilen, Wissen auszutauschen und eine breitere Unterstützung zu mobilisieren.

Schlussfolgerung

Die Bedeutung von Diversität im Aktivismus kann nicht überbetont werden. Sie ist nicht nur ein moralisches Gebot, sondern auch eine strategische Notwendigkeit für den Erfolg von Bewegungen. Indem wir die Vielfalt der menschlichen Erfahrungen anerkennen und wertschätzen, können wir effektiver für soziale Gerechtigkeit kämpfen und eine gerechtere Gesellschaft für alle schaffen.

In der Zukunft des Aktivismus wird es entscheidend sein, Diversität nicht nur als eine Herausforderung, sondern auch als eine Chance zu betrachten. Die Fähigkeit, verschiedene Perspektiven zu integrieren und gemeinsam für eine gemeinsame Vision zu arbeiten, wird der Schlüssel zum Erfolg in der fortwährenden Suche nach Gleichheit und Gerechtigkeit sein.

Globale Bewegungen und deren Auswirkungen

Globale Bewegungen haben in den letzten Jahrzehnten eine entscheidende Rolle im Bereich des Aktivismus gespielt. Diese Bewegungen, die oft über nationale Grenzen hinweg agieren, sind in der Lage, kollektive Stimmen zu bündeln und auf internationale Probleme aufmerksam zu machen. In diesem Abschnitt werden wir die verschiedenen Arten globaler Bewegungen betrachten, ihre Auswirkungen auf den Aktivismus sowie die Herausforderungen, denen sie gegenüberstehen.

Arten globaler Bewegungen

Globale Bewegungen können in verschiedene Kategorien unterteilt werden, darunter:

- **Umweltbewegungen:** Diese Bewegungen setzen sich für den Schutz der Umwelt und die Bekämpfung des Klimawandels ein. Ein Beispiel ist die *Fridays for Future*-Bewegung, die von der schwedischen Aktivistin Greta Thunberg ins Leben gerufen wurde. Diese Bewegung hat weltweit Millionen von Menschen mobilisiert und das Bewusstsein für die Dringlichkeit von Klimaschutzmaßnahmen geschärft.

+ **Soziale Gerechtigkeitsbewegungen:** Diese Bewegungen, wie die *Black Lives Matter*-Bewegung, zielen darauf ab, rassistische Ungleichheiten zu bekämpfen und soziale Gerechtigkeit zu fördern. Diese Bewegung hat nicht nur in den USA, sondern auch international eine breite Unterstützung gefunden und hat zu einer verstärkten Diskussion über Rassismus und Ungerechtigkeit geführt.

+ **Frauenrechtsbewegungen:** Globale Frauenrechtsbewegungen, wie die *Me Too*-Bewegung, haben das Bewusstsein für sexuelle Belästigung und Gewalt gegen Frauen geschärft. Diese Bewegung hat dazu geführt, dass viele Frauen ihre Geschichten teilen und für ihre Rechte eintreten.

+ **Menschenrechtsbewegungen:** Organisationen wie *Amnesty International* setzen sich für die Rechte von Individuen weltweit ein. Diese Bewegungen nutzen Berichterstattung und Lobbyarbeit, um auf Menschenrechtsverletzungen aufmerksam zu machen und Regierungen zur Verantwortung zu ziehen.

Theoretische Perspektiven

Die Auswirkungen globaler Bewegungen können durch verschiedene theoretische Rahmenbedingungen untersucht werden. Eine wichtige Theorie in diesem Zusammenhang ist die *Theorie der sozialen Bewegungen*, die argumentiert, dass soziale Bewegungen durch einen Zusammenschluss von Individuen entstehen, die ähnliche Interessen und Ziele verfolgen.

Ein zentraler Aspekt dieser Theorie ist das Konzept der *Ressourc mobilisierung*, das besagt, dass der Erfolg einer Bewegung von der Fähigkeit abhängt, Ressourcen wie Geld, Zeit und menschliche Energie zu mobilisieren. Mathematisch kann dies durch folgende Gleichung dargestellt werden:

$$S = R \cdot M$$

wobei S der Erfolg der Bewegung, R die mobilisierten Ressourcen und M die Mobilisation der Mitglieder darstellt. Diese Gleichung verdeutlicht, dass ohne ausreichende Ressourcen und Mobilisation der Erfolg einer Bewegung gefährdet ist.

Auswirkungen globaler Bewegungen

Die Auswirkungen globaler Bewegungen sind vielschichtig und können sowohl positiv als auch negativ sein. Zu den positiven Auswirkungen gehören:

* **Erhöhtes Bewusstsein:** Globale Bewegungen tragen dazu bei, das Bewusstsein für wichtige soziale, politische und Umweltfragen zu schärfen. Dies kann zu einem Wandel in der öffentlichen Meinung und zu politischen Veränderungen führen.

* **Politische Mobilisierung:** Durch die Mobilisierung von Menschen können globale Bewegungen Druck auf Regierungen ausüben, um Veränderungen herbeizuführen. Ein Beispiel hierfür ist die *Paris Agreement*, das durch den Druck von Umweltbewegungen zustande kam.

* **Internationale Solidarität:** Globale Bewegungen fördern die Solidarität zwischen verschiedenen Ländern und Kulturen. Dies kann zu einem besseren Verständnis und zu Kooperationen führen, die über nationale Grenzen hinweggehen.

Jedoch gibt es auch Herausforderungen und negative Auswirkungen:

* **Fragmentierung:** Globale Bewegungen können oft fragmentiert sein, was zu einer Ineffizienz in der Mobilisierung und den Ressourcen führen kann. Unterschiedliche Ziele und Ansätze können die Einheit der Bewegung gefährden.

* **Repression:** Regierungen können auf globale Bewegungen mit Repression reagieren, was zu Verhaftungen und Gewalt gegen Aktivisten führen kann. Dies kann die Mobilisierung behindern und die Sicherheit der Aktivisten gefährden.

* **Kulturelle Missverständnisse:** Globale Bewegungen können kulturelle Unterschiede nicht immer berücksichtigen, was zu Missverständnissen und Konflikten führen kann. Es ist wichtig, dass globale Bewegungen die lokale Kultur respektieren und einbeziehen.

Schlussfolgerung

Globale Bewegungen haben das Potenzial, bedeutende Veränderungen in der Welt herbeizuführen. Sie können das Bewusstsein schärfen, politische Mobilisierung fördern und internationale Solidarität schaffen. Gleichzeitig stehen sie jedoch vor Herausforderungen, die ihre Effektivität beeinträchtigen können. Die Zukunft des Aktivismus hängt maßgeblich von der Fähigkeit ab, diese Herausforderungen zu meistern und eine vereinte Stimme für soziale Gerechtigkeit und Menschenrechte zu bilden. Jyn Korr und ihre Mitstreiter könnten von den Lehren globaler

Bewegungen profitieren, um ihre eigenen Kämpfe auf Verin-9 zu stärken und zu erweitern.

Strategien für zukünftige Kämpfe

In der sich ständig verändernden Landschaft des Aktivismus ist es unerlässlich, dass zukünftige Kämpfer und Kämpferinnen innovative und effektive Strategien entwickeln, um ihre Ziele zu erreichen. Diese Strategien müssen flexibel, anpassungsfähig und auf die spezifischen Herausforderungen abgestimmt sein, denen sich die Bewegung gegenwärtig gegenübersieht. Im Folgenden werden einige zentrale Strategien erörtert, die als Leitfaden für zukünftige Aktivisten dienen können.

1. Einsatz von Technologie

Die Rolle der Technologie im Aktivismus hat in den letzten Jahren exponentiell zugenommen. Die Nutzung von sozialen Medien, mobilen Anwendungen und Online-Plattformen ermöglicht es Aktivisten, Informationen schnell zu verbreiten und eine breitere Öffentlichkeit zu erreichen.

$$E = mc^2 \tag{63}$$

Diese berühmte Gleichung von Einstein zeigt, dass Energie (E) und Masse (m) durch die Lichtgeschwindigkeit (c) miteinander verbunden sind. Im Kontext des Aktivismus könnte man argumentieren, dass die „Energie" der Bewegung proportional zur „Masse" der unterstützenden Gemeinschaft ist, multipliziert mit der Geschwindigkeit (c) der Informationsverbreitung.

2. Diversität im Aktivismus

Die Diversität innerhalb einer Bewegung ist entscheidend für deren Erfolg. Unterschiedliche Perspektiven, Erfahrungen und Hintergründe bereichern den Diskurs und fördern kreative Lösungen. Aktivisten sollten sich bemühen, eine inklusive Umgebung zu schaffen, in der Stimmen aus verschiedenen Gemeinschaften gehört werden.

Ein Beispiel für erfolgreiche Diversität im Aktivismus ist die Black Lives Matter-Bewegung, die durch die Einbeziehung von Stimmen aus verschiedenen ethnischen und sozialen Gruppen eine breite Unterstützung gewinnen konnte.

3. Globale Bewegungen und deren Auswirkungen

Aktivisten sollten sich nicht nur auf lokale Probleme konzentrieren, sondern auch die globalen Verbindungen erkennen. Globale Bewegungen, wie Fridays for Future, zeigen, wie lokale Anliegen internationale Resonanz finden können. Die Vernetzung mit globalen Partnern kann Ressourcen, Wissen und Solidarität bringen, die für den Erfolg entscheidend sind.

4. Bildung als Werkzeug des Wandels

Bildung spielt eine zentrale Rolle im Aktivismus. Die Aufklärung der Öffentlichkeit über soziale Gerechtigkeit, Menschenrechte und Umweltfragen ist entscheidend, um ein Bewusstsein zu schaffen und Veränderungen zu bewirken. Aktivisten sollten Workshops, Seminare und Informationsveranstaltungen organisieren, um Wissen zu verbreiten und andere zu mobilisieren.

5. Kunst und Kreativität im Aktivismus

Kunst hat die Macht, Emotionen zu wecken und Menschen zu mobilisieren. Kreative Ausdrucksformen wie Musik, Theater, Tanz und visuelle Kunst können starke Botschaften vermitteln und das Bewusstsein für soziale Probleme schärfen. Ein Beispiel dafür ist die Verwendung von Graffiti und Street Art, um auf Missstände aufmerksam zu machen und Diskussionen anzuregen.

6. Strategien zur Mobilisierung

Die Mobilisierung von Unterstützern ist eine der größten Herausforderungen für Aktivisten. Eine gezielte Ansprache über verschiedene Kanäle, einschließlich sozialer Medien, E-Mail-Kampagnen und persönliche Netzwerke, kann dazu beitragen, eine breitere Basis zu schaffen.

Die Verwendung von Hashtags, wie #MeToo oder #BlackLivesMatter, hat sich als effektive Strategie zur Mobilisierung und Sensibilisierung erwiesen. Diese digitalen Kampagnen ermöglichen es, schnell Informationen zu verbreiten und Menschen zu vernetzen.

7. Lobbyarbeit und Einflussnahme

Lobbyarbeit ist ein weiterer wichtiger Aspekt des Aktivismus. Aktivisten sollten sich aktiv an politischen Prozessen beteiligen, um Veränderungen auf gesetzgeberischer Ebene zu bewirken. Dies kann durch direkte Kommunikation mit Abgeordneten, Teilnahme an Anhörungen oder die Bildung von Koalitionen geschehen, die gemeinsame Ziele verfolgen.

8. Interkultureller Dialog

Ein interkultureller Dialog ist notwendig, um Missverständnisse abzubauen und gemeinsame Lösungen zu finden. Aktivisten sollten den Austausch mit verschiedenen Kulturen und Gemeinschaften fördern, um ein besseres Verständnis für die vielfältigen Perspektiven zu entwickeln, die in den Kampf um Bürgerrechte einfließen.

9. Nachhaltigkeit im Aktivismus

Die Nachhaltigkeit von Aktivismus ist entscheidend für den langfristigen Erfolg. Bewegungen sollten Strategien entwickeln, die nicht nur kurzfristige Erfolge anstreben, sondern auch auf langfristige Veränderungen abzielen. Dies erfordert eine sorgfältige Planung, Ressourcenmanagement und die Einbeziehung von Gemeinschaften, um sicherzustellen, dass die Bemühungen auch nach dem Erreichen eines Ziels fortgesetzt werden.

10. Reflexion und Anpassungsfähigkeit

Schließlich ist es wichtig, dass Aktivisten regelmäßig ihre Strategien reflektieren und anpassen. Die Welt verändert sich ständig, und was heute funktioniert, könnte morgen nicht mehr wirksam sein. Durch kontinuierliche Reflexion und Anpassungsfähigkeit können Aktivisten sicherstellen, dass sie auf dem richtigen Weg sind und die Unterstützung ihrer Gemeinschaft aufrechterhalten.

Zusammenfassend lässt sich sagen, dass die Strategien für zukünftige Kämpfe vielfältig und dynamisch sein müssen. Durch den Einsatz von Technologie, Diversität, Bildung und kreativen Ausdrucksformen können Aktivisten die Herausforderungen der Zukunft meistern und eine gerechtere Gesellschaft für alle schaffen.

Bildung als Werkzeug des Wandels

Bildung spielt eine zentrale Rolle im Aktivismus und ist ein unverzichtbares Werkzeug für den sozialen Wandel. Sie fördert das kritische Denken, die Empathie und das Bewusstsein für gesellschaftliche Ungerechtigkeiten. In dieser Sektion werden wir die verschiedenen Dimensionen der Bildung als Werkzeug des Wandels untersuchen, einschließlich ihrer theoretischen Grundlagen, der

Herausforderungen, die sie mit sich bringt, und konkreter Beispiele, die ihren Einfluss verdeutlichen.

Theoretische Grundlagen

Die Idee, dass Bildung ein Werkzeug des Wandels ist, lässt sich auf verschiedene Bildungstheorien zurückführen. Eine der bekanntesten ist die *kritische Pädagogik*, die von Paulo Freire in seinem Werk *„Pedagogy of the Oppressed"* (1970) formuliert wurde. Freire argumentiert, dass Bildung nicht nur der Übertragung von Wissen dient, sondern auch ein Mittel zur Befreiung von Unterdrückung ist. Er betont, dass Lernende aktiv in den Bildungsprozess einbezogen werden sollten, um ein kritisches Bewusstsein zu entwickeln, das sie befähigt, gegen soziale Ungerechtigkeiten zu kämpfen.

Ein weiteres wichtiges Konzept ist die *transformative Bildung*, die darauf abzielt, Individuen zu helfen, ihre Perspektiven zu verändern und aktiv an der Verbesserung ihrer Gemeinschaften teilzunehmen. Diese Art der Bildung fördert nicht nur das Wissen, sondern auch die Fähigkeiten und das Engagement, die notwendig sind, um Veränderungen herbeizuführen.

Herausforderungen der Bildung im Aktivismus

Trotz der klaren Vorteile, die Bildung als Werkzeug des Wandels bietet, gibt es zahlreiche Herausforderungen, die es zu überwinden gilt:

+ **Zugang zu Bildung:** In vielen Regionen der Welt haben Menschen keinen Zugang zu qualitativ hochwertiger Bildung. Dies betrifft insbesondere marginalisierte Gruppen, die oft von der Teilnahme am Bildungsprozess ausgeschlossen sind.

+ **Bildungssysteme:** Traditionelle Bildungssysteme sind häufig nicht darauf ausgelegt, kritisches Denken und soziale Verantwortung zu fördern. Stattdessen konzentrieren sie sich oft auf rote Zahlen und standardisierte Tests, die wenig Raum für Kreativität und kritische Auseinandersetzung lassen.

+ **Politische Repression:** In autoritären Regimen kann Bildung als Bedrohung wahrgenommen werden, was zu Zensur und Repression führt. Aktivisten und Bildungsarbeiter riskieren oft ihre Sicherheit, wenn sie versuchen, kritische Bildung zu fördern.

Beispiele für Bildung als Werkzeug des Wandels

Es gibt zahlreiche Beispiele, die die transformative Kraft von Bildung im Kontext des Aktivismus verdeutlichen:

1. **Die „Schulen der Solidarität" in Brasilien:** Diese Initiativen wurden in den 1980er Jahren gegründet und bieten eine alternative Bildung, die sich auf die Bedürfnisse der Gemeinschaft konzentriert. Sie fördern kritisches Denken und ermutigen die Teilnehmer, ihre sozialen und politischen Bedingungen zu hinterfragen. Diese Schulen haben maßgeblich zur Mobilisierung von Gemeinschaften für soziale Gerechtigkeit beigetragen.

2. **Die „Black Lives Matter"-Bewegung:** Diese Bewegung hat Bildung als zentrales Element ihrer Strategie genutzt, um das Bewusstsein für Rassismus und Polizeigewalt zu schärfen. Durch Workshops, Seminare und Online-Kampagnen haben sie das Wissen über rassistische Strukturen und deren Auswirkungen auf das Leben von Afroamerikanern verbreitet. Die Verwendung von sozialen Medien hat es ermöglicht, eine breite Öffentlichkeit zu erreichen und eine generationenübergreifende Diskussion über Rassismus zu fördern.

3. **Umweltschutzbewegungen:** Organisationen wie *Greenpeace* und *Fridays for Future* haben Bildung als Schlüsselstrategie eingesetzt, um das Bewusstsein für den Klimawandel zu schärfen. Durch Bildungsprogramme, öffentliche Vorträge und Schulprojekte haben sie junge Menschen mobilisiert, sich aktiv für den Umweltschutz einzusetzen und politischen Druck auf Entscheidungsträger auszuüben.

Schlussfolgerung

Bildung ist ein kraftvolles Werkzeug im Aktivismus, das Individuen und Gemeinschaften die Fähigkeiten und das Wissen vermittelt, die sie benötigen, um Veränderungen herbeizuführen. Trotz der Herausforderungen, die mit dem Zugang zu Bildung und der Förderung kritischen Denkens verbunden sind, bleibt sie ein zentraler Bestandteil jeder Bewegung, die auf soziale Gerechtigkeit abzielt. Bildung fördert nicht nur das individuelle Wachstum, sondern auch das kollektive Engagement und die Solidarität, die notwendig sind, um eine gerechtere und gleichberechtigtere Gesellschaft zu schaffen. Indem wir Bildung als Werkzeug des Wandels anerkennen und fördern, können wir die Grundlagen für eine nachhaltige Veränderung legen und die nächste Generation von Aktivisten inspirieren.

Die Rolle von Kunst und Kreativität

Kunst und Kreativität spielen eine entscheidende Rolle im Aktivismus, insbesondere in der heutigen Zeit, in der visuelle und digitale Medien eine immer größere Plattform für soziale und politische Botschaften bieten. Kunst ist nicht nur ein Ausdruck individueller Kreativität, sondern auch ein kraftvolles Werkzeug zur Mobilisierung von Gemeinschaften und zur Förderung von Veränderungen. In diesem Abschnitt werden wir die verschiedenen Dimensionen der Rolle von Kunst und Kreativität im Aktivismus untersuchen, einschließlich theoretischer Perspektiven, Herausforderungen und praktischer Beispiele.

Theoretische Perspektiven

Die Theorie der sozialen Veränderung durch Kunst besagt, dass kreative Ausdrucksformen als Katalysatoren für gesellschaftliche Transformationen fungieren können. Laut [1] ist Kunst ein Mittel, um die Stimmen der Unterdrückten zu erheben und die Aufmerksamkeit auf soziale Ungerechtigkeiten zu lenken. Diese Theorie basiert auf der Annahme, dass Kunst nicht nur ästhetisch ist, sondern auch eine politische Dimension hat, die es den Menschen ermöglicht, ihre Erfahrungen und Perspektiven zu teilen.

Ein weiteres relevantes Konzept ist das der *kreativen Resilienz*, das beschreibt, wie Kunst und Kreativität Individuen und Gemeinschaften helfen können, mit Herausforderungen umzugehen und sich von Widrigkeiten zu erholen [2]. Diese Resilienz ist besonders wichtig für Aktivisten, die oft mit Rückschlägen und Widerstand konfrontiert sind.

Herausforderungen

Trotz der positiven Aspekte der Kunst im Aktivismus gibt es auch Herausforderungen. Eine der größten Hürden ist die Kommerzialisierung von Kunst, die dazu führen kann, dass die ursprüngliche Botschaft verwässert oder verzerrt wird. Aktivisten müssen oft einen Balanceakt vollziehen, um sicherzustellen, dass ihre Botschaften klar und unmissverständlich bleiben, während sie gleichzeitig ein breiteres Publikum ansprechen.

Ein weiteres Problem ist die Zensur, die in vielen Ländern eine ernsthafte Bedrohung für künstlerischen Ausdruck darstellt. Künstler, die sich für soziale Gerechtigkeit einsetzen, sehen sich häufig Repressionen und Verfolgung ausgesetzt, was die Verbreitung ihrer Botschaften erschwert.

Praktische Beispiele

Ein herausragendes Beispiel für die Rolle von Kunst im Aktivismus ist die *Street Art* Bewegung. Künstler wie Banksy haben durch ihre provokativen Wandmalereien weltweit Aufmerksamkeit auf soziale und politische Themen gelenkt. Diese Kunstwerke sind nicht nur visuell ansprechend, sondern tragen auch starke Botschaften, die zum Nachdenken anregen und Diskussionen anstoßen.

Ein weiteres Beispiel ist die Verwendung von Theater als Aktivismus. Gruppen wie *Theatre of the Oppressed* nutzen interaktive Theaterformen, um gesellschaftliche Probleme zu thematisieren und das Publikum in den Diskurs einzubeziehen. Diese Form des Theaters fördert nicht nur das Bewusstsein, sondern ermutigt auch die Zuschauer, aktiv an der Lösung von Problemen teilzunehmen.

Zusätzlich haben digitale Medien die Möglichkeiten für künstlerischen Ausdruck im Aktivismus erweitert. Plattformen wie Instagram und TikTok ermöglichen es Künstlern, ihre Botschaften schnell und effektiv an ein globales Publikum zu verbreiten. Die Verwendung von Hashtags und viralen Challenges hat es Aktivisten ermöglicht, ihre Anliegen in die öffentliche Diskussion zu bringen und eine breitere Unterstützung zu mobilisieren.

Fazit

Die Rolle von Kunst und Kreativität im Aktivismus ist unverzichtbar. Sie bietet nicht nur eine Plattform für den Ausdruck von Unrecht und Ungerechtigkeit, sondern fördert auch die Gemeinschaft und die Solidarität unter den Aktivisten. Trotz der Herausforderungen, die mit der Kommerzialisierung und Zensur einhergehen, bleibt die Kraft der Kunst ein entscheidendes Element im Kampf für soziale Gerechtigkeit. Die Fähigkeit, Emotionen zu wecken und Menschen zu inspirieren, ist das, was Kunst zu einem so wertvollen Werkzeug im Aktivismus macht.

Bibliography

[1]   Smith, J. (2020). *Cultural Resistance: Art as a Tool for Social Change.* New York: ArtPress.

[2]   Johnson, L. (2018). *Resilience Through Art: The Power of Creativity in Activism.* London: Creative Voices.

Jyns Einfluss auf neue Aktivisten

Jyn Korr hat durch ihre unermüdliche Arbeit und ihren unerschütterlichen Glauben an die Bürgerrechte nicht nur die politische Landschaft auf Verin-9 verändert, sondern auch eine neue Generation von Aktivisten inspiriert. Ihr Einfluss erstreckt sich über verschiedene Dimensionen, die sowohl theoretische als auch praktische Aspekte des Aktivismus umfassen. In diesem Abschnitt werden wir untersuchen, wie Jyns Prinzipien, Strategien und persönliche Erfahrungen als Leitfaden für aufstrebende Aktivisten dienen können.

Theoretische Grundlagen des Einflusses

Der Einfluss von Jyn Korr auf neue Aktivisten lässt sich durch verschiedene theoretische Rahmenwerke verstehen. Eine davon ist die *Soziale Identitätstheorie*, die besagt, dass Individuen ihr Selbstkonzept aus der Zugehörigkeit zu sozialen Gruppen ableiten. Jyns Fähigkeit, eine Gemeinschaft um sich zu versammeln und eine kollektive Identität zu schaffen, hat vielen jungen Menschen das Gefühl gegeben, Teil von etwas Größerem zu sein. Diese Zugehörigkeit fördert nicht nur das Engagement, sondern auch die Motivation, sich für soziale Gerechtigkeit einzusetzen.

Ein weiteres relevante Konzept ist die *Theorie des sozialen Wandels*, die besagt, dass Veränderungen in der Gesellschaft durch das Handeln und die Mobilisierung von Individuen und Gruppen herbeigeführt werden. Jyns Geschichte zeigt, wie eine Einzelperson durch Entschlossenheit und strategisches Handeln einen Dominoeffekt auslösen kann, der andere dazu inspiriert, aktiv zu werden und sich für ihre Überzeugungen einzusetzen.

Praktische Auswirkungen und Herausforderungen

Jyns Einfluss zeigt sich nicht nur in der Theorie, sondern auch in der Praxis. Ihre Methoden, die sie in den frühen Phasen ihres Aktivismus entwickelte, dienen als Blaupause für neue Aktivisten. Zum Beispiel hat sie die Bedeutung von *Bildung und Aufklärung* betont. Jyn organisierte Workshops und Seminare, um das Bewusstsein für Bürgerrechte und soziale Gerechtigkeit zu schärfen. Diese Bildungsinitiativen sind für viele junge Menschen, die sich neu im Aktivismus engagieren, von unschätzbarem Wert, da sie ihnen die Werkzeuge und das Wissen an die Hand geben, um effektiv zu handeln.

Dennoch stehen neue Aktivisten vor Herausforderungen, die Jyns Einfluss nicht ignorieren kann. Die *Digitale Kluft* ist eine der größten Hürden. Während Jyn die sozialen Medien effektiv nutzte, um ihre Botschaft zu verbreiten, haben nicht alle neuen Aktivisten Zugang zu den gleichen Ressourcen oder Fähigkeiten. Dies kann zu einer Fragmentierung der Bewegung führen und den Einfluss, den Jyn auf die Gemeinschaft hatte, schmälern.

Beispiele für Jyns Einfluss

Ein bemerkenswertes Beispiel für Jyns Einfluss ist die Gründung der *Junge Bürgerrechtsbewegung*, die direkt aus ihren Aktivitäten hervorging. Diese Bewegung hat es sich zur Aufgabe gemacht, junge Menschen zu ermutigen, sich aktiv an politischen Prozessen zu beteiligen. Durch die Organisation von Protesten, Workshops und Diskussionsforen hat die Bewegung eine Plattform geschaffen, auf der neue Aktivisten ihre Stimmen erheben und ihre Anliegen teilen können.

Ein weiteres Beispiel ist die *Kunst- und Kulturinitiative*, die Jyn ins Leben gerufen hat, um kreative Ausdrucksformen als Mittel des Aktivismus zu nutzen. Diese Initiative hat zahlreiche junge Künstler inspiriert, ihre Werke zu nutzen, um auf soziale Ungerechtigkeiten aufmerksam zu machen. Die Verbindung von Kunst und Aktivismus hat es vielen ermöglicht, ihre Botschaften auf innovative und ansprechende Weise zu kommunizieren, was zu einer breiteren Akzeptanz und Unterstützung in der Gesellschaft geführt hat.

Schlussfolgerung

Zusammenfassend lässt sich sagen, dass Jyn Korrs Einfluss auf neue Aktivisten sowohl theoretische als auch praktische Dimensionen umfasst. Ihre Fähigkeit, Gemeinschaften zu mobilisieren, ihre Strategien zur Aufklärung und ihr kreativer Ansatz im Aktivismus bieten wertvolle Lektionen für die nächste Generation. Während Herausforderungen bestehen, bleibt Jyns Vermächtnis eine Quelle der Inspiration und Motivation für all jene, die sich für Bürgerrechte und soziale Gerechtigkeit einsetzen wollen. Ihr Einfluss zeigt, dass individueller und kollektiver Aktivismus Hand in Hand gehen können, um nachhaltige Veränderungen in der Gesellschaft zu bewirken.

Die Herausforderungen der nächsten Generation

Die nächste Generation von Aktivisten sieht sich einer Vielzahl von Herausforderungen gegenüber, die sowohl aus den Lehren der Vergangenheit als auch aus den neuen, sich ständig verändernden gesellschaftlichen und technologischen Rahmenbedingungen resultieren. Diese Herausforderungen sind komplex und erfordern innovative Ansätze, um effektiv angegangen zu werden.

Technologische Überwachung

Eine der größten Herausforderungen ist die zunehmende Überwachung durch staatliche und private Akteure. In einer Welt, in der Daten als neue Währung gelten, sind Aktivisten oft Ziel von Überwachungstechnologien. Die Nutzung von Gesichtserkennung und anderen Formen der biometrischen Identifikation hat die Fähigkeit von Aktivisten, anonym zu agieren, erheblich eingeschränkt.

$$\text{Überwachungsrisiko} = f(\text{Technologie, Datenzugriff, Regierungsmaßnahmen})$$
$$(64)$$

Hierbei beschreibt die Funktion f die Abhängigkeit des Überwachungsrisikos von der Verfügbarkeit und dem Zugang zu Technologien sowie von den Maßnahmen, die Regierungen ergreifen, um Aktivisten zu identifizieren und zu verfolgen.

Desinformation und Fake News

Ein weiteres bedeutendes Problem ist die Verbreitung von Desinformation und Fake News, die durch soziale Medien und andere digitale Plattformen erleichtert wird. Aktivisten müssen sich nicht nur mit der Verbreitung ihrer eigenen Botschaften auseinandersetzen, sondern auch mit der Notwendigkeit, falsche Informationen zu entkräften, die ihre Bewegungen diskreditieren können.

Ein Beispiel hierfür ist die Bewegung für Klimagerechtigkeit, die häufig mit falschen Narrativen konfrontiert ist, die die Dringlichkeit des Themas untergraben.

Interne Spaltungen und Diversität

Die nächste Generation von Aktivisten muss auch die Herausforderungen der Diversität und internen Spaltungen innerhalb ihrer Bewegungen meistern. Unterschiedliche Hintergründe, Erfahrungen und Perspektiven können sowohl eine Stärke als auch eine Schwäche darstellen. Es ist entscheidend, dass Bewegungen inklusiv sind und verschiedene Stimmen und Erfahrungen repräsentieren.

Die Theorie der intersektionalen Gerechtigkeit, die von Kimberlé Crenshaw formuliert wurde, legt nahe, dass die Erfahrungen von Individuen durch mehrere Identitäten geprägt sind, was bedeutet, dass Aktivisten die Vielfalt innerhalb ihrer eigenen Reihen anerkennen und wertschätzen müssen.

$$\text{Intersektionale Gerechtigkeit} = g(\text{Identität}_1, \text{Identität}_2, \dots, \text{Identität}_n) \quad (65)$$

Hierbei ist g eine Funktion, die die Komplexität der Gerechtigkeit in Bezug auf verschiedene Identitäten beschreibt.

Ressourcenmangel

Ein weiteres zentrales Problem ist der Mangel an Ressourcen, sowohl finanzieller als auch personeller Art. Viele Aktivisten arbeiten ehrenamtlich und sind auf Spenden angewiesen, was oft zu Unsicherheiten führt. Die Mobilisierung von Ressourcen ist entscheidend für den Erfolg von Kampagnen, und die nächste Generation muss innovative Wege finden, um Unterstützung zu gewinnen.

Ein Beispiel ist die Nutzung von Crowdfunding-Plattformen, die es Aktivisten ermöglichen, finanzielle Unterstützung direkt von der Gemeinschaft zu erhalten. Dies erfordert jedoch auch Kenntnisse in den Bereichen Marketing und Öffentlichkeitsarbeit.

Globale Vernetzung und lokale Bedürfnisse

Die Globalisierung hat die Vernetzung von Bewegungen erleichtert, stellt jedoch auch Herausforderungen dar. Aktivisten müssen lokale Bedürfnisse und Kontexte berücksichtigen, während sie sich gleichzeitig in einem globalen Diskurs engagieren. Ein Beispiel ist die #MeToo-Bewegung, die weltweit unterschiedliche Formen angenommen hat, je nach kulturellem Kontext. Aktivisten müssen sicherstellen, dass ihre Botschaften und Strategien sowohl lokal relevant als auch global solidarisch sind.

Psychische Gesundheit und Burnout

Schließlich ist die psychische Gesundheit ein oft übersehenes, aber kritisches Thema für Aktivisten. Die ständige Konfrontation mit Ungerechtigkeit und die emotionalen Belastungen des Aktivismus können zu Burnout führen.

Es ist wichtig, dass zukünftige Generationen Strategien entwickeln, um das Wohlbefinden von Aktivisten zu fördern, einschließlich der Schaffung von Unterstützungsnetzwerken und der Förderung einer Kultur der Selbstfürsorge.

$$\text{Wohlbefinden} = h(\text{Unterstützung}, \text{Selbstfürsorge}, \text{Gemeinschaft}) \quad (66)$$

In dieser Gleichung beschreibt h die Beziehung zwischen dem Wohlbefinden von Aktivisten und den Faktoren, die zu einem gesunden Aktivismus beitragen.

Schlussfolgerung

Die Herausforderungen, vor denen die nächste Generation von Aktivisten steht, sind vielfältig und erfordern kreative und anpassungsfähige Ansätze. Indem sie die Lehren der Vergangenheit berücksichtigen und innovative Lösungen entwickeln, können sie nicht nur die bestehenden Probleme angehen, sondern auch eine nachhaltige und gerechte Zukunft für alle schaffen. Es ist von entscheidender Bedeutung, dass sie sich gegenseitig unterstützen und gemeinsam an einer inklusiven und gerechten Gesellschaft arbeiten.

Ein Blick in die Zukunft des Widerstands

In einer Welt, die sich ständig verändert und in der technologische Fortschritte und soziale Bewegungen Hand in Hand gehen, ist der Blick in die Zukunft des Aktivismus sowohl spannend als auch herausfordernd. Der Widerstand, wie wir ihn heute kennen, wird sich weiterentwickeln und anpassen müssen, um den neuen Gegebenheiten gerecht zu werden. In diesem Abschnitt betrachten wir die Trends, Herausforderungen und Chancen, die die Zukunft des Widerstands prägen werden.

Technologischer Einfluss

Die Rolle der Technologie im Aktivismus wird zunehmend zentraler. Soziale Medien sind nicht nur Plattformen für den Austausch von Informationen, sondern auch Werkzeuge zur Mobilisierung und Organisation. Ein Beispiel hierfür ist die Bewegung *#BlackLivesMatter*, die durch Twitter und Facebook an Dynamik gewann und Millionen von Menschen mobilisierte. Die Zukunft des Widerstands wird durch die Fähigkeit geprägt sein, digitale Werkzeuge effektiv zu nutzen, um Botschaften zu verbreiten und Gemeinschaften zu verbinden.

Die Nutzung von Künstlicher Intelligenz (KI) zur Analyse von Daten kann ebenfalls eine entscheidende Rolle spielen. Aktivisten können durch Datenanalysen Trends und Muster im öffentlichen Diskurs identifizieren, um ihre Strategien zu verfeinern. Dies kann beispielsweise durch die Analyse von Tweets oder Posts geschehen, um herauszufinden, welche Themen das größte Interesse wecken und wie die öffentliche Meinung zu bestimmten Themen ist.

Herausforderungen der Diversität

Ein weiterer wichtiger Aspekt ist die Diversität innerhalb der Bewegungen. Während viele Bewegungen eine Vielzahl von Stimmen und Perspektiven integrieren, gibt es immer noch Herausforderungen in Bezug auf die Repräsentation. Die Zukunft des Widerstands muss sicherstellen, dass alle Stimmen – insbesondere marginalisierte Gruppen – gehört werden. Dies erfordert eine bewusste Anstrengung, um sicherzustellen, dass die Führungsstrukturen inklusiv sind und dass die Anliegen aller Mitglieder der Gemeinschaft berücksichtigt werden.

Globale Bewegungen und deren Auswirkungen

Die Globalisierung hat es Aktivisten ermöglicht, über nationale Grenzen hinweg zu agieren. Bewegungen, die in einem Land beginnen, können schnell internationale Resonanz finden. Ein Beispiel ist die *Fridays for Future*-Bewegung, die von Greta Thunberg ins Leben gerufen wurde und weltweit Millionen von Jugendlichen mobilisierte, um für Klimagerechtigkeit zu kämpfen. Die Zukunft des Widerstands wird von der Fähigkeit abhängen, solche globalen Bewegungen zu fördern und zu unterstützen, während gleichzeitig lokale Anliegen nicht vernachlässigt werden.

Strategien für zukünftige Kämpfe

Um in der Zukunft erfolgreich zu sein, müssen Aktivisten innovative Strategien entwickeln. Dazu gehört die Nutzung von kreativen Ausdrucksformen wie Kunst, Musik und Theater, um ihre Botschaften zu vermitteln. Diese Formen des Widerstands können emotionale Verbindungen schaffen und eine breitere Öffentlichkeit ansprechen. Die Integration von Humor und Satire in den Aktivismus kann ebenfalls dazu beitragen, das Bewusstsein zu schärfen und Menschen zu mobilisieren.

Bildung als Werkzeug des Wandels

Bildung wird eine Schlüsselrolle im zukünftigen Widerstand spielen. Aktivisten müssen sich nicht nur mit den aktuellen Problemen auseinandersetzen, sondern auch die nächste Generation von Führungspersönlichkeiten und Aktivisten ausbilden. Programme, die kritisches Denken, Empathie und soziale Gerechtigkeit fördern, werden entscheidend sein, um ein starkes Fundament für zukünftige Bewegungen zu schaffen. Bildungseinrichtungen sollten als Zentren des Wandels fungieren, in denen junge Menschen ermutigt werden, sich aktiv für ihre Überzeugungen einzusetzen.

Die Verbindung zwischen Aktivismus und Wissenschaft

Die Verbindung zwischen Aktivismus und Wissenschaft wird ebenfalls an Bedeutung gewinnen. Wissenschaftler und Aktivisten müssen zusammenarbeiten, um fundierte politische Entscheidungen zu treffen und die Öffentlichkeit über wichtige Themen aufzuklären. Der Klimawandel ist ein hervorragendes Beispiel dafür, wie wissenschaftliche Erkenntnisse genutzt werden können, um politische Veränderungen voranzutreiben. In der Zukunft wird es entscheidend sein, dass Aktivisten die wissenschaftlichen Grundlagen ihrer Anliegen verstehen und kommunizieren können.

Schlussfolgerung

Zusammenfassend lässt sich sagen, dass der Widerstand vor spannenden, aber auch herausfordernden Zeiten steht. Die Fähigkeit, sich anzupassen und innovative Strategien zu entwickeln, wird entscheidend sein, um die

Herausforderungen der Zukunft zu bewältigen. Die Integration von Technologie, Diversität, globalem Denken, kreativen Ausdrucksformen und Bildung wird die Grundlage für einen erfolgreichen Aktivismus bilden. Der Weg nach vorne erfordert ein kollektives Engagement und die Bereitschaft, für eine gerechtere und gleichberechtigtere Welt zu kämpfen. Die Zukunft des Widerstands liegt in den Händen der nächsten Generation von Aktivisten, die bereit sind, die Herausforderungen anzunehmen und Veränderungen herbeizuführen.

Der anhaltende Kampf um Bürgerrechte

Die Bedeutung von Gesetzesänderungen

Die Bedeutung von Gesetzesänderungen im Kontext des Aktivismus ist unbestreitbar. Gesetzesänderungen sind oft der Schlüssel zur Schaffung von Gerechtigkeit und Gleichheit in einer Gesellschaft. Sie können die rechtlichen Rahmenbedingungen ändern, die Diskriminierung und Ungerechtigkeit aufrechterhalten, und somit den Weg für eine gerechtere Zukunft ebnen. In diesem Abschnitt werden wir die theoretischen Grundlagen, die Probleme, die sich aus bestehenden Gesetzen ergeben, und konkrete Beispiele für erfolgreiche Gesetzesänderungen untersuchen.

Theoretische Grundlagen

Gesetzesänderungen sind nicht nur eine Reaktion auf gesellschaftliche Probleme, sondern auch eine Möglichkeit, gesellschaftliche Normen und Werte zu verändern. Laut der *Theorie der sozialen Veränderung* (Social Change Theory) können gesetzliche Maßnahmen als Katalysatoren für tiefgreifende gesellschaftliche Veränderungen wirken. Diese Theorie besagt, dass Gesetzesänderungen oft das Ergebnis eines langen Prozesses des Aktivismus und der Mobilisierung sind, der die öffentliche Meinung beeinflusst und letztendlich politische Entscheidungsträger dazu zwingt, Maßnahmen zu ergreifen.

Ein Beispiel für diese Theorie ist das *Civil Rights Act* von 1964 in den Vereinigten Staaten, das als Ergebnis jahrelanger Proteste und Aktivismus gegen Rassendiskriminierung verabschiedet wurde. Der Gesetzesentwurf stellte sicher, dass Diskriminierung aufgrund von Rasse, Hautfarbe, Religion, Geschlecht oder nationaler Herkunft in Bildung, Beschäftigung und öffentlichen Einrichtungen verboten wurde.

Probleme bestehender Gesetze

Trotz der Fortschritte, die durch Gesetzesänderungen erzielt werden können, gibt es zahlreiche Probleme, die aus bestehenden Gesetzen resultieren. Oft sind Gesetze veraltet oder spiegeln nicht die aktuellen gesellschaftlichen Werte wider. Ein Beispiel hierfür ist das *Anti-Körperphasen-Gesetz* auf Verin-9, das nicht nur diskriminierende Praktiken legitimiert, sondern auch die Rechte einer ganzen Bevölkerungsgruppe untergräbt. Solche Gesetze führen zu einer weiteren Marginalisierung und Diskriminierung und erfordern eine dringende Reform.

Ein weiteres Problem besteht darin, dass selbst wenn Gesetze geändert werden, die Umsetzung oft mangelhaft ist. Dies kann auf unzureichende Ressourcen, fehlende politische Unterstützung oder eine unzureichende Ausbildung derjenigen zurückzuführen sein, die für die Durchsetzung der Gesetze verantwortlich sind. Daher ist es entscheidend, dass Gesetzesänderungen von effektiven Mechanismen zur Überwachung und Durchsetzung begleitet werden.

Beispiele für erfolgreiche Gesetzesänderungen

Ein herausragendes Beispiel für eine erfolgreiche Gesetzesänderung ist das *Gesetz zur Gleichstellung der Geschlechter* in verschiedenen Ländern, das Diskriminierung aufgrund des Geschlechts in Bildung und Beruf beseitigt hat. Diese Gesetzgebung hat nicht nur rechtliche Gleichheit geschaffen, sondern auch gesellschaftliche Normen verändert, indem sie Frauen den Zugang zu Bildung und Arbeitsplätzen erleichtert hat.

Ein weiteres Beispiel ist die *Ehe für alle*, die in vielen Ländern eingeführt wurde, um gleichgeschlechtlichen Paaren die gleichen Rechte wie heterosexuellen Paaren zu gewähren. Diese Gesetzesänderung war das Ergebnis jahrelanger Kämpfe von Aktivisten und hat nicht nur die rechtliche Landschaft verändert, sondern auch zur Akzeptanz und Sichtbarkeit von LGBTQ+-Personen in der Gesellschaft beigetragen.

Schlussfolgerung

Die Bedeutung von Gesetzesänderungen im Aktivismus kann nicht überbewertet werden. Sie sind nicht nur notwendig, um bestehende Ungerechtigkeiten zu beseitigen, sondern auch um eine Grundlage für zukünftige Fortschritte zu schaffen. Es ist entscheidend, dass Aktivisten und Bürgerrechtsgruppen weiterhin Druck auf politische Entscheidungsträger ausüben, um sicherzustellen, dass Gesetze nicht nur verabschiedet, sondern auch effektiv umgesetzt werden. Nur so kann eine gerechte und inklusive Gesellschaft für alle Bürgerinnen und Bürger geschaffen werden.

$$\text{Gesetzesänderungen} \rightarrow \text{Gerechtigkeit} + \text{Gleichheit} \qquad (67)$$

Der Einfluss von internationalen Abkommen

Internationale Abkommen spielen eine entscheidende Rolle im globalen Aktivismus, insbesondere im Kampf um Bürgerrechte. Diese Abkommen sind oft das Ergebnis langwieriger Verhandlungen zwischen Staaten und internationalen Organisationen und zielen darauf ab, grundlegende Menschenrechte und Freiheiten zu schützen. Sie schaffen einen rechtlichen Rahmen, der es Aktivisten ermöglicht, ihre Anliegen auf internationaler Ebene zu vertreten und Unterstützung zu mobilisieren.

Theoretische Grundlagen

Die Theorie der internationalen Beziehungen bietet verschiedene Ansätze zur Analyse des Einflusses internationaler Abkommen. Der *Realismus* betont die Machtpolitik und die Interessen der Staaten, während der *Liberalismus* die Bedeutung von internationalen Institutionen und Normen hervorhebt. Nach liberaler Auffassung sind internationale Abkommen nicht nur rechtliche Dokumente, sondern auch Instrumente zur Förderung von Zusammenarbeit und Vertrauen zwischen Staaten.

Ein zentrales Konzept ist die *Normenbildung*, die beschreibt, wie internationale Standards und Werte in nationalen Kontexten implementiert werden. Abkommen wie die *Allgemeine Erklärung der Menschenrechte* (AEMR) von 1948 haben dazu beigetragen, universelle Normen für Menschenrechte zu etablieren, die als Grundlage für nationale Gesetze dienen.

Probleme und Herausforderungen

Trotz ihrer Bedeutung stehen internationale Abkommen vor mehreren Herausforderungen. Eine der größten Hürden ist die *Umsetzung* und *Durchsetzung* dieser Abkommen auf nationaler Ebene. Viele Staaten unterzeichnen Abkommen, ohne sie tatsächlich in nationales Recht umzusetzen. Dies führt zu einer Diskrepanz zwischen internationalen Verpflichtungen und der Realität vor Ort.

Ein weiteres Problem ist die *Politik der selektiven Einhaltung*. Staaten können internationale Normen ignorieren, wenn sie als unvereinbar mit ihren nationalen Interessen oder politischen Zielen angesehen werden. Dies wird oft durch die

Souveränität der Staaten gerechtfertigt, die argumentieren, dass sie das Recht haben, ihre eigenen Gesetze und Praktiken zu bestimmen.

Beispiele

Ein Beispiel für den Einfluss internationaler Abkommen auf den Aktivismus ist die *Konvention über die Rechte des Kindes* (UNCRC), die 1989 verabschiedet wurde. Diese Konvention hat das Bewusstsein für die Rechte von Kindern weltweit geschärft und zahlreiche nationale Gesetze reformiert. Aktivisten nutzen die UNCRC, um Regierungen zur Rechenschaft zu ziehen und Veränderungen zu fordern.

Ein weiteres Beispiel ist die *Konvention zur Beseitigung aller Formen von Diskriminierung der Frau* (CEDAW), die 1979 angenommen wurde. Diese Konvention hat dazu beigetragen, den internationalen Diskurs über Geschlechtergerechtigkeit zu fördern und hat in vielen Ländern zu bedeutenden rechtlichen Reformen geführt.

Darüber hinaus haben internationale Abkommen wie das *Pariser Abkommen* zur Bekämpfung des Klimawandels gezeigt, wie Umweltfragen mit Menschenrechten verknüpft sind. Aktivisten für Klimagerechtigkeit argumentieren, dass der Klimawandel unverhältnismäßig viele marginalisierte Gruppen betrifft und fordern eine stärkere Berücksichtigung von Menschenrechten in umweltpolitischen Abkommen.

Schlussfolgerung

Der Einfluss internationaler Abkommen auf den Aktivismus ist unbestreitbar. Sie bieten nicht nur einen rechtlichen Rahmen, sondern auch eine Plattform für Aktivisten, um ihre Anliegen global zu vertreten. Dennoch ist es entscheidend, die Herausforderungen bei der Umsetzung und Durchsetzung dieser Abkommen zu erkennen. Nur durch kontinuierliches Engagement und Druck von der Zivilgesellschaft können internationale Normen in der Praxis verwirklicht werden. Jyn Korr und ihre Mitstreiterinnen und Mitstreiter nutzen diese internationalen Instrumente, um ihre Stimmen zu erheben und echte Veränderungen auf Verin-9 und darüber hinaus zu bewirken.

Die Rolle von Gemeinschaften und Netzwerken

Die Rolle von Gemeinschaften und Netzwerken im Aktivismus ist von entscheidender Bedeutung, da sie als Katalysatoren für Veränderung fungieren. Gemeinschaften bieten den Rahmen für den Austausch von Ideen, Ressourcen und Unterstützung, während Netzwerke die Verbreitung von Informationen und die Mobilisierung von Menschen über geografische Grenzen hinweg ermöglichen. In diesem Abschnitt werden wir die verschiedenen Aspekte dieser Rolle untersuchen, einschließlich der Herausforderungen, die Gemeinschaften und Netzwerke im Aktivismus begegnen, sowie Beispiele für erfolgreiche Initiativen.

Theoretischer Rahmen

Die Theorie des sozialen Kapitals, wie sie von Pierre Bourdieu und Robert Putnam formuliert wurde, ist zentral für das Verständnis der Rolle von Gemeinschaften im Aktivismus. Soziales Kapital bezieht sich auf die Ressourcen, die aus sozialen Netzwerken entstehen, einschließlich Vertrauen, Normen und sozialen Bindungen. Diese Ressourcen sind entscheidend für die Mobilisierung von Gruppen und die Förderung kollektiven Handelns. Putnam argumentiert, dass höhere Bestände an sozialem Kapital zu einer stärkeren Zivilgesellschaft führen, die effektiver in der Lage ist, soziale und politische Veränderungen herbeizuführen.

$$\text{Soziales Kapital} = \text{Vertrauen} + \text{Normen} + \text{Netzwerke} \qquad (68)$$

Die oben genannte Gleichung verdeutlicht, dass das soziale Kapital aus verschiedenen Elementen besteht, die zusammenwirken, um die Handlungsfähigkeit einer Gemeinschaft zu stärken. Gemeinschaften, die über starkes soziales Kapital verfügen, sind oft besser in der Lage, Mobilisierungsstrategien zu entwickeln und Widerstand gegen ungerechte Gesetze zu leisten.

Herausforderungen für Gemeinschaften und Netzwerke

Trotz ihrer zentralen Rolle im Aktivismus stehen Gemeinschaften und Netzwerke vor verschiedenen Herausforderungen. Eine der größten Herausforderungen ist die Fragmentierung von Bewegungen, die durch unterschiedliche Interessen und Ziele innerhalb von Gemeinschaften verursacht wird. Diese Fragmentierung kann zu internen Konflikten führen und die Effektivität der kollektiven Aktion beeinträchtigen.

Ein weiteres Problem ist die digitale Kluft, die den Zugang zu Netzwerken und Ressourcen einschränken kann. In vielen Fällen sind marginalisierte Gruppen, die am stärksten von Diskriminierung betroffen sind, auch die, die am wenigsten Zugang zu digitalen Plattformen haben. Dies kann die Mobilisierung und den Austausch von Informationen erschweren und die Sichtbarkeit ihrer Anliegen verringern.

Beispiele erfolgreicher Gemeinschaften und Netzwerke

Ein herausragendes Beispiel für die Rolle von Gemeinschaften und Netzwerken im Aktivismus ist die *Black Lives Matter*-Bewegung. Diese Bewegung hat sich aus lokalen Gemeinschaften entwickelt und nutzt soziale Medien, um Informationen zu verbreiten und Proteste zu organisieren. Durch die Schaffung eines starken Netzwerks von Unterstützern und Aktivisten konnte die Bewegung nationale und internationale Aufmerksamkeit auf Rassismus und Polizeigewalt lenken.

Ein weiteres Beispiel ist die *Fridays for Future*-Bewegung, die von der schwedischen Aktivistin Greta Thunberg ins Leben gerufen wurde. Diese Bewegung hat es geschafft, eine globale Gemeinschaft von jungen Menschen zu mobilisieren, die sich für den Klimaschutz einsetzen. Durch die Nutzung von sozialen Medien und die Organisation von Schulstreiks hat die Bewegung eine breite Unterstützung gewonnen und das Bewusstsein für die Dringlichkeit des Klimawandels geschärft.

Schlussfolgerung

Die Rolle von Gemeinschaften und Netzwerken im Aktivismus ist von grundlegender Bedeutung für den Erfolg von Bewegungen, die sich für Bürgerrechte und soziale Gerechtigkeit einsetzen. Trotz der Herausforderungen, mit denen sie konfrontiert sind, können starke Gemeinschaften und gut vernetzte Aktivisten effektive Strategien entwickeln, um Veränderungen herbeizuführen. Die Theorie des sozialen Kapitals bietet einen nützlichen Rahmen, um die Dynamik dieser Gemeinschaften zu verstehen und ihre Rolle im Widerstand gegen Ungerechtigkeit zu beleuchten. In Zukunft wird es entscheidend sein, diese Netzwerke weiter zu stärken und inklusiver zu gestalten, um sicherzustellen, dass alle Stimmen gehört werden und die Kämpfe für Gerechtigkeit und Gleichheit voranschreiten können.

Jyns fortwährende Mission

Nach dem historischen Sieg über das Anti-Körperphasen-Gesetz auf Verin-9 war Jyn Korr nicht bereit, sich auf ihren Lorbeeren auszuruhen. Ihre Mission, die sich nicht nur auf die Bekämpfung eines spezifischen Gesetzes beschränkte, sondern auch auf die Förderung der Bürgerrechte im gesamten intergalaktischen Raum abzielte, wurde zu einer fortwährenden Herausforderung.

Theoretischer Hintergrund

Jyns Ansatz zum Aktivismus basierte auf der Theorie des *kollektiven Handelns*, die besagt, dass Individuen in Gruppen zusammenarbeiten müssen, um soziale Veränderungen zu bewirken. Diese Theorie wird oft in den Sozialwissenschaften diskutiert und legt nahe, dass die Mobilisierung von Gemeinschaften und die Schaffung eines gemeinsamen Ziels entscheidend für den Erfolg von Bewegungen sind.

Problemstellungen

Trotz der Erfolge, die Jyn und ihre Mitstreiter erzielt hatten, standen sie weiterhin vor einer Vielzahl von Herausforderungen:

+ **Politische Widerstände:** Nach der Aufhebung des Anti-Körperphasen-Gesetzes gab es Bestrebungen seitens der Regierung, neue Gesetze zu erlassen, die die Rechte von Minderheiten und anderen marginalisierten Gruppen einschränken könnten. Jyn musste sich aktiv gegen diese Entwicklungen einsetzen, um die Errungenschaften ihrer Bewegung zu schützen.

+ **Gesellschaftliche Spaltung:** Die Gesellschaft auf Verin-9 war tief gespalten. Während viele die Veränderungen unterstützten, gab es auch eine signifikante Anzahl von Bürgern, die sich gegen die neuen Bürgerrechte wandten. Jyn erkannte, dass der Dialog mit diesen Gruppen unerlässlich war, um langfristige Veränderungen zu erreichen.

+ **Ressourcenmangel:** Die Finanzierung von Aktivismus ist oft eine Herausforderung. Jyn musste Wege finden, um Ressourcen zu mobilisieren, sei es durch Spenden, Förderungen oder durch Partnerschaften mit NGOs und intergalaktischen Organisationen.

Praktische Maßnahmen

Jyns fortwährende Mission umfasste eine Vielzahl von Maßnahmen, um die Bürgerrechte aktiv zu fördern:

1. **Bildungsinitiativen:** Jyn initiierte Programme, die sich auf die Aufklärung der Bürger über ihre Rechte konzentrierten. Workshops und Schulungen wurden organisiert, um das Bewusstsein für die Bedeutung von Bürgerrechten und sozialer Gerechtigkeit zu schärfen. Hierbei wurde die

Theorie des *empowerment* angewandt, die besagt, dass Bildung und Information Menschen in die Lage versetzen, aktiv an der Gesellschaft teilzunehmen.

2. **Internationale Zusammenarbeit:** Jyn suchte aktiv den Austausch mit anderen intergalaktischen Bürgerrechtsbewegungen. Durch Konferenzen und gemeinsame Kampagnen konnte sie den Einfluss ihrer Bewegung erweitern und internationale Solidarität aufbauen. Ein Beispiel hierfür war die Zusammenarbeit mit der *Intergalaktischen Liga für Menschenrechte*, die es ermöglichte, Ressourcen und Strategien auszutauschen.

3. **Verwendung von Technologie:** Jyn erkannte die Bedeutung von sozialen Medien und digitalen Plattformen für den Aktivismus. Sie nutzte diese Technologien, um Informationen zu verbreiten, Mobilisierungen zu organisieren und das Bewusstsein für die Anliegen der Bürgerrechte zu schärfen. Die Verwendung von Hashtags wie #VerinRights und #JynsMission wurde zu einem zentralen Bestandteil ihrer Strategie.

4. **Kulturelle Veranstaltungen:** Um eine breitere Unterstützung zu gewinnen, organisierte Jyn kulturelle Veranstaltungen, die die Vielfalt und den Reichtum der verschiedenen Kulturen auf Verin-9 feierten. Diese Veranstaltungen halfen nicht nur, die Gemeinschaft zu stärken, sondern auch, Vorurteile abzubauen und das Verständnis füreinander zu fördern.

Erfolge und Herausforderungen

Die fortwährende Mission von Jyn war von Erfolgen, aber auch von Rückschlägen geprägt. Ein bemerkenswerter Erfolg war die Einführung eines neuen Gesetzes, das Diskriminierung aufgrund von Herkunft und Identität verbot. Dies war ein bedeutender Schritt in Richtung Gleichheit und Gerechtigkeit. Allerdings gab es auch Rückschläge, wie die Wiederbelebung nationalistischer Bewegungen, die versuchten, die Errungenschaften der Bürgerrechtsbewegung rückgängig zu machen.

Jyns Fähigkeit, Resilienz zu zeigen und sich den Herausforderungen zu stellen, wurde von vielen als inspirierend angesehen. Sie betonte stets die Bedeutung von Gemeinschaft und Zusammenarbeit, um die Ziele des Aktivismus zu erreichen.

Ausblick

Jyn Korrs fortwährende Mission ist ein Beispiel dafür, wie Aktivismus nicht nur ein einmaliges Ereignis, sondern ein langfristiger Prozess ist. Ihre Arbeit inspiriert neue Generationen von Aktivisten, die bereit sind, sich für die Rechte aller einzusetzen. Jyn glaubt fest daran, dass die Zukunft des Aktivismus in der Bildung, der Zusammenarbeit und dem unermüdlichen Streben nach Gerechtigkeit liegt.

Die Herausforderungen mögen groß sein, aber Jyns Vision bleibt klar: Eine Gesellschaft, in der alle Bürger unabhängig von ihrer Herkunft, Identität oder ihren Überzeugungen gleich behandelt werden. Ihre fortwährende Mission ist nicht nur ein Kampf um Rechte, sondern auch ein Kampf um die Menschlichkeit selbst.

Die Wichtigkeit von Lobbyarbeit

Die Lobbyarbeit spielt eine entscheidende Rolle im politischen Prozess und ist besonders wichtig für den Erfolg von Bürgerrechtsbewegungen. In diesem Abschnitt werden wir die verschiedenen Aspekte der Lobbyarbeit untersuchen, ihre Herausforderungen analysieren und einige Beispiele erfolgreicher Lobbyarbeit betrachten.

Definition und Funktionen der Lobbyarbeit

Lobbyarbeit bezeichnet die Aktivitäten von Einzelpersonen oder Gruppen, die versuchen, politische Entscheidungsträger zu beeinflussen, um bestimmte Gesetze oder Politiken zu fördern oder zu verhindern. Diese Aktivitäten können verschiedene Formen annehmen, einschließlich persönlicher Treffen, öffentlicher Kampagnen, Bereitstellung von Informationen und Forschungsergebnissen sowie das Mobilisieren von Unterstützern.

Die Hauptfunktionen der Lobbyarbeit sind:

+ **Informationsvermittlung:** Lobbyisten liefern wertvolle Informationen und Fachwissen zu spezifischen Themen, die für politische Entscheidungsträger oft schwer zu erfassen sind.

+ **Interessenvertretung:** Sie vertreten die Interessen bestimmter Gruppen, die möglicherweise nicht die Ressourcen oder den Zugang haben, um direkt Einfluss zu nehmen.

+ **Mobilisierung:** Lobbyarbeit beinhaltet oft die Mobilisierung von Bürgern, um ihre Stimmen zu erheben und Druck auf Entscheidungsträger auszuüben.

+ **Netzwerkbildung:** Lobbyisten bauen Netzwerke auf, um Unterstützung zu gewinnen und strategische Allianzen zu bilden, die den Einfluss ihrer Anliegen verstärken können.

Theoretische Grundlagen der Lobbyarbeit

Die Theorie der Lobbyarbeit basiert auf mehreren politischen und soziologischen Konzepten. Ein zentrales Konzept ist das *Pluralismus-Modell*, das besagt, dass in einer Demokratie viele verschiedene Interessen und Gruppen um Einfluss konkurrieren. In diesem Rahmen wird Lobbyarbeit als eine Möglichkeit angesehen, wie verschiedene Stimmen in den politischen Prozess eingebracht werden können.

Ein weiteres wichtiges Konzept ist die *Theorie der politischen Ressourcen.* Diese Theorie besagt, dass Gruppen, die über mehr Ressourcen verfügen – sei es finanzieller, menschlicher oder organisatorischer Art – einen größeren Einfluss auf politische Entscheidungen ausüben können. In diesem Kontext wird Lobbyarbeit oft als ein Mittel betrachtet, um Ressourcen zu mobilisieren und strategisch einzusetzen.

Herausforderungen der Lobbyarbeit

Trotz ihrer Bedeutung sieht sich die Lobbyarbeit mehreren Herausforderungen gegenüber:

+ **Transparenz:** Oft wird Lobbyarbeit als intransparent wahrgenommen, was zu einem Mangel an Vertrauen in die politischen Prozesse führen kann. Es ist wichtig, dass Lobbyisten offenlegen, welche Interessen sie vertreten und wie sie versuchen, Einfluss zu nehmen.

+ **Ungleichheit der Ressourcen:** Gruppen mit mehr finanziellen Mitteln können oft effektiver lobbyieren, was zu einer Ungleichheit im Einfluss auf politische Entscheidungen führt. Dies kann dazu führen, dass bestimmte Stimmen überrepräsentiert sind, während andere marginalisiert werden.

+ **Regulatorische Hürden:** In vielen Ländern gibt es strenge Regelungen zur Lobbyarbeit, die die Aktivitäten von Lobbyisten einschränken können. Dies kann die Fähigkeit von Bürgerrechtsgruppen, effektiv zu lobbyieren, beeinträchtigen.

+ **Negative öffentliche Wahrnehmung:** Lobbyarbeit wird häufig mit Korruption und Vetternwirtschaft in Verbindung gebracht, was das öffentliche Vertrauen in die Legitimität von Lobbyisten untergräbt.

Beispiele erfolgreicher Lobbyarbeit

Es gibt viele Beispiele für erfolgreiche Lobbyarbeit, die die Wirksamkeit dieser Strategie verdeutlichen:

+ **Die Bürgerrechtsbewegung in den USA:** In den 1960er Jahren mobilisierten Bürgerrechtsgruppen wie die NAACP (National Association for the Advancement of Colored People) und das Southern Christian Leadership Conference (SCLC) durch Lobbyarbeit, um die Verabschiedung des Civil Rights Act von 1964 und des Voting Rights Act von 1965 zu beeinflussen. Durch öffentliche Kampagnen, Petitionen und direkte Lobbyarbeit konnten sie entscheidende Fortschritte in der Gesetzgebung erzielen.

+ **Umweltbewegung:** In den letzten Jahrzehnten haben Umweltorganisationen wie Greenpeace und der World Wildlife Fund (WWF) Lobbyarbeit geleistet, um umweltfreundliche Gesetze zu fördern und den Klimawandel zu bekämpfen. Ihre Kampagnen haben dazu beigetragen, internationale Abkommen wie das Pariser Abkommen zu unterstützen.

+ **Gesundheitsreformen:** In vielen Ländern haben Organisationen, die sich für die Rechte von Patienten und für Gesundheitsreformen einsetzen, durch Lobbyarbeit bedeutende Veränderungen erreicht. Ein Beispiel ist die erfolgreiche Lobbyarbeit für die Einführung von Gesetzen zur Verbesserung der psychischen Gesundheit in verschiedenen Staaten.

Fazit

Die Lobbyarbeit ist ein unverzichtbarer Bestandteil des politischen Prozesses und spielt eine wesentliche Rolle im Kampf um Bürgerrechte und soziale Gerechtigkeit. Trotz der Herausforderungen, denen sie gegenübersteht, bleibt sie ein effektives Mittel, um politische Entscheidungsträger zu beeinflussen und Veränderungen herbeizuführen. Um die Wirksamkeit der Lobbyarbeit zu maximieren, ist es entscheidend, Transparenz zu fördern, Ressourcen gerecht zu verteilen und das öffentliche Vertrauen in die Integrität des politischen Prozesses zu stärken. In einer zunehmend komplexen und vernetzten Welt wird die Fähigkeit, effektiv zu lobbyieren, für zukünftige Generationen von Aktivisten von entscheidender Bedeutung sein.

Die Herausforderungen der politischen Landschaft

Die politische Landschaft auf Verin-9 ist geprägt von einer Vielzahl an Herausforderungen, die den Aktivismus und die Bürgerrechtsbewegungen beeinflussen. Diese Herausforderungen sind nicht nur lokal, sondern auch intergalaktisch und betreffen die Art und Weise, wie Gesetze formuliert, implementiert und durchgesetzt werden. In diesem Abschnitt werden wir die wichtigsten Herausforderungen untersuchen, die sich aus der politischen Landschaft ergeben, und deren Auswirkungen auf den Widerstand von Jyn Korr und anderen Aktivisten.

1. Politische Fragmentierung

Eines der Hauptprobleme in der politischen Landschaft von Verin-9 ist die Fragmentierung der politischen Parteien und Gruppierungen. Diese Fragmentierung führt zu einem Mangel an einheitlicher Stimme und Zielsetzung unter den Aktivisten. Unterschiedliche Gruppen verfolgen oft unterschiedliche Agenden, was es schwierig macht, eine gemeinsame Front gegen das Anti-Körperphasen-Gesetz zu bilden. Diese Fragmentierung kann mathematisch als ein System von Gleichungen dargestellt werden:

$$\sum_{i=1}^{n} P_i \neq P_{\text{gesamt}} \tag{69}$$

Hierbei steht P_i für die politischen Positionen der einzelnen Gruppen und P_{gesamt} für die gemeinsame Position, die notwendig wäre, um effektiv gegen die Regierung vorzugehen.

2. Repression und Überwachung

Die Regierung von Verin-9 hat auf den zunehmenden Aktivismus mit Repression und Überwachung reagiert. Dies geschieht durch den Einsatz von Technologien zur Überwachung von Kommunikationskanälen und der Verbreitung von Informationen. Die Angst vor Verhaftungen und staatlicher Gewalt hat viele Aktivisten dazu veranlasst, ihre Aktivitäten zu minimieren oder ganz einzustellen.

Die Theorie der sozialen Kontrolle erklärt, dass solche repressiven Maßnahmen oft dazu führen, dass Menschen sich von politischem Engagement abwenden:

$$C = f(R, E) \qquad (70)$$

Hierbei steht C für das Maß an sozialer Kontrolle, R für die Repression und E für die Effektivität der sozialen Bewegungen. Ein Anstieg von R führt in der Regel zu einem Rückgang von E.

3. Desinformation und Propaganda

Desinformation ist ein weiteres ernsthaftes Problem, dem sich Aktivisten auf Verin-9 gegenübersehen. Die Regierung hat effektive Kampagnen zur Verbreitung von Propaganda gestartet, um das öffentliche Bild des Widerstands zu verzerren. Diese Kampagnen zielen darauf ab, Zweifel an den Zielen und Methoden der Aktivisten zu säen, was zu einer spürbaren Spaltung in der öffentlichen Meinung führt. Der Einfluss von Desinformation kann durch das folgende Modell beschrieben werden:

$$D = \frac{P}{T} \qquad (71)$$

Dabei steht D für den Grad der Desinformation, P für die Anzahl der propagierten falschen Informationen und T für die Zeit, die benötigt wird, um die Wahrheit zu verbreiten. Ein hoher Wert von D kann die Bemühungen der Aktivisten erheblich behindern.

4. Mangelnde Ressourcen

Ein weiterer kritischer Aspekt der politischen Landschaft ist der Mangel an Ressourcen für Bürgerrechtsgruppen. Viele dieser Gruppen sind auf Spenden und Freiwillige angewiesen, um ihre Aktivitäten durchzuführen. Dieser Mangel an Ressourcen führt zu einer unzureichenden Öffentlichkeitsarbeit und einer eingeschränkten Reichweite. Mathematisch kann dies als ein Ungleichgewicht in der Ressourcenverteilung dargestellt werden:

$$R_{\text{verfügbar}} < R_{\text{benötigt}} \qquad (72)$$

Hierbei steht $R_{\text{verfügbar}}$ für die aktuell verfügbaren Ressourcen und $R_{\text{benötigt}}$ für die Ressourcen, die notwendig sind, um effektive Kampagnen durchzuführen.

5. Intergalaktische Einflussnahme

Die politischen Herausforderungen auf Verin-9 werden auch durch intergalaktische Beziehungen kompliziert. Politische Allianzen und Konflikte mit anderen Planeten können die interne Politik beeinflussen und die Position der Aktivisten schwächen. Der Einfluss externer Akteure kann durch folgende Gleichung dargestellt werden:

$$I = f(E, P) \tag{73}$$

Hierbei steht I für den Einfluss externer Akteure, E für die Anzahl der intergalaktischen Beziehungen und P für die politische Stabilität auf Verin-9. Ein Anstieg von E kann die Stabilität P gefährden und somit den Aktivismus untergraben.

6. Soziale Ungleichheiten

Die soziale Ungleichheit auf Verin-9 ist ein weiteres Hindernis für den Aktivismus. Unterschiedliche soziale Schichten haben unterschiedliche Zugänge zu Bildung, Ressourcen und politischen Mitspracherechten. Diese Ungleichheiten können die Mobilisierung und die Effektivität von Widerstandsbewegungen beeinträchtigen. Dies lässt sich durch die folgende Ungleichung darstellen:

$$U = \frac{A}{B} \tag{74}$$

Dabei steht U für die soziale Ungleichheit, A für den Zugang zu Ressourcen und B für die Anzahl der Menschen in der jeweiligen sozialen Schicht. Ein Anstieg der Ungleichheit führt oft zu einer Stärkung der bestehenden Machtstrukturen und einer Schwächung der Widerstandsbewegungen.

7. Die Rolle der Bildung

Eine der grundlegenden Herausforderungen in der politischen Landschaft ist der Mangel an Bildung und Aufklärung über Bürgerrechte und die Bedeutung des Aktivismus. Viele Bürger sind sich der Gesetze und ihrer Rechte nicht bewusst, was zu einer geringen Beteiligung an politischen Prozessen führt. Die Bildung kann als eine Funktion dargestellt werden:

$$B = f(K, E) \tag{75}$$

Hierbei steht B für das Bildungsniveau, K für das Wissen über Bürgerrechte und E für die Effektivität der Bildungsprogramme. Ein höheres Bildungsniveau führt in der Regel zu einer stärkeren Beteiligung an Bürgerrechtsbewegungen.

8. Fazit

Die Herausforderungen in der politischen Landschaft von Verin-9 sind vielfältig und komplex. Sie erfordern von den Aktivisten, dass sie innovative Strategien entwickeln, um die Fragmentierung zu überwinden, sich gegen Repression zu wehren, Desinformation zu bekämpfen und Ressourcen effizient zu nutzen. Nur durch eine vereinte Anstrengung und den Einsatz für Bildung und Aufklärung kann der Aktivismus auf Verin-9 erfolgreich sein und die notwendigen Veränderungen herbeiführen. Jyn Korr und ihre Mitstreiter müssen sich diesen Herausforderungen stellen, um ein gerechteres und gleichberechtigtes Verin-9 zu schaffen.

Die Rolle von Bildungseinrichtungen

Bildungseinrichtungen spielen eine entscheidende Rolle im Aktivismus und der Förderung von Bürgerrechten. Sie sind nicht nur Orte des Lernens, sondern auch Zentren für soziale Veränderung und kritisches Denken. In diesem Abschnitt werden wir die verschiedenen Aspekte untersuchen, wie Bildungseinrichtungen den Aktivismus unterstützen, die Herausforderungen, mit denen sie konfrontiert sind, und einige Beispiele erfolgreicher Initiativen.

Theoretische Grundlagen

Die Theorie der sozialen Gerechtigkeit legt nahe, dass Bildung ein grundlegendes Menschenrecht ist, das jedem Individuum die Möglichkeit bieten sollte, sich zu entwickeln und aktiv an der Gesellschaft teilzunehmen. Bildungseinrichtungen sind somit nicht nur für die Wissensvermittlung verantwortlich, sondern auch für die Förderung von Werten wie Gleichheit, Respekt und Toleranz.

Ein Beispiel für eine solche Theorie ist die *Kritische Pädagogik*, die von Paulo Freire geprägt wurde. Freire argumentiert, dass Bildung ein Dialog zwischen Lehrenden und Lernenden sein sollte, der dazu dient, das Bewusstsein für soziale Ungerechtigkeiten zu schärfen und die Menschen zur aktiven Teilnahme an der Gesellschaft zu ermutigen. Diese Herangehensweise fördert nicht nur das individuelle Lernen, sondern auch das kollektive Handeln.

Herausforderungen für Bildungseinrichtungen

Trotz ihrer wichtigen Rolle stehen Bildungseinrichtungen vor mehreren Herausforderungen:

+ **Institutionelle Barrieren:** Oftmals sind Bildungseinrichtungen in bürokratische Strukturen eingebettet, die Veränderungen behindern können. Dies kann dazu führen, dass innovative Lehrmethoden und Programme zur Förderung des Aktivismus nicht implementiert werden.

+ **Mangelnde Ressourcen:** Viele Schulen und Universitäten kämpfen mit finanziellen Engpässen, was die Entwicklung und Durchführung von Programmen zur Förderung von Bürgerrechten und sozialem Engagement erschwert.

+ **Widerstand von außen:** Bildungseinrichtungen können auch auf Widerstand von politischen oder gesellschaftlichen Gruppen stoßen, die progressive Ansätze in der Bildung ablehnen. Dies kann zu einer Zensur von Inhalten führen, die für das Verständnis von Bürgerrechten und sozialer Gerechtigkeit wichtig sind.

Beispiele erfolgreicher Initiativen

Trotz dieser Herausforderungen gibt es zahlreiche Beispiele für Bildungseinrichtungen, die aktiv zur Förderung von Bürgerrechten und sozialem Engagement beitragen:

+ **Das *Civic Engagement Program* der Universität von Chicago:** Dieses Programm fördert die aktive Teilnahme der Studierenden an der Gemeinschaft durch Service-Learning-Projekte. Studierende arbeiten mit lokalen Organisationen zusammen, um soziale Probleme zu identifizieren und Lösungen zu entwickeln. Dies stärkt nicht nur das Bewusstsein für gesellschaftliche Herausforderungen, sondern fördert auch die Entwicklung von Führungsqualitäten.

+ **Schulen für soziale Gerechtigkeit:** In vielen Städten gibt es Schulen, die sich speziell auf die Themen soziale Gerechtigkeit und Bürgerrechte konzentrieren. Diese Schulen integrieren diese Themen in den Lehrplan und ermutigen die Schüler, sich aktiv an ihrer Gemeinschaft zu beteiligen. Ein Beispiel ist die *School for Social Justice* in New York, die Programme zur Förderung von Gleichheit und sozialem Engagement anbietet.

+ **Online-Bildungsplattformen:** Mit dem Aufkommen digitaler Technologien haben zahlreiche Online-Plattformen Bildungsressourcen geschaffen, die sich mit Bürgerrechten und Aktivismus beschäftigen. Plattformen wie *Coursera* oder *edX* bieten Kurse an, die Themen wie soziale Gerechtigkeit,

Menschenrechte und politische Teilhabe behandeln. Diese Ressourcen sind oft kostenlos und ermöglichen es Menschen aus verschiedenen sozialen Schichten, Zugang zu kritischem Wissen zu erhalten.

Fazit

Die Rolle von Bildungseinrichtungen im Aktivismus ist von zentraler Bedeutung. Sie bieten nicht nur die Möglichkeit, Wissen zu erwerben, sondern auch die Plattform, um soziale Veränderungen zu initiieren und zu unterstützen. Trotz der Herausforderungen, mit denen sie konfrontiert sind, können Bildungseinrichtungen durch innovative Programme und Partnerschaften einen bedeutenden Einfluss auf die Förderung von Bürgerrechten und sozialem Engagement ausüben. Die Zukunft des Aktivismus hängt stark von der Fähigkeit der Bildungseinrichtungen ab, sich als Orte des Wandels und der kritischen Reflexion zu positionieren.

Die Verbindung zwischen Aktivismus und Wissenschaft

In der heutigen Zeit ist die Verbindung zwischen Aktivismus und Wissenschaft von entscheidender Bedeutung. Aktivisten nutzen wissenschaftliche Erkenntnisse, um ihre Argumente zu untermauern, während Wissenschaftler oft auf die Herausforderungen hinweisen, die durch soziale Ungerechtigkeiten und politische Entscheidungen entstehen. Diese Synergie ist besonders wichtig, wenn es darum geht, komplexe gesellschaftliche Probleme anzugehen, die sowohl wissenschaftliche als auch soziale Dimensionen haben.

Theoretische Grundlagen

Die Verbindung zwischen Aktivismus und Wissenschaft kann durch verschiedene theoretische Rahmenbedingungen betrachtet werden. Ein zentraler Aspekt ist die **Wissenschaftssoziologie**, die untersucht, wie wissenschaftliche Erkenntnisse in gesellschaftliche Kontexte eingebettet sind. Wissenschaftler wie Thomas Kuhn und Bruno Latour haben gezeigt, dass Wissenschaft nicht nur ein objektives Streben nach Wahrheit ist, sondern auch von sozialen, politischen und kulturellen Faktoren beeinflusst wird.

Ein weiteres relevantes Konzept ist die **Transdisziplinarität**, die darauf abzielt, Wissen aus verschiedenen Disziplinen zu integrieren, um komplexe Probleme zu lösen. Diese Herangehensweise fördert die Zusammenarbeit zwischen Wissenschaftlern und Aktivisten, um Lösungen zu entwickeln, die sowohl evidenzbasiert als auch gesellschaftlich relevant sind.

Probleme und Herausforderungen

Trotz dieser positiven Verbindungen gibt es auch Herausforderungen, die es zu bewältigen gilt. Ein häufiges Problem ist die **Wissenschaftsfeindlichkeit**, die in vielen Gesellschaften auftritt. Wenn wissenschaftliche Erkenntnisse ignoriert oder abgelehnt werden, können aktivistische Bemühungen behindert werden. Ein Beispiel dafür ist die Leugnung des Klimawandels, die nicht nur die wissenschaftliche Gemeinschaft, sondern auch Umweltaktivisten vor große Herausforderungen stellt.

Ein weiteres Problem ist die **Zugang zu Wissen.** Oftmals sind wissenschaftliche Informationen nicht für alle zugänglich, insbesondere für marginalisierte Gruppen. Dies kann zu einer Ungleichheit in der Möglichkeit führen, aktivistische Maßnahmen zu ergreifen, die auf fundierten wissenschaftlichen Erkenntnissen basieren.

Beispiele für erfolgreiche Verbindungen

Es gibt zahlreiche Beispiele, in denen Aktivismus und Wissenschaft erfolgreich zusammengearbeitet haben. Ein herausragendes Beispiel ist die **Bewegung für Umweltgerechtigkeit.** Aktivisten haben wissenschaftliche Daten genutzt, um auf die ungleiche Verteilung von Umweltbelastungen aufmerksam zu machen. Studien zeigen, dass einkommensschwache Gemeinschaften oft stärker von Umweltverschmutzung betroffen sind. Durch die Kombination von wissenschaftlicher Forschung und aktivistischem Druck konnten bedeutende Veränderungen in der Umweltpolitik erreicht werden.

Ein weiteres Beispiel ist die **Bewegung für öffentliche Gesundheit**, insbesondere im Zusammenhang mit Impfungen. Wissenschaftler haben umfangreiche Forschung betrieben, um die Sicherheit und Wirksamkeit von Impfstoffen zu belegen. Aktivisten haben diese Daten genutzt, um das Bewusstsein für die Bedeutung von Impfungen zu schärfen und gegen Fehlinformationen zu kämpfen.

Schlussfolgerung

Die Verbindung zwischen Aktivismus und Wissenschaft ist unerlässlich für den Fortschritt in vielen gesellschaftlichen Bereichen. Durch die Zusammenarbeit können evidenzbasierte Lösungen entwickelt werden, die nicht nur auf wissenschaftlichen Erkenntnissen beruhen, sondern auch die Bedürfnisse und Stimmen der Gemeinschaften berücksichtigen. Es ist wichtig, diese Synergien zu fördern und Barrieren abzubauen, um sicherzustellen, dass Wissen für alle zugänglich ist und aktivistische Bemühungen durch fundierte Informationen unterstützt werden.

Die Herausforderungen, die sich aus der Verbindung von Aktivismus und Wissenschaft ergeben, erfordern einen kontinuierlichen Dialog und eine enge Zusammenarbeit zwischen beiden Bereichen. Nur so kann sichergestellt werden, dass die Stimme der Wissenschaft in den sozialen Bewegungen Gehör findet und dass Aktivisten die Werkzeuge erhalten, die sie benötigen, um Veränderungen herbeizuführen.

Die Bedeutung von interkulturellem Dialog

Interkultureller Dialog ist ein entscheidendes Element im Kampf um Bürgerrechte und soziale Gerechtigkeit, insbesondere in einer zunehmend globalisierten Welt. Er ermöglicht den Austausch von Ideen, Werten und Perspektiven zwischen unterschiedlichen Kulturen und fördert das Verständnis und die Toleranz. In diesem Abschnitt werden die theoretischen Grundlagen des interkulturellen Dialogs, die Herausforderungen, denen er gegenübersteht, sowie konkrete Beispiele für seine Wirksamkeit untersucht.

Theoretische Grundlagen

Der interkulturelle Dialog basiert auf der Annahme, dass jede Kultur einzigartige Perspektiven und Lösungen für gemeinsame Probleme bietet. Diese Theorie wird von verschiedenen Wissenschaftlern unterstützt, darunter Edward Said, der in seinem Werk „Orientalism" die Notwendigkeit betont, die Stimmen der anderen zu hören, um Vorurteile abzubauen und ein umfassenderes Verständnis der globalen Realität zu entwickeln.

Ein weiterer wichtiger Beitrag kommt von Amartya Sen, der in „Identity and Violence" argumentiert, dass Identität nicht monolithisch ist und dass Menschen multiple Identitäten haben, die in verschiedenen Kontexten hervortreten. Diese Erkenntnis ist entscheidend für den interkulturellen Dialog, da sie die Vielfalt innerhalb von Kulturen anerkennt und den Dialog fördert.

Herausforderungen des interkulturellen Dialogs

Trotz seiner Bedeutung steht der interkulturelle Dialog vor mehreren Herausforderungen. Eine der größten Hürden ist das Vorurteil. Vorurteile können den Dialog behindern, da sie dazu führen, dass Menschen voreingenommene Meinungen über andere Kulturen haben. Diese Vorurteile können auf historischen Konflikten, Stereotypen oder unzureichender Bildung basieren.

Ein weiteres Problem ist die Sprachbarriere. Unterschiedliche Sprachen können den Austausch von Ideen und Werten erschweren. Selbst bei gemeinsamen Sprachen können kulturelle Nuancen und Konnotationen missverstanden werden, was zu Misskommunikation führt.

Zusätzlich können Machtungleichgewichte zwischen den Kulturen den Dialog erschweren. Dominante Kulturen können den Diskurs kontrollieren und marginalisierte Stimmen zum Schweigen bringen. Dies führt zu einem einseitigen Dialog, der die Vielfalt der Perspektiven nicht widerspiegelt.

Beispiele für interkulturellen Dialog

Ein Beispiel für erfolgreichen interkulturellen Dialog ist das „World Cafe"-Modell, das in verschiedenen internationalen Konferenzen eingesetzt wird. Hierbei werden Teilnehmer aus verschiedenen Kulturen in kleinen Gruppen zusammengebracht, um über spezifische Themen zu diskutieren. Diese Methode fördert den Austausch von Ideen und schafft eine offene Atmosphäre, in der jeder gehört wird.

Ein weiteres Beispiel ist das „Intercultural Cities"-Projekt des Europarats, das Städte dabei unterstützt, interkulturelle Strategien zu entwickeln. Dieses Projekt hat gezeigt, dass Städte, die aktiv interkulturellen Dialog fördern, nicht nur die soziale Kohäsion stärken, sondern auch wirtschaftliche Vorteile erzielen können, da sie vielfältige Talente anziehen.

Praktische Anwendungen und Strategien

Um den interkulturellen Dialog zu fördern, sollten verschiedene Strategien angewendet werden. Bildung spielt eine zentrale Rolle; Schulen und Universitäten sollten Programme anbieten, die interkulturelles Verständnis und Kommunikation fördern. Dies kann durch Austauschprogramme, Workshops und interaktive Lernmethoden geschehen.

Darüber hinaus sollten soziale Medien und digitale Plattformen genutzt werden, um den Dialog zwischen verschiedenen Kulturen zu erleichtern. Plattformen wie Facebook, Twitter und Instagram können als Werkzeuge dienen, um Geschichten zu teilen, Vorurteile abzubauen und solidarische Bewegungen zu fördern.

Schließlich ist es wichtig, dass Regierungen und Organisationen den interkulturellen Dialog unterstützen, indem sie Räume für den Austausch schaffen und Initiativen fördern, die den Dialog zwischen verschiedenen Gemeinschaften anregen.

Schlussfolgerung

Interkultureller Dialog ist von entscheidender Bedeutung für den Fortschritt im Bereich der Bürgerrechte und sozialen Gerechtigkeit. Er ermöglicht es Menschen, über kulturelle Unterschiede hinweg zu kommunizieren, Verständnis zu fördern und gemeinsame Lösungen für gesellschaftliche Herausforderungen zu finden. Trotz der Herausforderungen, die er mit sich bringt, ist der interkulturelle Dialog ein unverzichtbares Werkzeug im Kampf für eine gerechtere und inklusivere Gesellschaft. Die Förderung und Implementierung interkultureller Dialogstrategien wird entscheidend sein, um die Herausforderungen der Zukunft zu bewältigen und eine harmonische Koexistenz zu ermöglichen.

Der Weg zur vollständigen Gleichheit

Die vollständige Gleichheit ist ein Ziel, das sich viele Bürgerrechtsaktivisten, einschließlich Jyn Korr, gesetzt haben. Dieses Ziel erfordert eine umfassende Strategie, die auf verschiedenen Ebenen ansetzt, um sowohl rechtliche als auch soziale Barrieren abzubauen. In diesem Abschnitt werden wir die Herausforderungen, Theorien und Beispiele betrachten, die den Weg zur vollständigen Gleichheit beschreiben.

Theoretische Grundlagen

Die Theorie der sozialen Gerechtigkeit, die von Philosophen wie John Rawls und Martha Nussbaum geprägt wurde, spielt eine entscheidende Rolle im Verständnis von Gleichheit. Rawls' Konzept der *Gerechtigkeit als Fairness* betont, dass soziale und wirtschaftliche Ungleichheiten nur dann gerechtfertigt sind, wenn sie den am wenigsten Begünstigten zugutekommen. Dies legt den Grundstein für die Forderung nach Gleichheit, da es eine Umverteilung von Ressourcen und Rechten impliziert.

$$\text{Gleichheit} = \frac{\text{Ressourcen}}{\text{Bedarf}} \tag{76}$$

Diese Gleichung verdeutlicht, dass Gleichheit nicht nur eine Frage der Verteilung ist, sondern auch der Berücksichtigung individueller Bedürfnisse.

Herausforderungen auf dem Weg zur Gleichheit

Trotz der theoretischen Grundlagen gibt es zahlreiche Herausforderungen, die den Fortschritt zur vollständigen Gleichheit behindern. Dazu gehören:

+ **Institutionelle Diskriminierung:** Viele Gesellschaften haben tief verwurzelte Strukturen, die bestimmte Gruppen benachteiligen. Diese Diskriminierung ist oft nicht sofort sichtbar, sondern manifestiert sich in subtilen Formen wie Vorurteilen und Stereotypen.

+ **Wirtschaftliche Ungleichheit:** Die Kluft zwischen Arm und Reich hat direkte Auswirkungen auf den Zugang zu Bildung, Gesundheit und politischen Rechten. Diese wirtschaftlichen Unterschiede führen zu einem Teufelskreis, der es benachteiligten Gruppen erschwert, Gleichheit zu erreichen.

+ **Politischer Widerstand:** Oft gibt es politischen Widerstand gegen Gesetze, die Gleichheit fördern sollen. Lobbygruppen und politische Akteure, die von Ungleichheit profitieren, setzen sich aktiv gegen Reformen ein.

Beispiele erfolgreicher Bewegungen

Einige Bewegungen haben es geschafft, bedeutende Fortschritte in Richtung Gleichheit zu erzielen. Beispiele hierfür sind:

+ **Die Bürgerrechtsbewegung in den USA:** Diese Bewegung führte in den 1960er Jahren zur Verabschiedung des Civil Rights Act von 1964, der Diskriminierung aufgrund von Rasse, Hautfarbe, Religion, Geschlecht oder nationaler Herkunft verbot.

+ **Die LGBTQ+-Bewegung:** Der Kampf um die Rechte von LGBTQ+-Personen hat in vielen Ländern zu rechtlichen Veränderungen geführt, darunter die Legalisierung der gleichgeschlechtlichen Ehe und der Schutz vor Diskriminierung.

Der Weg in die Zukunft

Um die vollständige Gleichheit zu erreichen, müssen zukünftige Generationen von Aktivisten und Bürgern weiterhin für Veränderungen kämpfen. Dies kann durch:

+ **Bildung:** Aufklärung über Gleichheit und Gerechtigkeit ist entscheidend, um Vorurteile abzubauen und ein Bewusstsein für soziale Probleme zu schaffen.

+ **Politisches Engagement:** Die Teilnahme an Wahlen und die Unterstützung von Kandidaten, die sich für Gleichheit einsetzen, sind notwendig, um politische Veränderungen herbeizuführen.

+ **Globale Zusammenarbeit:** Der Austausch von Ideen und Strategien zwischen Ländern kann dazu beitragen, die Gleichheit weltweit voranzutreiben.

Insgesamt erfordert der Weg zur vollständigen Gleichheit einen kollektiven und anhaltenden Einsatz aller Mitglieder der Gesellschaft. Nur durch vereinte Anstrengungen können wir die Barrieren der Ungleichheit überwinden und eine gerechtere Zukunft für alle schaffen.

Index

versuchen, 57, 159
versuchte, 32, 33, 51, 128, 141, 196, 223, 224
versuchten, 17, 220, 221, 313
verteidigten, 236
verteilt, 5, 45, 76, 87, 220, 246
vertiefte, 59
vertraulichen Gespräch mit, 228
vertreten, 45, 131, 174, 208, 289, 308, 309
Vertretung vor, 176
Vertretungen sind, 194
Verwandten, 32
verwendet, 83, 281
verwurzelt, 30, 37, 69, 178, 181, 257
verwurzelte, 72, 142, 189
verwurzelten, 124, 179, 188
verwässert, 147, 158, 297
verzerrte, 37, 234
Verzweiflung, 264
verändern, 41, 45, 230, 273, 285
verändert, 17, 206, 248, 280, 294, 299, 303
veränderte, 11, 53, 235
Veränderung beitragen, 22
Veränderung legen, 296
Veränderung möglich ist, 29, 135, 280
Veränderung oft mit, 279
Veränderung Zeit, 143
Veränderungen, 8, 15, 39, 47, 48, 51, 54, 57, 66, 98, 111, 143, 146, 154, 157, 185, 214, 231, 237, 241, 245, 266, 267, 270, 280, 282, 291, 297, 301, 320
Veränderungen abzielen, 294
Veränderungen anzupassen, 114
Veränderungen anzustoßen, 50

Veränderungen auf, 309
Veränderungen bewirken, 76, 273
Veränderungen geführt, 27
Veränderungen herbeizuführen, 3, 22, 24, 33, 41, 69, 95, 99, 141, 180, 183, 204, 217, 249, 296, 306, 310, 311, 316, 324
Veränderungen hinarbeitet, 252
Veränderungen nur, 257
Veränderungen verbunden, 42
Veränderungen voranzutreiben, 305
Veränderungen wirken, 209
Veränderungen zu, 181, 199, 202
veröffentlichen, 129
Veröffentlichung, 97
Videos konnten, 147
Viele, 42, 88, 168, 169, 193, 221
viele, 5, 11, 14, 17, 19, 21, 27, 28, 39, 45, 48, 51, 52, 59, 66, 72, 73, 83, 88, 104, 126, 128, 141, 154, 170, 171, 175, 176, 179–181, 185, 189, 190, 200, 201, 216, 218, 219, 221, 231, 232, 234, 236, 241, 246, 247, 263, 316, 317, 326
Viele Aktivisten sind, 252
Viele Bürger, 72, 107, 252, 319
Viele Bürger auf, 139
Viele Bürger von, 76, 83
Viele kulturelle, 184
Viele Menschen weinten, 227
Viele Nachrichtenagenturen, 221
vielen anderen Gesellschaften, 18
vielen Fällen können, 164
vielen Fällen sind, 310
vielen Gesellschaften, einschließlich der, 14

Milton Keynes UK
Ingram Content Group UK Ltd.
UKHW020313021124
450424UK00013B/1230

9 781998 610372